여배우 와카오 아야코

Eiga joyu Wakao Ayako ed. by Yomota Inuhiko, Saito Ayako
filmography by Shimura Miyoko
Copyright © 2016 Yomota Inuhiko, Saito Ayako, Shimura Miyoko
Original Japanese edition published by Misuzu shobo, Ltd.
Korean edition was published by arrangement with Misuzu shobo, Ltd.

国際交流基金
본 도서는 일본국제교류기금 2022년도 번역출판조성사업의 지원을 받아 출간하였습니다.

여배우
와카오 아야코

요모타 이누히코·사이토 아야코 편저 ― 황균민 옮김

아모르문디

　　와카오 아야코(若尾文子, 1933년 11월 8일~)는 일본 영화가 정점에 달했을 때, 바로 그 최고의 자리에 있었던 여배우다.

　　그녀는 가련한 여학생, 악의 화신으로 남자들을 파멸시키는 마성의 여자, 그리고 격정에 불타 자신을 내던지는 유부녀를 연기했다. 그럼에도 그녀를 본격적으로 다룬 책은 지금까지 한 권도 없었고 소수의 단편적인 인터뷰 기사만 드문드문 있을 뿐 사진집조차 간행된 적이 없다. 일본 영화를 생각한다면 이는 매우 중대한 일이 아닐 수 없다. 그런 의미에서 이 책은 와카오 아야코에 대한 첫 연구서가 될 것이다.

　　이 책이 나오게 된 계기는 다이에이(大映)의 전(前) 제작자로 현재는 행동사(行動社, 일본의 독립 영화제작사)를 이끌고 있는 후지이 히로아키(藤井浩明, 1927~2014)와의 만남이었다. 다소 길어지겠지만, 지금부터 그 경위를 이야기하려 한다.

1994년, 이탈리아에서 유학 중이던 나는 1950년대 중반 간행된 것으로 보이는 낡은 일본 영화사 책 한 권을 발견했다. 판권 장을 들춰 보니 그 책은 젊은 시절 마스무라 야스조(增村保造, 1924년 8월 25일~1986년 11월 23일)가 로마 실험영화연구소에서 공부할 당시, 졸업 논문을 대신하여 쓴 긴 글이었다. 머지않아 《입맞춤》(くちづけ, 1957), 《명랑 소녀》로 메가폰을 잡게 될 마스무라는 일본 영화를 기탄없이 비판했고, 그의 글에서 일본 영화에 대한 강한 분노와 정열이 느껴졌다. 나는 일본으로 돌아와서 재직 중이던 메이지가쿠인대학의 정기 간행물 『예술학 연구』(芸術学研究)에 「마스무라 야스조와 이탈리아」(增村保造とイタリア)라는 논문을 발표했고, 동시에 국제교류기금의 협력을 얻어 이탈리아에서 마스무라 야스조의 회고전을 개최할 수 없을까 고심했다. 노력의 결과로 1996년 봄 기획은 성사되었고, 나는 이탈리아 관객을 위해 마스무라를 소개하는 작은 책자를 만들었다. 미조구치 겐지(溝口健二, 1898~1956)로부터 가르침을 받았던 그가 네오리얼리즘의 나라에서 큰 영향을 받고 일본으로 돌아와 어떤 영화를 찍었는지 알리고 싶었다. 상영 첫날, 여전히 정정한 안토니오니 감독이 조카딸과 함께 극장을 방문했고, 마스무라를 또렷이 기억한다고 말했다.

회고전이 성황리에 끝나는 것을 지켜본 나는 요미우리 신문에 이에 대한 기사를 썼다. 이 기사를 읽고 곧바로 연구실로 전화를 준 사람이 후지이 프로듀서였다. 때마침 연락을 준 그의 신속 정확함은 1950년대 이후 마스무라를 비롯해 많은 감독의 작품을 제작했던 이가 충분히 보일 만한 행동력이었다. 후지이 프로듀서와 만난 나는 그가 들려준 다이에이 시대의 이야기에 곧장 매혹되고 말았다.

1950년대부터 1960년대까지 일본 영화는 대중오락의 황제로 군림하며 1년에 500편 이상 제작되었다. 21세기에 들어선 지금, 스튜디오 시스템의 흔적조차 볼 수 없는 상황에서 때를 놓친 영화사 연구자로서 내가 할 수 있는 일은 거대한 신화의 잔향을 듣는 것뿐이었다. 당시의 귀중한 이야기를 듣고 있자니 만일 가능하다면 일본 영화사에 길이 남을 위대한 제작사 다이에이를 테마로 심포지엄을 열고 싶다는 생각이 들었다.

2001년 12월 8일, 생각은 현실이 됐다. 1996년부터 매년 메이지가쿠인대학 문학부에서는 나를 중심으로 '일본 영화 심포지엄'을 개최해왔는데, 6회 행사에서 다이에이를 주제로 한 기획을 성사시켰다. 제목은 '다이에이의 영광.' 교토대학 대학원의 이타쿠라 후미아키(板倉史明)가 1950년대 초반 '하하모노'(母物)[1]를, 와세다대학 대학원의 시무라 미요코(志村三代子)가 다이에이의 괴기 영화가 어떻게 장르로 성립되었는가를 다뤘다. 교토대학의 가토 미키로(加藤幹朗)는 1971년 다이에이의 도산이 1960년대부터 예정된 일이었음을 주도면밀하게 실증적으로 검토했고, 메이지가쿠인대학의 사이토 아야코(斉藤綾子)가 와카오 아야코의 매력을 여성 관객의 수용을 중심으로 분석했다. 행사 마지막에는 나와 사이토 교수, 후지이 프로듀서의 대담이 있었는데 미조구치 겐지 감독부터 작가 미시마 유키오(三島由紀夫, 1925~1970)까지 다이에이와 관련된 이들에 대해 흥미로운 이야기를 들을 수 있었다.

여배우 와카오 아야코에 관한 책을 쓰겠다고 생각한 것은 심포지엄이 끝난 지 한참 뒤였다. 다이에이의 전체 상을 한 권의 책으로 엮는 것은 우선 불가능하다. 그렇다면 이 영화사를 대표하는 여배우인 와카오 아야코

---

1) 역주: 일본어로 하하는 '엄마', 모노는 '것', '물(物)' 등을 뜻하며 '하하모노'는 모성을 테마로 한 일군의 영화를 지칭한다. 1948년 《야마네코 아가씨》 이후 1950년대 후반까지 다이에이가 30편 이상을 시리즈로 제작했다. 이하 모성 영화로 옮김.

에 초점을 맞춰 논의와 작품을 모아두는 작업부터 해야 하지 않을까. 그도 그럴 것이 배우 경력 50주년을 맞는 이 대배우와 관련해 사진집이든 에세이집이든 뭐든 있을 것이라 추측했지만 그런 종류의 출판물이 하나도 없었다. 왜냐하면 이런 영화 서적이 빈번하게 출판됐던 1970년 후반에는 와카오가 이미 스크린에서 모습을 감추고 활동 무대를 텔레비전과 연극으로 옮겼기 때문이다. 나는 와카오 아야코에 대한 책을 내고 싶다고 제안했고 후지이 프로듀서는 흔쾌히 허락했다. 그의 도움을 받아 와카오와의 인터뷰도 성사됐다.

이 책의 구성에 대해 간단히 밝혀두고자 한다. 독자가 처음 읽을 두 편의 논문은 앞서 소개한 다이에이 심포지엄에 참가한 두 사람의 영화 연구자가 썼다. 나의 논고는 이 책의 출판을 위해 전부 새로 썼으며, 사이토 교수는 메이지가쿠인대학의 정기 간행물 『예술학 연구』 제21호(2001년 3월), 12호(2002년 3월)에 게재한 「와카오 아야코 시론」(若尾文子試論)에 새롭게 결론을 더해 전체적으로 가필과 개정 작업을 했다. 내가 마스무라와 미시마라는 두 남자를 통해 와카오 아야코를 조망했다면, 사이토는 어디까지나 여성이 여배우를 어떻게 바라볼 것인가라는 문제의식에 기반해 논의를 전개했다. 독자들은 이렇게 접근 방식이 완전히 다른 분석 방법과 각 작품에 대한 평가의 차이를 느낄 수 있을 것이다. 와카오 아야코와의 인터뷰는 2001년 9월 26일 롯폰기 프린스 호텔에서 진행했다. 시무라 미요코의 해설은 와카오 아야코의 전 출연작에 대한 최초의 기술이며, 이는 앞으로도 큰 의미를 지닐 것이다.

메이지가쿠인대학 문학부 예술학과가 주최한 일본 영화 심포지엄을 계기로 출판된 서적은 『영화감독 미조구치 겐지』(映画監督 溝口健二, 신요사, 1999), 『이향란과 동아시아』(李香蘭と東アジア, 도쿄대학 출판사,

2001)가 있으며, 이것이 세 번째 책이다. 앞으로 이러한 작업을 통해 일본 영화사에서 등한시된 지점을 계속해서 주목할 생각이다. 이쯤에서 서두를 끝내겠다.

2003년 4월 요모타 이누히코

한국어판에 부쳐

1987년 11월, 대한항공기 폭파 사건이 보도되었을 때, 나는 눈을 의심했다. 북한의 여성 공작원이 와카오 아야코와 너무 비슷했기 때문이다. 어? 어째서 와카오 씨가? 나는 영화를 좋아하는 친구 몇 명에게 전화를 걸었다. 그들도 나와 비슷한 이야기를 했다. 닮았지, 포동포동한 얼굴형도 그렇고 눈매도 그렇고, 정말 비슷해.

와카오 아야코와 김현희의 얼굴이 닮았다는 점은 대체 무엇을 의미할까. 간단히 말하겠다. 두 사람은 동아시아의 '복스러운 얼굴'을 체현하고 있다. 부모에게 효도하고 남편을 위해 아들을 낳고, 집안의 재산을 불려가는 복스러운 며느리. 간사한 눈이나 마른 뺨이어서는 안 된다. 자비로운 미소, 비옥한 대지와 같은 풍요로움을 그 자체로 얼굴 전면에 담아내야 한다. 그녀들의 용모는 한국, 북한, 일본이라는 국적과 민족을 넘어, 중국, 베트남을 포함한 문명권에서 오랫동안 이상적이라 여겨져온 여성의 긍정적인 이미지다.

나중에야 나는 김현희가 소녀 시절, 북한 영화에 아역으로 출연했다는 이야기를 들었다. 1970년대 초반의 일이다. 만약 가능하다면 그 시절의 김현희를 보고 싶었다. 《십대의 성전》에 출연했던 '와카오 님'과 비슷하게 사랑스럽고 귀여운 분위기였을까. 언젠가 춘향전을 소재로 한 영화의 자료를 수집하기 위해 평양에 간 적이 있다. 김정일 영화 아카이브에 소녀 김현희의 영상이 남아 있을 테니 언젠가 볼 수 있는 날이 오지 않을까.

나는 망상의 영화관에서 김현희가 《세이사쿠의 아내》나 《붉은 천사》의 히로인을 연기하면 어떨까 생각한다. 분명 멋진 영화일 것이다.

본서 집필 후 20년 가까운 세월이 흘렀다. 그사이 와카오 아야코는 딱 한 번 영화에 출연했다. 유키사다 이사오의 《봄의 눈》(2005)이다.

미시마 유키오의 장편 소설이 원작인 이 영화에서 그녀는 황족과 연이 있는 절 월수사의 주지로 등장한다. 무대는 20세기 초. 출가한 여인을 마지막으로 만나고자 중병에 걸린 귀족 청년은 빈사의 상태임에도 사랑하는 이가 있는 사원으로 온다. 청년의 친구는 그를 대신해 면회를 간청하지만 와카오가 연기한 노승은 쌀쌀맞게 거절한다. 그가 체념하고 돌아간 후 그녀는 잠시 사원의 정원을 바라본다. 어느새 한 송이 봄의 눈이 흩날린다.

아름다운 광경이다. 나는 이 영상이 영화배우로서 와카오 아야코가 남긴 마지막 모습이라는 점에 크게 감동했다. 그 옛날 《실없는 놈》에 함께 출연한 미시마 유키오가 마지막으로 집필한 장편 연작에서 그녀는 장대한 이야기를 지탱하는 주지승을 연기했다. 그 역할을 연기할 수 있는 이는 와카오 아야코밖에 없었고 그녀 또한 이 역할을 맡으면 더 이상 해야 할 역할은 없을 거라고 각오했을 것이다.

언젠가 김현희 씨가 와카오 아야코의 영화를 봐 줄 날이 오지 않을까 기대한다. 《아내는 고백한다》나 《붉은 천사》를 보고 그녀가 어떤 기분을 느낄지 알고 싶다.

2022년 10월 요모타 이누히코

차례

PART 1

욕망과 민주주의

1장
감독과 여배우

누구나 스크린 속 와카오 아야코를 기억한다.

어리지만 씩씩하게 자신을 지키려는 《게이샤》의 마이코(舞妓).1) 지성과 강한 자존심을 지닌 《처형의 방》의 여대생. 여급의 딸이라 무시당하면서도 쾌활하게 자신의 길을 가는 《명랑 소녀》의 소녀. 뜨거운 집념에 사로잡혀 주변의 시선에 개의치 않고 젊은 남자에게 매달리는 《아내는 고백한다》의 미망인. 고뇌에 차 힘껏 뻗은 손가락. 태연하게 남자들을 농락하며 당당하게 료칸을 개점하는 《얌전한 짐승》의 오피스걸. 누나처럼 다정하게 동자승을 지켜보는 《기러기의 절》 속 주지승의 첩. 다니자키 준이치로(谷崎潤一郎, 1886~1965)가 오랫동안 꿈꿔온 《만지》와 《문신》의

---

1) 역주: 게이샤가 되기 위해 춤과 샤미센 연주, 연회 자리의 예절 등을 배우는 견습생. 대략 15세에서 18세의 소녀들이 마이코 양성소에서 게이샤 수업을 받는다.

위험하고 운명적인 미녀. 그리고 비참한 전장에서 에로틱한 헌신을 마다하지 않는 《붉은 천사》의 종군 간호사….

그녀는 소탈하고 사랑스럽다가도 자존심을 세우고 불쾌한 표정을 짓는다. 사랑하는 남자를 위해 기꺼이 희생하는가 싶다가도 수많은 남자들을 한껏 이용하고 난 뒤 어떠한 후회도 느끼지 않는다. 어디까지나 자신의 욕망에 충실하게 오로지 본능이 명령하는 대로 세상의 시선과 상식을 무시하고 살아가려는 모습은 장절하기까지 하다.

일본 영화의 스튜디오 시스템 붕괴와 함께 그녀는 활동 영역을 영화에서 TV로 옮겼고, 사실상 스크린에서 은퇴한 후 이미 30년 이상의 세월이 흘렀다. 하지만 와카오 아야코의 신화는 점점 빛을 발하며 일본 영화가 성취한 영광과 강렬함을 드러냈다. 와카오 아야코는 은퇴했지만, 그 잔향은 계속 새로운 세대의 관객을 불러들이며 곳곳에서 영화적 흥분을 불러일으켰다.

말할 것도 없이 지금 이야기하는 와카오 아야코는 실재하는 인간 와카오 아야코가 아니다. 그건 어디까지나 스크린에 형성된 신화적 이미지이며 그것이 구축되는 과정에는 영화사의 제작 체제부터 감독의 개성, 관객의 요청, 그리고 넓은 의미에서 시대의 원리적 선택이라는 모든 요소가 복잡하게 작동한다. 한 편의 영화를 예로 들면, 먼저 이야기의 기본에 해당하는 각 행위자의 존재 방식을 규정한 뒤 각본 단계에서 등장인물의 성격을 만든다. 육체를 가진 배우가 영화에 개입하는 것은 그다음 단계이며 관객의 실질적인 영화 체험은 여기에서 시작된다.

이러한 영화 체험의 축적을 통해 배우가 갖는 신화적 이미지가 서서히 구축된다. 다만 그것은 향수처럼 실체가 없고 잡으려고 하면 곧바로 증기처럼 분산되는 미묘한 성격의 것이라 분석적인 언어로 서술하기가 매우 어렵다. 하지만 이것이야말로 영화적 신체의 본질이기에 부주의하게 무언가로 환원해서는 안 된다. 마찬가지로 와카오 아야코가 159편의 출연작을 통해 쌓아 올린 이미지가 1950년대부터 1960년대에 걸쳐 영화사적으로 어떻게 형성되었는가를 분석하지 않고 무언가를 단칼에 정리하듯이 '여자의 본질'을 논의해 본들 무모하게 끝날 뿐이다.

원래 여배우의 신화를 논하는 것은 양날의 검과 같다. 자칫 방심하면 서술자(남자든 여자든)의 무의식에 자리한 여성상을 투영하는 것으로 끝날 위험이 도처에 깔려 있다.[2] 솔직히 말하면 나 역시 그런 함정에 빠지지 않을 거라는 확신이 있을 리 없다. 여기서 경솔한 신앙 고백과 같은 논지로 흐르지 않기 위해서라도 나의 관점으로 직접 대상을 바라보는 것을

---

2) 예를 들어 1962년 열정적으로 와카오 아야코에 대해 언급한 소설가 야마카와 마사오를 기억해야 한다. 『영화평론』 1962년 7월 합병호 「마스무라 야스조의 개성과 에로티시즘 — 주로 《아내는 고백한다》에 관해」(동수사판 전집 제5권, 1970년, 300~321쪽)에서 그는 《아내는 고백한다》 속 와카오 아야코가 연기한 아야코란 인물에 대해 다음과 같이 서술하고 있다. "나는 그녀의 모든 것을 동원하고 종합한 저 '아야코'라는 유부녀와 완벽하게 겹쳐진 한 명의 '여자'가 살아 있는 것을 보았다. 화면에는 여자의 나체가 강렬한 에로티시즘과 함께 움직이고 있었다. 숨 막힐 정도로 생기 있고 아름다운 한 여성을 보았다. 이 영화 속 와카오 아야코의 아름다움은 결코 그녀의 나이나 기술 등 우연만으로 만들어진 것이 아니다. 한 '여자'의 모습에 와카오 아야코의 매력이 더해져 그 아름다움이 배가된 것이 아닐까?"(307쪽) 와카오 아야코가 연기한 주인공이 남성 관객으로 하여금 한층 더 남성으로서의 자기 동일성을 강조하여 쾌락적인 것을 확인하고, 그 결과 '여자'의 영원한 본질이라는 환상을 엿보게 하는 전형을 이 인용문에서 읽을 수 있다. 와카오의 영상을 본 야마카와는 영화에서 벗어나 다소 흐뭇한 어조로 자신의 여성관을 토로하기에 이른다. 지면의 제한으로 이 부분은 생략하겠지만 마지막으로 야마카와가 인용한 그의 친구이자 와카오 아야코의 열렬한 팬의 글을 소개하고자 한다. 왜냐하면 이 글에서 1960년대 일본의 보통 남성 관객이 갖고 있는 와카오 아야코에 대한 일반적인 이미지를 단적으로 알 수 있기 때문이다. "말할 것도 없이 만족했습니다. 그녀는 완전히 여자입니다. 그리고 나는 완전히 남자고. 그러니 잘 안될 리가 없죠. 더 이상 할 말은 없어요. 그런데 그녀는 이걸 알고 연기한 걸까요?"(306쪽)

자제하고, 감독 마스무라 야스조의 어깨너머로 그의 관점을 빌리는 것부터 시작할까 한다. 말할 것도 없이 마스무라 야스조는 와카오 아야코가 아이돌 스타에서 여배우로 성장하는 데 결정적인 역할을 한 영화사 다이에이의 감독이다. 그다음으로 나는 마스무라와 거리를 두고 반대로 그 시선 자체에 초점을 맞춰 논의를 계속하고자 한다.

스크린 속 연기는 엄밀하게 재생과 반복을 함께 요구받지 않는다. 극단적으로 말하면 어느 순간 생각지도 못한 연기가 불꽃처럼 타오르면 그것을 놓치지 않고 필름에 담을 수 있도록 모든 준비를 갖춰야 한다.

찍는 쪽과 찍히는 쪽이 현장에 들어오기 전에는 전혀 기대 혹은 예상하지 못한 박진감 있는 연기가 어느 순간 양자의 대결을 통해 비현실적으로 생겨날 때가 있다. 일단 영상으로 촬영되면 그것은 영원히 기록으로 남는다.

영화사 속 배우와 감독의 만남에 대해서도 비슷한 이야기를 할 수 있을 것이다. 조셉 폰 스턴버그(Josef von Sternberg, 1894~1969)와 마를레네 디트리히(Marlene Dietrich, 1901~1992), 장 뤽 고다르(Jean-Luc Godard, 1930~)와 안나 카리나(Anna Karina, 1940~2019), 호금전(胡金銓, 1931~1997)과 서풍(徐楓, 1950~)처럼 우리는 세계 영화사에서 이미 신화가 된 이들이 얼마나 훌륭한 작품을 남겼는지 알고 있다. 촬영소 시스템 내의 특정한 인맥 관계나 배우 모집을 선전하는 저널리즘 등의 구체적인 요소는 말할 것도 없다. 보다 중요한 것은 그들의 만남을 지지하고 압도적인 형태로 신화화하는 관객의 힘, '시대'의 요청이다.

그도 그럴 것이 만남은 언제나 우연하게 일어나고, 엄밀하게 인과율에 따라 분석할 수 없기 때문이다. 일단 만남이라는 사건이 일어나면 그것은 움직일 수 없는 사실이 되고 나중에는 운명처럼 보인다. 영화사 속 만남은 독자적인 변증법을 갖고 있다. 만약 디트리히라는 뛰어난 배우를 만나지 못했다면 스턴버그는 지금 우리가 알고 있는 그 스턴버그가 될 수 없었을지도 모른다. 디트리히 역시 오늘날까지 이만큼의 신화적 명성을 구가할 수 있었을지 알 수 없는 일이다. 고다르와 카리나, 호금전과 서풍도 마찬가지다. 그들은 어느 시대의 영화 환경 속에서 우연히 만나 기적과도 같은 걸작을 만들었다. 그때 그 자리에 없었던 우리들은 그 만남의 궤적을 더듬어 찾아가는 수밖에 없다.

20세기가 끝나가던 마지막 10년의 기간 중에 운 좋게도 안나 카리나, 서풍과 대화할 기회가 있었다. 카리나는 고다르와 친밀했던 시절을 그리운 듯 떠올리며 그가 진짜 천재였다고 말했다. 서풍은 자신과 작업하지 않게 된 이후 호금전의 추락이 시작됐다고 했다. 만남을 통해 감독들은 자신의 경력에 다시없을 귀중한 체험을 했고 동시에 여배우들은 한층 성장했으며, 오늘날까지 그 작품들이 회자될 수 있었다.

마스무라 야스조와 와카오 아야코의 관계도 비슷하다. 그들은 다이에이에 소속된 감독과 배우로서 일본 영화 산업이 절정에 달했던 1950년대 후반에 만났고 다이에이가 재정적인 곤란에 접어들 무렵인 1960년대 후반까지 함께 작업했다. 물론 당시는 스튜디오 시스템을 통해 대량으로 영화가 제작되던 시대였기에 두 사람은 각자 다른 영화에 참여했었다. 하지만 마스무라와 와카오가 함께했던 스무 편의 영화는 그들의 필모그래피에서 적지 않은 편수를 차지할 뿐만 아니라 대부분 질적으로 뛰어나다. 마스무라 야스조를 만나지 않았다면 와카오 아야코는 배우로서 개화하지 못했을 것이다. 마스무라 야스조 또한 회사의 제작 방침에 따라 어쩌다 와카오 아야코라는 인재와 작업했고, 그 만남이 없었다면 10년 동안 이렇게까지 전설적인 영화를 세상에 내놓을 수는 없었을 것이다. 와카오 아야코는 마스무라와 결별한 후 약 2년간 스크린을 떠났으나 이후 TV 드라마와 연극 무대로 활동 영역을 옮겼고, 마스무라는 작품마다 매번 와카오 아야코를 대체할 여배우 찾기를 반복했다. 한 여배우를 오랫동안 카메라에 담는 사치는 스튜디오 시스템이 붕괴하고 감독들이 프리랜서가 된 1970년대 이후에는 생각할 수 없는 일이었다. 그런 의미에서 마스무라와 와카오의 만남은 개인의 경력이라는 차원을 넘어 일본 영화사라는 역사적 문맥에서 일어난 사건이었다.

지금부터는 이 두 사람의 만남이 '운명적'으로 실현되기까지 각자 어떠한 준비과정을 거쳤는지 살펴보고 만남 이후 어떠한 변증법이 구체적으로 작동했는가를 검증하고자 한다. 마스무라는 조감독 수업 후 로마 유학을 계기로 일본 영화의 '감상적인' 경향을 비판했다. 그는 이탈리아의 네오리얼리즘 영화에 상응하는 무언가를 일본에서 만들기 위해 캔버스가 되어줄 여배우를 열심히 찾아다녔다. 한편, 와카오는 '성전(性典) 영화'3) 의 흥행에 힘입어 당시 아이돌 여배우로서 최고의 인기를 구가하고 있었으나 성숙한 연기의 경지에는 아직 도달하지 못했다. 두 사람이 만나기 전 어떤 일이 있었는지를 살펴보는 것은 이후에 있을 대약진을 이해하는 데 유의미한 작업이 될 것이다.

---

3) 역주: 청춘물의 파생 장르로 특히 고교생의 성(性)에 대한 고민을 소재로 한 영화.

2장
마스무라 야스조의
일본 영화 비판

　마스무라 야스조는 1957년에 《입맞춤》으로 감독 데뷔를 하기 이전부터 일본 영화에 대해 비판 의식을 품고 있었다. 1953년부터 1955년까지 로마의 실험영화센터에 유학 중이던 마스무라는 당시 유행했던 네오리얼리즘을 접했고 그의 생각은 점점 강한 확신이 되었다. 심지어 이 감정에는 초조함과 분노가 더해졌다. 학업이 끝날 무렵, 마스무라는 이탈리아의 영화 연구지에 기고한 「일본 영화사」(日本映画史)1)에서 일본 영화를 가

---

　1) Yasuzo Masumura, "Profilo Storico del Cinema Giapponese, Testi e documenti per la Storia del Film," curato da Guido Cincotti, *Bianco e Nero*, November/December 1954, Roma. 후지이 히로아키 감수, 『영화감독 마스무라 야스조의 세계』, 와이즈 출판, 1999, 71~95쪽에 번역이 수록되어 있다. 이탈리아어로 처음 집필된 이 기념비적인 일본 영화사의 의의에 대해서 나는 1996년 3월 로마의 일본문화센터에서 개최된 마스무라 야스조 회고 상영 당시 'Masumura Yasuzo e Italia'라는 제목으로 강연을 했다. 요모타 이누히코, 「마스무라와 이탈리아」(『예술학 연구』 제6호, 메이지가쿠인논고 581호, 1996년)

차 없이 비판한다.

예를 들어 마스무라에 따르면, 일본의 하이쿠는 에이젠슈타인의 주장대로 몽타주 이론을 구현하고 있지만, "하이쿠의 정신은 압제적인 지배구조의 사회 현실에 대항하는 것을 기피하고 조용하고 평온한 자연 안에서 안식을 찾아 도피하려" 하며, 그 때문에 일본인은 정적인 혹은 서정적인 정경을 몽타주할 수 있어도 "운동의 현장에서 몽타주를 만들어낼 수 없고 대사를 빠르게 처리하지 못한다."2) 그 결과 일본 영화의 몽타주는 푸도프킨이 이론적으로 구축한 서구 영화의 몽타주와 전혀 다른 것이 되었다고 마스무라는 주장한다.

이러한 일본 영화의 편파성은 여성을 그릴 때도 현저하게 드러난다. 가령 일본에서는 2차 세계대전 이전부터 할리우드의 유명한 모성 멜로드라마 《스텔라 달라스》(Stella Dallas, 1937)를 모방해 "순결한 엄마의 애정을 찬미하는" 영화가 일본인의 정서에 맞춰 대량으로 제작되었다. 전쟁 전 일본 여성을 가로막고 있던 전제적(專制的)인 가부장제도가 억압적인 상황을 만들었고, 여기에 걸맞게 한없이 이타적이고 자기희생적인 여성을 규범화한 멜로드라마가 탄생하였다. 이는 19세기 말에 생긴 연극장르인 신파가 어느새 원래 품고 있던 사회 변혁의 에너지를 상실한 채 감정적이고 감상적인 멜로드라마로 타락해간 과정과 궤를 같이한다. "일본의 감독들은 감상적인 사랑과 모성애를 시(詩)처럼 묘사하고 거기에 서정적인 시골 풍경을 곁들여 섬세한 감수성을 다듬어왔다. 다시 말해 시적이고 현실에 관여하지 않는 태도는 가혹한 사회생활로부터 적극적으로 도피하려는 의사 표시이며, 결과적으로 일본 영화의 시적인 미는 외부로

---

2) op. cit., p.19.

향하는 북돋움이 아니라 오히려 유약하고 감상적인 소질에 의해 만들어진 것이라 할 수 있다."[3] 마스무라가 이렇게 생각한 데에는 아마도 이탈리아 유학 전 '모성 영화'를 연출한 고이시 에이이치(小石栄一, 1904~1982)의 조감독을 했던 경험이 영향을 미쳤을 것이다.

마스무라의 논의에는 그때까지 일본인이 단 한 번도 마음껏 자유를 만끽하지 못한 채 국가와 사회에 복종해왔다는 생각이 깔려 있다. 개인이 개인으로 성립하지 않는 사회에서 만들어지고 소비되는 영화는 자연스럽게 개인을 그리려고 하지 않는다. "일본 영화의 등장인물들은 추상적이고 개성이 부족해 생동감이 없으며, 외부로부터 행동과 정보에 제한을 받아왔다."[4] 마스무라는 이러한 경향이 제2차 세계대전 후에도 본질적으로 변하지 않았다고 주장했다. 가장 확실한 예로 쇼치쿠(松竹)의 홈드라마는 본래 타파했어야 할 전쟁 전의 전통적 리얼리즘 문제를 소홀히 하고 자신의 껍질 속에 숨기 좋아하는 일본인에게 걸맞은 '내면적 리얼리즘'을 작품의 기조로 삼았다. 마스무라 야스조는 결론적으로 일본 영화는 "왜곡된 사회의 산물"이며 "운명론, 자연애, 잔학성, 섬세한 미적 감수성, (여성적인) 신비주의, 느슨한 시간 감각"과 같은 말로 요약할 수 있다고 역설했다. 일본 영화에는 사회 조직의 결점에 대한 자유로운 비판도, 조소도, 풍자도 없었다. 또한 중층적인 억제와 굴절을 사용한 나머지 예술의 근저에 있어야 할 "남성적인 것"[5]을 결여하고 있는 건 아닐까. 참고로 이 문장의 마지막 표현은 나중에 "일본 영화 속 여성중심주의"[6]라는 주

---

3) ibid., p.16~17.
4) ibid., p.20.
5) ibid., p.40.
6) 마스무라 야스조, 「너무나 아마추어적—영화작가가 희망하는 영화 비평이란」(『키네마

장으로 요약되었다. 이는 논리와 고독한 에고이즘, 강렬한 자아를 경멸하고 "무드와 연대 안으로 빠진다"는 점에서 사회파 영화를 포함해 언뜻 여성 영화로 볼 수 없는 작품에서조차 발견할 수 있는 일본 영화 전체의 분위기이다.

일본 영화에 대한 마스무라의 가차 없는 비판 의식은 귀국 후 신인 감독으로 각광을 받고 나서도 결코 변하지 않았다. 오히려 현장 경험이 더해지면서 그의 확신은 점점 더 강해졌고 전후 신세대를 대표하는 긍지와 함께 적극적인 선언으로 알려졌다. 1958년 봄, 네 번째 연출작 《빙벽》(氷壁, 1958)을 준비하던 마스무라는 「어느 변명 – 정서와 진실과 분위기에 등을 돌리고」(ある弁明–情緒と真実と雰囲気に背を向けて)라는 에세이를 발표했다. 군데군데 다소 뜬금없는 표현이 있기는 하지만, 이를 차치한다면 34세의 신인 감독이 지닌 한결같은 마음가짐이 강하게 느껴지는 아름다운 문장이다.

"나는 정서를 싫어한다. 왜냐하면 일본 영화의 정서라는 것은 억제이고 조화이며 체념인 데다가 슬픔, 패배, 도주이기 때문이다. 일본인은 다이내믹한 약동, 대립, 사투, 기쁨, 승리, 추격을 정서로 생각하지 않는다."[7]

"우리들 일본인은 먼저 자기를 버리지 않고 최대한 주장하는 것부터 배워야 한다. 억제와 희생이라는 회색에서 벗어나 자기주장의 현란한 원색으로 돌아가자. 어차피 저항 많은 일본의 현실에서 원색은 금방 퇴색하고 더러워지기 때문이다."

준보』, 1967년 2월 하순호), 후지이 히로아키 감수, 앞의 책, 149쪽.

7) 이하의 인용은 마스무라 야스조, 「어떤 변명」, 후지이 히로아키 감수, 앞의 책, 117~118쪽.

"내가 그리고 싶은 것은 총명하게 현실을 계산해 넘치거나 부족함 없이 욕망을 표현하는 착실한 인간이 아니다. 나는 인간적인 인간은 그리고 싶지 않다. 수치도 체면도 없이 욕망을 표현하는 광인을 그리고 싶다."

마스무라는 이러한 의도로 '정서', '진실', '분위기'로부터 등을 돌려 세 편의 영화를 감독했다고 밝혔다. 《입맞춤》의 젊은 커플(가와구치 히로시, 노조에 히토미), 《명랑 소녀》 속 청소부의 딸(와카오 아야코), 《난류》(暖流, 1957)의 간호사(히다리 사치코) 등의 인물들이 전형적인 예이며, "살려는 인간의 의지와 정열만을 과장해서 그리는 것"만이 목적이었다. 이와 관련해 마스무라는 "환경에 구속되지 않는 청춘과 연애에 목매는 모습을 주시하고 싶었다"고 설명했다.

무엇보다 이러한 연출관이 형성된 것은 그가 본보기로 삼았던 선배 감독들의 현장에 조감독으로 참여했던 경험이 있었기 때문임을 간과해서는 안 된다. 마스무라는 일본 영화의 정서를 부정적으로 바라보았지만, 예외적으로 구로사와 아키라(黒澤明, 1910~1998)와 미조구치 겐지라는 두 감독에 대해서만큼은 정밀한 비평 작업을 수행했다. 여기서는 그들이 어떻게 여성을 그렸는가에 초점을 맞춰 마스무라의 관점을 소개하고자 한다.

우선 구로사와 아키라에 대해 마스무라는 그가 인간의 진실을 응시하기보다 무대 장치를 중시하고, 인간의 세태를 아름다운 그림으로 제시하는 것에 보다 관심이 있다고 규정한다. 여성도 예외는 아니어서 열정적으로 파멸하거나 미쳐 죽거나 하는 일은 없다. 그녀들은 남자들과 마찬가지로 의지가 있고 용감하며 비장한 호걸로 그려진다. 결코 성적으로 타락한 마성의 여자가 아니다.

한편, 미조구치에 관해서는 그의 후기 작품에 마스무라가 조감독으로 참여한 경험이 있었기에 보다 친밀한 지점에서 평가하고 있다. 미조구치는 구로사와와는 대조적으로 아름다움보다는 진실을 탐구한 감독이며, "철저하게 벌거벗겨진 인간의 실체는 때로는 추하고 무섭고 질척한 집념, 지독한 이해타산, 얼음처럼 차가운 냉정함이 계속해서 드러나 도저히 아름답다고 말할 수 있는 것이 아니다."[8] 미조구치를 템포가 느리고 정서적인 작가라고 생각하는 것은 잘못됐다. 그는 인간의 본질이 본능에 있다는 관점에서 격동적으로 흐르는 듯한 움직임의 아름다움과 예상치 못하게 폭발하는 감정을 묘사하는데, 이 때문에 "일본적 정서를 그리면서도 거기에 빠지지 않고 지극히 보편적인 인간성의 시와 진실을 추구할 수 있었다." 그런 의미에서 마스무라는 스승과도 같은 미조구치를 "가장 일본적인 작가"[9]라고 결론 내린다. 이 한 대목만을 보면 꽤 기발한 평가 같지만 이미 이탈리아어로 발표한 「일본 영화사」의 내용을 알고 있는 독자라면 이 글의 아이러니를 알아차릴 수 있을 것이다. 마스무라는 "여자만큼 구체적인 존재는 없다"[10]라고 단언한다. 미조구치가 신파와 리얼리즘 사이를 왕복하며 "여자를 한계 직전의 상황까지 아슬아슬하게 밀어붙여 끈질기게 응시하는 수법"으로 그린 것은 그러한 여성의 본질이었다.

하지만 한편으로 마스무라는 미조구치의 본능주의가 현대 사회를 그릴 때 크나큰 한계에 직면한 것도 날카롭게 간파했다. 다시 말해 현대에

---

8) 마스무라 야스조, 「장대하면서도 비장한 영화 작가 구로사와 아키라」(『키네마 준보』, 1974년 5월 하순호), 후지이 히로아키 감수, 앞의 책, 33쪽.

9) 마스무라 야스조, 「본능의 작가 – 미조구치 겐지」(『키네마 준보』, 1958년 5월 상순호), 후지이 히로아키 감수, 앞의 책, 39쪽.

10) 마스무라 야스조, 「거장의 만년」(『키네마 준보』, 1961년 9월 하순호), 후지이 히로아키 감수, 앞의 책, 40쪽.

서 여성 또한 남성과 마찬가지로 사회적인 존재이며 더는 순수한 본능의 화신이 아니다. 지금의 사회를 쌓아 올린 추상적인 관념을 스크린에 그리려면 미조구치가 선택한 리얼리즘만으로는 충분치 않으며 그 때문에 그가 만년에 찍은 《양귀비》(楊貴妃, 1955), 《신 헤이케 이야기》(新 平家物語, 1955), 《적선지대》(赤線地帯, 1956)는 "리얼리스트의 명예로운 패배"11)였다고 냉정하게 평가했다. 마스무라는 거론한 세 작품에 모두 조감독으로 참가해 미조구치의 연출을 가까이에서 볼 수 있었다.

이때의 현장 체험이 큰 힘이 되었고, 이탈리아 유학 시절 다소 추상적으로 생각하고 있었던 일본 영화 비판에 현장 경험이 더해져 마스무라 야스조의 내면에 영화감독으로서 독자적인 노선을 걷겠다는 결심이 생겨났다. 그것은 미조구치가 결국에 도달하지 못했던 관념으로서의 인간을 스크린에 그리는 것이었다. 조금 더 단적으로 말하면, 마스무라는 로베르토 로셀리니나 루키노 비스콘티 등 이탈리아 네오리얼리즘 감독들이 포착한 로마와 시칠리아의 여자들처럼 완강한 의지와 욕망을 지니고 확고한 개인으로서 긍정적으로 살아가는 여성을 일본 영화에서 그리는 것을 최우선 과제로 삼았다. 이를 위해서는 미조구치가 천재적인 연출력과 롱테이크를 통해 복잡 미묘한 감정적 기교로 그려낸 여성이 아니라 이를 배제한 상태에서 나타나는 "모든 감정을 단순하고 솔직하게 표현"12)할 필요가 있었다. 비유하자면 우아한 터치로 그린 두루마리 그림을 큐비즘 회화로 바꾸는 것에 맞먹을 만큼 무리한 작업이라고 말할 수도 있다.

이렇게 해서 미조구치가 평생 영화감독으로서 그리고자 했던 여성의

---

11) 위의 책, 40쪽.
12) 마스무라 야스조, 「어떤 변명」, 후지이 히로아키 감수, 앞의 책, 119쪽.

본능은 일단 인간이라는 관념의 그물망에 걸리지 않고 현대 사회의 추상성을 전제로 한 형태로 새롭게 재편성되었다. 미조구치가 그토록 탐닉했던 신파 이야기, 즉《폭포의 흰 줄기》(瀧の白絲, 1933),《종이학 오센》(折鶴お千, 1935)의 원작인 이즈미 교카(泉鏡花, 1873~1939)의 소설은 아름답기는 하지만 허무하고 실재감을 결여하고 있었기 때문에, 마스무라는 대신 욕망을 전면적으로 긍정하는 다니자키 준이치로의 이야기를 도입했다.

하지만 마스무라와 다니자키의 인연을 지금 설명하기에는 조금 빠른 감이 있으므로 나중으로 미루도록 하겠다. 마스무라의 준비가 완전히 끝난 상황에서 우리는 드디어 와카오 아야코의 출현을 볼 수 있게 된다. 다음 장에서는《명랑 소녀》를 통해 마스무라와 운명적으로 만난 와카오 아야코가 과연 어땠는지를 순서대로 서술하려 한다.

3장
스타, 와카오 아야코

와카오 아야코가 1951년 하세가와 가즈오(長谷川一夫, 1908~1984)[1]의 소개로 다이에이 영화사에 제5기 뉴페이스로 입사했을 때 사장인 나가타 마사이치(永田正一, 1906~1985)가 '낮은 봉우리의 꽃'[2]이라고 말한 일은 이미 잘 알려져 있다. 일반적으로 영화 스타가 관객에게 '높은 봉우리의 꽃'으로 여겨지는 것과 달리 와카오는 '누구라도 만질 수 있는 것이 장점'이었다.

이 시기 야마모토 후지코(山本富士子, 1931~)는 아직 다이에이에 입

---

1) 역주: 가부키 배우 출신으로 영화계 데뷔는 쇼치쿠에서 했지만 이후 도호를 거쳐 1950년부터 은퇴할 때까지 다이에이의 간판스타로 활약했다. 반도 쓰마사부로, 오코치 덴지로, 아라시 간주로, 가타오카 지에조, 이치가와 우타에몬과 함께 '시대극 6대 스타'로 꼽힌다.

2) 『키네마 준보 증간, 일본 영화배우전집, 여배우편』, 키네마 준보사, 1980년, 753쪽.

사하지 않았다. 미스 일본 출신인 야마모토가 나가타 사장을 통해 스타로 데뷔하고 고귀한 분위기의 외모를 살려 기누가사 데이노스케(衣笠貞之助, 1896~1982)의 신파 영화 등에서 몰락한 양갓집 규수를 연기한 것은 1953년 이후의 일이다. 하지만 이를 별개로 하더라도 와카오를 '낮은 봉우리의 꽃'으로 꿰뚫어보고 다이에이에 입사시킨 나가타는 확실히 제작자로서의 독특한 직감을 갖고 있었다. 그는 관객과 거리를 둠으로써 스타가 신성한 존재가 된다는 것을 이해했고, 동시에 '옆집 언니'처럼 관객이 편하게 심리적으로 동일화할 수 있는 스타의 대중적 측면도 간과하지 않았다.

데뷔 때부터 와카오 아야코는 서민적인 분위기의 배우로 인식되었다. 예를 들어 《실없는 놈》에 출연한 소설가 미시마 유키오는 와카오의 '포동포동하고 귀여운 얼굴'에 대해 "그것이 리얼리즘 이전에 달콤하고 기분 좋게 완성된 행복을 넌지시 비추고 있기에 인간은 어떻게 해도 그런 얼음딸기 같은 맛을 이길 수 없다"고 서술했다.[3]

---

3) 미시마 유키오, 「와카오 아야코 찬가」, 『주부의 벗』, 1962년 4월, 신조사판 전집 제30권, 1975년, 221쪽. 참고로 와카오 아야코는 미시마가 이 에세이를 집필한 시점에 이미 그의 소설을 영화화한 《너무 길었던 봄》(1957)과 《아가씨》(1961)에 주연으로 출연했고 나중에 《짐승의 장난》(1964)에서도 주인공을 맡는다. 1960년, 미시마가 도쿄대학 법학부 시절 같은 학년이었던 마스무라 야스조의 《실없는 놈》에서 와카오와 러브 신을 연기한 것은 잘 알려져 있다. 미시마는 이 영화 출연을 바탕으로 단편 『스타』를 집필했다. 이 소설에 등장하는 미모의 스타와 추한 얼굴의 매니저의 관계는 미시마의 유작 장편 『천인오쇠』(天人五衰, 역주: 연작 소설인 『풍요의 바다』(豊穣の海) 중 4부에 해당)의 도루와 미친 여자 기누에로 반복된다. 여기에 인용한 미시마의 와카오론은 《아내는 고백한다》에서 와카오가 배우로서 절정에 올랐을 때 집필됐다. 배우로서 그녀의 소질과 가능성을 냉정히 분석하고 공감하며 격려하는 논조는 같은 시기 야마카와 마사오가 와카오 아야코에 대해 쓴 절절한 존경의 글(앞에 언급)과 좋은 대조를 이룬다. 미시마는, 배우는 자신의 "얼굴이 세간으로부터 사랑받으면 받을수록 그 얼굴과 싸워야 하"는데, 와카오 아야코는 그 싸움에서 보기 좋게 이겼다

서민성, 친근함, 얼음 딸기, 그리고 하녀의 얼굴. 와카오와 같은 해인 1951년에 도호(東宝)에 입사한 오카다 마리코(岡田茉莉子, 1933~)가 차가운 미모를 내세워 기타가마쿠라(北鎌倉)의 부잣집 딸을 연기한 《무희》(舞姬, 1951)로 데뷔하고, 다카라즈카 가극단 출신인 야치구사 가오루(八千草薫, 1931~2019)가 청초하고 화사한 분위기로 연기 활동을 시작했음을 생각해보면, 1950년대의 와카오 아야코에게 부여된 스타 이미지가 어떤 것인지 자연스럽게 이해된다. 1952년에 데뷔했을 당시 그녀에게 처음으로 주어진 것은 당시 다이에이의 멜로드라마 노선의 중심이었던 '모성 영화'에 수없이 등장하는 딸 역할이었다. 《죽음의 거리를 벗어나》(고이시 에이이치)는 남편을 잃고 구만주에서 돌아온 가족의 고난을 그린 영화로 와카오는 남자처럼 머리를 짧게 자른 채 등장한다. 《모자학》에서는 미마스 아이코(三益愛子, 1910~1982)와 에리 지에미(江利チエミ, 1937~1982)[4]가 연기하는 모녀를 곁에서 도와주는 역할로, 실은 미마스가 오래전에 생이별한 딸로 등장한다. 이 두 작품에서 와카오는 공통적으로 여성들로 이뤄진 공동체에서 가장 어린 인물을 연기한다. 이후 1953년에 제작된 《십대의 성전》으로 스타로서 와카오의 인기는 굳건해진다.

《십대의 성전》(시마 고지)은 남녀 공학 고등학교를 무대로 여고생들이

고 찬사를 보냈다.

　4) 역주: 일본의 가수 겸 배우(1937~1982). 미소라 히바리(美空ひばり, 1937~1989), 유키무라 이즈미(幸村いづみ, 1937~)와 함께 '세 소녀'라 불리며 한 시대를 풍미했다. 10대 때부터 당시 일본에 주둔 중이던 미군 캠프를 중심으로 재즈 가수 활동을 시작하여 주둔군의 아이돌로 사랑받던 중 14세가 되던 해인 1951년 11월에 킹레코드에서 싱글 데뷔곡을 녹음했다. 이보다 앞선 6월 지에미는 《맹수 조련 소녀》에 출연했고, '미소라 히바리 이후 등장한 천재 소녀'라는 평가를 받았다.

성이라는 미지의 문제에 어떻게 부딪혀 가는지를 유쾌하게 그린 작품이다. 일본 영화의 계보적 측면에서 볼 때 1930년대에 독일 영화 《제복의 처녀》(Mädchen in Uniform, 1931)로부터 영향을 받은 영화들이 제작되었는데, 《십대의 성전》은 그러한 '처녀 영화'의 전후파 버전이라고 할 수 있다. 와카오는 명랑하고 활발한 기운을 발산하며 아기 고양이 같이 애교 있는 17세의 소녀 히데코를 연기한다. 자신에게 연애편지를 보낸 남학생을 거절한 일로 그에게 따귀를 맞은 뒤 살짝 웃으며 손으로 뺨을 만지거나 선배 언니에게 동경의 감정을 느끼고 그녀의 사진을 방에 놓아둔 장면은 히데코의 성격을 단적으로 보여준다. 영화의 후반부에 다른 소녀들은 어딘가 어둡고 부자연스러운 분위기를 풍기며 절망적인 상황에 놓이지만, 오로지 와카오만이 생기 있고 행복감에 충만한 상태로 고교 3학년의 봄을 맞는다. 이렇게 해서 나가타 마사이치가 간파한 '낮은 봉우리의 꽃'이 멋지게 개화하고 대중적인 아이돌이 탄생했다. 《십대의 성전》은 좋은 평가를 받아 같은 해에 시리즈로 세 편이 제작되었고 와카오 아야코는 단숨에 '성전 여배우'로 등극한다. 다음 장에서 상세하게 소개하겠지만 마스무라 야스조는 스타가 본질적으로 젊음과 저속함으로 만들어지는 존재이며 평범한 작품과 평범한 연출가가 천천히 그녀를 스타의 자리에 올려놓는다고 보았다.5) 이때 그는 분명 1950년대의 와카오 아야코를 염두에 두고 있었다. 이미 스타가 된 와카오 아야코를 '부동의 스타로 만든' 작품이 미조구치 겐지의 1953년 작 《게이샤》와 3년 후 공개된 《적선지대》였음은 말할 것도 없다.

미조구치 겐지에게 《게이샤》는 전전(戰前)에 야마다 이스즈(山田五十

---

5) 마스무라 야스조, 「스타인 것과 아닌 것」, 후지이 히로아키 감수, 앞의 책, 138쪽.

鈴, 1917~2012)가 출연한 《기온의 자매》(祇園の姉妹, 1936)의 전후(戰後) 버전에 해당하는 소품이다. 와카오 아야코는 《게이샤》에서 전쟁 전에 게이코로 이름을 날렸던 엄마와 마찬가지로 마이코가 되기로 결심한 후 고구레 미치요(木暮実千代, 1918~1990)가 연기하는 미요하루의 제자로 들어가 1년 후 미요에라는 이름의 마이코로 화려하게 데뷔한다. 극 중에서 미요에는 가장 나이가 어린 전후 세대인데 그 때문인지 꼿꼿이 선생에게 헌법에 보장된 기본적 인권에 대해 집요하게 물고 늘어지며 질문을 하고, 여주인에게 건방지다고 혼이 나도 태연한 얼굴로 연회 자리로 돌아온다. 한편, 미요에와 미요하루가 부지불식간에 남성들의 교환 대상이 되고 미요에는 좋아하지도 않는 중년 남성을 접대해야 하는 상황에 처한다. 미요에는 자신에게 달려드는 남자의 혀를 물어뜯으며 저항하고 한바탕 소동이 벌어진다. 두 사람은 모든 연회 자리에 나갈 수 없게 되지만 미요하루가 예전부터 자신에게 구애하던 손님에게 몸을 허락하면서 표면적으로 문제는 해결된다. 사정을 알게 된 미요에는 격분하고 모두가 거짓말쟁이라며 미요하루를 강하게 비난한다. 하지만 결국에 두 사람은 화해한 뒤 가혹한 현실을 받아들이고 마이코의 길을 가기로 마음을 다잡는다.

이 영화에서 와카오 아야코가 연기하는 미요에는 순수하면서도 마음 가는 대로 행동하고 미숙하면서 미덥지 못한 모습을 보이는데, 이는 요염함을 풍기며 우울과 아양을 뒤섞은 듯한 미요하루의 분위기와 대비를 이룬다는 점에서 매우 흥미롭다. 그녀는 처음에 전전부터 내려온 봉건적인 규칙에 얽매여 있는 미요하루를 도발하고 전후 세대다운 저항을 보여주지만, 녹록하지 않은 현실에 좌절한다. 하지만 이러한 경험을 통해 미요하루의 희생을 이해하고 마이코로서의 각오를 다지게 된다. 《게이샤》는 17년 전 제작된 《기온의 자매》와 마찬가지로 어린 마이코가 성장해가는 이야기를 그리고 있지만, 한층 원숙해진 미조구치의 연출력에서 절제와 안정이 느껴진다. 영화의 후반 와카오 아야코가 미요하루의 말을 듣고 취객이 들고 온 아이스크림을 어슴푸레한 골목의 쓰레기통에 버리러 나가는데 어딘가 서둘러 나가는 자기 또래의 마이코를 우연히 보고 눈을 돌리려다 들키는 모습이나, 미요하루에게 뺨을 맞고 굳은 표정으로 가만히 서 있거나 미요하루와 마주치지 않으려고 반듯하게 무릎을 꿇고 앉아 있다가 사태의 진상을 알고 갑자기 미요하루에게 달려가 눈물을 흘리며 그녀를 껴안는 장면을 보면 미조구치의 연출력을 인정할 수밖에 없다. 이러한 장면에서 마스무라가 미조구치에게서 포착했던 것, 즉 어떠한 관념으로 환원되지 않는 구체성의 전형으로서의 여성이 생생하게 모습을 드러낸다.

미조구치가 3년 후에 찍은 유작 《적선지대》에서 와카오 아야코는 이미 여성으로서의 통과의례를 거친 뒤 남자들의 우둔함을 냉정하게 바라보며 당차게 살아남는 젊은 매춘부 야스미를 연기한다. 그녀는 동료들과 달리 결혼이나 가정에 아무런 환상을 갖지 않고 매춘 금지법의 시행에 대비해 돈을 모으는 데 여념이 없다. 온갖 수단을 동원해 남자에게서 공금을 뜯어내는가 하면 돈을 빌려준 모든 이들로부터 가차 없이 이자를 받고, 마지막에는 사창가와 거래하던 이불 가게를 인수한다. 야스미가 이렇게 행동하게 된 것은 부정부패 사건을 일으킨 부친의 보석금을 갚으려다가 인생을 망쳤다는 원한의 감정 때문이고 이것이 그녀를 냉정하게 만들었다. 와카오 아야코에게 야스미 역은 모험이나 마찬가지였다. 그녀는 이 역할에 도전하기 위해 촬영감독 미야가와 가즈오(宮川一夫, 1908~1999)의 조언을 얻어 입술과 눈썹을 일부러 옅게 칠하는 등 냉혹한 이미지를 만들기 위해 고심했다.

《게이샤》에 출연한 직후인 1954년, 다이에이는 그녀가 연기한 귀엽지만 강한 마이코 역을 재탕해 《마이코 이야기》(야스다 기미요시安田公義, 1911~1983)를 제작했다. 하지만 그러한 역할은 더 이상 이어지지 않았고 한동안 와카오 아야코는 다시 '젊음과 저속함'의 인기에 기대 《행복을 배달하는 딸》(기무라 게이고木村惠吾, 1955), 《딸의 혼담》(기무라 게이고, 1955) 등 가정 드라마나 청춘 영화 속 부잣집 딸을 주로 연기하는 듯했다. 그러나 3년 후 《적선지대》에서 닳고 닳은 냉혹한 역할을 해내면서 관객에게 강한 인상을 남겼고, 그런 그녀가 청순한 홈드라마에 다시 출연하는 것은 부자연스러워 보였다. 속된 말로 거장의 낙인이 찍힌 여배우는 그 체험을 항상 짊어진 채 전진해야 했고, 보다 출중한 연출가를 만날 때까지 오갈 데 없는 신세로 기다릴 수밖에 없었다.

1956년과 1957년, 다시 말해 《명랑 소녀》로 마스무라 야스조를 만나기 전까지 와카오 아야코는 그때까지 하지 않았던 다양하고 도전적인 역할을 맡아 자신의 길을 개척하는 듯했다. 이 시기 동안 그녀는 신감각파라 불린 이치카와 곤(市川崑, 1915~2008)의 《처형의 방》과 《니혼바시》에 캐스팅됐고, 다이에이 영화사의 교토 촬영소가 《지옥문》 다음으로 거액을 투자한 《주작문》에서 황녀 가즈노미야를 연기했다. 쇼치쿠가 제작하고 가와즈 요시로(川頭義郎, 1926~1972) 감독이 연출한 가정 멜로드라마 《눈물》도 이 시기 와카오가 출연한 작품이다. 이외에도 그녀는 미조구치 겐지의 장기였던 이즈미 교카의 원작을 영화화한 작품에 첫 도전장을 내밀었는데, 바로 이리에 다카코(入江たか子, 1911~1995)가 명연기를 선보였던 《폭포의 흰 줄기》의 리메이크작이다. 일련의 작품 활동 중에서 몇 가지를 간단히 언급하겠다.

이시하라 신타로(石原慎太郎, 1932~2022)의 소설이 원작인 태양족[6]

영화《처형의 방》에서 와카오 아야코는 긴 머리를 바짝 올려 묶은 모습으로 등장해 자존심 강하고 총명한 여대생 아키코를 연기한다.[7] 영화에서 와카오와 그녀의 친구는 수면제를 탄 맥주를 마신 뒤 가쓰미에게 강간당한다. 이때 침대에 엎드려 우는 친구와는 대조적으로 아키코는 가쓰미를 똑바로 노려보며 경찰에 신고하겠다고 말한다. 그렇다고는 하나 강한 자존심 때문에 행동에 옮기지 못하고, 대신 교제를 요구하고 사랑 고백을 바란다. 하지만 그녀의 소망은 이뤄지지 않는다. 상심한 아키코는 동료들과 싸움 도중 린치당하고 있던 가쓰미를 발견하고 칼로 찌른다. 메가폰을 잡은 이치카와 감독의 연출은 풍속 묘사에 치중한 나머지 깊이가 없고, 아키코의 내적 변화는 설득력이 부족하다. 카메라는 그저 그녀가 무언가 충격적인 상황으로 인해 말을 잃고 굳은 표정으로 있는 모습을 줄곧 반복해서 보여줄 뿐이다. 여기에서 미조구치와는 대조적으로 인간의 행동을 단순하고 추상적인 형태로 표현하려는 감독의 실험적인 의도가 느껴지기는 하나 아무리 봐도 와카오라는 배우를 제대로 활용하지 못했다는 인상을 지울 수 없다.

《폭포의 흰 줄기》(시마 고지島耕二, 1901~1986)는 와카오 아야코에게 이즈미 교카 영화의 첫 도전작으로, 그때까지 야마모토 후지코가 이즈미 교카의 소설을 영화화한 작품에 독점적으로 출연하고 있었음을 생각

---

6) 역주: 이시하라 신타로가 1955년 발표한 단편 「태양의 계절」에서 파생된 유행어. 「태양의 계절」은 유복한 가정에서 자란 젊은이들의 자유분방함과 성적 일탈을 그렸으며 발표 당시 전후 세대에 대한 적나라한 묘사와 이야기에 윤리성이 없다는 이유로 찬반 논란을 일으켰다. 이시하라는 이 작품으로 34회 아쿠타가와상을 수상, 일약 스타 작가가 되었다.

7) 역주: 저자에 따르면 이 영화에서 와카오 아야코의 머리 스타일은 두 가지 측면을 상징한다. 즉 긴 머리는 순종적인 면, 그러한 긴 머리를 바짝 올려 묶은 것은 활동적, 공격적인 면을 동시에 가지고 있음을 암시한다.

하면 나름대로 흥미롭다. 하지만 미조구치가 연출한 1933년판 《폭포의 흰 줄기》와 비교하면 믿을 수 없을 정도로 평범하기 그지없다. 전작의 명성을 의식한 탓인지 각본의 집필 단계에서 이야기가 대대적으로 바뀌어 와카오가 연기하는 '물 곡예사' 다유는 재판에서 승소하고 검사(스가와라 겐지)와 결혼한다. 너무나도 서민적인 결말이다. 시마 고지 감독은 신파 연극처럼 와카오에게 과장된 표정 연기를 시켰고, 그 때문에 미조구치의 버전에서 주연 배우 이리에 다카코가 보여줬던 괴로움과 황홀이 뒤섞인 듯한 감정의 표현은 기대할 수 없다. 전후 사회의 문맥에서 신파 연극을 민주적으로 해석하고자 했던 시도는 이렇게 미조구치의 영화로부터 퇴보하면서 끝나고 말았다.

《니혼바시》의 이치카와 곤은 색채와 조명으로 전대미문의 실험을 보여준다. 그는 이전의 신파와 가부키가 정형화했던 색채 미학과 공간 구성을 가볍게 무시하고 검은색을 기조로 원색을 산란시키는 표현주의적인 화면을 두 시간 가까이 펼쳐 보인다. 아름다운 두 여배우 아와시마 지카게(淡島千景, 1924~2012)와 야마모토 후지코가 주연인 이 영화에서 와카오 아야코는 가련한 게이샤 오치세를 연기한다. 안타깝게도 감독은 작품 자체에 공들인 나머지 여배우의 매력을 충분히 살려내지 못했다.

마지막으로 가와즈 요시로 감독이 쇼치쿠에서 찍은 《눈물》에 대해 언급하고자 한다. 이 영화를 통해 와카오는 전속 회사 다이에이가 아닌 다른 영화사의 제작에 처음으로 참여한다. 미조구치 겐지가 큰 힘을 발휘하지 못했던 쇼치쿠는 전전과 전후를 통해 가정 멜로드라마를 다수 제작했다. 이러한 경향의 연장선에 있는 《눈물》에서 와카오는 수수하고 가난한 서민의 딸을 연기했다. 공금 횡령으로 징역을 살고 난 뒤 갈 곳 없이 떠도는 유랑 단원이 된 부친과 자살한 엄마, 떠돌이 오빠. 와카오가 연기하는 여공 시즈코는 불행한 가정에서 삼촌의 손에 자라고 주눅이 든 채 생활한다. 그리하여 좋아하는 남자가 아닌 삼촌의 가족이 주선한 남자와 중매결혼을 하지만 그 속에서 소소한 행복을 맛본다. 와카오가 항상 가족과 연장자에게 보호받는 미숙한 여성을 도맡아왔음을 생각하면 이 영화는 예외적이다. 《눈물》에 대해서는 다음 장에서 보다 자세하게 서술할 예정이다. 이 작품이야말로 마스무라 야스조가 혐오했던 일본 영화의 악습을 구현한 가정 드라마이다.

4장
《명랑 소녀》에서
《아내는 고백한다》까지

마스무라 야스조와 와카오 아야코가 처음으로 함께 작업한 《명랑 소녀》는 데뷔작 《입맞춤》에 이은 마스무라의 두 번째 연출작이다.

《입맞춤》은 가와구치 마쓰타로(川口松太郎, 1899~1985)[1]의 소설이 원작으로 흔하디흔한 최루성 인정극이다. 노조에 히토미(野添ひとみ, 1937~1995)가 연기하는 여주인공이 아버지의 보석금을 마련하기 위해 몸을 팔려고 하는 설정은 미조구치 겐지의 《적선지대》에서 와카오가 연기한 매춘부 야스미의 이야기와 별반 다를 바 없다. 하지만 마스무라 야스조는 이 음울한 이야기를 두 소년 소녀가 가족이라는 과거에서 벗어나

---

1) 역주: 소설가, 극작가로 시대와 장르를 가리지 않고 다양한 대중 소설을 집필했다. 1947년에 다이에이 제작 담당 전무로 취임하면서 영화계에도 큰 업적을 남겼다. 배우 미마스 아이코와는 공공연한 내연 관계였고 둘 사이에서 태어난 가와구치 히로시는 후에 다이에이의 간판 스타 배우가 된다.

개인으로서 맞닥뜨리는 강렬한 욕망의 이야기로 바꾸어 빠른 템포의 건조한 청춘 영화의 틀로 풀어냈다. 작품은 상업적으로 성공하지 못했지만, 신인 감독 마스무라의 존재를 강렬하게 각인시켰다.

겐지 게이타(源氏鶏太, 1921~1985)가 월간 『명성』(明星)에 게재했던 소설을 영화화한 《명랑 소녀》에서도 정도의 차이는 있으나 《입맞춤》과 비슷한 시도가 보인다. 주인공 유코는 첩의 자식으로 고등학교 졸업 후 아버지의 집이 있는 도쿄로 가게 된다. 하지만 계모와 세 남매는 그녀를 식모 취급하며 괴롭히고, 결국 유코는 온갖 구박과 시련을 겪은 뒤 엄마를 찾아 아버지의 집을 떠난다. 대강의 줄거리만 놓고 보면 영화는 진부하고 전형적인 신데렐라 이야기를 연상시키는 가정 멜로드라마다. 와카오 아야코가 《명랑 소녀》의 바로 전년도에 출연한 《눈물》 또한 불행한 가정에서 고아나 마찬가지로 자란 소녀가 고생 끝에 작은 행복을 찾는 이야기였기에, 한때 와카오가 하녀의 얼굴을 가진 배우라는 평가를 받은 것은 이 두 작품 때문이 아닐까 생각된다.

마스무라 야스조와 각본가 시라사카 요시오(白坂依志夫, 1932~2015)는 각본을 집필하는 단계에서 겐지 게이타 소설의 플롯을 전혀 예상치 못한 방향으로 수정했다. 유코는 자신을 좋아하는 두 남자로부터 오빠처럼 자상한 도움을 받으며 당당하게 자신이 결정한 대로 살아간다. 그녀는 매정한 아버지를 향해 아내를 진심으로 대하고 가정을 소중하게 지키라고 설교하는가 하면 가장 어린 의붓동생에게 "이제 누나가 아니고 남이야!"라고 말한 뒤 집을 나온다. 이 장면에는 그 어떤 사소한 감상조차 끼어들 틈이 없으며 영화는 건조한 유머와 상쾌한 분위기로 마무리된다. 사실 생기발랄하고 명랑하게 유코 역을 연기한 와카오 아야코에게도 《명랑 소녀》의 플롯은 생소했던 것 같다. 그도 그럴 것이 이 책의 집필을 위해 진행했던 인터뷰에서 와카오는 이 영화가 이른바 신데렐라 스토리면서도 "전혀 다르다고 생각했다. 역시 마스무라 감독에게는 지금까지와 다른 감각이 있다"라고 회상했기 때문이다.[2]

《명랑 소녀》는 제목처럼 파란 하늘 아래 해안가에서 세 명의 여고생이 수다를 떠는 장면에서 시작한다. 소녀들은 소피아 로렌(Sophia Loren, 1934~), 지나 롤로브리지다(Gina Lollobrigida, 1927~) 등의 여배우를 이야기하는데, 이는 그들이 시골에 살고 있지만 (감독 자신이 그랬던 것처럼) 동시대 이탈리아 영화 속 여성을 이상형으로 동경하고 있음을 암시한다. 도쿄로 떠나기 전 와카오 아야코가 입고 있는 붉은 스커트와 흰색 블라우스는 탁 트인 파란 하늘과 어우러지고, 이러한 색상 조합은 영화의 방향성을 드러낸다. 《명랑 소녀》 이후 약 반년 뒤 발표한 「어떤 변명」에서 마스무라는 "억제와 희생이라는 칙칙한 회색에서 벗어나 나를 주장하는 화려한 원색으로 돌아가자"[3]라고 주장한다. 《명랑 소녀》의 오프닝이야말로 마스무라가 그토록 바라마지 않던, 음습한 감상에서 한 발 내디딘 일본 영화의 첫발이 되어야 했다. 이 영화는 전체적으로 대사 처리가 무서울 정도로 빠르고, 간격을 둠으로써 감정을 이끌어가는 서정적인 구성의 영화와는 거리가 멀다. 예를 들어 영화 초반, 도쿄에 온 유코를 앙각으로 잡은 장면에서 지나가는 행인들이 하나둘씩 화면 안으로 난입해 황급히 몇 마디 대사를 내뱉은 후 사라지는 식으로 공간 그 자체가 예상치 못한 것을 집어삼키고 마는 가소성(可塑性)을 강하게 지닌다. 이는 기존의 정적인 일본 영화에서 탈피하고자 한 마스무라의 의지를 단적으로 보여

---

2) 본서, 251쪽.
3) 마스무라 야스조, 「어느 변명」, 후지이 히로아키 감수, 앞의 책, 117쪽.

주는 시도라 할 수 있다.

유코라는 인물은 와카오 아야코가 이후의 작품에서 연기하는 강렬한 욕망의 화신과는 거리가 멀다. 그녀는 고등학교 은사와 의붓언니의 지인인 두 남자에게 도움을 받고 아직까지 자신의 젠더 정체성에 거의 자각이 없어 보인다. 하지만 누구에게도 기죽지 않고 자기주장을 하는 점에서 《눈물》로 대표되는 가정 멜로드라마와는 정반대의 연기를 보여준다. 가령, 의붓언니가 눈앞에서 친모의 사진을 갈기갈기 찢어버리자 입을 꾹 다물고 언니의 팔을 잡아 세게 누른 뒤 방을 떠난다. 그리고 영화의 마지막은 새파란 하늘이 있는 해안으로 돌아가고 유코는 이 파란 하늘에도 작별을 고한 뒤 새로운 행복을 향해 나아간다.

개봉 당시 《명랑 소녀》는 그럭저럭 괜찮은 흥행 성적을 기록했고, 그 결과 마스무라는 로테이션 감독[4]의 지위를 얻는다. 하지만 마스무라＝와카오 콤비가 회사로부터 인정받기까지는 좀 더 시간이 필요했다. 마스무라는 《입맞춤》의 남녀 주연 배우인 가와구치 히로시(川口浩, 1936~1987)와 노조에 히토미를 기용해 《거인과 완구》(巨人と玩具, 1958), 《부적절한 남자》(不適な男, 1958), 《불효 거리》(親不孝通り, 1958)를 연출했고, 《난류》, 《빙벽》에서는 와카오와 같은 세대 배우인 히다리 사치코(左幸子, 1930~2001), 야마모토 후지코와 함께 작업하며 작품 경력을 쌓아나갔다. 일본 영화 속 여성 표상을 개혁해야 한다는 관념적인 말을 내뱉던 마

---

4) 역주: 매년 한 편씩 정기적으로 프로그램 픽처를 찍을 수 있는 감독. 1950년대 이후 일본 영화 산업은 도호, 도에이, 닛카쓰, 쇼치쿠, 다이에이 등 대형 영화사의 양산 체제에 의해 유지됐다. 각 회사는 자체적으로 스튜디오(촬영소)를 소유했고 전속 스태프와 배우를 기용해 매주 2편의 영화를 극장에 걸었다. 프로그램 픽처는 이러한 촬영소 시스템 안에서 각 회사의 일정에 따라 제작된 영화를 지칭한다.

스무라에게 이 시기는 현실적으로 그가 개성 강한 여배우들과 함께할 수 있었다는 점에서(작품의 완성도는 둘째 치고) 중요하다. 와카오와 재회한 것은 데뷔 후 3년째 접어들며 드디어 촬영, 조명, 미술, 편집 등 마스무라의 주요 스태프가 갖춰진 1959년이었다.

다이에이는 《명랑 소녀》의 성공을 노린 듯 다시 한 번 겐지 게이타의 소설을 영화화한 《최고로 훌륭한 부인》의 연출을 마스무라에게 맡긴다. 이 작품에서도 와카오는 명랑하고 총명한 미혼 여성으로 등장하고, 그녀가 주변 남자들의 협조를 얻어 나이 많은 보수적인 여성들에게 맞서 우위에 서는 모습이 유머러스하게 그려진다. 이어서 발표한 《미모는 유죄》는 이른바 올스타 캐스팅 영화로 와카오와 함께 야마모토 후지코, 노조에 히토미가 출연했다. 자신의 길을 믿어 의심치 않고 따분한 농가 생활을 그만둔 뒤 스튜어디스가 되는 게이코는 상승 지향적인 인물로 청각 장애인을 연기하는 따뜻하고 순진한 노조에 히토미와 대조를 이루고, 이후 마스무라의 연출작에서 보여준 캐릭터와 비슷한 결을 지닌다. 참고로 노조에 히토미는 《미모는 유죄》를 끝으로 마스무라의 영화에 출연하지 않는다. 특히 《입맞춤》의 라스트 신에서 신선하고 강렬한 연기를 보여줬음에도 어떤 면에서 상식적인 정서를 불러일으키는 듯한 노조에는 마스무라가 전력을 다해 자신의 여성상을 투사할 수 있는 배우가 아니었음이 드러났고, 낙담할 수밖에 없었다. 그만큼 와카오가 마스무라에게 더욱 중요해졌음은 말할 것도 없다.

1960년에 마스무라가 동시대 작가와 협업한 《실없는 놈》과 《가짜 대학생》은 와카오 아야코의 출연작 중에서 최고라고 할 만한 작품은 아니다. 다만 그녀의 이미지가 어느새 미조구치 겐지가 만들어낸 것과는 확연히 달라졌음을 확인할 수 있기에 흥미롭다. 두 편의 영화는 완고한 결단력과 남성의 논리에 굴하지 않는 자세를 뻔뻔할 정도로 대담하게 그리는 것에만 그치지 않는다. 이 영화 속 여성의 이미지가 미조구치가 잘하지 못해서 결코 다루려고 하지 않았던 전후 사회의 얽히고설킨 인간관계에서 비롯된 권력 구조 내부에 투영되어 있음을 잊어서는 안 된다. 마스무라는 《실없는 놈》, 《가짜 대학생》에서 자신이 말한 '추상적'인 세계에 놓인 '구체적인' 존재로서의 여성을 그리는 데 성공했다.

《실없는 놈》에서 소설가 미시마 유키오는 초등학교만 나온 무식하고 폭력적인 야쿠자 다케오로, 와카오 아야코는 그와 얼떨결에 잠자리를 갖고 애인이 되는 요시에로 출연한다. 요시에는 조직의 2대째 두목 다케오가 관리하는 구역의 한 극장에서 일하던 중 한밤중에 들이닥친 다케오를 전혀 겁내지 않고 월급을 올려달라고 요구한다. 하지만 그녀는 노동자 시위에 참가한 오빠에게 도시락을 전해주러 갔다가 현장에 출동한 경찰 진압대에 잡혀 오빠와 함께 유치장에 끌려간다. 그 때문에 영화관에서 잘리자 늦은 밤 혈혈단신 다케오를 찾아가 해고를 취소해달라고 부탁한다. 다케오는 그런 요시에에게 돈을 건네지만, 이를 받으려고 하지도 않고 뻔뻔하게 요구만 늘어놓는 모습을 남자에 대한 도발로 여긴 다케오는 그녀를 강제로 쓰러뜨려 강간한다. 이들의 성격은 의상의 색깔로도 드러나는데, 다케오는 시종일관 검정 점퍼를 걸치고 있으며 요시에는 녹색의 재킷 혹은 카디건에 연녹색 블라우스와 같이 통일된 색조의 의상을 입고 있다. 그 이후 다케오는 "나는 바보에다가 쓸모없는 놈이지만 완전히 나쁜 놈은 아니야"라는 다소 추상적인 말을 내뱉는데 이 시점부터 조금씩 두 사람의 관계가 역전되기 시작한다. 다시 말해 요시에는 고용 노동자에서 남자의 이기심에 저항하는 주체적인 여성으로 변해간다. 이 변화에서 다케오가 야쿠자라는 것은 전혀 문제 되지 않는다. 두 사람은 다케오를 노리는 적의 눈을 피해 유원지에서 만나고, 우연하게도 상대 야쿠자 조직의 두목 딸을 발견한 다케오는 그녀를 인질로 삼아 자신의 구역을 확장하는 데 성공한다.

그러던 중 요시에는 임신 사실을 알게 된다. 다케오는 아버지가 되는 상상만으로 겁을 먹고 낙태를 종용하지만 요시에는 응하지 않는다. 혼자서 살아갈 수 있으니 낙태하지 않겠다고 선언한다. 그녀는 다케오의 무정함에 절망해 산부인과를 찾기도 하지만 격한 저항 끝에 수술을 거부하고, 다케오가 낙태를 시키려 건넨 약을 마시는 척하다가 그가 자리를 비운 사이 찻잔에 뱉어낸다. 이를 알고 격분하는 다케오에게 요시에는 "무슨 일이 있어도 낳는다고 했으니 낳을 거야. 죽이지 않으면 안 될걸. 죽일 테면 죽여"라고 도전적으로 말한다. 이러한 태도는 친오빠를 대할 때도 마찬가지로, "내가 하고 싶은 대로 할 거야. 절대 후회 안 해"라고 당차게 받아친다. 이러한 장면에서 입장이 진보적인지 아닌지와는 관계없이 남자가 강요하는 에고이즘의 구조에 대해 와카오는 '결심하면 돌처럼 완고'하게 엄마가 되려는 강렬한 의지를 전면에 드러내고 그 결과 다케오는 이를 받아들일 수밖에 없게 된다. 이 모든 것의 계기는 와카오의 육체에서 비롯됐지만 그녀의 몸은 다케오와 오빠가 내뱉는 추상적인 말들을 이내 보기 좋게 박살내 버린다.

《실없는 놈》은 다케오가 대립했던 조직의 청부살인자에게 살해당하면서 끝이 난다. 이는 너무나도 전형적인 야쿠자 영화의 공식과도 같은 결말이라 할 수 있지만, 요시에의 입장에서 보면 한 여자가 남자에게 휘둘려 처음에는 사회적으로나 성적으로 종속된 듯하나 임신을 계기로 위치가 역전되고 자기 결정을 관철시킬 뿐 아니라 결과적으로 남자를 전향시키는 이야기로 요약할 수 있다. 마스무라는 남자들이 태생적으로 출산의 신비에 대해 공포와 불편함을 품고 있음에 비해 일단 임신을 하면 아랑곳하지 않는 여성의 태도와 자기 확신을 보다 긍정적인 것으로 그리려고 했다.

남자들에게 보인 이 흔들림 없는 자기 결정은 마스무라가 2년 후 연출한 《가짜 대학생》에서도 명확하게 드러난다.

《가짜 대학생》은 이제 막 아쿠타가와(芥川)상을 받은 학생 작가 오에 겐자부로(大江健三郎, 1935~)가 쓴 단편 소설 「위증의 시」(偽証の詩)를 영화화한 작품이다. 주인공 오오쓰 히코이치(제리 후지오ジェリー藤尾, 1940~2021)는 명문 도토대학 입시에 수차례 떨어진 만년 재수생이다. 그는 신분을 숨기고 학생운동에 열심히 참여하다가 오히려 경찰 측의 스파이로 몰려 기숙사에 감금된다. 이 영화에서 와카오 아야코는 그를 감시하는 학생들 중 유일한 여학생인 다카키 무쓰코로 출연하는데, 그녀는 차가운 눈빛으로 오오쓰에게 빵을 건네주거나 그를 화장실에 데려가는 임무를 담당한다. 오오쓰는 결국 경찰에게 모든 것을 자백하고 학생들은 재판을 받게 되지만, 각자 알리바이를 조작해 무죄 선고를 받고 그 결과 오오쓰는 정신 병원에 수감된다. 무쓰코 역시 처음에는 다른 학생들처럼 위증에 가담하지만, 동료들의 위선적인 엘리트 의식에 환멸을 느끼고 죄책감에 시달린다.

이 영화 바로 직전에 오시마 나기사(大島渚, 1932~2013)의 《일본의 밤과 안개》(日本の夜と霧, 1960)가 개봉했는데 두 작품을 비교해보면 학생운동에 대한 대조적인 시점이 극명하게 드러난다. 우연인지는 몰라도 이 영화에서 마스무라는 오시마에 대해 기탄없이 비판하는 듯하다. 《일본의 밤과 안개》는 두 세대에 걸친 학생운동의 역사 속에서 신중하게 은폐되어온 학생 기숙사 스파이 감금 사건을 중심으로 전개된다. 영화는 학생과 교사, 저널리스트 등이 모인 한 결혼식장을 무대로 플래시백을 통해

사건의 진상을 규명해간다. 하지만 결국 문제가 됐던 노동자가 진짜 경찰 스파이였는가는 판명되지 않은 채 모든 것이 끝난다. 노동자는 학생의 특권적 신분을 비웃기라도 하듯 탈주해버리고 이에 대해 등장인물 중 아무도 대답하지 못한다.

마스무라는 오시마와 마찬가지로 도쿄대학 고마바 캠퍼스의 기숙사를 촬영지로 선택해 라이벌인 오시마가 도중에 회피해버린 문제를 파고들려고 했다. 그리하여 전후 학생운동 그 자체가 군국주의하의 광신적 군인들의 행위와 별반 다를 바 없음을 냉정하게 보여줬다.

이 영화에서 와카오 아야코가 연기한 무쓰코는 전쟁 중 전향하지 않은 채 감옥에서 실명한 헌법학자의 딸이다. 유일한 여학생으로 여왕벌처럼 자기 마음대로 할 수 있는 상황에 있으면서도 그녀는 초반에 권태감에 가득 차 음울하고 언짢은 표정으로 오오쓰의 유치한 애정 공세를 무시한다. 《처형의 방》에 등장하는 아키코와 마찬가지로 무쓰코는 오오쓰가 고문당하는 현장에 있지만 이를 멈추려 하지 않고 차가운 표정으로 지켜볼 뿐이다. 하지만 최종적으로 친구들의 기만을 참지 못하고 죄책감에 시달리던 끝에 자신의 아버지와 마찬가지로 모든 것을 밝히기로 한다. 결말 부분에서 와카오가 보이는 갑작스러운 변화, 그녀의 표정과 행동, 언동을 강조하기 위해 마스무라는 굳이 영화 전반부에서 그녀의 무관심한 면을 강조했던 것이다. 겁먹지 않고 자신의 믿음을 당당하게 말하며 주위 남자들에게 경멸과 분노의 시선을 던지는 모습에는 무엇보다 암묵적인 비호자이면서 규범인 아버지의 그림자가 깊이 드리워져 있는데, 이는 오오쓰에게서 보이는 어머니의 존재와 대조를 이루고 있음을 간과해서는 안 된다.

마스무라는 《가짜 대학생》에서 결코 경험적으로 증명할 수는 없지만 우리를 구조적으로 억압하고 지배하는 현대 사회의 추상적인 정치를 지

목해 과감히 그에 대항하는 개인으로서의 여성을 와카오 아야코를 통해 보여줬다. 이는 사랑 때문에 혼란에 빠져 분별없이 남자친구를 찌르는 《처형의 방》 속 아키코와는 완전히 다른 차원에서 이뤄진 인간 관찰의 결과다. 이 작품은 구로사와 아키라 감독의 《내 청춘에 후회 없다》(わが青春に悔いなし, 1946) 속 하라 세쓰코(原節子, 1920~2015)의 딱딱한 연기에 대한 마스무라 나름의 비평적 응답일 수도 있겠다는 생각이 든다. 1960년 시점에서 볼 때 다이에이 소속 여배우들 가운데 육체의 현전을 통해 남자들의 추상성을 상대화할 수 있는 수완을 가진 배우는 교 마치코(京マチ子, 1924~2019)와 와카오 아야코밖에 없었다. 원래 교 마치코는 풍만하고 개성적인 육체가 자기 목적화된 측면이 있고 와카오처럼 압도적인 투명함을 바탕으로 여러 역할을 세심하게 연기하거나 상대 배우와 합을 맞출 때 절제하는 타입의 배우가 아니었다. 오직 와카오만이 쓰러져 우는 일 없이 자신을 둘러싼 남자들에게 보기 좋게 대적할 수 있었다. 그녀가 연기하는 인물은 아이돌 스타에서, 그리고 미조구치 겐지가 이상으로 여긴 본능에만 충실한 여성에서 조금씩 탈피해 고독하고 강인한 의지를 지닌 여성으로 변모해갔다. 그러한 여성의 이미지는 이듬해인 1961년 촬영한 《아내는 고백한다》에서 폭발한다.

영화의 내용은 매우 간단하다. 재판소 장면을 제외하면 주요 등장인물은 네 명뿐이다. 마스무라의 네 번째 연출작 《빙벽》과 마찬가지로 등산과 조난을 계기로 이야기가 진행된다. 《빙벽》은 끊임없이 남자들을 유혹하는 야마모토 후지코의 요염함과 얽히고설킨 사건을 파헤치는 과정에 중점을 두고 있다. 이와 달리 《아내는 고백한다》는 여주인공의 진심에는 피상적인 관심밖에 보이지 않고 오히려 그녀의 욕망 자체에 초점을 맞춘다. 법정에서 판결이 내려지는 장면은 의도적으로 생략한 채 남녀 주인공이 바다에서 모터보트를 타거나 모래사장에서 시간을 보내는 모습을 보여준다. 영화의 줄거리를 간단히 소개하면 다음과 같다.

가난한 대학교수(오자와 에이타로小沢栄太郎, 1909~1988)와 그의 아내 아야코(와카오 아야코), 그녀에게 호감을 품은 오사무(가와구치 히로시)는 산에 오르던 중 조난을 당한다. 낭떠러지에서 미끄러져 공중에 매달린 상황에서 아야코는 로프를 칼로 잘라내고 오사무를 구출한다. 하지만 그로 인해 남편은 절벽 아래로 떨어져 숨지고 만다. 사건은 대대적으로 미디어에 보도되고 세간의 이목이 재판에 쏠린다. 검사는 아야코가 오사무와 연인 관계라 보고 그녀를 살인죄로 기소한다. 한편, 변호사는 긴급한 상황에서 자기방어를 했다는 취지로 그녀의 무죄를 주장한다. 재판 과정에서 아야코가 불행한 결혼생활에서 벗어나려 한 점과 남편이 오사무의 권유로 고액의 생명 보험에 가입한 사실이 드러난다. 아야코는 판결이 나올 때까지 오사무와 짧은 밀월을 즐긴다. 재판에서 무죄를 선고받은 아야코는 막대한 보험금으로 화려한 생활을 시작한다. 오사무는 약혼자인 리에(마부치 하루코馬渕晴子, 1936~2012)와 헤어지고 아야코와 결혼하려 하지만 그녀가 계획적으로 남편을 죽이려 했음을 알자 겁을 먹고 발을 빼려 한다. 아야코는 오사무의 회사로 찾아와 그에게 집요하게 매달리지만, 오사무는 그런 그녀를 완강하게 밀어내고, 결국 아야코는 독약을 먹고 자살한다.

《아내는 고백한다》에서 와카오 아야코는 그때까지 마스무라와 함께 작업했던 영화에서와 달리 여성으로 대표되는 가정 공동체와 신사적인 '오빠들' 혹은 친구들로부터 보호받지 못한다. 자신의 길은 자신의 힘으로 개척한다는 주의(主意)로 강한 의지를 품고 살아남는 여성이라는 설정은 기존의 영화와 결을 같이하지만, 여기에 더해진 광적인 욕망이 인격의 중심에 있으며 이에 걸맞은 몸짓과 집요한 대사 처리 등을 고려하면 기존의 영화와 엄격하게 구별해야 한다. 연출 스태프에도 다소 변동이 있는데 그때까지 마스무라의 거의 모든 작품에 참가했던 카메라 감독 무라이 히로시(村井博) 대신 새롭게 고바야시 세쓰오(小林節雄, 1910~2006)가 합류했다. 고바야시는 공간 깊숙이 몰아넣듯이 아야코를 위치시키고, 그녀와 전경의 인물 간의 관계를 연출하는 구도에서 형성된 긴장감 넘치는 화면을 뛰어난 실력으로 만들어냈다. 생각나는 대로 이 영화 속 와카오 아야코의 연기에 대해 서술해보겠다.

플래시백을 포함해 집요하게 등장하는 재판소 장면에서 와카오가 단독으로 나오는 장면은 한 번도 없다. 그녀는 언제나 다른 사람들과 함께 카메라에 등장하고 동일한 구도는 반복되지 않는다. 아야코는 검사 어깨 너머로 슬쩍 보이거나 여러 증인들이 말하는 장면에서 한쪽 옆에 대기한 채로만 화면에 나온다. 장면 전환은 균형과 일관성이 없으며 언제나 연쇄적으로 다른 구도로 이어질 뿐이다. 처음에 아야코는 쭈뼛쭈뼛 눈을 내리뜨며 고개를 들고 그녀를 날카롭게 쳐다보는 검사(다카마쓰 히데오高松英郎, 1929~2007)에게 압도당한 듯한 인상을 준다. 리에가 증인석에 섰을 때 카메라는 그녀를 옆에서 잡고, 같은 화면 안쪽에 의아한 표정으로 증언을 듣고 있는 아야코가 정면으로 보인다. 이때 머뭇거리며 얼굴을 드는 아야코는 온몸으로 고립감과 불안을 드러낸다. 이는 라이벌이라 할 수 있는 리에가 확신을 품고 당당하게 위증을 할 때 보이는 자존심, 그로 인한 무표정을 나란히 놓고 보면 매우 대조적이다. 이렇게 마스무라는 검사 및 증인들이 증언하는 모습을 측면에서 잡고, 아야코를 시종일관 화면의 정면 안쪽에 배치해 실험실의 동물처럼 그녀의 반응을 관찰한다. 그녀는 부동의 자세로 그저 불안과 긴장감을 견디고 있다.

하지만 이러한 소극적인 상황은 아야코가 다시 증인석에 서서 나무로 만든 반원형의 증언대에 왼손을, 그다음 오른손을 올린 뒤 말하기 시작한 순간, 완전히 뒤바뀐다. 그녀는 마치 어디엔가 빙의된 것처럼 "내가 남편을 죽였습니다"라고 수차례 절규하며 쓰러져 운다. 이러한 손동작은 전통 연극인 노(能)에서 주인공이 갑자기 옆에 있던 조릿대 잎을 잡은 후 광기 어린 춤사위를 보여주는 것을 연상시킨다. 그때까지의 울적함이 철저하게 무너지는 결정적인 장면이다.

법정 장면에서 아야코를 단독으로 잡은 쇼트가 없다고 서술했는데 사실 딱 한 번 예외가 있다. 최종 변론에서 그녀가 "이번에야말로 행복한 결혼을 하고 싶습니다"라고 당당하게 진술할 때 카메라는 더 이상 검사 너머가 아니라 그녀를 증언대 아래에서 로 앵글로 잡는데, 이때 화면은 목 아랫부분이 증언대의 나무 프레임에 모두 가려진 탓에 마치 아야코의 머리만이 떠들고 있는 듯한 기괴한 구도를 취하고 있다. 이렇게 해서 길게 이어진 재판소 장면은 주인공에게 확신을 부여하고 자신의 의지와 욕망에 충실하라고 가르치는 통과의례의 장으로 기능한다. 사실 이 기괴한 구도는 무죄 판결을 받은 후 아야코가 집에서 오사무에게 사건의 진상을 고백하는 장면에서 한 번 더 반복된다. 여기에서도 그녀는 오사무의 어깨 너머에서 정면을 향하고 뱀처럼 끈적한 감촉으로 목을 쳐들고 있다. 아야코는 당연히 오사무가 자신을 받아주리라 생각하며 진실을 밝히지만, 그의 의아한 표정을 보고 격심한 불안감에 휩싸인다. 목만을 잡은 이 두 쇼트는 훌륭하게 대비를 이루며, 아야코의 진실이 드러나는 순간에만 이 기묘한 구도가 사용된다.

이쯤에서 와카오 아야코의 손 연기에 대해 다시 한 번 언급하고자 한다. 당초 재판의 핵심 쟁점이 그녀가 등산용 밧줄을 끊은 것에 있다는 점에서 알 수 있듯이 칼을 쥔 그 손은 내러티브에 중요한 의미를 부여하고, 플래시백의 조난 장면에서 모든 주의가 손에 집중된다. 이를 차치하고라도 손은 앞서 서술한 증언대의 장면에서 알 수 있듯이 아야코의 욕망을 지극히 충실하게 대행한다. 예를 들어, 처음에 아야코가 오사무에게 사랑을 고백하는 장면을 생각해보자. 병을 이유로 오사무를 집으로 불러들인 아야코는 침대에 누운 채 고열에 시달려 엄청나게 힘들었다는 듯 두 손을 펴서 오사무에게 내민다. 이를 지켜보는 오사무는 위로하려는 듯 왼쪽 손으로 그녀의 왼쪽 손목을 잡지만 아야코는 이내 그 손을 뿌리친다. 그녀는 생각에 잠겨 멍하게 있는 오사무의 오른쪽 손을 꼭 잡고 황홀한 표정으로 그의 손을 양손으로 누른다. 여기서 오사무가 그녀에게 사건의 진상에 대해 묻자, 그의 태도에 크게 상처받은 아야코는 죽일 의도가 없었다며 부정하고 그를 밀친 뒤 얼굴을 묻고 흐느낀다. 오사무가 돌아가려고 하자 이번에는 독약을 먹으려 하고 이를 저지하는 오사무에게 바로 사랑을 고백한다. 이때 아야코의 손은 그의 어깨에서 가슴으로 훑어 내려가다 이내 목을 휘감는다. 그녀의 손동작에서 느껴지는 뱀과 같은 집념은 해당 시퀀스의 초반에 뱀이 똬리를 틀 듯 겹겹이 말려 올라간 채 방 한구석에 놓인 밧줄을 카메라로 잡아냄으로써 이미 암시되어 있었다고 말할 수 있다.

또 한 번 주목해야 할 손 연기는 영화의 후반부에서 오사무에게 버림받은 아야코가 비가 추적추적 내리는 날 말도 없이 그의 사무실을 찾아와 집요하게 매달리는 장면에서 나타난다. 온몸이 비에 젖어 나타난 아야코는 영화 초반 재판소에 모습을 드러냈을 때와 마찬가지로 검은 기모노를 입고 있으며, 이로써 이야기를 결론지으려는 감독의 연출 의도를 읽어낼 수 있다. 아야코는 사무실 통로의 안쪽, 즉 사물함 사이의 좁은 공간에 서 있다가 오사무를 발견하자 그를 부르는 듯 한 발 뒤로 물러나 화면에서 사라진다. 사무실 한편에서 오사무와 마주하자 그녀는 다시 한 번 손을 사용한 연기를 보여준다. 아야코는 반지도 시계도 헐렁해질 정도로 살이 빠졌다며 왼손을 내보이고 뭐든지 시키는 대로 할 테니 버리지 말라고 애원한다. 이어지는 장면에서 아야코는 등을 돌리고 있는 오사무 뒤에 서서 좌우로 목을 들이밀며 변명으로 일관한다. 그녀의 요란한 몸짓은 그 이전의 마스무라 작품에서는 볼 수 없었던 것이며, 와카오 아야코의 하얀 손은 기모노의 검은색과 대조를 이루며 강한 인상을 남긴다. 가방의 내용물이 쏟아져도 마비된 듯 물건을 줍지도 못하고 힘없이 떨리는 손. 눈앞이 보이지 않는 듯 긴 계단의 손잡이를 더듬어 내려가는 손. 화장실에 들어가 거울 앞에서 서서 "역시 살인자의 얼굴"이라 말하며 앞머리를 쓸어 올리는 자살 직전의 손. 영화 후반부에 걸쳐 와카오가 보여주는 손의 다양한 표현에는 이 작품을 지탱하는 여성의 욕망이 더할 나위 없이 강렬하게 투영되어 있다.

한 가지 덧붙일 점은 아야코와 대립해야 할 오사무의 약혼녀 리에가 어느 순간부터 그녀에게 공감하고 적극적으로 아야코를 따라 하려는 모습을 보이는 것이다. 구체적으로는 리에가 오사무의 어깨에 달라붙듯이 올려놓는 두 손으로 드러나며, 이 몸짓을 통해 마스무라는 한 개인을 넘어 여성적인 것의 근원을 제시한다. 와카오 아야코는 마스무라의 영화에서 모방하고 모방되는 여성의 원형을 보여주고 있는 것이다. 《하나오카 세이슈의 아내》에서 와카오는 시어머니(다카미네 히데코高峰秀子, 1924~2010)의 지위를 이어받아 그녀와 거의 동일한 존재로 변화하고, 반대로 《천 마리 종이학》에서는 딸 아야코(아즈사 에이코梓英子, 1947~)가 모방하는 대상이 된다. 전염되는 매체로서의 와카오 아야코적인 것!

《아내는 고백한다》는 자살한 아야코의 시신을 전경에 배치한 고정 쇼트로 끝난다. 화면 안쪽으로 바삐 움직이는 사람들이 보이지만, 이내 하얀 커튼이 드리워지면서 사체는 검은 실루엣으로 바뀐다. 아야코의 육체를 전경에서 화면 가득 담은 순간은 이때뿐이다.

이 영화에 대해 감독은 "처음으로 '여자'를 그린 작품이다"라고 말했다. 1973년 예술 영화 전용관 아테네 프랑세 문화센터에서 열린 회고전에서 마스무라는 자신의 여성관을 밝히며, 남자가 추상적인 사고 때문에 의외로 취약함을 노출하는 반면 여성은 현실에 발을 딛고 있기에 조금도 흔들림이 없으며, "뻔뻔하게 나오는 여자에게는 남자들이 도저히 대항할 수 없는 강함이 있다"라고 말했다. 마스무라는 승려 안친을 뒤쫓는 기요히메의 사례5)를 들어 여성의 사랑은 현실 그 자체의 폭발이며 "용암이 분출해 흘러내리는 것처럼 맹목적으로 끝없이 내달려간다"라고 설명하면서, 평범한 여성을 그린 홈드라마와는 다른 극단적인 방식으로 "사랑 때문에 벌거벗겨진 여자의 모습을 그리려 한"6) 것이 《아내는 고백한다》였음을 밝혔다.

실로 회심의 작품이라 말할 수 있는 이 영화를 통해 와카오는 여우주연상 수상을 비롯해 배우로서 주목을 받았다. 아이돌 스타에서 여배우로의 전향은 이렇게 완벽하게 성취되었다.

---

5) 역주: 《안친과 기요히메》 해설(본서 310~311쪽) 참고.

6) 마스무라 야스조, 「연출 의도」(아테네 프랑세 문화센터 '마스무라 야스조 특집', 1973), 후지이 히로아키 감수, 423~424쪽.

5장
마스무라 야스조의 여성관

지금까지 우리는 《아내는 고백한다》에서 마스무라 야스조가 와카오 아야코를 여배우로 개화시켰음을 확인했다. 와카오의 입장에서 이 영화는 영화계 데뷔 후 10년째 되는 해에 출연한 더할 나위 없이 만족스러운 작품으로 이 시기까지를 여배우 인생의 전반기라고 한다면, 1969년 《천 마리 종이학》을 마지막으로 사실상 마스무라와 결별하기까지 10년을 후반기로 구분할 수 있다. 중간 점검의 의미를 담아 이 시기 마스무라가 여배우로서의 와카오를 어떻게 평가하고 있었는가를 확인해보고자 한다.

마스무라 야스조는 1963년에 스타와 여배우에 대해 매우 흥미로운 두 편의 에세이를 발표했다. 「스타인 것과 아닌 것」(スターであることとないこと), 「나의 여배우론」(わたしの女優論)이라는 제목의 두 글은 같은 시기 잡지 『키네마 준보』(キネマ旬報)와 『영화예술』(映画芸術)에 각각 게재되었다.[1] 앞의 글에서 그는 스타는 어디까지나 젊고, 그 젊음에서 만

들어진다고 단언하며 다음과 같이 서술한다.

"젊음과 저속함에서 스타가 태어나고 젊음과 저속함이 스타의 특징이다. 반대로 스타는 나이 듦과 품격에서 만들어지지 않으며 나이 들고 격이 높아지면 끝이다. 또한 거장은 스타를 만들지 않고 좋은 작품에는 스타가 없다. 언뜻 뛰어난 감독이나 영화가 스타를 키워내는 듯 보이는 것은 착각이며 스타는 그 이전에 이미 스타가 된다. 평범한 연출가와 평범한 영화가 서서히 배우를 스타에 자리에 올려놓고, 그러다가 명감독, 명작과 만나 스타의 지위를 굳히는 것에 지나지 않는다. 따라서 스타가 연기자로서 자각하며 작품을 고르고 명감독을 찾아다닌다면 그는 이미 스타가 아니다."2)

할리우드에서는 만년의 버트 랭커스터(Burt Lancaster, 1913~1994) 역시 스타로 인정하고 있기에 이 글에서 마스무라가 말하는 '스타'는 현재의 관점에서 '아이돌'로 해석하는 것이 타당할지 모른다. 그가 생각하기에 스타는 연기가 서툴러도 상관없으며 오히려 그것이 관객에게 다른 사람이 되는 변신의 욕망과 대리 만족을 선사한다. 또한 스타는 너무 아름답거나 고귀하거나 지적인 분위기를 풍겨서도 안 되고 연기가 너무 원숙해서도 안 된다. 관객과의 거리감이 생기기 때문이다. 그러면 관객이 바라는 변신의 욕망을 투영할 수 없기에 그 시점에서 스타는 소멸하고 영화는 예술 작품이 되고 만다.

그의 발언은 솔직하고 현실적이다. 이 글에서 마스무라는 고유 명사를

---

1) 마스무라 야스조, 「스타인 것과 아닌 것」(『키네마 준보』 1963년 6월 상순호), 「나의 여배우론」(『영화예술』 1963년 6월호). 두 논고 모두 후지이 히로아키 감수, 같은 책, 137~142쪽에 게재.

2) 앞의 책, 138쪽.

거론하지 않았으나 명백히 와카오 아야코를 상기시킨다. 말할 것도 없이 그녀는 1952년 20세의 나이에 데뷔한 이래 1950년대 내내 일본에서 가장 인기 있는 스타 여배우였다. 이른바 거장의 예술 작품에 가끔 조연으로 얼굴을 내민 적도 있으나 주연작 대부분은 상업 영화 체제에서 만들어지고 소비된 영화들이었고, 이런 작품의 감독들은 예술가로서의 의식을 거의 드러내지 못했다. 하지만 마스무라와의 만남은 그녀가 단지 귀엽고 친밀한 분위기의 스타로 끝나지 않으리라는 가능성을 시사했다. 다시 말해 와카오는 마스무라와의 작업을 계기로 《십대의 성전》 시리즈로 대표되는 여자들 간의 자명함에서 비롯되는 친밀한 세계에서 벗어나 자립적인 욕망과 의사를 지닌 젠더적 존재로서 연기를 계속해갈 것을 분명하게 선택했다. 와카오가 서른 살 정도가 되었을 즈음부터 젊음을 무기로 하는 스타의 자리를 떠나 본격적으로 여배우로서 두각을 나타내려던 상황을 마스무라는 모든 감상을 배제한 채 오히려 조금 거리를 두고 냉정하게 관찰하고 있었다.

마스무라가 이 에세이를 집필했던 1963년은 1957년 이후 이어진 마스무라＝와카오 콤비에게 일종의 공백기였고 그들은 1962년 《훔친 욕정》 이후 각자의 활동에 몰두하고 있었다. 옴니버스 영화 한 편을 제외하면 마스무라는 그때까지 작업했던 여성 중심의 영화가 아닌 《검은 보고서》(黒の報告書, 1963)와 같은 사회파 추리물이나 《불량배 순정파》(ぐれん隊純情派, 1963)와 같은 남성 영화를 연출했다. 한편 와카오는 도미모토 소키치(富本壮吉, 1927~1989) 감독의 《여자가 사랑하고 미워할 때》에서 《여자가 계단을 오를 때》(女が階段を上がる時)의 다카미네 히데코를 따라잡으려는 듯 야심적인 호스티스 연기를 보여줬고, 요시무라 고자부로(吉村公三郎, 1911~2000)의 《에치젠 대나무 인형》에서는 가난한 농촌

공동체의 주변부에 놓인 여성 역을 맡아 열연을 펼쳤다. 두 사람이 다시 뭉치게 된 것은 다음 해인 1964년 작 《'여자의 작은 상자' 남편이 보았다》(이하 《남편이 보았다》)를 통해서다. 시간상으로 2년 정도 협업을 쉰 셈이다.

두 사람의 공백기가 생겨난 데에는 아마도 다이에이의 노선 변경이 한몫하지 않았나 추측된다. 다이에이는 1950년대에 세 명의 스타 와카오 아야코, 교 마치코, 야마모토 후지코를 주축으로 여성 영화 노선을 구축했지만, 이들이 나이 들어가자 서서히 남성 영화 노선으로 선회해 다양한 시리즈 영화를 제작하기 시작했다. 그 선두에는 마스무라가 있었고, 그는 《병정 야쿠자》(兵隊やくざ, 1965), 《육군 나카노 학교》(陸軍中野学校, 1966)와 같은 새로운 시리즈의 첫 번째 작품을 연출했다. 한편 1961년 《아내는 고백한다》의 출연으로 다수의 상을 받고 아이돌 스타에서 여배우로 발돋움한 와카오는 요시무라 고자부로, 가와시마 유조(川島雄三, 1918~1963)와 같은 감독의 작품에서 빛나는 재능을 유감없이 발휘했다. 마스무라가 에세이를 쓴 배경에는 감독 데뷔 이후 7년이 지난 시점에서 배우를 둘러싼 이러한 문제에 대한 나름의 숙고를 글을 통해 정리하려는 의도가 있었던 것으로 추측된다.

10년이 넘는 와카오 아야코의 궤적에 대한 생각을 끝냈을 때 마스무라는 스타의 종언이 단지 다이에이 스타 배우의 고령화에만 국한된 것이 아니라 산업으로서의 스타 시스템과 촬영소 체제의 쇠퇴와 관련된 문제라는 것을 예감했다. 아마도 그는 언젠가 그리 머지않은 미래에 다이에이와 촬영소 시스템이 소멸하는 모습을 보았던 것이 분명하다. 에세이 말미에 "이미 스타가 필요 없는 시대, 스타만으로 관객을 끌어모을 수 없는 시대가 오고 있는지 모른다"3)라고 쓴 문장은 지금 생각하면 그 후 마스무라와 와카오 아야코, 그리고 다이에이의 운명을 꿰뚫어본 발언으로 해석할 수 있다. 그는 다음 해인 1964년에 다시금 와카오 아야코와 협업을 하는데 이번에는 한눈팔지 않고 "기획 및 예술성으로 승부하는"4) 작품에 모든 것을 건다. 그러한 모습에서 회사의 제작 로테이션에 맞춰《미모는 유죄》와 같은 올스타 캐스팅 영화를 촬영함으로써 쓸데없이 시간을 낭비할 수 없다는 일종의 절박함이 엿보인다. 촬영소 시스템이 남아 있는 동안 어떻게든 배우 와카오 아야코를 이용해 찍을 수 있는 것은 찍어놓겠다, 그러기 위해서는 한 편이라도 뜻에 맞지 않는 영화를 찍을 여유 따윈 없다는 초조함 같은 것이 느껴진다. 사실 두 사람과 제작자 후지이 히로아키는 1969년 《천 마리 종이학》 후에도 다자이 오사무의 소설 『사양』(斜陽)의 영화화를 기획했으나 1971년 다이에이가 도산함으로써 완전히 무산되고 말았다.

「스타인 것과 아닌 것」과 같은 시기에 집필한 「나의 배우론」에서 마스무라는 앞의 에세이와 같은 원리적이고 추상적인 주장이 아닌 어디까지나 자신의 체험에 기반해 그때까지 배역을 맡겼던 여배우들에 대해 비평했다. 평가의 기준은 니체의 『비극의 탄생』 속 아폴론과 디오니소스의 대립에서 착상을 얻은 것으로 추정되는 이원론이다.

인간은 누구나 내면에 "용암처럼 걸쭉한 유동체"와 같은 "불"을 갖고 있으며, 그것이 기회를 얻어 불꽃이 되어 폭발하거나 뭉근히 끓어 오르는 것이라고 마스무라는 설명한다. 무엇보다도 이 불은 개개인의 다른 '성격'에 싸여 질서와 형태를 부여받았으며, 인간의 역사가 그 불에 각인되어 있다. 영화 연출에서 어떤 인물을 그리는 것은 결국 그 내면에 있는 불

---

3) 앞의 책, 139쪽.
4) 위의 책, 139쪽.

을 그리는 것이다. 어떤 인물로 완전히 변하는 것은 중요할지 모르지만, 그것이 연기의 전부가 아닌 이유는 성격이라는 것은 결국 단지 '죽은 물체'이기 때문이다. 내부에 숨어 있는 불의 "한순간의, 섬광처럼 미묘한 것을 행하는"[5] 것이 영화 연기다.

이 원리에 따라 그는 그때까지 자신의 영화에 출연한 여배우들에 대해 기술했다. 먼저 1959년 데뷔작 《입맞춤》 이후 회사의 요청으로 여섯 편의 영화에서 함께 작업한 노조에 히토미. 그녀는 "아주 노련한" 배우로 뛰어난 감수성과 이해력으로 배역을 파악하는 능력이 있지만 "내면적인 불을 좇으려 하지 않기" 때문에 연기에 진실성이 없었다. '똑똑함'이 패착이었다. 야마모토 후지코는 "요령도 있고 의지가 강한 사람"이었지만 의지라는 것은 성격의 산물이기에 그것만으로는 생명의 불에 다가갈 수 없다. 아무리 절실하게 연기해도 "살아 있는 인간의 생생한 현실감이 끓어오르지 않는다." 교 마치코는 보기 드문 성실함을 지녔고, 자기 자신을 제압해 무성격의 장소에 가져다놓는 방법을 알고 있었다. 하지만 야마모토와 마찬가지로 이 역시 의지의 영역에 속하는 것으로 그 때문에 "생명의 절실함이 없는 맹숭맹숭한 연기"를 보여주고 말았다. 아무래도 마스무라는 이 두 여배우와는 잘 맞지 않았던 것으로 보이며 이때까지 두 배우와 작업한 것은 《빙벽》, 《발을 만진 여자》(足にさわった女, 1960), 《여자의 일생》(女の一生, 1962)뿐이며 두 사람 모두 요염하기는 하나 생기가 없다.

한편 《난류》에서 주인공을 맡고 《범람》, 《여경》에서 인상적인 조연으로 활약한 히다리 사치코에 대해서는 자신의 성격에 구애받지 않고 (내면의) 불을 "자유자재로 쭉쭉 뿜어냈다"라고 경탄했다. 《난류》의 라멘집이

---

5) 앞의 책, 141쪽.

나 도쿄역 개찰구 신을 본 관객은 납득할 만한 평가다. 본래 불이라는 것은 순간적으로 번쩍이며 타오르면 차가운 성격 안에서 응고되어 버리기 때문에 그녀와 같이 장시간에 걸쳐 불을 내뿜으면 감동을 줄 수 없다.

《실없는 놈》,《호색일대남》,《훔친 욕정》에서 와카오와 함께 공동 출연한 미즈타니 요시에(水谷良重, 1939~)는 마스무라 영화에서 단독 주연을 맡지 못했지만, 그럼에도 마스무라는 그녀를 높이 평가했다. 미즈타니는 단순하게 말하면 거대하고 격한 생명력을 지니고 있고, 단순하기는 하지만 무한히 뻗어 나가는 역동적인 연기를 할 수 있는 배우였다.

마스무라는 지금까지 언급한 여배우들에 대해서 처음에 그녀들의 장점을 언급한 다음 그것이 단점이 되었다는 논리를 펼치고 있으나 유일하게 와카오 아야코에 대해서만큼은 다른 평가를 내렸다. 먼저 마스무라는 그녀가 야마모토 후지코만큼 강렬한 의지를 보이지 않고, 노조에 히토미처럼 영리해서 때로 "깊이 없이 판에 박힌 연기"를 보인다는 식으로 그녀의 결점을 나열한다. 성격에 대해서는 "다소 분열적이고 파탄적이며" 강한 의지의 소유자가 아니기 때문에 긴장하면 "덜컹덜컹대고 허점투성이가 된다"고 묘사한다. 하지만 그녀의 연기가 생명의 불로 빛나는 것도 그 순간이라고 마스무라는 이야기한다.

"파탄적이고 (자가)당착적인 성격은 곧바로 분출하는 생명을 처리하여 냉각시키지 못하고 한동안은 범람하는 대로 내버려둔다." 와카오 아야코는 때로 진짜 연기에 가까워질 때도 있지만 성격적인 약점 때문에 생명의 긴장감을 그렇게까지 높게 유지하기 힘들며, 그것은 항상 있는 일이 아니라는 게 마스무라의 결론이다. 1962년까지 마스무라는 와카오를 기용해 10편의 영화를 연출했기에 다른 여배우보다 그녀를 더욱 깊이 알고 있었는데, 이러한 사정을 참작해도 여배우들의 성향을 분석하는 그의 시선은 냉정하며 충분히 설득력이 있다.

이 에세이를 1980년 출간된 『키네마 준보 증간, 일본 영화배우전집, 여배우편』에 수록된 칼럼 「여배우＝무녀가 되기 위한 조건은」(女優＝巫女のなるための条件は)과 비교해보면 상당히 흥미롭다. 다이에이의 현역 감독이었던 시절 애매한 표현으로만 언급했던 여배우에 대한 관점을 이후 17년에 걸친 감독 경력을 통해 보다 농축하여 격언과 같은 표현으로 서술하고 있기 때문이다.

이 글에서는 앞선 글에 등장하는 내면의 불과 외면의 성격이라는 이원론을 "의식 아래의 본능을 폭발시키는 무녀"[6]라는 일원론으로 치환해 일본 예능의 역사에 대한 언급을 바탕으로 무녀가 될 수 있는 여성이야말로 여배우에 가장 적합하다는 논의를 전개한다. 우선 "영리하고 현명한 여성" 혹은 "약삭빠른 사람"은 배제되는데, 흔히 말하는 "감수성 풍부한 여성"이라 하더라도 "저차원의 일상의 감각"으로 살아가는 데 지나지 않기에 실격이다. 처음부터 광기에 찬 여배우도 예외이며 마지막에 남는 것은 "영리하지 않고 멍청하며, 도리를 말하지 않더라도 감정이 풍부한 여성"으로 "모든 것을 끊어버리고 자기에게 집중하는 에너지, 강렬한 에고이즘"을 가져야 한다. 마스무라는 감독의 경험에 기반해 이러한 기준에 부합하는 여배우의 첫 번째로 와카오 아야코를 거론하고 이어서 기시다 교코(岸田今日子, 1930~2006), 가노 준코(叶順子, 1936~), 세키네(다카하시) 게이코(高橋惠子, 1955~),[7] 하라다 미에코(原田美枝子), 가지 메이

---

6) 앞의 책, 151~152쪽.

7) 역주: 본명인 세키네 게이코로 데뷔했으나 1982년 영화감독 다카하시 반메이(高橋伴明, 1949~)와 결혼하면서 남편 성을 따라 다카하시 게이코로 개명했다. 참고로 일본은 결혼 시 부부가 남편 또는 아내 한쪽의 성을 따라야 함을 민법으로 규정한다. 관례적으로 남편

코(梶芽衣子, 1947~) 등 여섯 명의 이름을 언급한다.

이 리스트를 앞서 발표한 에세이와 비교하면 공통으로 언급되는 배우는 와카오 아야코뿐이다. 다이에이 시대에 만들어진 프로그램 픽처라는 테두리 안에서 함께 작업한 노조에 히토미를 비롯한 다른 여배우들이 결국 감독이 생각하는 이상적인 여배우의 기준에서 보면 결코 만족할 만한 존재가 아니었음을 조금씩 이해하게 된다. 반대로 '흑' 시리즈의 가노 준코를 별개로 하면 나머지 배우들은 1970년대에 다이에이가 위기에 빠지고 마스무라가 행동사를 설립한 시점부터 연출한 영화의 주연이었음을 알 수 있다. 다시 말해 그들은 마스무라＝와카오 콤비 이후 마스무라의 영화에 기용된 여배우들이다. 그러므로 이 리스트는 1963년이라는 시점부터 형태를 갖춰온 마스무라 야스조의 이원론적 여배우관이 수년에 걸친(그사이 《만지》, 《세이사쿠의 아내》를 촬영했다) 와카오 아야코와의 작업을 거쳐 보다 확고한 일원론으로 굳어졌고, 두 사람의 콤비가 해체된 이후 그 확신에 따라 주연 배우를 캐스팅했음을 의미한다. 마스무라는 1963년에 예언한 것처럼 그 이후 스타 영화를 찍지 않고 자신의 예술적 방향을 확실히 수용하는 여배우만을 출연시키는 데 집중했다. 여기에는 사라져버린 오랜 촬영소 체제와 스타 시스템을 둘러싼 어떠한 감상이나 향수도 없다. 이 세 번째 에세이는 결국 마스무라가 신뢰할 수 있었던 여배우관을 있는 그대로 보여주고 있으며, 이러한 관점에 와카오 아야코의 그림자가 분명히 드리워져 있음은 말할 것도 없다. 일찍이 "다소 분열적이고 파탄적"이라고 평가한 와카오 아야코야말로 그에게 이상적인 여배우이며 그 확신은 협업이 중단된 후 10년 이상의 세월이 흘러도 좀처럼 변하지 않았다.

의 성으로 변경하는 경우가 많다.

6장
후기 작품

마스무라와 와카오의 작업으로 다시 돌아가보자.

1957년 《명랑 소녀》부터 정점을 찍은 1961년 《아내는 고백한다》를 거쳐 다음 해 1962년 《훔친 욕정》까지를 협업의 전반기라고 한다면, 2년 정도의 공백기 후 1964년 《남편이 보았다》부터 《천 마리 종이학》까지를 후반기로 임의로 나눌 수 있을 것이다. 후반에 해당하는 시기에 마스무라 야스조는 《병정 야쿠자》, 《육군 나카노 학교》와 같은 '남성물 영화' 시리즈 노선에서 첫 편을 연출하는 등 17편의 작품을 감독했고 그중 10편에 와카오 아야코가 출연했다. 이후 마스무라는 다이에이가 도산하자 프리랜서 감독으로 1982년까지 14편의 영화와 다수의 텔레비전 작품을 연출했다.

한편 와카오는 1964년부터 1969년까지 6년간 31편의 영화에 출연했다. 1957년 《명랑 소녀》부터 1963년까지 7년간 참여한 영화가 61편으로 작품 수는 거의 반으로 줄었지만, 전보다 단역 출연이 적어졌음을 고려해야 한다. 1960년대 중반, 다이에이의 제작 체제에 문제가 생기기 시작했고 이를 만회하기 위해 빈번하게 '남성 영화' 노선이 기획되었다. 그럼에도 와카오를 둘러싼 스타 노선은 견고하여 흔들리지 않았고, 오히려 이전의 아이돌 시대에는 보이지 않았던 '남자를 아는' 여자의 에로티시즘을 스크린에 마음껏 발산했다. 《불륜》, 《빙점》, 《두 아내》 같은 가정 멜로드라마의 유부녀, 《불신의 시간》(이마이 다다시今井正, 1912~1991) 속 정부, 《처녀가 보았다》에서 사랑에 몸부림치는 여승, 《붉은 천사》의 종군간호사 등 《아내는 고백한다》 이전에는 있을 수 없었던 역을 당당하게 연기하고 실로 여배우로서의 정점을 계속해서 이어나갔다. 이 시기 와카오 작품 중 마스무라의 연출작이 3분의 1 이상을 점하고 있다는 것과 그 의미를 생각해야 한다.

두 사람의 작업은 1969년 《천 마리 종이학》을 마지막으로 끝이 났다. 마스무라는 1971년 다이에이 도산 후 제작자 후지이 히로아키와 행동사를 설립해 활동을 계속했다. 하지만 와카오의 경우, 마치 꽃이 시들 듯 급속도로 스크린에서의 인상이 옅어지기 시작했다. 《천 마리 종이학》 출연이후 불과 몇 작품에 조역으로 참여했을 뿐이며 1971년 쇼치쿠가 제작한 《남자는 괴로워 순정편》(男はついよ 純情編)의 '마돈나'1) 역을 끝으로 현재까지 30년 이상 거의 스크린에 모습을 드러내지 않고 있다. 이러한 활동 궤적은 마치 마스무라 작품에서 영화적 신체를 불태워버린 듯한 인상을 준다. 본 장에서는 두 사람의 협업 후반기에 해당하는 10편 중 8

---

1) 역주: 1969년 제1편을 시작으로 1996년 주연 배우 아쓰미 기요시가 타계함으로써 막을 내린 '남자는 괴로워' 시리즈에는 매회 주인공 도라지로가 동경하는 여성이 등장하는데 관례적으로 이들을 '마돈나'라 통칭한다. 아쓰미 주연의 시리즈는 1995년 48편으로 종결했지만 1997년에 특별편, 2019년에 시리즈의 50주년 기념작이 개봉했다.

편을 세 개의 카테고리로 나누어 와카오 아야코적인 것이 어떻게 발전하고 드러났는가를 논하고자 한다.

세 가지 카테고리는 《만지》와 《문신》 등 다니자키 준이치로 소설을 영화화한 작품, 《세이사쿠의 아내》, 《붉은 천사》와 같은 전쟁물, 《두 아내》, 《하나오카 세이슈의 아내》, 《블록 상자》, 《젖은 두 사람》, 《천 마리 종이학》 등의 가정 멜로드라마이다. 첫 번째 작품군은 마스무라가 전통적인 영화들과 대결하고 그것을 뛰어넘어 만들어낸 결과물이자 미조구치가 좋아했던 이즈미 교카 원작의 영화에 대립하며, 촬영소를 떠난 뒤 연출했던 《소네자키 동반자살》(曾根崎心中, 1978)로 이행해가는 계보에 속한다. 두 번째 작품군은 남성들의 집단, 공동체 안에서 와카오가 연기하는 인물이 극히 특이한 형태로 철저하게 자신을 희생하고 그럼으로써 사랑을 성취하는 역설적인 요소를 공통적으로 포함하고 있다. 마지막 작품군에는 와카오가 다른 여배우들과 함께 대결 구도를 취하면서도 때로는 조연의 캐릭터를 통해 그때까지 쌓아 올린 여배우로서의 이미지를 여유롭게 보여주고 채용하는 영화들이 속해 있다. 이 분류는 대략 다이에이의 제작 연도 순서에 부합하며, 구체적으로 첫 번째 그룹의 작품들이 1963년부터 1965년, 그다음 작품들이 1965년부터 1966년, 그리고 마지막 그룹의 작품이 1967년부터 1968년에 만들어졌다. 이렇듯 와카오 영화의 미묘한 변화는 여배우의 신체적 나이 및 젊은 여배우들의 등장뿐만 아니라 다이에이의 제작 노선의 변화, 나아가 일본 영화 전체의 사양화라는 문제와도 복잡하게 얽혀 있다. 하지만 이를 설명하는 것은 이 글의 의도를 넘어선 것이기에 여기서는 마스무라와 와카오의 작업에 초점을 맞춰 작품의 변화를 추적하려고 한다.

1

이미 서술한 바와 같이 마스무라 야스조가 기존 일본 영화의 감상성을 비판하면서 주목한 점 중 하나는 오로지 자기희생만을 하다가 허무하게 무대 뒤로 사라져가는 여주인공들의 존재 방식(あり方)이었다. 아름답지만 허약하고 좀처럼 실재감이 없는 인형 같은 여자들. 마스무라에 의하면 그 전형은 이즈미 교카가 묘사한 여자들이며, 그 원인은 이즈미 교카에게 자양분이 된 에도의 무가(武家) 중심의 문화 구조에서 비롯되었다.[2] 스승이었던 미조구치 겐지와는 대조적으로 마스무라는 이즈미의 원작을 한 번도 영화화하지 않았는데, 그런 점에서 가깝게 교류했던 기누가사 데이노스케가 야마모토 후지코를 옷을 갈아입히며 가지고 노는 인형처럼 다루면서 이즈미 교카 원작을 계속 영화로 찍은 점을 별개로 하더라도 어떤 강고한 신념을 읽을 수 있다. 이즈미 교카적인 노스탤지어로부터 유래하는 신파적인 정서는 「일본 영화사」의 저자 마스무라가 생애의 숙적으로 삼아왔던 것이다.

이러한 맥락에서 등장하는 것이 다니자키 준이치로다. 마스무라는 다니자키를 에도 문화의 취약함을 버리고 관서 지방으로 눈을 돌려 신파와는 전혀 다른 관서 사람의 합리주의와 리얼리즘을 체득한 문학자로 평가했다. 다니자키의 작업은 에도 시대의 이하라 사이카쿠(井原西鶴, 1642~1693)[3]나 지카마쓰 몬자에몬(近松門左衛門, 1963~1725)[4]이 즐겨 그려

---

2) 마스무라 야스조, 「다니자키 준이치로와 미조구치 겐지」, 『키네마 준보』 1967년 9월 상순호, 후지이 히로아키 감수, 같은 책, 66쪽.

3) 역주: 에도 시대에 활동한 근세문학 및 닌교조루리(人形浄瑠璃, 일본의 전통 인형극) 작가. 1682년 출판한 『호색일대남』(好色一代男)이 호평을 받은 후 『호색 다섯 남녀』(好色五

온, 의지와 욕망의 화신이라 부를 수 있는 서민의 에너지와 반권위적인 인격과 통하는 것이었다. 물론 미조구치 역시 다니자키의 작품을 좋아했고 『갈대 베기』를 원작으로 《오유우님》(お遊さま, 1951)을 연출하기도 했다. 하지만 마스무라는 작품 속에 드러난 '모노노아와레(もののあわれ)'5)와 노스탤지어에 전혀 흥미를 갖지 않았다. 그가 다니자키 작품에서 본 것은

人女, 1686), 『호색일대녀』(好色一代女, 1686) 등 이른바 '호색물'을 연달아 발표했으며 이외에도 다양한 소재와 주제, 형식의 작품을 집필했다. 미조구치 겐지의 《오하루의 일생》(西鶴一代女, 1952), 요시무라 고자부로의 《오사카 이야기》(大阪物語, 1957), 마스무라 야스조의 《호색일대남》, 다나카 노보루(田中登, 1937~2006)의 《핑크 살롱 호색 다섯 남녀》(ピンクサロン 好色五人女, 1978) 등 사이카쿠의 작품은 다수 영화화되었다.

4) 역주: 에도 시대를 대표하는 조루리(浄瑠璃, 샤미센 반주에 맞춰 이야기를 읊는 일본 전통 예능) 작가. 무사 집안의 차남으로 태어나 교토에서 공가(公家, 조정을 섬기는 귀족 및 상급관리의 총칭)의 무사로 재직했다. 여러 기록에 따르면 이때 습득한 지식을 바탕으로 조루리를 쓰게 되었다고 한다. 실제 일어난 사건을 바탕으로 역사 속 인물이 아닌 평범한 상공업자(조닌 町人)를 주인공으로 등장시킨 전대미문의 작품 『소네자키 동반자살』이 엄청난 성공을 거두었다. 이후 지카마쓰는 조닌들의 이야기를 그린 세태물은 물론 무사가 등장하는 시대물을 다수 집필했고, 약 40여 편의 가부키 작품도 남긴 것으로 기록되어 있다. 그의 작품을 원작으로 한 영화는 이마이 다다시의 《밤의 북》(夜の鼓, 1958), 시노다 마사히로(篠田正浩, 1931~)의 《동반자살》(心中天網島, 1969)과 《창의 곤자》(鑓の権三, 1986), 마스무라 야스조의 《소네자키 동반자살》(1978), 고샤 히데오(五社英雄, 1929~1992)의 《여살유 지옥》(女殺油地獄, 1992) 등이 있다.

5) 역주: 사물을 나타내는 '모노'와 정취, 비애 등의 감정을 의미하는 '아와레'의 합성어. 헤이안 시대의 왕조 문학을 이해하기 위한 미의식, 문예 이론의 하나로 국학자 모토오리 노리나가(本居宣長, 1730~1801)가 제창한 개념이다. 그에 따르면 모노노아와레는 사물의 본래 정취와 의미를 깨닫고 감동하여 느끼는 것이며 그 정점에 헤이안 중기의 장편 소설 『겐지모노가타리』(源氏物語, 1008)가 있다. 이 작품은 그때까지 불교와 유교의 관점에서 권선징악 이야기로 해석되어 왔지만, 모토노리는 이를 부정하고 작품의 예술적 자율성과 내재적 가치를 발견하고자 했다. 현재 '모노노아와레'는 일본 고유의 정서, 가치관, 미의식을 지칭하는 용어로 자리매김했으나 사실 한마디로 정의하는 것이 쉽지 않다. 학자에 따라 무상함, 쓸쓸함, 비애 등의 의미로도 해석된다.

강렬한 욕망의 현재(顯在)이며 중국 및 구미와 통할 법한 현실적이고 보편적인 정신이었다. 도쿄 시대에 집필한6) 『치인의 사랑』(痴人の愛, 1925)이 관념적이고 미숙하며, 『만지』(卍, 1931) 이후의 다니자키야말로 생생한 리얼리즘과 정감에 차 있다고 상찬한 것은 그 때문이다. 이러한 다니자키 열병의 근저에 나니와(浪速)7)에 대한 무한한 동경이 자리하고 있음은 말할 것도 없다. 일찍이 마스무라는 1961년 와카오 아야코와 이치카와 라이조(市川雷藏, 1931~1969)를 캐스팅하여 《호색일대남》을, 촬영소를 떠난 이후인 1978년에는 《소네자키 동반자살》을 연출했는데 이는 미조구치의 《오하루의 일생》에 대한 완곡한 답례처럼 느껴진다.

1964년 작 《만지》에는 와카오와 함께 기시다 교코와 후나코시 에이지(船越英二, 1923~2007)가 출연한다. 원작에서는 나라(奈良)를 비롯해 여러 지역으로 공간이 바뀌지만, 마스무라는 공간 설정을 상당히 엄격하게 한정하고 복잡한 구성의 이야기를 가급적 단순하게, 하지만 강렬하게 풀어내기 위해 전력을 다했다.

이제 막 결혼한 소노코(기시다 교코)가 우연히 그림 교실에서 알게 된 아름다운 미쓰코의 매력에 끌려 무의식적으로 그녀를 모델로 관음상을 그리고, 이것이 큰 문제가 된다. 그러던 중 소노코는 미쓰코의 초대를 받아 그녀의 집을 방문하고 미쓰코의 눈부신 나체를 보게 된다. 이때부터 소노코는 미쓰코의 끝없는 허언에 휘둘리고 남편 고타로와의 관계는 파탄 직전에 이른다. 마침내 미쓰코는 고타로까지 유혹해 두 사람에게 절대

---

6) 역주: 저자에 따르면 이는 마스무라의 착오로 인한 기술이다. 『치인의 사랑』은 다니자키가 간사이 지방으로 이주한 후 집필한 작품이다.

7) 역주: 지금의 오사카 시와 인근 지역의 옛 이름.

적인 지배력을 행사하고 결국 세 사람은 동반자살을 도모한다. 영화는 홀로 살아남은 소노코가 다니자키를 연상시키는 노작가에게 지난 일을 털어놓는 장면에서 시작된다.

마스무라는 이 소설을 영화화한 것에 대해 엄격한 근대주의자로서 논리적으로 연출 의도를 설명한다.[8] 이에 따르면 《만지》의 원작에서는 기시다와 와카오가 연기한 두 여성의 관계가 세 가지 심급에 따라 변화한다. 첫 번째 심급에서는 그리스인이 그 옛날 이상적인 형태미로서 꿈꿨던 규범으로서의 미쓰코의 신체가 소노코가 숭배하는 대상이 된다. 그다음으로 미쓰코는 태양을 연상시키는 아시아의 고태(古態)적 농경사회의 여신으로 변모하고 소노코는 그녀에게 봉사하는 무녀의 역할을 수행한다. 마지막으로 소노코는 그러한 신앙을 통해 죽음에 대한 황홀한 쾌락에 매혹되어 천(天)[9]과 함께 관음인 미쓰코 옆에 놓이는 불상으로 성불하고자 동반자살을 시도한다. 마스무라는 이러한 심급의 변화가 만들어내는 신비주의로의 흐름(參入)을 유럽의 합리주의에서 후퇴하여 아시아적 암흑으로 들어가는 것과 다름없다고 생각했다. 따라서 그가 영화화를 위해 채택한 방법론은 원작과는 반대로 아시아를 부정한 뒤 유럽적인 것을 지향하는 흐름을 만드는 것이었다. 아시아적인 암흑이라 함은 우스꽝스러움 그 이상도 이하도 아니며 유럽이 설파한 명쾌한 육체미만이 긍정되어야

---

8) 이에 대한 가장 통렬한 언명은 마스무라 야스조, 「다니자키의 세계와 그리스적 논리성」, 『영화예술』, 1964년 11월호, 후지이 히로아키 감수, 앞의 책, 415~417쪽에서 볼 수 있다. 그리고 9년 후에 열린 회고 상영을 위해 다시 집필한 「연출 의도」, 아테네 프랑세 문화센터 '마스무라 야스조 특집', 1973년 11월, 후지이 히로아키 감수, 앞의 책, 424~425쪽을 보면 어느 정도 말투가 누그러졌지만 감독의 의도에는 별다른 변화가 없다.

9) 역주: 일본의 불교에서 불상은 크게 네 가지로 구분되는데 계급에 따라 여래, 보살, 명왕, 천으로 나뉜다.

한다. 이런 이유로 영화의 후반부에서 세 사람의 행위를 기괴하게 희화화하고 과장되게 그렸다고 마스무라는 설명한다.

마스무라에 따르면 《만지》는 개봉 당시 지나치게 관념적이고 다니자키의 원작에서 너무 벗어났다는 비판을 받았다. 하긴 실제로 영화를 본 관객은 마스무라가 당초 의도했던 논리적인 도식이 계획대로 실현됐다는 인상을 받지 않았을지도 모른다. 관점에 따라 후반부로 갈수록 소노코와 고타로 부부의 모습은 상당히 우스꽝스러우면서 비참하게 느껴지는 것도 사실이다. 하지만 그렇다고 해서 영화에서 태초의 그리스적 육체미가 서구 문명의 원점으로 상찬되는 것도 아니다. 감독이 제작한 세밀한 도식의 일체를 넘어 무서울 정도로 과하게 영화 속 모든 곳에 와카오 아야코의 육체가 전시되어 있으며, 그녀가 등장할 때마다 『도그라마그라』(ドグラ・マグラ)10)에 필적할 만한 허풍과 책략 때문에 관객은 더 이상 명석한 분석적 인식을 하기가 어렵다.

와카오 아야코는 이 영화에서 철저하게 응시되고 숭배되는 대상이다. 그녀는 처음에 소노코가 그리는 관음상의 표상으로 재현되고 소문이 퍼져나갈 때쯤에야 관객 앞에 모습을 드러낸다. 첫 등장이 화장실에서 거울을 보고 있는 장면인 것은 자못 중요할지도 모른다. 《만지》의 미쓰코는 그때까지 와카오가 연기했던 역할과 매우 다르고, 실체이기 전에 허상이며 진실을 말하는 주체이기 이전에 현기증이 날 정도의 허언 사이에서 생

---

10) 역주: 탐정 소설 작가 유메노 규사쿠(夢野久作, 1889~1936)의 대표작으로 구상과 집필에 10년 이상이 걸린 독특한 작품이다. 1935년 간행되었고, 오구리 무시타로(小栗虫太郎, 1901~1946)의 『흑사관 살인 사건』(黒死館殺人事件, 1935), 나카이 히데오(中井英夫, 1922~1993)의 『허무에 바치는 공물』(虚無への供物, 1964)과 함께 일본 3대 기서(奇書)로 평가받는다.

기는 착오와도 같은 인격체이다. 그녀는 부부 위에 군림하며 일상생활의 사소한 부분까지 명령하는데, 이는 《아내는 고백한다》나 《가짜 대학생》에서처럼 실체를 지닌 인격에서 유래하기보다 어디까지나 소노코 부부의 마조히즘적 욕망에 호응하고 그로 인해 환기되어 생긴 존재라고 해석할 수 있다. 그런 의미에서 미쓰코라는 인물은 본질적으로 공허하며, 마스무라 야스조가 당초 의도한 아시아적 후진성 비판과는 달리 매우 강력한 영화적 신체를 실현하고 있다.

미쓰코를 열렬히 사모하는 소노코가 거의 예외 없이 잔잔한 무늬의 일본식 의상을 입고 있는 것과 대조적으로 미쓰코는 보라, 초록, 핑크와 같은 강렬한 무늬의 민소매 원피스를 입고 팔을 들어 올리거나 빈번하게 목을 흔드는 등 마치 뱀을 연상시키듯 요염한 자태를 보여줌으로써 자신이 타인의 시선에 의해 성립하는 존재임을 충분히 자각하고 있다. 소노코가 딱딱한 부동의 자세로 정면을 향해 대사를 읊는다면 미쓰코는 반대로 옆을 보거나 슬쩍 곁눈질하는 등 종잡을 수 없는 교태를 주변에 발산한다. 그러나 어느 순간 갑자기 미쓰코는 소노코에게 접근하고, 료칸에서는 그녀와 함께 유카타를 착용한다. 이로써 두 사람의 분신 관계가 성립하고 이후 보는 행위─보여지는 행위의 이항대립은 고타로의 개입으로 한층더 복잡해지며 마침내 거울과 거울의 반영이 겹쳐져 파국으로 치닫는다. 이 영화에서 미쓰코는 조금도 성장하지 않고 변하지도 않는다. 그녀에 대해 부부가 쌓아 올린 숭배의 이미지만 변용해갈 뿐 와카오 아야코는 언제나처럼 이야기를 마지막까지 지켜보고 허무하게 돌입하는 것이 아니라 본래 허무 그 자체로 군림한다.

《만지》와 비교해볼 때 《문신》에는 그 이전부터 와카오 아야코가 거쳐온 통과의례의 이야기 구조가 확실히 존재한다고 지적할 수 있다. 원작은

다니자키 준이치로의 처녀작이라 할 수 있는 동명의 단편 소설이며 여기에 중편 『오쓰야 죽이기』(お艶殺し, 1915)를 접목하였다.

와카오가 연기하는 오쓰야는 니혼바시에 있는 전당포의 외동딸로 원치 않는 결혼을 거절하고 종업원과 도망치지만 사공에게 속아 등에 문신을 새기게 된다. 그 결과 후카가와에 게이샤로 팔려 간다.11) 이윽고 오쓰야는 게이샤로 이름을 날리며 자신을 함정에 빠뜨린 남자들을 차례로 파멸시킨다. 이전의 평범했던 모습은 생각할 수 없을 정도로 마성의 여자가 된 오쓰야는 복수의 차원을 넘어 악의 화신으로 변해간다.

본래 오쓰야는 승부욕이 강한 성격으로 영화 초반에 유괴되었을 때부터 남자들을 향해 명령하듯 물을 떠오라고 시키는 등 전혀 위축된 모습을 보이지 않는다. 자신의 몸값을 지불한 포주가 수많은 남자들을 발밑에 거느린 채 웃고 있는 여자의 그림을 보여주자 반발심을 드러내면서도 이윽고 그림 속 여인을 흉내 내듯 가학적인 욕망을 구축해간다. 등에 창부 얼굴을 한 거미 문신을 새기는 설정은 말하자면 처녀 상실의 은유라 할 수 있는데 이를 계기로 오쓰야는 보다 적극적이고 공격적인 인격으로 변한다. 처녀 상실로 인한 변화는 그때까지 마스무라 영화에서 반복적으로 그려졌고 《문신》 이후 아쓰미 마리(渥美マリ, 1950~)와 세키네 게이코를 주연으로 연출한 《전기 해파리》(でんきくらげ, 1970)나 《놀이》(遊び, 1971)에서도 사용된 통과의례의 분절점이었다. 《문신》의 경우는 그것이 스에키치라는 예술지상주의자 문신사에 의해 예술 작품의 창조행위로 나타난

---

11) 역주: 장면 설명의 순서에 다소 오류가 있다. 정확하게는 아버지 가게에 드나들던 곤지라는 남자가 오쓰야를 후카가와의 포주에게 팔아넘기고, 그곳에서 등에 무당거미 문신을 새긴 뒤 게이샤로 승승장구한다.

다는 것이 특징이다. 오쓰야는 《만지》의 미쓰코와 달리 스스로 욕망하고 악의 화신이 되려는 인물이다. 그녀는 단지 타자에게 응시되는 존재가 아니라 스스로 문신을 새김으로써 충만한 주체로 변신을 달성하기 때문이다. 촬영감독 미야가와 가즈오의 카메라는 흰 피부와 검은 선, 빨간 거미의 입 등 삼원색의 조합을 오쓰야와 종업원이 눈 속을 헤쳐 다리를 건너 도망가는 바깥 풍경에 대담하게 적용하거나 기모노의 속치마부터 내의, 출혈에 이르기까지 붉은 계열의 색채를 선명하게 재현했다. 이것이 상술했던 처녀 상실의 에로틱한 은유임은 말할 것도 없다. 영화의 마지막, 문신사는 오쓰야의 등에 새겨진 문신을 단도로 찌르고 그녀는 숨을 거둔다. 검은색의 거미 위로 선명한 피가 흐르는 가운데 이 탐미주의적인 영화는 막을 내린다.

《눈먼 짐승》(盲獣, 1969)과 함께 《문신》은 마스무라의 탐미주의가 정점에 달한 작품이다. 와카오 아야코는 이 작품에서 우연하게 강제로 문신을 새기게 되지만 그럼으로써 본래의 자신에 눈을 뜨고 완전한 욕망의 주체로 거듭나는 여성을 연기한다. 영화 속 캐릭터는 희대의 팜파탈로서 황홀감 속에서 짧은 생애를 마친다. 이러한 이야기 구조는 지금까지 마스무라의 작품을 고찰해온 우리들에게 그리 새로운 것은 아니다. 하지만 우리는 다니자키적인 것에 대한 영화 속 오마주를 마스무라가 미조구치를 뛰어넘으려 한 것으로 해석할 수 있다. 다이에이는 이미 모리 가즈오(森一生, 1911~1989)가 감독한 《시라누이켄교》(不知火検校, 1960)를 통해 자기 긍정의 계기로서 악을 찬미하는 영화를 제작한 바 있다. 《문신》은 그에 길항하는 형태로 여성 악당을 주인공으로 한 이야기를 실현한 예이다. 와카오 아야코의 신체는 애정이나 진실이라는 개념에 기대지 않고 악이라는 관념을 지탱할 만한 역량에 마침내 도달했다. 그리고 아마 이 두 작품을 통해 1960년대의 다이에이는 일본 영화에서는 예외적으로 악을 직시한 제작사가 되었다. 쇼치쿠가 빈곤을, 닛카쓰(日活)가 나르시시즘을, 도호가 풍요로움을 그리고 있을 때 다이에이만이 유일하게 악과 마주하고 있었다.

2

와카오 아야코의 후기 작품 중 두 번째 계열을 구성하는 영화들은 전쟁을 소재로 한 《세이사쿠의 아내》와 《붉은 천사》 두 편이다. 두 작품 모두 남성 중심의 공동체 안에서 와카오가 연기하는 주인공이 어떻게 자기 결정을 통해 한 남자에게 사랑으로 헌신하는가에 관한 이야기로 요약할 수 있는데, 이 주제와 영화 전체의 분위기는 대조적인 면이 있다.

《세이사쿠의 아내》는 무라타 미노루(村田実, 1894~1937) 감독, 우라베 구메코(浦辺粂子, 1902~1989) 주연의 영화를 리메이크한 것으로 20세기 초반 러일 전쟁 초기 주고쿠 지방의 산간 마을이 배경이다.

와카오 아야코가 연기한 오카네는 가난 때문에 마을 노인(도노야마 다이지殿山泰司, 1915~1989)의 집에 첩으로 들어가지만, 그가 죽자 위자료를 들고 고향 마을로 돌아온다. 그곳엔 군인 생활을 하며 모은 돈으로 종을 만들어 이른 아침에 타종을 하며 마을 사람들이 부지런히 일하도록 독려하는 세이사쿠(다무라 다카히로田村高廣, 1928~2006)라는 청년이 있다. 오카네의 가족은 마을 사람들로부터 따돌림을 당하고 있었고 그 때문에 오카네는 모범 청년처럼 구는 세이사쿠에게 반감을 품었지만 이윽고 차츰 호감을 느낀다. 두 사람이 결혼하면서 세이사쿠는 일시적으로 마을 사람들로부터 평판을 잃고 오카네는 다시 태어난 것처럼 근면하게 농사일에 매진한다. 한동안 행복한 날들이 이어지던 중 러일 전쟁이 일어나고 세이사쿠는 다시 징집되지만 얼마 지나지 않아 부상을 입은 채 영웅이 되어 마을로 돌아온다. 상처가 낫자 세이사쿠는 다시 전쟁에 나가야 했고, 출정 전날 송별회에서 오카네는 그의 두 눈을 대못으로 찔러 실명시킨다. 오카네는 마을 사람들에게 구타당한 뒤 감옥에 갇히고 세이사쿠는 눈이 먼 채 마을에 남는다. 2년 뒤, 세이사쿠는 출소한 오카네를 다시 받아주고 그녀는 예전처럼 열심히 밭일을 하며 살아간다.

《세이사쿠의 아내》 속 와카오 아야코의 특징은 말이 없으며 어떤 일이 일어나도 마치 운명처럼 눈 하나 깜빡하지 않고 냉정하게 받아들인다는 점이다. 같이 살던 노인이나 부친이 죽어도 그녀는 울부짖는 모친과는 달리 당연하다는 듯이 대처한다. 마을의 여자들에게 괴롭힘을 당할 때는 주저 없이 낫을 들고 싸우려 든다. 그녀는 항상 오직 혼자만 깨우친 듯한 표정으로 말없이 화면 안쪽에서 정면을 날카롭게 힐끗 응시한다. 그것은 인습에 물든 공동체 안에서 불행하게도 개인으로서 각성한 자가 취해야 할 자세이고, 마스무라는 반복해서 오카네의 그러한 시선을 강조함으로써 영화 후반에 그녀가 일으키는 사건을 논리적이고 설득력 있는 것으로 만들고자 고심했다.

마스무라는 이 영화에서 《아내는 고백한다》까지 명확하게 시도하지 않았던 심리적인 은유와 상징을 자주 사용했다. 《세이사쿠의 아내》에서는 때로 벽이나 미닫이문 등으로 화면 안쪽을 한 번 더 수직으로 분할하여 여백의 좁은 공간 안에 등장인물을 밀어넣는 듯한 쇼트들이 눈에 띄는데 이는 곧 봉건적 인습과 남존여비 제도 속에서 사는 억압적인 상황을 표현한다. 벽 뒤에서 슬쩍 앞을 들여다보는 오카네의 쇼트가 몇 차례 반복되는데, 이것이 한 인간으로서 해방에 대해 오카네가 품고 있는 동경과 관련 있음은 말할 것도 없다. 세이사쿠와 만났을 때 오카네는 손에 들고 있던 닭을 부지불식간에 놓아버리고 도망치게 내버려둔다. 이는 타자에 대해 완고한 태도를 보였던 오카네의 내면에 스스로도 눈치채지 못한 해방의 예감이 생겨났음을 암시한다.

세이사쿠와 오카네는 각자 다른 위치에서 마을 공동체에 들어왔고 그 공동체의 질서에 근대적인 변혁을 가져오려 한다. 세이사쿠는 매일 아침 종을 치고 마을에 근대적인 노동이라는 새로운 질서를 도입하려 한다. 타종은 반복되는 시간의 분절 행위이자 공동체에 대한 개인의 헌신을 나타내기에 사람들은 이를 긍정적으로 받아들인다. 이와 대립하는 것이 세이사쿠의 눈을 찌른 오카네의 행위이다. '카네'라는 그녀의 이름이 세이사쿠가 시종일관 애지중지하는 종과 같은 것은 우연이 아니다.12) 오카네가 일으킨 상해 사건은 공동체를 불명예스러운 대혼란에 빠뜨릴 뿐만 아니라 세이사쿠가 종을 방기하고 나아가 마을의 변혁 계획이 좌절되는 방향으로 향하게 한다.

오카네가 남편의 눈을 멀게 하여 출정하지 못하도록 결심하는 장면을 살펴보자.

떠들썩한 송별회 끝 무렵, 오카네는 하얗게 질린 얼굴로 머리를 반쯤 풀어헤친 채 아무 말 없이 밖으로 나간다. 여기서 갑자기 화면의 음성이 작아지고 부엌에 몰려 있는 여자들의 수다 소리가 다른 세계에서 일어나는 듯 멀어진다. 모든 이미지가 심사숙고하고 결심에 이른 오카네의 심리 상태를 표상하는 것처럼 설화론적으로 수렴된다.13) 부엌 뒤편으로 나간

---

12) 역주: '종(鐘)'을 일본어로 '카네'라고 발음한다.

오카네는 우연히 바닥에 떨어져 있는 녹슨 대못을 발견하고 오른손으로 그것을 잡아 장난삼아 왼쪽 손바닥을 가볍게 찔러본다. 그러고 나서는 뭔가를 결심한 듯 옷 속에 대못을 숨기더니 앞 머리칼을 몇 가락 떨군 채 스윽 일어나 사람들이 모여 있는 곳으로 돌아간다. 반쯤 입을 벌린 오카네가 남편 뒤에서 접근하고 잠시 후 장면은 술 마시는 남자들의 모습을 잡은 쇼트로 바뀐다. 바로 이때 세이사쿠의 비명 소리가 들린다. 사람들의 떠들썩한 연회 장면을 제외하면 이 시퀀스는 거의 침묵으로 채워져 있었던 만큼 그의 비명이 만들어내는 효과는 절대적이다.

오카네는 자신의 결심을 다른 사람에게 말하지 않을뿐더러 징역을 살고 나온 후에도 왜 이런 행동을 했는지에 대해 설명하지 않는다. 그녀 대신 사건의 진의를 이해하고 설명하는 이는 세이사쿠의 여동생이다. 말수가 적은 편인 그녀는 오카네가 보낸 기모노를 받으려고 한다. 오랜 세월 억압의 희생양으로 살아온 여성이 어느 순간 모든 논리와 인과관계를 넘어 발작적인 욕망에 휩싸여 이를 지극히 엽기적인 형태로 표현한다. 《세이사쿠의 아내》가 나타내는 구도는 바로 이러한 것이며, 개인으로서 마을로 돌아온 세이사쿠가 진정으로 공동체 시스템을 이해하고 과격한 선행자였던 아내를 다시 한 번 한 개인으로 받아들이면서 영화는 끝이 난다. 마스무라는 이 영화에서 전근대적 공동체가 부국강병이라는 국가 이데올로기를 취하면서 실은 본질적으로 어떠한 변화도 이루지 못하는 사태에 대해 또 다른 근대, 즉 개인이 욕망을 전면적으로 긍정할 수 있는 공간을 토대로 한 근대를 대치시켰다. 《세이사쿠의 아내》의 금욕적이면서

---

13) 역주: 저자에 따르면, 설화론적으로 수렴되는 것은 이야기의 지엽적인 부분들이 떨어져 나가 점점 간결해지고 오직 하나의 지점으로 집약되어 가는 서술 방식이다.

도 과격한 문체는《만지》의 바로크적 영상 유희나《문신》의 화려한 색채미와는 완전히 다르며, 이후 제작되는《하나오카 세이슈의 아내》와 연결되는 새로운 계보를 예고한다. 이렇게 해서 와카오 아야코는《아내는 고백한다》의 과장된 연기에서 경제적인 연기, 즉 억제되고 절제된 연기로 선회하였다.

《붉은 천사》는 마스무라의 또 다른 작품《병정 야쿠자》의 원작자인 아리마 요리치카(有馬頼義, 1918~1980)의 전쟁 소설을 영화화한 것이다. 다이에이의 남성 영화 노선에 멜로드라마의 간판 여배우를 출연시킨 과감한 기획의 작품이었으나 와카오 아야코의 필모그래피에서 이색적이랄까, 그보다는 이상한 영화라고 해도 무방하다.

이야기의 무대는 1939년 중국. 일본군은 국공합작을 단행한 중국군을 상대로 고전을 면치 못하고 있는 상황으로 영화는 와카오가 연기하는 종군 간호사 니시 사쿠라가 육군병원에 도착하는 장면에서 시작된다. 병사들을 헌신적으로 간호하는 일에 여념이 없었던 사쿠라는 부임 직후 밤늦은 시간에 상이 병사에게 강간을 당한다. 야전병원으로 근무지를 옮긴 사쿠라는 지옥과도 같은 아비규환 속에서 다친 병사들을 간호하고 양팔을 다친 일병을 동정하여 비밀리에 그와 관계를 맺는다. 한편 군의관 오카베(아시다 신스케芦田伸介, 1917~1999)는 끝이 보이지 않는 비참함 속에서 모르핀을 상시 투약하고 그 때문에 성불구가 된다. 사쿠라는 오카베를 아버지처럼 생각하면서 금단 증상으로 괴로워하는 그를 치료하려고 애쓴다. 그녀의 노력 끝에 그들은 잠시나마 삶의 기쁨을 맛본다. 하지만 적의 공격은 더욱 거세지고 콜레라가 퍼지면서 약해질 대로 약해진 일본군은 중국군의 공격에 전멸한다. 새벽녘, 홀로 살아남은 사쿠라는 오카베의 시신을 발견하고 알 수 없는 허탈함에 휩싸인다.

이 영화에서 와카오 아야코는 《아내는 고백한다》, 《세이사쿠의 아내》와 같이 표현주의적이고 과장된 연기가 아니라 할 수 있는 한 내면의 감정을 철저히 억제한다. 간호사 제복을 입고 긴장한 표정으로 필요한 말만 내뱉는 모습에서 일관되게 보이는 것은 철저한 수동성이며 전쟁이라는 초월적인 사태 앞에서 어떠한 희생도 마다하지 않겠다는 태도이다. 이는 한편으로 돌턴 트럼보(Dalton Trumbo, 1905~1976)의 《자니 총을 얻다》(Johnny Got His Gun, 1971)를 연상시키는 상이 병사의 성적 위안의 삽화로, 또 한편으로는 군의관의 성불구 삽화로 결실을 맺는다.

전쟁터에서 순백의 간호복에 피를 묻혀가며 남자들을 치료하고 그들을 의학적으로, 성적으로 위로하는 천사 같은 존재. 그녀는 번번이 강간당할 위기에 처하지만, 오카베의 등장으로 부성적인 질서하에 보호받는다. 이러한 설정으로 만들어지는 에로티시즘이야말로 본래의 제작 의도이며, 이를 강조하기 위해 마스무라는 구로사와 아키라의 《조용한 결투》와는 완전히 다른 처참한 야전병원의 광경을 묘사했다. 사려 깊음과 흔들리지 않는 결단력, 어떤 상황에도 냉정함을 유지하는 자세. 그리고 전시 중 일본인의 미덕이라 상찬받던 죽음을 향한 강한 결단력. 이것이 사쿠라라는 인물을 형성하는 요소이자 《병정 야쿠자》의 연장선에서 이 영화를 본 남성 관객들이 만족할 수 있었던 이유였음을 추측할 수 있다. 그 이전까지 와카오의 출연작에서 볼 수 없었던 또 하나의 특징은 이 영화가 사쿠라의 1인칭 시점을 취한다는 점이다. 간결한 표현으로 비참한 상황을 묘사하고 사적인 감정을 섞지 않고 판단과 결의만을 담담하게 이야기하는 어조는 와카오의 절제된 연기에 부합하며, 관객은 그러한 긴장이 무너져 그녀의 내면에 숨겨져 있던 격정이 분출하는 순간을 기대하게 된다.

사쿠라가 결정적으로 변신을 달성하는 것은 적에 포위된 극한의 상황에서 오카베의 모르핀 중독 치료에 성공했을 때이다. 그녀는 여자로서 "군의관님을 좋아해요"라고 당당하게 고백하고 두 사람은 할 수 없었던 육체관계를 맺는다. 그때까지 절제되었던 와카오의 연기와 말투는 이 순간 도래하는 파탄을 위한 준비 작업이었다고 할 수 있다. 이때부터 영화는 의외의 방향으로 전개되기 때문이다. 그들은 상관과 부하라는 계급적 입장을 하룻밤 동안 바꿔 사쿠라가 상관이 되어 놀이를 통해 오카베를 치료한다. 다니엘 슈미트(Daniel Schmid, 1941~2006)의 《오늘 밤》(Heute Nacht Oder Nie, 1972)과 비슷하게 비일상적인 상황 속에서 벌어지는 제도적 지위의 전복은 일종의 풍자극적인(burlesque) 축제의 감각을 만들어낸다. 그 결과 오카베는 성 기능을 회복하고 사쿠라가 말하는 새로운 인생관을 수용한다.

정사 후 오카베가 장난삼아 사쿠라에게 자신의 군의관 제복을 입히는 장면은 전쟁의 참상으로 가득한 이 영화에서 가장 중요하고 본질적인 것을 보여준다. 군의관의 옷을 입은 뒤 사쿠라는 오카베의 몸짓을 흉내 내고 그에게 발을 내밀어 군화를 신겨달라고 명령한다. 오카베는 사쿠라의 의도를 파악한 듯 이에 응한다. 아마도 와카오 아야코가 오랜 배우 생활을 통틀어 남장을 한 것은 이 2분여 동안이 유일할 것이다. 한 차례 놀이가 끝나자 두 사람은 각자의 제복을 입는다. "역시 여자인 게 좋아," "자, 이번에는 내가 즐겁게 해주지"라는 대사를 주고받은 뒤 본래의 모습으로 돌아오는 이 장면은 짧은 시간 전복적인 놀이를 끝마친 뒤 오히려 젠더적 자기 동일성이 더욱 강화되었음을 확인시킨다. 이러한 모습은 적의 대공습 장면과 교차 편집을 통해 제시되고 이후 둘은 영원히 결별한다. 오카베와의 완벽한 사랑을 성취한 사쿠라가 다음 날 아침 그의 시신을 발견하고 허탈해하는 마지막 장면은 마스무라 영화에서 흔히 볼 수 있는 엔딩이다.

사실《붉은 천사》를 호전적 영화나 반전 영화로 보는 것은 정확하지 않다. 전쟁, 그리고 그것이 일으키는 그로테스크한 지옥과도 같은 풍경은 이 영화에서 어디까지나 사쿠라와 오카베의 관계를 위한 거대한 무대에 지나지 않는다. 이 영화의 핵심은 그때까지 부성적 질서하에 섹슈얼하지 않은 남성으로서 사쿠라를 보호해왔던 오카베가 그녀의 고백을 계기로 한순간 젠더적 대립 구도에 휘말려 들어가고 그 안에서 벌어지는 모순을 해결하기 위해 카니발과도 같이 젠더적, 사회적, 군사적 위계질서를 전복했다는 점이다. 군대라는 남성 중심적 사회 속에서 마스무라는 자신이 계속해서 그려왔던 여성의 욕망이라는 멜로드라마의 주제를 실현해보고자 이러한 과감한 연출을 단행했다. 와카오 아야코는 마스무라의 이러한 시도를 잘 견뎌냈다고 평가해야 할 것이다.

3

마스무라＝와카오의 필모그래피는 1967년쯤부터 미묘하게 달라진다. 와카오의 캐릭터만 욕망을 분출하고 남자를 능가하는 단선적인 구조를 취하는 기존 작품과 달리, 종종 또 다른 여성과의 대결 구도를 중심으로 이야기가 전개되는 복합적인 형식을 도입한 작품들이 눈에 띄는 것이다. 예를 들어《두 아내》,《하나오카 세이슈의 아내》,《천 마리 종이학》등에서 와카오는 오카다 마리코, 다카미네 히데코, 교 마치코와 같은 강한 존재감을 지닌 여배우를 상대로 한 치의 양보도 없는 연기 대결을 보여준다.

이러한 변화는 당시 경영 상태가 급속도로 악화되고 있던 다이에이의 제작 방침 변경과 와카오의 인기를 지탱하던 팬덤의 변화와 기묘한 형태로 결부되어 있었다. 이 문제는 잠시 제쳐두고 우선 작품 내용을 살펴보자. 두 여배우의 출연이라는 도식은 실은 이미 기시다 교코와 함께 주연을 맡았던 《만지》에서 형성되었다. 이 영화의 경우 어디까지나 기시다의 시점을 통해 철저하게 관찰되는 대상으로서 와카오를 그리고 있으며 두 사람의 관계는 처음부터 불균형을 전제로 한다. 이에 반해 앞서 언급한 세 작품은 《만지》와 달리 두 스타 배우의 경연(競演)을 명확하게 활용하고 있다.

경연이란 어떤 의미에서 프레임이다. 와카오 아야코는 《아내는 고백한다》나 《세이사쿠의 아내》에서 단지 한 사람의 여배우로서 자유롭게 연기했으나, 이와 달리 세 작품에서는 다른 배우와의 관계를 통해 캐릭터를 설정하고 전체적인 균형을 무너뜨리지 않도록 배려하면서 연기해야 했다. 와카오 같은 성격의 여배우에게 그러한 작업이 긍정적으로 작동했는지는 솔직히 의심스럽다. 마스무라 야스조가 이상(理想)으로 여긴 무당 타입의 여배우가 스크린에서 순도 높은 격정의 발작을 연기할 때는 또 한명의 여배우가 반드시 그것을 옆에서 지켜보며 상대화하는 역할을 하기에, 결과적으로 와카오는 견제하는 위치에 서게 되고 이로 인해 그녀의 특기인 빙의적 연기의 강도가 경감될 수도 있기 때문이다.

마스무라와 와카오 협업의 마지막 시기인 1967년부터 1969년 사이에는 이전 작품에는 없었던 또 한 가지 특징이 있었는데, 분명 계산을 잘못한 듯한 범작들이 제작되었다는 점이다. 《블록 상자》, 《젖은 두 사람》 등이 그런 영화들이다. 《블록 상자》에서 와카오는 재벌가 출신 호텔 사업가에게 순결을 빼앗겨 임신을 하지만, 아이를 키우며 수완 좋게 빵 가게[14]

---

14) 역주: 출연작 리스트에는 '우유 가게'라고 쓰여 있는데, 영화를 보면 빵과 우유를 파는 작은 가게이다.

를 운영하는 인물로 등장한다. 메인 스토리와 거의 상관없이 사실상 부가적인 역할인 데다 주변의 시선 따위는 신경 쓰지 않고 자기 결정을 밀고 나아가는 와카오 특유의 캐릭터는 온데간데없이 위축되어 있다는 인상을 지울 수 없다.《젖은 두 사람》에서는 어디까지나 남자 주인공인 기타오지 긴야(北大路欣也, 1943~)의 강렬한 욕망을 환기하고 반영하는 고혹적인 유부녀를 연기하는데, 그 모습은 새롭지도 않고 그때까지의 이미지를 단순화하고 스테레오타입화한 캐릭터를 꺼내 보인 것 같다. 이러한 현상은 《명랑 소녀》부터 10년 이상 지속되어온 마스무라와 와카오의 협업이 피폐해지기 시작했음을 시사한다. 앞서 내세웠던 대배우와의 경연 노선은 이러한 피폐함을 극복하기 위한 방안이었다고 생각할 수도 있다. 하지만 결과적으로 이는 와카오 아야코의 연기를 형식적인 틀에 가두었고, 협업 관계의 해체를 앞당기는 데 일조한 듯 보인다.《두 아내》와《하나오카 세이슈의 아내》를 예로 들어 두 사람의 마지막 작업을 간략하게 살펴보자.

《두 아내》는 당시 쇼치쿠의 전속 배우였던 오카다 마리코를 외부 채용 방식으로 제작한 작품이다. 오카다는 와카오와 마찬가지로 1933년생이며 데뷔 연도도 비슷하고 와카오가 미조구치 겐지에게 가르침을 받은 것처럼 만년의 오즈 야스지로(小津安二郎, 1903~1963)에게 사랑을 받으며 배우의 길을 걸었다. 와카오가 1961년《아내는 고백한다》로 연기에 눈을 떴다는 평가를 받은 이듬해인 1962년, 오카다는 제작자로도 이름을 올린《아키쓰 온천》(秋津温泉, 1962)을 통해 여배우로서의 위치를 굳혔다. 이런 의미에서 그녀는 와카오의 좋은 적수이며《두 아내》는 제목부터 두 사람을 균등하게 다뤄 경쟁시키려는 의도가 엿보인다.

이 작품에서 와카오는 출판사 사장인 아버지의 비서이자 여성의 도덕과 가정의 행복을 선언하는 '일하는 아내' 미치코를 연기한다. 그녀는 '깨끗하고 올바르고 아름답게'라는 사풍을 글자 그대로 실천하는 듯 처음에는 아주 수수한 모습으로 등장한다. 그녀에게는 대학 시절에 만난 남편 겐지(다카하시 코지高橋幸治, 1935~)가 있다. 그는 장인의 충실한 부하로 일하며 장래를 보장받았지만 그 대신 문학도로서의 길을 포기해야만 했다. 겐지는 우연히 옛 애인이자 현재는 바에서 호스티스로 일하는 준코를 만난다. 오카다 마리코가 연기한 준코는 미치코와 대조적으로 상황에 몸을 내맡기며 살아가는 그늘진 인물로, 겐지에 대한 사랑을 다시금 불태우지만 그로 인해 현재의 연인 쇼타로(이토 다카오伊藤孝雄, 1937~)와의 관계가 틀어진다.

여기서 이야기는 완전히 다른 방향으로 흘러간다. 어느 날 쇼타로에게 협박을 받은 미치코는 어쩌다 옆에 있던 부인용 권총으로 그를 죽인다. 그녀는 도주에 성공하고 부친이 애쓴 덕에 사건의 진상은 은폐된다. 살인 혐의는 준코에게 향하고 미치코 대신 준코가 경찰 조사를 받는다. 양심의 가책을 느끼며 고민하던 미치코는 질투와 시기심을 극복하고 남편의 정부를 구하기로 결심한다. 그녀는 자수하러 간 경찰서에서 준코를 만나고 자신의 인생은 잘못이었다고 고백하고는 "옳은 일은 언제나 옳아요"라고 말한다.15) 준코는 그녀를 용서하고 석방된 뒤 떠난다.

《두 아내》는 은폐된 범죄의 진실이 여주인공을 통해 밝혀진다는 점에서 마스무라와 와카오가 7년 전에 찍은 《가짜 대학생》을 연상시킨다. 하지만 《가짜 대학생》에서 와카오의 도덕적 비호자 역할을 했던 아버지의

---

15) 역주: 해당 대사는 준코를 만나러 가기 전 남편과의 대화 중 일부이다. 순서에도 오류가 있다. 본 작품의 DVD가 2010년에 발매됐기에 집필 당시인 2003년에 저자가 장면을 다시 확인하기 힘들었던 상황을 참작해야 한다.

위세는 실추하고 위선과 욕정에 사로잡힌 인물로 그려진다. 처음에 미치코의 확신에 찬 성녀 같은 모습과 준코의 피폐한 불안함이 대비되지만, 이는 마지막에 역전된다. 강한 격정에 휩싸인 미치코는 살인을 고백한 뒤 깊은 허탈감을 느끼고 준코는 도덕적인 우위를 드러내지 않고 상큼한 기분으로 겐지와 미치코를 떠난다. 그녀의 산뜻한 몸짓은 다이에이 촬영소에 이방인으로 불쑥 나타나 단 한 편의 영화를 끝낸 뒤 떠나는 것을 암시한다. 와카오의 캐릭터 조형은 반드시 성공적이라 말하기 어렵다. 성녀처럼 행동하는 것은 어중간하게 희화화되어 드라마 후반 그녀의 도덕성이 실추할 때의 충격은 기대만큼 그 효과를 거두지 못한다. 미치코는 남편 앞에서 자기 인생에 허망함을 느끼고 큰 소리로 절규하지만, 오카다 마리코라는 존재 때문에 순수한 의미에서의 단독 무대를 보여주지 못한 듯하다. 또한 오카다에게서는 와카오에게 격정적인 역할을 양보하는 듯한 태도가 느껴지며 그녀가 《아키쓰 온천》에서 선보인 한없이 기다리는 여인의 복잡한 정념이 연기에서 보이지 않는다. 두 사람은 의도하지 않게 스스로를 구속한 나머지 어느 쪽도 충분치 않은 연기에 머무르고 말았다.

《하나오카 세이슈의 아내》에서 와카오는 더 많은 여배우들과 연기하며 그녀들과 함께 쌓아 올린 관계망 속에서 자신의 캐릭터를 구축하고자 고심했다. 나니와 지에코와 와타나베 미사코(渡辺美佐子, 1932~), 내레이션을 맡은 스기무라 하루코(杉村春子, 1906~1997)를 포함해 함께 등장하는 여배우들 속에서 와카오는 동일한 전근대 일본의 시골을 무대로 한 《세이사쿠의 아내》와 비교해 매우 착종된 모습을 보인다. 그중에서도 다카미네 히데코와의 경연은 이 작품을 더욱 특별하게 만든다. 이는 《아내는 고백한다》에서 여배우로서 눈을 뜬 와카오에게 처음으로 본격적으로 찾아온 위대한 선행자와의 대결이었고 이전까지 없었던 모방과 반복이라는 주제에 대한 도전이기도 했다.

아리요시 사와코(有吉佐和子, 1931~1984)의 동명 소설이 원작인《하나오카 세이슈의 아내》는 와카오가 연기한 가에라는 소녀가 어린 시절부터 하나오카 집안의 부인 오쓰기를 동경한 나머지 일평생 그녀와 대결하며 그녀를 모방함으로써 자기 동일성을 내거는 이야기이다. 19세기 초, 와카야마의 유복한 촌장 딸로 태어난 가에는 가난한 마을 의사 하나오카 세이슈와 결혼한다. 이치카와 라이조가 연기한 세이슈는 마취약을 실험 중인데, 그런 남편에게 가에는 기꺼이 자신의 몸을 실험 대상으로 내어준다. 세이슈의 모친 오쓰기 역시 아들에 대한 애정과 며느리에 대한 경쟁심에 마찬가지로 실험에 임한다. 세이슈는 두 사람에게 시약을 투여한다. 하지만 모친에게는 나이를 고려해 아주 적은 양의 약을 사용하고 아내를 진짜 실험 대상으로 삼는다. 오쓰기는 자신이 참여한 실험이 성공했다며 기뻐하지만, 이윽고 그것이 허위였음을 알고 강한 열패감을 느낀 채 숨을 거둔다. 가에는 약물 부작용으로 실명하지만, 그녀에게 이는 승리의 증거와 다름없다. 그녀는 남편을 시어머니로부터 쟁취해냈다는 충만한 감정을 느끼며 여생을 보내고, 그녀의 모습은 어린 시절 자신이 동경했던 오쓰기와 어느덧 겹쳐진다. 한편 두 여자의 강렬한 싸움을 옆에서 지켜보던 세이슈의 여동생(와타나베 미사코)은 남자는 자신을 내던지면서까지 희생하는 여자를 이용하여 승리하는 존재라며 증오와 체념의 감정을 토로하고, 평생 독신으로 살다 유방암으로 죽는다. 이 이야기에는 와카오를 지켜주던 가족 공동체가 더 이상 존재하지 않는다. 너나 할 것 없이 누군가와 대립하고 끊임없이 상대화를 일삼는 정치적 투쟁의 세계만이 펼쳐지고 있다고 해도 지나치지 않다.

와카오는 이 영화에서 《아내는 고백한다》에 출연했던 즈음에 비해 훨씬 세심하고 기민한 연기를 보여준다. 아니 그보다 이 영화에서 그녀는 그때까지 축적해온 표정과 어휘를 다카미네 히데코 앞에서 선보이는 듯하다. 집에 돌아온 남편이 자신의 헌신을 무시하자 와카오는 불편한 심기를 내비치고, 그 특유의 표정은 지금까지 우리에게 익숙한 것이었다. 남편의 지시로 처음 독초를 채집했을 때 그녀는 조금도 아까워하지 않고 몸에 두르고 있던 옷을 찢으며 결연한 행동과 자기 결정의 환희를 보여준다. 출산을 앞두고 친정으로 돌려보내졌을 때의 증오와 긴장으로 가득 찬 표정. 마취약 실험에서 깨어난 직후 어두침침한 화장실에서 허벅지 안쪽의 꼬집힌 흔적을 확인하고 자신의 승리를 깨달았을 때의 옅은 미소. 인상적인 몇 가지 장면을 나열해봤는데 《하나오카 세이슈의 아내》에서 와카오가 보인 표정은 전체적으로 상당히 억제되어 있고 과장하여 호소하는 경우는 거의 없다. 그럼에도 표정에는 설득력이 있으며 자신의 연기를 여러 여배우와 함께 만들어낸 관계성 속에서 객관적으로 바라보며 구축해가려는 강한 의지가 느껴진다.

다카미네와 와카오가 좁은 방에서 대립하는 장면을 생각해보자. 다카미네는 태연한 상태로 거의 신체를 움직이지 않고 서늘한 눈빛으로 와카오를 바라본다. 한편 와카오는 시종일관 초조한 듯 몸을 흔들거나 고개를 숙여 시선을 피하고 말에서는 숨소리가 들릴 정도다. 이러한 초조함은 그녀가 시력을 상실한 즈음부터 완전히 사라지고 어느새 와카오의 연기는 다카미네와 비슷해져 정밀하고 자신에 찬 모습으로 바뀌어 있다. 반대로 다카미네는 절망 끝에 괴로움으로 몸을 비틀며 죽음을 맞이한다.

큰 나이 차이에도 각자 독자적인 신화를 구축해온 두 여배우가 함께 연기할 때 앞 세대에서 뒤 세대로 일종의 양도와 계승이 이뤄지는 것은 영화사에서 흔한 일이다. 이리에 다카코에서 하라 세쓰코로, 다니엘 다리외(Danielle Darrieux, 1917~2017)에서 도미니크 상다(Dominique Sanda, 1951~)로, 한 영화에 함께 출연한 여배우들은 이러한 의례적인 행위를 준수해왔다.16) 후배 배우는 이를 통해 선배 연기자의 아우라를 나누어 갖고 힘을 얻어 한층 빛난다. 《하나오카 세이슈의 아내》에서 다카미네 히데코와 와카오 아야코를 생각하면 이야기 차원에서 계승과 반복이 주제화되어 있음에도 결코 앞서 언급한 형태로 여배우의 아우라를 계승하고 있는 것처럼 생각되지 않는다. 그들의 연기는 어디까지나 경쟁적이며 함께 연기하는 공연(共演)이 아니다. 와카오 아야코는 《두 아내》에서 오카다 마리코와 연기할 때 자기 자신을 견제했던 것과 달리 《하나오카 세이슈의 아내》에서는 주도면밀하게 계산된 연기를 바탕으로 다카미네 히데코를 맞받아치려고 한다. 여배우의 계승이라는 표현이 적절하지 않은 데에는 또 한 가지 이유가 있다. 이 영화에 출연한 와카오가 얼마 후에 스크린에서 은퇴해버리기 때문이다. 다카미네 히데코에게 그런 사태가 벌어지지 않았음을 생각하면 아이러니함이 느껴진다.

　나는 《하나오카 세이슈의 아내》에서 와카오가 지금까지 없었던 세심하고 계산된 연기를 보여줬다고 서술했지만, 관점을 바꿔보면 이는 다카미네와 와타나베라는 두 여배우, 내레이션을 담당한 스기무라 하루코의 존재 등 이중, 삼중의 답답한 관계에 둘러싸인 상태에서 와카오가 자신의 연기를 찾아가야 했음을 의미한다. 때로 그러한 상황 때문에 연기에 역동

---

16) 역주: 이리에 다카코와 하라 세쓰코는 《하얀 옷의 미녀》(白衣の佳人, 1936), 《초록의 대지》(緑の大地, 1942)에, 다니엘 다리외와 도미니크 상다는 《도심 속의 방》(Une chambre en ville, 1982)에 함께 출연했다.

성이 생겨나지 않는 점 또한 부정할 수 없다. 게다가 이 영화 속 와카오에게서 희미하기는 하나 주연 배우를 계속하는 것에 대한 피로감이 느껴지는 것 또한 기록해두고자 한다. 이후 연달아 출연한 《블록 상자》와 《젖은 두 사람》은 앞서 서술한 대로 《하나오카 세이슈의 아내》로부터 한참 후퇴한 작품이다.

마스무라와 와카오의 작업은 1969년 《천 마리 종이학》을 마지막으로 끝이 난다. 교 마치코와의 공동 주연작인 《천 마리 종이학》은 영화 전체에 권태감과 피로감이 떠돌고 이야기가 진행되어도 그러한 느낌에서 벗어날 수가 없다. 이 영화에서 와카오 아야코는 처음부터 심신이 불안정한 상태로 등장해 자신의 중량을 이기지 못하고 비틀거리다 무너지는 중년 여성 오타 부인을 연기한다. 저명한 이케바나(華道, 일본식 꽃꽂이) 대가의 내연녀였던 오타 부인은 그가 죽은 뒤 그의 아들 기쿠지(히라 미키지로平幹二朗, 1933~2016)와도 치정 관계로 얽히고, 구리모토 부인(교 마치코)의 음모에 휘말려 자살해버린다. 와카오는 이 영화에서 대화를 하거나 전화 통화를 할 때 시종일관 거친 숨을 내쉬며 주춤거리는 듯한 화법을 구사한다. 이는 교 마치코의 총명하고 교활한 말투나 와카오의 딸로 등장하는 아즈사 에이코의 신중한 말투와도 다르고, 극 중 오타 부인의 심장병을 암시함과 동시에 과잉이라고 할 정도의 욕망이 충족되지 못한 채 결실 없이 반복되고 있음을 의미한다. 《천 마리 종이학》은 어디까지나 기쿠지의 냉정한 독백을 기본으로 진행되는 영화로 와카오는 도중에 자살하여 사라지고 오타 부인의 딸 아야코가 엄마의 모습을 반복함으로써 이야기는 막을 내린다. 마스무라 야스조가 가와바타 야스나리(川端康成, 1899~1972)의 작품에 도전한 것은 이 영화가 처음이자 마지막이었다. 전체적으로 작품은 음울한 폐색감으로 가득 차 있으며 마스무라만의 강렬한 자의식의 발현이 느껴지지 않는다. 와카오만 하더라도 욕망의 근거가 충분히 설명되어 있지 않아 천박한 역할이라는 인상을 지울 수 없다.

이 작품을 찍기 이전부터 마스무라는 제2의 와카오 아야코가 될 만한 여배우를 열정적으로 찾고 있었다. 《대악당》(大悪党, 1968)을 통해 마스무라에게 발탁된 미도리 마코(緑魔子, 1944~)는 과거 와카오의 상대역이었던 후나코시 에이지와 함께 《눈먼 짐승》에 출현해 《만지》의 네크로필리아와 그로테스크함을 뛰어넘는 경이적인 세계를 현실화시켰다.

마스무라의 제2의 와카오 아야코 찾기는 이후에도 집요하게 계속됐다. 아사오카 루리코(浅丘ルリ子, 1940~), 아쓰미 마리, 오오타니 나오코(大谷直子, 1950~), 세키네 게이코, 하라다 미에코, 가지 메이코 등 그는 작품마다 대체로 다른 신인 여배우를 기용했다. 1971년에 다이에이가 도산하고 촬영소 체제의 보호에서 벗어난 마스무라는 예전처럼 한 사람의 여배우를 오랜 시간을 들여 육성하고 개화하는 순간을 기다리는 여유를 가질 수 없었다. 매번 새로운 작품에 맞춰 여배우의 기량을 끌어내야 했고 기획의 측면에서 그것은 일회성에 그칠 수밖에 없었다. 하지만 관점을 달리하면 와카오 아야코와의 해후를 통해 마스무라 내면에 이상적인 여배우관이 견고하게 구축되었기 때문에 비록 작품마다 새로운 여배우를 캐스팅했을지라도 1970년대에 《놀이》, 《대지의 자장가》(大地の子守歌, 1976), 《소네자키 동반자살》 등의 강도 높은 영화를 연출할 수 있었다. 여기에 거론한 모든 여배우의 원형이 와카오 아야코라는 점은 이미 4장에서 인용한 마스무라의 여배우론에서도 분명하게 알 수 있다. 12년간 이어진 마스무라와 와카오의 시대는 이렇게 막을 내렸다. 이는 전후 일본 영화사에서 가장 행복한 감독과 여배우의 조우 중 하나로 기억될 것이다. 그들의 존재는 작품과 함께 일찌감치 신화화되어 현재에 이르고 있다.

7장
욕망과 민주주의

와카오 아야코는 어떤 존재였는가. 일본 영화사에서 그녀가 성취해 온 역할은 과연 무엇인가. 마스무라 야스조를 통해 여배우로서의 변모와 신화의 형성을 살펴본 지금 다시 한 번 이러한 질문을 떠올려본다.

이 질문에 답하기 위해 와카오 아야코로부터 한 발 벗어나 2차 세계대전 이전부터 전후에 걸쳐 신화적인 스타라고 불린 여배우들을 비교 대상으로 고찰해보고자 한다. 예를 들어 1930년대부터 1950년대까지 일본 영화에서 극명한 대조를 이루는 배우는 1920년 출생인 하라 세쓰코와 이향란(李香蘭)이다.1) 그들은 정반대의 신화적 이미지로 관객을 매료했

---

1) 두 배우를 비교 대조하는 졸고가 『일본의 여배우』(이와나미 서점, 2000)에 실려 있다. 역주: 이향란은 배우 겸 가수로 활동하는 동안 여러 이름을 사용했다. 일본 강점기 당시 만주국에서 이향란으로 데뷔했고, 2차 세계대전 후 미국에서는 셜리 야마구치, 일본에서는 야마구치 요시코(山口淑子)로 활동했다.

고 우상으로 군림했다. 하라 세쓰코는 혼혈이라는 소문이 있을 정도로 청초하면서도 엄숙한 분위기를 지닌 배우로 도도한 양갓집 규수에서 군국주의의 국책 영화 속 히로인을 연기하였고, 전후에는 사라져간 아름다운 일본을 대표하는 '영원한 처녀'로 특권적인 향수의 대상이 되었다. 이향란의 경우 다니엘 다리외를 연상시키는 묘한 교태와 국적 불명의 외모로 식민주의를 표방한 일본의 입장에서 언제나 바람직한 이방인을 연기했다. 두 사람이 신화적 존재로 자리매김하는 데 큰 역할을 한 것은 일본의 군국주의, 그리고 전후 미국 점령기하의 민주주의와 그 반동으로 형성된 내셔널리즘이었다. 하지만 이데올로기가 어떤 식으로 변화해도 두 사람의 신화는 조금도 흔들리지 않았고 이는 전후 반세기 이상이 지난 지금도 마찬가지다.

그렇다면 와카오 아야코와 동 세대 혹은 그 이후에 등장한 여배우들은 어떨까.

야마모토 후지코는 와카오가 소속된 다이에이에서 1950년대에 일세를 풍미한 여배우였으나 1960년대 초반 이른 시기에 영화계를 떠났기에 비교하기가 어렵다. 구가 요시코(久我美子, 1931~), 가가와 교코(香川京子, 1931~), 아리마 이네코(有馬稲子, 1932~), 오카다 마리코, 미나미다 요코(南田洋子, 1933~2009), 쓰카사 요코(司葉子, 1934~) 등은 와카오 아야코와 비슷한 연령대이고 미모와 연기에 각각 걸출한 면모가 있으나 와카오만큼 국민적인 차원에서 신화화되지 않았다. 와카오보다 일곱 살 어린 아사오카 루리코는 매우 유감스럽지만 어디까지나 남성 액션 노선을 추구한 닛카쓰에서 스타가 된 탓인지 와카오처럼 여성의 욕망과 의지를 장기간에 걸쳐 전면적으로 개화시켜 남녀 모두로부터 열광적인 지지를 얻는 데는 성공하지 못했다. 따라서 와카오 아야코의 다음 세대에서 그녀에게 필적할 정도로 신화적인 위세를 떨친 여배우를 찾으려면 전후 민주주의가 절정인 시기에 태어나 전후 민주주의를 체현하는 존재로서 국민적 지지를 받은 요시나가 사유리(吉永小百合, 1945~)의 등장을 기다려야 한다.

요시나가의 명랑함, 도회적인 근대성, 사회적 모순에 대한 열린 태도는 와카오 아야코와 확실히 대조적이며, 이는 같은 멜로드라마인 《큐폴라가 있는 거리》(キューポラのあるまち, 1962)와 《명랑 소녀》의 가난한 소녀, 《그 녀석과 나》(あいつと私, 1961)와 《가짜 대학생》의 여대생을 비교하는 것만으로도 명료하게 이해할 수 있다. 와카오에게 개인은 전근대의 인습과 같은 공동체에서 전력을 다해 획득해야 하는 심급이나 다름없고 종종 치명적이라고 할 만한 추문을 동반했다. 그녀가 연기하는 주인공들은 육체적으로나 도덕적으로 많은 희생을 불사하고 일반적인 시선에서 볼 때 광기에 가까운 연기를 통해 **여자**로서의 욕망을 달성하려 하였으나, 때로 그것이 실현되면 이번에는 절망적일 정도까지 언제나 허탈감에 휩싸였다. 요시나가 사유리는 그러한 수난과 격정의 이야기와는 인연이 없었다. 그녀가 연기한 인물들은 태생적으로 개인성을 지니고 있었고, 충분히 이상화된 민주주의적 환경 속에서 **인간**으로서 타자와 소통하는 것을 추구했다. 또한 종종 가난하고 불합리한 상황에 직면할 때도 있지만 결코 이성을 상실하거나 악한 상상력에 몸을 내맡기지 않았다. 단적으로 말해 요시나가 사유리는 민주주의를 체득했지만 결정적일 정도로 욕망을 결여하고 있었다.

요시나가가 1960년대, 즉 고도 경제성장기 일본을 대표하는 신화적인 여배우였다면, 정치의 시대적 흥분이 사라지고 촬영소 체제가 기능하지 않던 1970년대에 유일하게 신화적인 위용을 발휘할 수 있었던 인물

은 야마구치 모모에(山口百惠, 1959~)였다. 야마구치가 도호에서 활약한 것은 1975년 《이즈의 무희》(伊豆の踊子)[2]에서 1980년 《고도》(古都)까지 불과 5년에 지나지 않기에 그녀를 와카오나 요시나가와 비교하는 것은 신중해야 할지도 모른다. 하지만 이 짧은 기간에 그녀가 쌓아 올린 여배우로서의 신화는 이전에 어떤 여배우도 구현하지 못한 불가사의한 도착성(倒錯性)을 지니고 있다. 도호가 스타 야마구치에게 부여한 역할은 몇몇 예외를 빼면 모두 1960년대 요시나가 사유리를 비롯한 스타 여배우가 연기한 근대 일본 문학의 명작 속 인물이며, 이를 연기하는 그녀의 주변에는 민주주의에 대한 깊은 회의가 떠돌고 있었다. 야마구치 모모에의 반(反)근대주의에 대항하듯 모모이 가오리(桃井かおり, 1951~)나 아키요시 구미코(秋吉久美子, 1954~)와 같은 여배우가 1970년대에 활약했다. 하지만 이들은 요시나가가 확립한 개인주의를 사회적 주변성의 방향으로 유도하거나 사회성의 문맥에서 떼어내 특정 세대를 초월한 신화성을 이루는 데는 도달하지 못했다. 이 시기에 신화적 사건이 된 예는 야마구치 모모에가 유일했다고 할 수 있다. 다만 그녀는 와카오 아야코와 같은 욕망의 완전한 분출을 체현하기에는 너무도 무거운 억압에 얽매여 있었고 와카오의 《아내는 고백한다》에 견줄 만한 작품을 만나지 못했다. 마스무라 야스조의 말을 빌리자면 '아이돌'인 채로 은퇴하고 말았다.

야마구치 모모에가 1980년대에 계속 활동하지 못한 것은 어떤 의미에서 1960년대까지 와카오나 요시나가를 지탱해온 촬영소 체제의 종언과

---

2) 가와바타 야스나리의 소설이 원작이며, 동명 소설의 6번째 리메이크작이다. 야마구치가 처음으로 주연을 맡은 영화로 1974년 12월 28일 개봉해 1975년 흥행 수입 랭킹 3위를 기록했다.

궤를 함께한다. 국민적인 스타 배우가 탄생할 수 있는 전제로서의 대기업 영화사의 제작배급 시스템은 1970년대에 극도로 피폐해져 더는 야마구치 모모에를 밀어줄 수 없었다. 1980년대 이후 일본 영화계에서 지금 언급한 여배우와 비교할 만한 인물을 찾으려면 상당히 곤혹스러울 것이다. 작품마다 신인을 발굴했지만 그들은 계속 사라져갔다. 이런 상황에 이미 우리는 익숙해졌고 스타 여배우가 만들어내는 강렬한 신화적 작용은 점차 희박해졌으며 결국에는 거의 사라져버렸다.

와카오 아야코는 일본 영화가 전후 부흥기를 맞아 다시금 대중적 인기를 얻은 1950년대 초반에 데뷔해, 2차 세계대전이 일어나기 전에 데뷔한 미조구치 겐지, 오즈 야스지로 같은 거장의 후기 작품에 출연하는 행운을 얻었다. 그녀는 일본 영화가 가장 큰 규모로 발전하고 최고의 흥행 성적을 올렸던 시기에 스타에서 여배우로 성공했고 점차 제작 편수가 감소하는 촬영소 체제에서 우수한 작품으로 출연 범위를 좁혀갔다. 바로 이 시기에 마스무라 야스조와 만났고 12년 동안 여성의 관념을 구현하는 역할을 수행한 것은 매우 의미가 있다.

이러한 점을 되짚어보면 와카오 아야코는 일본 영화사에서 지극히 운이 좋고 행복한 여배우였음을 알 수 있다. 그녀는 하라 세쓰코와 이향란처럼 군국주의 이데올로기에 이용되어 고민할 일이 없었고 촬영소 체제의 해체를 지켜보며 은퇴를 강요당하는 일도 겪지 않았다. 몇 편의 영화에 잠시 출연한 것을 제외하면 마스무라와 와카오의 협업이 끝난 1969년을 마지막으로 사실상 그녀는 영화계를 떠났다. 이를 전후로 시작한 텔레비전 드라마와 연극 무대에 전념했고 영화계 쪽을 돌아보는 일은 거의 없었다. 이는 결과적으로 그녀가 다이에이라는 거대한 영화사가 쌓아 올린 체제 안에서만 스타였고 여배우일 수 있었다는 한계를 부각시킨다.

한편, 다이에이가 1971년에 도산한 후 마스무라는 제작자 후지이 히로아키와 함께 악조건을 견디며 열심히 영화 제작의 길을 걸었다. 하라다 미에코에서 가지 메이코까지 계속해서 젊은 여배우들을 소환해 이전에 와카오 아야코로부터 발견한 것에 가까운 자질을 보았을 때 《대지의 자장가》, 《소네자키 동반자살》과 같은 강렬한 영화를 연출했다.

그렇다면 마스무라와 와카오가 스크린에서 실현한 것은 무엇이었을까. 단적으로 나는 그것을 욕망과 민주주의 원리였다고 말하고 싶다.

욕망이라 함은 어디까지나 개인의 원리이며 공동체로부터의 이반(離反)을 전제한다. 《세이사쿠의 아내》의 오카네는 전근대와 근대의 틈새에서 개인을 억압하는 마을 공동체와 그 배후에 있는 국가에 맞서 철저하게 여자로서의 욕망에 따라 남편에게 위해를 가했고, 마찬가지로 《아내는 고백한다》의 아야코는 법정에서 낡은 도덕에 기반한 가족 개념을 당당하게 거부하고 격정적인 발작에 몸을 내맡긴 것처럼 억눌린 욕망을 갑작스럽게 분출시키는 연기를 보여줬다. 그것은 철저한 근대주의자였던 마스무라 야스조의 손을 통해 자립적인 의지라는 형태를 부여받아 일본 영화의 신파적 감상성에 대한 격렬한 비판으로 드러났다. 일본 영화의 취약한 전통에서 벗어나는 것을 두려워하지 않았다는 점에서 감독 마스무라의 생애를 관통하는 일관성에는 주목해야 할 지점이 있다.

민주주의란 무엇인가. 이것은 한때 나가타 마사이치에게 '낮은 봉우리의 꽃'이라 불렸고 야마모토 후지코와 같은 특권적인 미모와도, 오카다 마리코처럼 영화사적인 혈통과도 어떠한 연이 없었던 와카오 아야코가 1950년대를 통해 남녀 관객에게 열광적인 지지를 받고 더욱이 현재에 이르러 명화좌(名画座)3)의 회고 상영을 통해 젊은 관객들로부터 다시금 열렬한 시선을 받는 것을 의미한다. 와카오 아야코의 얼굴에서 느껴지는 타고난 투명함은 그녀를 이전의 스타 여배우, 다시 말해 하라 세쓰코나 이향란과는 완전히 다른 신화의 주인공으로 만들었다. 그녀는 혼혈이라든가 사실은 외국인이라는 소문에 오르내리는 일 없이4) 완전한 무지(無地)의 상태에서 관객들이 이상적으로 여기는 일본인 여성을 연기했고, 이 점에서 어떠한 특권적인 일탈도 느껴지지 않았다. 가까이 있어도 이상할 것 없는 '명랑 소녀'를 연기했다는 점에서 와카오는 오늘날의 의미로 충분히 트렌디한 존재이며 자유자재로 어떤 인물로도 변할 수 있는 역량을 가지고 있다.

이렇듯 욕망과 민주주의의 결합이야말로 와카오의 본질이며 이를 다른 신화적인 여배우에서 찾는 것은 일본 영화사에서는 불가능하다. 특히 하라 세쓰코는 이 두 요소를 모두 갖고 있지 않다. 요시나가 사유리에게는 민주주의적인 측면은 있을지라도 욕망이 없다. 야마구치 모모에는 우울한 욕망을 숨기면서 민주주의의 무력함을 속속들이 알고 있었다. 오직 와카오 아야코만이 이 두 요소를 함께 갖추고 스스로를 신화화하는 데 성공했다.

와카오 아야코가 스크린에서 은퇴하고 오랜 시간이 흐른 어느 날, 나는 어떤 일을 계기로 뜻하지 않게 그녀를 떠올렸다. 때는 1987년, 대한항공의 비행기가 북한의 여성 테러리스트에 의해 폭파되는 사건이 있었다. 비난받아 마땅한 흉악한 범죄지만 체포 후 연행되는 범인 김현희의

---

3) 역주: 주로 고전 영화를 상영하는 극장.
4) 역주: 하라 세쓰코는 서구적인 외모 때문에 혼혈이라는 소문이 있었고, 이향란은 만주에서 연기를 시작하고 중국어가 능통하여 중국인조차 그녀를 일본인이 아닌 중국인으로 알고 있었다.

모습을 텔레비전 화면을 보고 나는 불손하게도 순간적이지만 "아아 와카오 아야코"라고 엉겁결에 내뱉고 말았다. 곧바로 와카오 아야코에 대한 팬심은 누구에게도 뒤지지 않는다 자부하는 친구에게 전화를 걸었더니, "알아 알아"라며 수긍해주었다. 그 역시 텔레비전을 보고 같은 생각을 하고 있었지만, 입 밖으로 꺼내도 이해해주지 않을 것이 분명하기에 침묵하고 있었다고 한다.

나는 부지불식간에 와카오 아야코가 연기한 배역을 그만 머릿속에 떠올리고 말았다. 확실히 김현희의 당돌한 표정은 스크린 속 와카오 아야코와 닮았다. 얼굴형이 비슷한 것은 말할 것도 없지만 체포된 직후 그녀가 내보인 표정, 즉 나의 길을 믿고 후회하지 않는다는 강한 결의와 한 차례 거사를 성취했을 때 온몸을 덮치는 허탈감이 이전에 와카오 아야코가 《세이사쿠의 아내》와 《붉은 천사》에서 보였던 표정을 강하게 상기시켰다.

직감적으로 느낀 이 인상을 나는 어떻게 해석해야 할 것인가. 와카오 아야코와 김현희의 얼굴이 닮았는지 아닌지는 보는 사람에 따라 의견이 다를 것이다. 하지만 그보다 중요한 것은 와카오가 연기해온 여성의 형상이 이미 나의 무의식 속에 깊게 새겨져 어느새 그러한 원형의 프레임을 통해 현실의 여성을 바라보게 되었다는 사실이다. 이렇게 되면 실제의 와카오를 만날 수밖에 없다. 이 인식의 틀에서 해방되기 위해 와카오 아야코를 만나 이미지의 마술에서 벗어나는 것밖에 방법이 없다. 이렇게 각오를 다진 후 나는 계획을 세워 그녀에 관한 책을 쓰기로 결심한 것이다. 애쓴 보람은 결실을 맺어 회견이 실현되었고 나는 이렇게 논고를 완성할 수 있었다. 하지만 이러한 작업이 마성의 속박에서 벗어남을 의미하는지 아닌지 나는 아직 판단할 자신이 없다.

지금, 이렇게 결론에 해당하는 문장을 쓰고 있는 심정은 간단히 말해

《명랑 소녀》의 마지막 장면 속 스가와라 겐지와 같다. 실은 가와사키 게이조라고 쓰고 싶었지만, 역시 스가와라 겐지다. 와카오 아야코의 마지막 영화 출연작은 《다케토리 이야기》로 그녀가 가구야 공주의 엄마역을 연기한 것이 왠지 모르게 마음에 걸려 언젠가 스크린에 복귀해 다니엘 슈미트 감독의 《토스카의 입맞춤》(Tosca's Kiss, 1984)처럼 관객을 향해 말을 걸어주는 날이 오길 기다리고 싶다.5) 걸핏하면 젊은 배우 주연의 영화를 기획하는 현 상황에 나이 든 그녀를 주연으로 캐스팅한 영화를 차세대 제작자 중 누군가가 만들어주기를 간절히 바란다.

* * *

그런데 여기까지 글을 쓰고 나서 10개월 정도의 시간이 지났다. 그사이에 와카오 아야코에 대해 몇 가지 생각이 떠올랐기에 단편적이지만 추가하여 적어두고자 한다. 구체적으로 말하면 그녀를 동시대의 두 여배우와 비교하는 것이다.

나는 1980년대부터 동아시아 영화를 탐구해왔다. 그 과정에서 일본과 가장 비슷하고 거의 동일한 방식으로 발전해온 홍콩 영화계에서 와카오 아야코에 견줄 만한 스타 여배우는 과연 누구일까를 생각했다. 갈란(葛蘭/그레이스 창, 1933~)은 1950년대를 제패한 스타이지만 인기의 절반은 노래 때문이었고 그런 점에서 와카오와는 다르다. 유민(尤敏, 1936~

---

5) 역주: 본서가 출판된 2003년에 《다케토리 이야기》는 와카오의 마지막 스크린 출연작이었다. 그로부터 18년 뒤 그녀는 《봄의 눈》을 통해 다시 한 번 스크린에 모습을 드러냈지만 이후 지금까지 더 이상의 영화 출연은 없었다.

1996)의 경우 멜로드라마에서 청순한 역에 특화되어 있었기에 와카오가 1960년대 후반에 보인 무서운 욕망과 집념과는 거리가 멀다. 반대로 낙체(樂蒂/베티 로, 1937~1968)나 하리리(何莉莉/릴리 호, 1946~)는 남자를 집어삼키는 숙명적인 여자를 충만한 교태로 표현했지만 그들의 아름다움의 기질은 와카오 아야코가 부지불식간에 발산하는 언짢은 듯한 냉혹함과는 완전히 다르다. 두서없는 생각 끝에 떠올린 인물이 임봉(林鳳/패트리시아 람, 1940~1976)이다.

임봉은 1941년생으로 와카오 아야코보다 일곱 살쯤 어리지만, 와카오가 철저히 다이에이의 스타였던 것처럼 그녀 역시 쇼브라더스의 스타 배우였다. 17세의 나이에 아이돌 배우로 데뷔하고 이듬해 주시록(周詩綠)이 감독한 여섯 번째 주연작 《옥녀 경혼》(玉女驚魂, 1958)에서 의붓아버지에게 몹쓸 짓을 당한 뒤 가출하는 소녀를 연기하면서 단번에 홍콩의 청춘스타로 등극한다. 신데렐라 스토리를 번안한 서구식 코스튬 드라마인 《유리구두》(玻璃鞋, 1959)부터 월극6)에서 소재를 차용, 청나라를 배경으로 한 비극적인 멜로드라마 《도화선》(桃花扇, 1961)까지 실로 다채로운 역할을 소화했고 촬영소 체제가 황금기를 맞았던 홍콩에서 말 그대로 최고의 자리에 있었다. 특히 그녀를 열렬히 지지했던 이들은 그녀보다 조금 어린 소녀들이었다. 당시 그녀는 "영화의 숲에서 화려한 봉황이 날다, 목소리와 빛깔을 아름답게 뽐내다(影林飛彩鳳、声色芸驕人)"와 같은 찬사를 받았다.

---

6) 역주: 광둥어를 사용하는 지역에 뿌리를 둔 중국의 전통극. 광동 오페라라는 별칭에 걸맞게 노래를 중심으로 타악기, 현악기의 반주가 곁들여진다. 2009년 유네스코 인류무형문화유산에 등재됐다.

임봉은 안타깝게도 58편의 영화에 출연한 뒤 1962년 쇼브라더스를 퇴사해 자신의 영화사를 설립했다. 하지만 얼마 지나지 않아 1967년에 은퇴를 했고, 1976년 불과 36세의 나이로 짧은 생을 마감했다. 그녀는 홍콩 영화계에서 지금까지도 신화적인 존재로 기회가 있을 때마다 회고전이 열린다(2003년 4월부터 5월까지 홍콩전영자료관에서 개최된 회고전이 가장 최근에 열린 상영회다). 와카오 아야코와 임봉을 비교하는 것은 단지 아이돌/여배우로서의 자질을 검토함을 넘어 일본과 홍콩이라는 아시아의 거대 영화 도시에 있던 촬영소 체제를 영화사적으로 비교 연구할 때 적지 않은 시사점을 제공할 것이다.

와카오와 함께 언급하고 싶은 또 한 사람은 당연히 오카다 마리코다. 오카다는 와카오와 같은 1933년생으로 1951년 도호에서 《무희》라는 작품으로 데뷔하여 1950년대 청춘 영화부터 게이샤 영화까지 폭넓게 소화했다. 1954년 작 《게이샤 고나쓰》(스기에 도시오杉江敏男, 1913~1996)에서 선보인 가련한 연기는 와카오의 《기온바야시》와 완벽하게 대응한다. 이후 쇼치쿠로 회사를 옮긴 오카다는 《부초》에서 와카오에게 가르침을 줬던 오즈 야스지로에게 평생 배우로서 사랑받았고, 《꽁치의 맛》(秋刀魚の味, 1962)에서는 싹싹한 서민의 딸 역할로 좋은 연기를 보여줬다. 영화 출연 100편 기념작이자 직접 기획한 《아키쓰 온천》에서는 처음으로 요시다 기주(吉田喜重, 1933~) 감독과 작업했다. 이 영화에서 그녀는 멜로드라마의 가능성과 불가능성을 동시에 구현하는 어려운 작업에 도전했고 이를 훌륭하게 달성해낸다.

오카다와 와카오는 소속된 영화사는 달랐지만 《두 아내》와 《불신의 시간》에 동반 출연했다. 《두 아내》에서는 와카오가 정숙한 아내를, 오카다가 이리저리 떠도는 호스티스를 연기했고, 《불신의 시간》에서는 반대로 오카다가 본처를, 와카오가 호스티스 역을 맡았다. 우연이라고 해도 두 편의 영화 속에서 두 사람이 절묘한 대칭을 이루고 있다.

하지만 평행 관계는 여기까지다. 와카오 아야코는 다이에이가 도산한 후 함께 작업했던 마스무라 야스조와 후지이 히로아키가 세운 행동사에서 다자이 오사무의 《석양》을 영화화한 작품이나 독립 프로덕션에서 출연 의뢰를 받았지만 이를 완고하게 거절하고 오직 텔레비전과 연극 무대에만 집중했다. 아쉽게도 그녀는 촬영소의 여배우였던 자신을 넘어서려고 하지 않았다.

한편 오카다 마리코는 요시다 기주가 쇼치쿠를 퇴사해 독립 영화사를 세우자 그와 행동을 함께하며 1960년대 후반에서 1970년대 전반에 걸쳐 《에로스+학살》(エロス＋虐殺, 1969)에서 《고백적 여배우론》(告白的女優論, 1971)까지 매우 실험적인 문체와 화법에 기반한 영화에 출연해 옛 멜로드라마 여왕으로서의 신화적 이미지를 새롭게 구축했다. 이 책은 와카오 아야코를 위한 책이므로 더 이상의 설명은 하지 않겠다. 하지만 아주 추상적이기는 하나 본질적인 문제에 대해 마지막으로 한마디 덧붙여 두겠다.

여배우는 어떤 시점에 배우로서 완성되는 존재일까. 이 글에서 서술한 것처럼 마스무라 야스조는 스타(아이돌)가 '시절의 꽃(時分の花)'7)을 버리고 어떻게 배우로서 연기를 구축해가는가, 그 시작점에 대해 고찰했다. 그렇다면 우리는 그 연장선에서 여배우가 완결되는 시점에 대해서도 생

---

7) 역주: 일본의 전통극 노와 관련된 비유로 특별한 장기나 재주가 없어도 배우의 젊음 그 자체가 재미, 볼거리를 선사하는 것을 의미한다. 배우가 나이가 들면 이러한 즐거움은 사라지고 말기에 그 아름다움, 즐거움을 한 시절 피고 지는 꽃에 비유한 표현이다.

각해봐야 한다. 단적으로 말해 그것은 늙은 여자로서 주연을 맡았을 때라고 나는 말하고 싶다. 깜찍한 어린 소녀에서 시작해 결혼 이야기에 출연하고 불륜에 빠진 유부녀를 연기해온 여배우가 나이가 들어 늙어버린 신체를 노화했기 때문에 긍정하는 듯한 영화에 등장하는 것. 하지만 오늘날 일본 영화가 이러한 여배우의 성숙에 힘을 빌리고 있다고 과연 어디까지 말할 수 있을까.

제작자로서 와카오 아야코의 영화를 다수 작업한 후지이 히로아키와 대화하다가 우연하게도 잔 모로(Jeanne Moreau, 1928~2017)가 80세의 마그리트 뒤라스(Marguerite Duras, 1914~1999)를 연기한 《마그리트 뒤라스의 사랑》(Cet Amour-là, 2001)이라는 작품으로 이야기가 흘러갔다. 뒤라스 본인이 감독한 영화의 엄격함과 과격함을 알고 있던 나는 그 영화가 너무나도 미온적이고 지루하다고 생각했지만 이와는 별개로 70세가 넘은 잔 모로가 훨씬 더 나이 많은 인물로 당당히 등장하는 영화가 파리에서 매우 일반적으로 제작되는 상황에 부러움을 느끼지 않을 수 없었다. 특히 와카오 아야코가 30년도 훨씬 전에 영화계에서 물러난 사실을 비교해서 생각하면 일본 영화계가 안고 있는 현재의 어려움이 강하게 느껴진다.

와카오 아야코의 배우 인생은 이렇듯 완전히 종료되지 않은 형태로 우리 앞에 있다. 《십대의 성전》의 사랑스러운 소녀에서 불타오르는 욕망을 떠안은 유부녀까지 십수 년의 세월 동안 여배우로서의 단계를 밟아 올라온 그녀의 이야기는 늙은 여인이라는 최종 장을 채우지 못하고 오늘날에 이르렀다. 그것은 어쩌면 우리가 이미 당연한 환경으로 여겨온 욕망과 민주주의가 여전히 종지부를 찍지 못하고 미완의 상태로 방치되어 있다는 사실과 기묘하게 맞닿아 있는 듯하다.

PART 2

여자는 저항한다

I
불온한 순간

만약 당신이 표상과 젠더 문제에 조금이라도 관심이 있는 여성이라면 몇 번쯤 경험했을 것이다. 의도적이든 아니든 분명히 이성애적 코드에 따라 남성 관객을 대상으로 남성이 만든, 남성을 위해 존재하는 영화를 보고 의도치 않게 자신이 그 영화에 끌린다는 것을 깨닫고 놀라는 순간을. 게다가 그 영화의 히로인에게 강하게 반발하거나 동요하고, 혹은 공감과 감동을 느꼈다면?

지금 당신은 마스무라 야스조라는 지극히 남성적인 감독이 만든 영화에 출연했던 와카오 아야코라는 여배우를 보고 있다. 자신의 신체를 아낌없이 드러내 여성성의 화신처럼 아름다운 여배우는 연기한다. 그때 당신은 열심히 생각하고 분석할 것이다. 왜 나는 이 영화에 끌렸을까. 당신은 생각한다. 그녀를 보고 "아름답다"고 느낀 것은 그녀의 육체 때문일까? 대체 그녀가 뿜어내는 관능성은 무엇인가. 그녀의 잠긴 듯한 목소리인가,

생각에 잠긴 듯한 눈인가.

혹은 어떤 이는 자기 분석을 할 것이다. 당신은 "남성적인 정신을 이미 내포하고"[1] 있고 이른바 무의식적으로 '남자의 시점'을 취하며(다시 말해 남성의 복장을 한 여성 관객으로서)[2] 영화를 본 것일까? 페미니스트 비평은 지금까지 말하지 않았는가. 부권사회에서 남성의 관점으로 자기 동일화하는 것에 익숙해졌기 때문에 자신의 시선이라고 생각했던 것은 단지 착각에 지나지 않는다고. 당신은 남성 감독 = 남성 주인공 = 남성 관객이라는 세 겹으로 얽히고 교차하는 시선 앞에서 스펙터클화되고 남성 욕망의 대상이 된 여배우의 신체를 당신의 욕망의 대상으로 삼아 남자처럼 감상하고 숭배하는 것일까.[3] 남성의 시선에 놓인 여자에게 피학적으로 동일화하는 것일까. 아니면 당신 안의 동성애적인 욕망이 환기된 것일까. 혹은 그녀의 몸에서 당신이 예전에 사랑했고 또 상실했던 이상적인 자아를 발견한 것일까.

하지만 어떤 이는 이의를 제기할 것이다. 설령 스크린 속 그녀의 신체가 남자들의 시선에 지배되고 있는 듯이 보일지라도 남성의 욕망이나 불안을 드러낸 이야기의 내용과는 달리 그녀의 신체가, 그녀의 욕망이 분명 숨 쉬고 있다고. 성적인 대상으로, 즉 성적인 표상으로 규정되었음에도 불구하고 그녀는 스스로에게 부여된 역할에 머물지 않고 움직이고 있으

---

1) 쇼샤나 펠먼, 『여자가 읽을 때, 여자가 쓸 때: 자전적 신(新)페미니즘 비평』, 시모코베 미치코 번역, 게이소 쇼보, 1998년, 8쪽.

2) 여성 관객과 복장 도착에 대해서는 Laura Mulvey, *Visual and Other Pleasures* (Bloomington: Indiana UP, 1989), 29~38쪽 참고.

3) 로라 멀비, 「시각적 쾌락과 내러티브 영화」, 『'新'영화이론집성①』(이와모토 겐지, 다케다 기요시, 사이토 아야코 엮음), 사이토 아야코 옮김, 필름아트사, 1998년, 126~139쪽.

며, 저항하고 있다고.

어느 경우든 당신은 가부장제가 반복해서 내세워왔던 "여성성의 각본"4)을 솜씨 좋게 녹여낸 이야기와 여성상에 강하게 반발하면서도 당신 눈앞에 있는, 허구임에도 압도적인 존재감을 지닌 여성의 신체를 마주할 필요성을 은밀하게 느낄 것이다. 과잉의 여성성 뒤에 숨겨진 저항과 배반을 읽어내려는 당신의 분석은 '올바른 해석'에서 일탈한 당신 자신의 투영에 지나지 않는 것일까? 하지만 동시에 당신은 '올바르게 해석해야 할 텍스트' 따위는 존재하지 않는다는 것 또한 알고 있다.

이 순간 한 편의 영화는 비평가, 연구자로서의 '당신'과 한 사람의 여자로서의 '당신'이 만나는 장소가 될 뿐 아니라 '내' 안에 있는 '당신'이 복수의 '당신들'을 향해 말을 거는 주체가 된다. 텍스트와의 만남이, 그리고 그 텍스트를 '읽는' 혹은 '수용하는' 행위가 영화의 역사, 문화성과 관객인 사회적, 역사적 주체로서의 '당신'이 지닌 개인성, 특수성을 절충하는 과정이며 **장소**임을 이해하는 순간. 그것은 어느 한 편의 영화가 어떤 식으로 문제를 제기하고 있다면 그 텍스트가 절대적인 의미를 갖는 것이 아니라 **읽혀야** 할 텍스트이고 또한 '그녀와의 만남'이 텍스트 안에서 일어나고 있는 성의 규범화(code)에 대한 저항임을 재인식하는 과정이다.

여자로서 읽다

영화감독 마스무라 야스조는 일본 영화에서 독자적인 여성상을 구축

---

4) Jane M. Ussher, *Fantasies of Femininity: Reframing the Boundaries of Sex* (New Brunswick, New Jersey: Rutgers UP, 1997), 7~84쪽 참고.

했고 와카오 아야코는 그의 영화를 대표하는 여배우이다. 그녀에 대해 생각할 때 맞닥뜨린 문제는 관객인 내가 체험한 모순적이고 양가적인 감정이었다. 독특한 목소리와 에로티시즘을 지닌 와카오 아야코는 다이에이의 스타였고, 이후 TV와 연극 무대에서 활동하면서 많은 남성 관객들을 매료했을 뿐 아니라 여성들 역시 그녀에게 끌렸고 호감을 느꼈다.

마스무라의 영화 속 와카오 아야코를 볼 때 가장 먼저 느껴지는 것은 독특한 아름다움이다. 그리고 그 아름다움의 화신이 된 듯 사랑하는 남자에게 드러내는 그녀의 신체가 제일 먼저 남성 욕망의 대상으로 제시된다. 와카오 아야코는 여성의 관능미를 발산하는 여배우로 자주 거론됐다. 그녀의 관능성과 에로티시즘은 언뜻 보면 부권사회가 규정한 '과장된 여성성', '여성의 과잉된 섹슈얼리티'라는 여성성, 다시 말해 섹슈얼리티로 규정된 '여자' 그 자체를 나타내는 것처럼 보인다.

우선 나는 그러한 위치 설정에 강한 반발과 저항을 느낀다. 하지만 동시에 그녀는 나를 매료한다. 그녀를 보고 있으면 뭔가 걸리는 것이 있다.

내가 직면한 문제를 '와카오 아야코적 문제'라고 말해도 될 것인가. 이것은 기본적으로 텍스트에 제시된 지배적인 '성'의 표상과 관객이 취하는 주체의 포지셔닝에 관한 문제이다. 와카오 아야코의 이미지가 아무리 강렬하고 매력적일지라도 분명 그녀를 특징짓는 젠더 코드는 기본적으로 '남성의 관점'에 의거하고 있다. 스크린 속 와카오 아야코에게는 좋든 나쁘든 다양하게 스테레오타입화한 '여자'가 겹쳐져 있음을 부정할 수 없다.

그런데 2000년 말, 도쿄에서 개최된 마스무라 야스조의 대규모 회고전을 계기로 여성 관객을 포함해 젊은 관객들이 '마스무라 야스조와 와카오 아야코' 영화의 매력을 새롭게 발견했고, 이후 마스무라 영화의 특집 상영이 여러 번 열렸다. 이와 함께 '와카오 아야코 특집'도 기획되어 《얌전한 짐승》(가와시마 유조, 1962), 《에치젠 대나무 인형》(요시무라 고자부로, 1963) 등 다른 감독의 작품도 상영되었다. 제작 후 거의 40년이 지난 지금, 마스무라 야스조처럼 '여배우 와카오 아야코'에 대한 재발견도 이뤄지고 있는 셈이다.

이러한 움직임은 와카오 아야코의 작품이 시대의 특수성에 좌우되지 않는 보편성을 지니고 영화적으로 뛰어나다는 평가를 의미하는 것만은 아니다. **보편성**이 아니라 반대로 제작 당시의 시대적 문제의 **특수성**이 현재까지 이어져 내려와 유효성을 획득했기 때문이다. 따라서 와카오 아야코가 동시대에 어떻게 수용되었고 한 편의 영화가 어떤 시대에 어떤 의미를 가지는가라는 영화사적 시점이 매우 중요함은 물론이거니와, 이와 함께 여배우로서의 와카오 아야코를 '동시대성'이라는 역사적 프레임을 넘어, 혹은 반대로 큰 틀에서 '동시대적'으로 고찰하는 것도 당연히 필요하다.5)

그렇다면 와카오 아야코의 **무엇**이 여성 관객을 매료하였을까. 페미니즘 영화 이론의 측면에서 보자면, 이러한 질문은 주류 영화의 기본 구조가 남성 관객을 위해 만들어졌다는 로라 멀비의 주장에 입각해 여성 관객이 현실에 존재하고 있음을 중요하게 보고 그러한 관객성(spectatorship)6)을

---

5) 역주: 전자의 동시대성은 와카오가 활동했던 1950~1960년대를 지칭하고 후자의 동시대성은 특정 시대에 한정하지 않고 와카오 아야코의 영화를 수용하는 시점을 의미한다. 그러므로 후자의 의미에서 볼 때 와카오 아야코의 영화를 보고 연구하고 비평하는 관객과 연구자들에게 동시대성은 개별적이고 유동적인 성격을 지닌다. 이에 대해 저자는 관객과 독자가 와카오 아야코를 수용할 때 그녀가 어떻게 동시대적일 수 있을까를 생각하자는 의미였다고 밝혔다.

6) 관객성에 관한 논의는 Judith Mayne, *Cinema and Spectatorship* (New York: Routledge, 1993), Sue Thornham, ed., *Feminist Film Theory: A Reader* (New York:

고찰하는 작업의 필요성을 의미했다. 예를 들어, "왜 여자들은 남자들의 영화를 보러 가는가"라는 제목의 논문을 쓴 게르트루트 코흐는 멀비로 대표되는 페미니즘 영화 이론이 남성 욕망의 대상으로서 여성 표상을 분석하는 작업은 분명 중요하지만, 많은 여성 관객도 '남성의 시선으로 정의되었다'고 간주되는 여성의 이미지를 즐겼으며, 이 역사적 현실에 대해 페미니스트 이론이 주목하지 않았음을 지적했다.

코흐에 따르면 여성 관객은 단순히 남성의 시선에 동일화하는 것이 아니고 여성 자신도 그 이미지에 대한 욕망을 지니고 있다. 여성의 이미지에는 전(前) 오이디푸스적 욕망의 대상인 엄마가 겹쳐져 있는 것만은 아니다. 또한 여성 관객은 단지 남성의 시선을 통해서 여성의 이미지를 대상화하는 것이 아니다. 가령 여성 표상을 상징적으로 구현한 여성 스타(디트리히나 가르보처럼)가 남성 관객을 위해서만 존재하는 것이 아니라 명백히 여성 관객이 욕망하는 대상이 되었음을 분석할 필요가 있다.[7] 코흐가 강조하는 것은 어떤 이미지가 하나의 의미만을 갖는 것이 아니고 의미는 관객의 위치에 따라 여러 가지 '읽기'의 가능성을 향해 열려 있다는 점이다.

타니아 모들스키가 히치콕의 영화를 분석할 때 마주한 문제도 마찬가지다. 영화 속 여배우들에게 자신의 도착적인 판타지를 투영하는 것을 전혀 숨기지 않았던 히치콕의 영화가 왜 페미니즘 영화 비평의 중심에 있었는지, 더불어 영화 속 여주인공들의 매력이 무엇인지를 밝히기 위해 모들

NY University Press, 1999) 등을 참고.

7) Gertrud Koch, "Why Women Go to Men's Films," in *Feminist Aesthetics*, ed. Gisela Ecker (Boston: Beacon, 1985), pp.108~119.

스키는 '히치콕'이라는 남성의 시선에서 만들어진 작품들을 분석한다. 모들스키는 히치콕의 영화 속에서 "지배되고 전이되고, 침묵하게 된 여러 목소리"[8]와 여성 관객의 욕망을 밝히면서 여성 관객의 담론을 개입시켜 그러한 다양한 목소리에 언어를 부여하려는 시도에 관심을 갖고 있었다.

어느 쪽이든 간에 페미니스트들은 텍스트가 제기하는 '바람직한 읽기', 즉 지배적인(dominant) 읽기가 아닌, 그러한 지배적인 읽기와 절충하거나 혹은 대립하는 읽기가 가능한지를 텍스트 안에서 어떻게 발견하고 새로운 의미를 생산할 것인가를 여러 가지 방식으로 탐색했다. 그런 의미에서 어떤 영화나 한 배우의 작업이 동시대성을 넘어 새로운 텍스트로서 생명을 얻고 재생산되는 과정은 반드시 당시 영화를 본 역사적 관객 및 문화·사회적 수용의 문맥을 재구축하는 것으로 끝날 문제가 아니다. 오히려 그러한 사회적, 역사적 문맥을 고려하면서도 최종적으로 분석의 단서가 되는 영화가 존재하고 그것을 볼 수 있는 한 실제의 텍스트인 영화로 돌아가야 한다.

하지만 이러한 작업이 지향하는 것은 텍스트를 폐쇄된 기호에 의한 의미작용의 자율적인 시스템으로 이해하는 것이 아니다. 오히려 텍스트 안팎의 다양한 역학이 얽힌 일종의 '절충'에서 생산되는 의미로 이해하는 것이다. 말하자면 스튜어트 홀이 정의한 "절충"[9]의 개념을 확장해 크리스틴

---

8) 모들스키의 사이드 인용(『세계, 텍스트, 비평가』, 야마가타 가즈미 옮김, 호세대학출판국, 1995년, 86쪽). 타니아 모들스키, 『너무 많이 안 여자들: 히치콕 영화와 페미니즘』, 가토 미키로 외 옮김, 게이소 쇼보, 1992년, 34쪽.

9) Stuart Hall, "Encoding/decoding," in *Culture, Media and Language*, ed. Hall et al.(London: Hutchinson, 1980), pp.128~138. Negotiation은 '교섭', '협의', '저항' 등으로 번역하는 경우도 있지만, '타협한다'는 뉘앙스를 강조하는 의미로 '절충'을 채용한다.

글레드힐이 "즐거운 절충(Pleasurable Negotiations)"이라는 제목의 논문에서 제기한 모델에 가깝다. 이는 여성의 신체를 보는 쾌락(pleasure), 혹은 멜로드라마가 요구하는 '약한' 위치에 놓인 여성의 이미지, 이에 정면으로 대항하는 '강한 여자'와의 절충을 만들어내는 서스펜스의 요소 등 절충에서 의미를 끌어내는 과정 그 자체에 있는 즐거움이다.10) 글레드힐에 의하면 "의미는 강제로 만들어지는 것이 아니고 수동적으로 집어넣어진 것도 아니며 경합하는 관계성, 동기, 경험 등 여러 가지 틀 안에서 일어나는 투쟁과 절충을 통해 생기며,"11) 그 과정은 "제도, 텍스트, 관객이라는 세 개의 레벨"에서 분석할 수 있다.

마스무라 야스조의 영화 속 와카오 아야코를 '여자로서 읽는' 것.12) 이것은 쇼샤나 펠먼이 "읽는 행위 안에 문학, 이론, 자전적 요소를 이어 붙여 이후 문화라는 텍스트 안에 우리들의 여성성과 잃어버린 자신의 이야기를 넣어서 해독하는 것"13)이라고 주장한 '읽기'의 실천이다.

---

10) Christine Gledhill, "Pleasurable Negotiations," in *Female Spectators: Looking at Film and Television*, ed. E. Deidre Pribram(London: Verso, 1988), pp.84~85.

11) 위의 책, 68쪽.

12) 확실히 1980년대 이후 페미니즘은 '여자로서'와 같은 본질론적인 젠더/섹슈얼리티의 카테고리를 사용하는 것 자체에 의문을 제기했다. 그렇기 때문에 지금 내가 '여자를 읽는다'로 문제를 설정하는 것은 잘한다 해도 시대착오적이거나 최악의 경우 서양 중심주의적인 백인 페미니즘을 무비판적으로 반복한다고 볼 수 있다. 하지만 젠더 비평 및 섹슈얼리티 연구가 거의 이뤄지지 않는 일본의 영화 연구에서 내 글의 출발점은 우선 '젠더', '여자'라는 카테고리를 반사적으로 무효화하기 전에 분석할 것이 있다는 인식을 전제로 한다. 일본 영화 속 여성 표상에 대해 거의 무지한 우리들은 '일본인 여성'을 어떻게 규정할 것인가, 혹은 방법론적으로 어떻게 검토하면 좋을 것인가에 대해 아직 탐색 중이다. 그런 의미에서 젠더 연구는 아니지만 요모타 이누히코가 쓴 『일본의 여배우』(이와나미 서점, 2000)는 매우 흥미롭다.

13) 쇼샤나 펠먼, 『여자가 읽을 때』, 25쪽.

하지만 여자로서라는 제한은 '여성'이라는 위치를 단순히 특권화하고 여자이기 때문에 읽을 수 있다거나 남자와 여자의 읽기가 다르다는 본질적인 혹은 결정론적인 논의를 의미하지 않는다. 또는 '여성 관객'을 하나의 덩어리로 보려는 의도 역시 결코 없다. 그보다는 읽기의 좌표축을 옮겨보려는 시도이며, 텍스트 내의 '미묘한 흔들림'이나 '숨겨진 욕망의 흔적'을 여성 관객의 욕망에 겹쳐놓기 위한 전략적 선택이다.

다시 말해 마스무라 영화의 와카오 아야코를 '여자로서 읽는' 것은 몇 가지 목적이 있다. 첫째, 어떤 여배우의 신체가 남성 창작자와 남성 관객의 욕망에 전유(appropriate)되면서 동시에 저항하는 것이 텍스트 내 '욕망의 지도'에서 배제된 여성 관객에게 어떤 의미를 지니는가를 살펴볼 것이다. 둘째, 그 저항을 읽음으로써 제작 과정에서 "전이되고 침묵하게 된 목소리의 흔적'을 부각시키고 영화에 내재된 공동체의 지배 이데올로기에서 일탈하는 순간을 찾아낼 것이다.

따라서 나의 작업은 '마스무라 영화의 히로인'을 **연기한** 와카오 아야코를 객관적으로 분석하고 이론화함으로써 '대상'화하려는 시도가 아니다. 또한 텍스트를 완전히 자율적인 것으로 상정해 폐쇄적으로 분석하거나, 반대로 관객의 욕망을 무비판적으로 반영해 텍스트를 관객의 사정에 맞춰 바꾸려는 의도 역시 없다. 나는 관객인 '당신'이 직면한 불온한 순간으로 돌아가 "텍스트 안에 나타난 저항의 흔적에 파장을 맞춤"14)으로써 와카오 아야코라는 배우를 남성의 담론에서 전위(転位, dislocate)시켜 그녀가 히로인에게 '육체와 목소리'를 부여한 순간을 읽어내고자 한다.

---

14) 위의 책, 10쪽.

II
아야코(文子)[1]는 고백한다

"일종의 투쟁이었죠. 선수를 치네 뭐네 해서. 그래서 이쪽이 자신 없이 망설이면 거기를 훅 치고 들어와요. 그런 말을 듣지 않기 위해 만반의 준비를 갖출 수밖에요."[2]

와카오 아야코는 1951년 다이에이 연기 연구소에 들어가 1952년《죽음의 거리를 벗어나》로 데뷔한 후 1987년《다케토리 이야기》까지 159편의 영화에 출연했다. 데뷔 1년 차에만 8편에 출연해 서민적이고 친근한

---

1) 역주: 본 논고의 저자 사이토 아야코(斉藤綾子)와 배우 와카오 아야코(若尾文子),《아내는 고백한다》의 주인공 아야코(彩子)는 발음은 같지만 각각 다른 한자를 쓴다.

2) 와카오 아야코 인터뷰(1992년 9월), 와카오 아야코, 「마스무라 야스조 감독과의 작업」, 야마네 사다오, 『마스무라 야스조: 의지로서의 에로스』(이하 『마스무라 야스조』), 지쿠마 쇼보, 1992년, 127쪽.

용모로 주목받았으며, 1953년 "성(性)에 눈뜨는 여고생"[3]을 연기한 《십대의 성전》으로 인기를 얻었다. 1954년부터 1962년까지는 연평균 10편 이상에 출연하였고(1954년 14편으로 최다 출연), 이후 1966년 무렵까지 연평균 7편 정도의 페이스를 유지했으며, 출연작이 5편 이하로 떨어진 것은 1966년 이후부터였다. 다이에이가 1971년 도산하면서 와카오는 활동 무대를 TV로 옮겼고, 그 결과 1970년대에는 겨우 여섯 편의 영화에만 모습을 드러냈다.[4] 다시 말해 와카오 아야코는 1952년부터 1969년까지 18년간 무려 153편의 영화에 출연한 셈이다. 단순하게 평균을 내면 1년에 아홉 편이다. 실로 경이적인 작업량이다.[5] 게다가 다이에이의

---

3) 사토 다다오, 요시다 지에오, 『일본 영화 여배우사』, 하가쇼텐, 1975년, 121쪽.

4) 내가 동시대 배우로서 와카오 아야코를 인지한 것은 텔레비전 시대 이후 대하드라마를 통해서였다. 그러므로 마스무라 영화의 와카오 아야코는 나에게 '발견'이었다.

5) 당연하지만 '와카오 아야코론'은 그녀의 작업을 모두 망라해 동시대적으로 돌아봐야 할 것이다. 하지만 현실적으로 159편이라는 방대한 수의 작품을 모두 보는 것은 동시대 관객이 아니거나 설령 동시대 관객이라 할지라도 불가능하다. 통계적인 숫자는 하나의 지표가 될 수 있겠지만, 촬영소 양산 체제에서, 더욱이 복잡한 흥행 형태에서 '동시대 관객' 혹은 '동시대 수용'을 재구축하는 것은 지극히 어려운 일이다. 일본 영화의 경우 5개 회사(쇼치쿠, 도호, 다이에이, 도에이, 닛카츠)의 2편 동시 상영 시스템을 통해 도쿄에서 개봉한 뒤 길어야 2주 정도 상영되었고 그다음 지방의 재개봉관, 재재개봉관으로 밀려났으며 서양 영화의 순회 상영에도 대항해야 했다.

가령, 1961년 《아내는 고백한다》는 10월 29일 '실버 위크'에 《헌신》(献身, 다나카 시게오田中重雄, 1907~1992)과 동시 개봉되어 11월 7일까지 10일간 상영되었고, 5일간의 연휴 동안 3천 명이 영화를 보았다. 이와 관련해 『키네마 준보』에 "여성 관객을 위한 2편의 영화는 묘미를 보이며 호조"(1961년 12월 상순호, 79쪽)라는 기록이 남아 있다. 참고로 같은 시기에 오즈 야스지로의 《고하야가와가의 가을》(小早川家の秋) 및 다이에이의 70밀리 대작 《석가》(釈迦, 미스미 겐지三隅研次, 1921~1975)가 크게 흥행했다. 외화의 경우, 《애수》(머빈 르로이, 1940), 《바람과 함께 사라지다》(빅터 플레밍, 1938), 《열차 안의 낯선 자들》(알프레드 히치콕, 1951) 등 재개봉 작품과 함께 알랭 레네의 《밤과 안개》, 블레이크 에드워즈의 《티파니에서 아침을》 등이 히트했다. 일본 영화와 외화, 촬영소 붕괴의 징후와 작가주의

간판스타로서 다른 영화사의 작품에 출연한 것은 불과 네 편에 지나지 않는다. 와카오 아야코는 촬영소 스타 시스템에 의해 태어나고 성장한 정통적 계보의 여배우라 할 수 있다.

한편 와카오 아야코와 마찬가지로 다이에이 촬영소에서 작업을 이어온 마스무라 야스조는 촬영소 감독답게 여러 장르의 영화를 연출했으나, 그럼에도 많은 비평가들이 '감독으로서의 마스무라'를 연구한다는 것은 '마스무라의 여성', 그중에서도 와카오 아야코에 관한 연구를 의미했다. 가령 작가론 『마스무라 야스조: 의지로서의 에로스』를 집필한 야마네 사다오(山根貞男, 1939~)가 감독 마스무라를 논할 때 제기한 명제는 "무엇이 저 와카오 아야코를 움직이게 했는가"였다.

마스무라적 여주인공

그렇다면 와카오 아야코가 연기한 마스무라 영화의 여성상은 무엇인가. 그것은 "목숨을 걸고 자기를 주장하는 개인으로서의 여주인공—관념만이 아니라 육체를 지닌 여성"[6]이며, 단적으로 말해 '사랑함으로써 강렬하게 자기주장'을 하는 여성이다.

조난 사고로 남편을 죽게 내버려두면서까지 연모하는 고다를 구해 그와의 사랑에 전부를 걸지만, 그 사랑이 이루어지는 찰나 남편을 죽이려고 등산용 밧줄을 잘랐다고 고백해 결국 그에게 버림받고 자살하는 《아내는

등 영화 제도 자체가 변화하는 시대의 한복판에 마스무라=와카오 작품이 위치해 있음을 잊어서는 안 된다. 한편, 야마네는 다이에이의 역사 안에서 마스무라의 영화를 간략히 설명하고 있으므로 참고가 될 것이다(『마스무라 야스조』, 123~130쪽).

6) 이와모토 겐지, 「몰아로의 반역」, 『이미지 포럼』, 1987년 3월, 32쪽.

고백한다》(1961)의 아야코. 출세만을 바라보며 일을 구실로 다른 여자와 관계를 가진 뒤 "내가 일하는 건 너를 위해서다"라고 태연히 말하는 회사원 남편에게 마음이 식어 남편의 업무상 적대자인 이시즈카에게 끌리는 《남편이 보았다》(1964) 속 나미코. 욕망에 따라 남녀 모두와 관계하는 《만지》(1964)의 자유분방한 미쓰코. 그런가 하면 과거 첩살이를 했다는 이유로 마을 사람들에게 따돌림을 당하는 《세이사쿠의 아내》의 오카네는 모범 청년 세이사쿠와 사랑에 빠져 결혼을 하지만, 남편을 전쟁터에 보내지 않으려던 나머지 그의 눈을 못으로 찔러버린다. 《문신》(1966)에서 애인과 도망갔다 붙잡혀 강제로 등에 무당거미 문신을 새긴 뒤 그 거미처럼 남자들을 파멸시키는 게이샤 오쓰야. 텐진의 육군병원에서 알게 된 모르핀 중독자이자 성불구 의사를 격렬한 전투가 벌어지는 상황 속에서도 사랑으로 회복시키려는 《붉은 천사》(1966)의 종군 간호사 니시 사쿠라. 아리요시 사와코의 동명 소설을 영화화한 《하나오카 세이슈의 아내》(1968)에서 세이슈의 엄마 오쓰기를 동경해 하나오카 가문의 며느리로 들어가지만 남편의 사랑을 쟁취하기 위해 시어머니와 경쟁적으로 위험한 마취약 인체 실험에 임하는 가에. 《젖은 두 사람》(1968)에서 각자의 일에 치여 불만족스러운 결혼 생활을 이어가던 중 홀로 떠난 여행지에서 건장한 청년과 한때의 정사를 즐긴 뒤 이혼을 결심하는 마리코. 마스무라와 마지막으로 작업한 《천 마리 종이학》에서 옛 애인의 아들에게 마음을 빼앗기는 다유 부인. 그녀는 《아내는 고백한다》의 아야코처럼 마지막에 자살한다(교묘하게도 와카오가 연기한 마스무라의 주인공은 자살로 시작해 자살로 끝을 맺는다).

그녀는 살짝 잠긴 듯한 목소리와 웃음기 없는 화난 듯한 표정으로 주문(呪文)을 외우듯 "사랑해줘", "안아줘"라고 재촉한다. 마치 **부끄러워하**

다라는 단어를 모른다는 듯이.

이처럼 마스무라적 여주인공은 오직 사랑을 통해서만 자기실현의 길을 발견한다. 하지만 그녀는 '고전적으로' 사랑을 좇아 사는 여자가 아니다. 고전적인 일본 영화 속 여주인공은 "고통 받는 여자", "불행한 여자"이며, 가령 "아들을 신뢰하고 고된 일을 계속하는 모친", "남편을 믿고 희생하는 아내"로 대표되는 이른바 신파 비극 여성상을 전형으로 삼고 있다.7) 말하자면 고전적인 여주인공은 '자기를 말살'하고 이것이 곧 '사랑'의 증거가 되는데, 이러한 자기 부정의 대표적인 여성상이 미조구치 겐지가 연출한《폭포의 흰 줄기》속 시라이토이다. 사토 다다오에 따르면 시라이토처럼 '자기희생형' 히로인은 "불쌍한 여자를 동정"하는 **남자**의 '여성 숭배'에서 비롯됐으며 "한 여자의 불행"은 "남성들의 횡포에 대한 탄핵이 된다."8) 그 때문에 고전적인 '불행한 여자'는 남자를 위해서, 남자 때문에 불행해지고 기본적으로 여자의 불행은 남성의 논리를 뒷받침하기 위해 존재한다. 이러한 여성상이 남자에게 윤리의 문제를 제기하는 것은 부권사회에서 그녀의 불행이 일종의 '순교적' 성격을 띠고 있기 때문이다.

마스무라의 여주인공은 이러한 여성상과 정반대이다. 자기희생과는 한참 거리가 멀고 자기를 억압하기는커녕 오로지 자기 해방을 위해 사랑에 매진한다. 하지만 사랑에 매진하는 것은 때로 헌신은 고사하고 남자를 파멸시킬 뿐 아니라 자신조차 파국으로 내몬다. 자기가 사랑하는 만큼 혹은 그 이상으로 그녀는 사랑하는 대상에게 "나를 사랑해줘"라고 집

---

7) 사토 다다오, 『일본 영화 사상사』, 산이치 쇼보, 1970년, 15쪽.

8) 위의 책, 18쪽. 사토는 이러한 '여성 숭배의 전통'을 '일본 영화의 페미니즘'의 전통으로 해석한다.

요하게 매달린다. 대부분의 경우 마스무라의 히로인이 "자아에 눈뜨는 계기"는 "성애"이며 "비사회적인, 개인적 욕망의 작은 창을 통해 그녀들은 창밖 세상에 맞선다."9) 남자의 출세와 사랑을 위해 자기희생을 마다하지 않고 기꺼이 죽는 전통적인 여성의 역할을 부여받았던 고전적인 히로인이 남자에게 헌신함으로써 일종의 자학적 쾌락을 획득하는 것과 대조적으로, 마스무라의 히로인은 그런 여성상을 **반역**함으로써 사랑을 완수한다.

　마스무라 영화 속 와카오 아야코는 대체로 처음에는 고독한 존재이며 그 고독을 채우려는 듯 육체적인 성애를 통해 깨달은 '자아'에 대한 의식과 사랑을 필사적으로 쟁취하려고 '투쟁한다.' 이렇게 성애로 정의된 여성상이 부권사회에서 할당된 '여성성'을 구현하고 있음은 부정할 수 없지만, 한편으로 강렬한 자기주장은 코드화된 '여성다움'에서 완전히 벗어나 있다.

　와카오 아야코가 연기한 여주인공이 이기적이라고 말할 수 있을 정도로 자기 욕망에 충실하고, 사랑을 추구하는 '여자로서' 자기주장을 하며 자기실현을 시도하는 것은 마스무라가 개체(個)10)로서의 인간을 실로 인간답게 그리려고 했던 결과였다. 이는 많은 비평가가 지적했을 뿐 아니라 마스무라 역시 수차례 밝혔다.

---

9) 야지마 미도리, 「근면한 무녀들」, 『만남의 원근법』, 우시오 출판사, 1979년, 43쪽.

10) 역주: 일본어에서 '개인'(個人)과 '개'(個)는 언뜻 비슷해 보이기는 하나 개념적으로 볼 때 미묘한 차이가 있다. 개인은 집단에 대해, 혹은 그 집단을 구성하는 한 명의 사람을 의미한다면, '개'의 경우 '개인'보다 독립된 존재라는 의미를 내포한다. '개'에 완벽히 상응하는 한국어가 없으므로 본서에서는 '개체'를 사용했다.

일찍이 오시마 나기사는 전중파(戰中派)[11] 후기 감독으로 스스로를 규정한 마스무라를 '근대주의자'라 비판하기도 했는데, 마스무라는 일본 영화의 전통 및 그 전통을 낳은 일본의 문화적, 사회적 토양을 비판하면서 그때까지 일본 영화를 얽어매고 있던 인습에서 벗어난 영화 예술을 만들고자 했다. 샌프란시스코 강화 조약이 발효됐던 때와 거의 비슷한 시기에 이탈리아로 유학을 떠났던 마스무라는 후에 "무엇보다 먼저 '개인'을, 강렬한 본능과 탄탄한 논리를 가진 인간을 그리고자"[12] 일본으로 돌아왔다고 밝혔다.

마스무라가 보기에 일본은 전근대적인 집단에 의해 형성된 공동체이며 진정한 의미에서 '개인'이 존재하지 않는 사회다. 이탈리아에서 '개인'을 발견한 마스무라는 패전을 경험한 일본이 통과해야 하는 것은 자아를 확립하는 것이 아닌가, 일본의 근대성을 부정하기 전에 일본은 아직 한 번도 근대에 도달조차 하지 않은 것이 아닌가라는 문제의식을 품고 있었다. 그래서 유학 후 귀국한 마스무라가 영화를 통해 일관되게 다룬 문제는 집단이나 공동체로의 귀속으로 성립된 일본 사회의 여러 제도와 문화적 토양에서 칭칭 옭아매어진 일본인이 어떻게 개체로서 살아갈 수 있는가라는 물음으로 집약할 수 있다. 이 질문을 들이밀듯이 마스무라는 인간의 본능, 정열, 과격함 등 일본의 문화적 풍토에서 '부정'된, 이른바 '동(動)'의 측면에 초점을 맞춰간다.[13] 여기에 마스무라적 히로인의

---

11) 역주: 태평양전쟁 중에 청년 시절을 보낸 세대. 1924년생인 마스무라는 10대와 20대에 전쟁을 경험했다.

12) 마스무라 야스조, 「이탈리아에서 발견한 개인」, 『영화감독 마스무라 야스조의 세계 '영상의 마에스트로' 영화와의 격투의 기록 1947~1986』(이하 『영화감독』), 후지이 히로아키 감수, 와이즈 출판, 1999년, 61쪽(최초 게재는 『키네마 준보』, 1967년 7월 하순호).

근간이 있다.

마스무라의 시선에서 보면 와카오 아야코가 구현한 마스무라적 히로
인들은 이러한 감독의 목적을 충실하게 수행하는 존재이다. 그들은 본래
의 남성성을 결여한 일본 사회를 규탄하고 각성시키기 위해 분노하듯
"살인까지 불사하는 에고이즘"14)에 따라 "비논리적이고 개인을 인정하
지 않으며 토속적으로 미분화"15)된 일본적인 문화 풍토에 반기를 들고
'개체'가 되어 그곳으로부터 벗어나려고 한다.

본래 여배우는 '무녀'라 정의하고 자신 또한 여배우에게 그런 역할을
바란다고 마스무라가 말했던 것처럼, 그의 히로인은 우선 "무녀가 되어
신(감독)의 탁언(託宣), 인생의 진실을 이야기하기"16) 위해 존재한다.

당연하지만 기존의 담론에서 와카오 아야코의 위치는 '마스무라의 히
로인'을 한층 충실히 연기하고 구현한 여배우였다. 가령 앞서 인용한 "무
엇이 저 와카오 아야코를 움직이게 했는가"라는 야마네의 물음은 매우
시사적이다. 첫째, 마스무라 영화 속 와카오 아야코는 '마치 무언가에 **빙
의된 것 같은** 히로인'이다. 야마네는 마스무라의 히로인이 광기에 가까운

---

13) 마스무라는 일본적 사회에 기반한 예술을 "여성적"으로, 자아, 자유, 개인 등으로 이
뤄진 "강함"을 근간으로 한 유럽 사회의 예술을 "남성적"이라 정의하는데, 이러한 마스무라
적 젠더의 이항대립에도 "여자라는 메타포"가 작동하고 있다. 마스무라 야스조, 「일본 영화
사」, 앞의 책, 72~94쪽(최초 게재는 *Bianco e Nero*, Nov-Dec., 1954).
14) 마스무라 야스조, 「인간이란 무엇인가:《남편이 보았다》에서 그리고 싶었던 것」, 『영
화감독』, 413쪽.
15) 마스무라 야스조, 「다니자키의 세계와 그리스적 논리성―《만지》에 대해」, 앞의 책,
417쪽.
16) 마스무라 야스조, 「여배우＝무녀가 되기 위한 조건은」, 앞의 책, 151~152쪽.

모습을 보인다고 지적했다. 이는 이른바 배우 와카오가 신들린 듯 밀도 있는 연기를 훌륭하게 해냈음을 단적으로 시사하는 한편, 그녀가 연기한 여성상이 마스무라의 영화적 특징인 긴장감과 '동'적인 부분을 해명하는 열쇠임을 암시한다.

하지만 이보다 흥미로운 것은 "무엇이 저 와카오 아야코를 움직이게 했는가"라는 물음의 전제에 "저 와카오 아야코는 무언가에 의해 움직여졌다", "무언가가 저 와카오 아야코를 움직이게 했다"라는 인식이 깔려 있다는 점이다. 다시 말해 '마스무라 야스조'의 작가론을 쓰려고 한 야마네는, 자기주장을 하는 것은 주체로서의 와카오 아야코가 아니라 무언가가 그녀를 움직이게 했다고 생각하였고, 그 **무언가**를 추구하는 것의 배후에 와카오 아야코가 연기한 히로인이 아니라 **감독** 마스무라 야스조가 있다는 의식이 작동한다.

여성 비평가 야지마 미도리 역시 어떤 의미에서 마스무라의 의도를 **올바르게** 이해하고 마스무라 영화의 여자들을 "마스무라의 착실한 무녀들"[17]이라 불렀다. 야지마는 마스무라가 그리고자 한 히로인의 성질, 즉 그녀들이 "감독의 의도에 충실"하고 "사회에 반역을 꾀하며 성애로부터 생의 증거를 낚아채려는 목적의식에 붙잡혀 있"을 뿐만 아니라 그녀들에게 "섹스는 에로스의 인식에 도달하기 위한 단련의 장"이자 "관능은 자아를 살리기 위해, 생의 목적을 향해 동원된다"[18]라고 적확하게 표현한다.

하지만 야지마는 그녀들이 "그 격한 표현에도 불구하고 진짜 쾌락에 빠져들었는가"라는 의문을 던진다. 와카오 아야코도 오카다 마리코도 야

---

17) 야지마 미도리, 「근면한 무녀들」, 47쪽.
18) 위의 책, 44쪽.

스다 미치요(安田道代, 1946~)도 "한결같이 화난 듯한 표정으로" 불륜 관계 안으로 "뛰어들지"만 "결코 자기에게 부여된 역할을 넘어 시간을 초월한 쾌락의 깊은 어둠 속에서 길을 잃고 헤매지 않는다"[19]라고 지적한다. 야지마는 마스무라의 히로인은 모두 결코 "감독의 의도에 저항하지 않고," '성애' 또한 '자아'라고 여긴 마스무라의 신화를 전하기 위해 '무녀'인 여자들이 절차상 밟아야 하는 '직무'라고 단언한다.

'마스무라의 여자들'에 대한 야지마의 회의적인 서술은 그녀들이 쾌락의 주체가 아닌 마스무라가 창조한 존재이며 마스무라의 말을 **전하는 것**뿐이라는 비판적 관점에서 나온 것이다.[20] 또한 한 **인간**으로서의 여성이라는 전체적인 관점에서 보면 마스무라적 히로인은 "성애로만 자기실현을 도모하는 여성," 즉 부권사회에서는 극히 드문 여성상이다. 그런 점에서 확실히 야지마의 비평은 적절하다. 비단 여주인공뿐만 아니라 마스무라 영화 속 인물들은 종종 도식적이라고 비판받아왔고, 이 지점은 야지마의 관점과 일맥상통한다.

---

19) 위의 책. 같은 곳.

20) 야지마의 지적은 할리우드의 여성 영화에 대한 메리 앤 도앤(Mary Ann Doane)의 설명과 유사하다. 도앤에 따르면, 1940년대 할리우드 여성 영화에 새겨진 '명백한 사실'로서의 여성성, 다시 말해 '여성적인 것'에 대한 기존의 이미지는 "우리 문화에서 여성성을 위해 구축한 위치"이며, 그것을 "특별히 감동적이고 강렬한 형태로 다시 표상하"는 것이 여성 영화이다. 하지만 "이러한 위치를 단순하게 받아들이거나 거리를 두는 선택의 자유를 여성이 가지고 있다고 생각하는 것은 오해"라고 주장한다(『욕망으로의 욕망: 1940년대 여성 영화』, 마쓰다 히데오 번역, 게이소 쇼보, 1994년, 277쪽). 도앤의 결론은 여성 영화는 여성 관객에 대해 "여성적"이라 칭한 "몸짓 및 욕망"을 재현하고 표상하지만 (그 때문에) 최종적으로는 부권사회의 이데올로기와 "공범 관계"에 있다는 것이다. 마스무라와 와카오 콤비의 영화는 이른바 할리우드적인 '여성 영화'의 범주에 속하지 않지만, 마스무라 영화의 '여성성'을 둘러싼 담론은 도앤이 논한 여성 영화 담론과 의외라고 할 만큼 유사하다.

어찌 되었든 분명 와카오 아야코가 있었기에 마스무라의 영화는 성립하고 성숙할 수 있었다. 작가론적 관점에서 와카오 아야코의 기여는 충분히 인정받았지만, 최종적으로 와카오 아야코는 마스무라의 충실한 공헌자이며 중층적인 의미에서 '남자에게 헌신하는 여자'를 연기한 셈이다. 그렇게 본다면 앞에서 말한 시라이토와 같은 고전적인 히로인은 자기희생을 통해 남자들에게 윤리의 문제를 제기하는 반면 마스무라적 히로인은 성적인 존재로서, 다시 말해 자신의 섹슈얼리티를 통해 성애를 윤리의 문제로 제기하지만, 양측 모두 남자를 위해 존재한다는 점에는 변함이 없다. 그러므로 와카오 아야코 역시 마스무라의 무녀를 계속해온 것이나 마찬가지다. 하지만 정말로 와카오 아야코는 "감독의 지시에 저항하지" 않고 마스무라가 부여한 역할을 그저 충실히 수행했을 뿐일까?

실은 마스무라의 기대와 달리 그녀는 '무녀'였던 적이 없었던 것은 아닐까? 아니면 그녀가 자신의 역할에 충실하면서 은밀하게 저항했기 때문에 마스무라 영화에서 압도적인 존재감과 긴장감을 만들어냈고, 그 역동성이 마스무라와 와카오 작품의 핵심이 된 것은 아닐까?

아야코(彩子)의 투쟁

와카오 아야코의 내밀한 저항은 마스무라적 히로인이 처음 등장한《아내는 고백한다》(마루야마 마사야 원작, 이데 마사토 각본)에서 시작되었다. 이 영화는 불행한 결혼 생활 중 우연하게 일어난 사고에서 남편의 죽음을 방관한 여주인공을 통해 '사랑하는 남자'를 구하기 위해 '어쩔 수 없는' 상황에서 살인을 하는 것이 죄인가, '사람은 죄 있는 자를 사랑할 수 있는가'라는 윤리적인 문제를 제기한다.

마스무라의 도식으로 읽는다면 결혼은 본래 자유로워야 할 개인을 속박하는 일본적 제도를 상징한다. 그리고 아야코를 소유하기 위해 그녀의 자유를 억압하는 대학교수인 남편 다키가와, 남편을 위해 죽는 것이 아내의 의무임에도 남편을 죽게 내버려 두었다며 아야코를 고발하는 검사, 그리고 주체적으로 사랑하는 법을 모른 채 사회가 규정하는 상식과 도덕에서 벗어나지 못하는 고다 등 아야코를 둘러싼 세 명의 남자는 억압적인 제도의 수행자들이다. 남편과 검사는 권위와 법이라는 상징적 '제도'를, 아야코가 사랑하는 고다는 '상식'이라는 명목하에 제도에 귀속된 공동체를, 아야코의 변호사 스기야마는 진실을 밝히는 '양심'을 나타낸다.

한편 아야코는 그러한 결혼 제도의 희생자이고 그 상황을 바꾸기 위해 '사랑'의 논리를 택하여 제도와 법에 맞선다. 이 작품뿐 아니라 《남편이 보았다》와 《세이사쿠의 아내》에서도 마스무라의 히로인은 처음부터 고독하고 고립되어 있다. 그리고 그 상황에서 벗어나는 계기가 사랑의 대상을 발견하는 것이다.

하지만 사랑은 단지 정신적인 것이 아니다. 어디까지나 '성애'나 '욕망', 즉 육체적인 것이다. 마스무라에게 "사랑은 하나의 육체와 정신이 다른 한 이성의 육체와 정신으로 완전히 욕망을 충족시키는 것"이며, "순수한 사랑"은 "이기적이고", "결정적으로 육체적인 것이며, 육체 없이 성립하지 않고", "자신의 만족을 위해서는 살인까지 저지르는 에고이즘"에 기반한다. 그것은 "타협"과 "굴복", "집단적"인 일본적 인간관계와는 융화하지 않는다.[21]

마스무라는 한편으로 아야코를 구속하는 결혼 제도의 억압자 다키가

---

21) 마스무라 야스조, 「인간이란 무엇인가」, 『영화감독』, 413쪽.

와의 소유욕을 에고이즘으로 그렸고, 다른 한편으로 고다에 대한 아야코의 사랑을 순수한 사랑의 왜곡된 형태로 표현함으로써 사랑의 이면성을 강조한다. 그런 의미에서 다키가와와 아야코는 분신과도 같다. 아야코에 대한 다키가와의 이기적인 소유욕은 고다를 향해 표출되는 아야코의 이기적인 사랑에 대한 그로테스크한 음화다. 아야코는 그러한 일그러진 거울상을 파괴함으로써 '순수한 사랑'의 실현으로 향한다.22)

하지만 아야코는 사랑에만 매달렸기에 거절당하고 자살한다. 그리고 아이러니하게도 '목숨을 걸고서까지 사랑을 추구하는 여자'라는 미화적인 수사를 실천함으로써 광기에 가까워진다. 당초 고다에 대한 아야코의 욕망에는 '이유'가 있었지만, 그 욕망은 이성의 극단적 지점에 놓이고 그녀의 여성성은 광기라는 저 먼 지점으로 밀려나버린다. "광기는 여자를 여자가 아니게 하는 것이다."23) 아야코가 '또 한 사람의 자기'인 남편을 죽게 내버려둔 것처럼 자신을 파멸시킴으로써 《아내는 고백한다》는 이성이라는 '언어=아버지의 법'에 저항하는 아야코의 '사랑=정동의 법'으로 부를 법한 논리를 부정해버리고 말았다. 아야코가 무죄를 선고받음으로써 '정동의 논리'가 상징계의 법을 상대로 승리했음에도 불구하고 아야코의 패배적인 자살로 인해 역전을 당하고 만 것이다.

다시 말해 아야코는 여성성에 관한 레토릭을 실천해버렸고, 그 때문에

---

22) 또한 마스무라는 '남자는 이성, 여자는 사랑'이라는 도식을 고다와 아야코에게 적용한다. 그러나 고다는 '동정'과 '관념으로서의 사랑'을 초월하지 못하는 반면, 아야코의 '사랑'은 곧 실천이다. 이러한 역전 때문에 마스무라와 와카오의 작품에서는 사랑과 관련한 육체와 정신의 투쟁, 이를 둘러싼 전통적 표상의 인습적 젠더 역할이 잠재적으로 교란될 가능성이 보인다.

23) 쇼사나 펠먼, 『여자가 읽을 때』, 54쪽.

역설적으로 '광기'에 가까워져 여성성을 상실하고 말았다. 그리하여 남성성과 대립하는 '여자', 즉 가부장제의 언어 이해를 초월하는 '타자'로 환원되고 만다. 이렇게 해서 아야코의 자살은 '여성의 저항', 다시 말해 주체성의 근거를 그녀에게서 빼앗을 뿐 아니라 그녀를 '표상으로서의 여자'로 만들어버린다.

이 지점에서 의도치 않게 마스무라는 아야코를 (각본대로라고는 해도) 자살하게 만들어 광기로 내몰았기 때문에 '개인으로서의 인간' 아야코가 제도에 패배하는 것이 아니라 문화적으로 구축된 '여성성'을 '여자'에게서 박탈한 '여자 그 자체'로 자신을 말소한 존재, 즉 순수한 시니피앙으로 만들었다고 할 수 있다. 물론 아야코의 자살은 남성의 위치를 취한 아야코에게 내려진 부권성의 처벌이기도 하다. 그러나 바로 이 지점에서 마스무라와 와카오 아야코 작품에 보이는 여성 표상의 모순이 폭로된다.

《아내는 고백한다》는 상징적인 아버지의 법과 그에 대항하는 정동의 법이 투쟁하는 구조를 취하고 있는데, 두 세계를 횡단하는 또 다른 여성이 고다의 약혼녀 리에이다. 그녀는 "부인이 살인자라면 나도 살인자야"라고 말하지만, 이 대사만으로는 아야코의 '정동의 논리'를 옹호할 수 없다. 설령 마지막에 리에를 아버지의 법에서 정동의 법으로 이행시킨다 할지라도 《아내는 고백한다》는 여성성의 패배로 끝나고 만다.

제도 그 자체를 고발하는 아야코의 논리는 결과적으로 부정되지만, 이 영화의 핵심은 아야코의 자살 장면에 응축되어 있다. 고다를 향해 아야코는 "결혼해도 괜찮아, 부탁이야, 2주에 한 번만 만나줘… 한 달에 한 번이라도. 1년에 한 번이라도… 2년에 한 번이라도… 3년에 한 번이라도"라고 애원한다. 이 대사는 1957년 《난류》의 여주인공 히다리 사치코가 도쿄역에서 "첩이어도 좋으니까 기다릴게요!"라고 외치는 장면을 연상시킨

다. 하지만 히다리 사치코가 작은 체구에서 발산하는 밝은 에너지를 '생'
과 '웃음'으로 표현하는 것에 비해 '애원'하듯 한 곳만을 응시하는 와카오
아야코의 모습은 음울한 에너지를 뿜어낸다. 비에 젖어 기모노도 머리도
흐트러진 채 갑자기 고다의 회사를 찾아온 유령 같은 모습은 이야기를 한
순간에 정지시킨다. 이 장면은 여성의 저주를 그린 괴기 영화와 같은 긴
장감을 자아내고 그러한 와카오의 모습에 관객은 순간 숨을 멈출 정도로
강렬한 인상을 받는다.

본질적인, 너무나도 본질적인

관객의 입장을 생각해보면, 남성 관객은 고다에게 동일화하면서 아야
코를 욕망의 대상으로 삼겠지만("이런 여자에게 걸리면 끝장이야, 하지
만 그래서 더 끌려", "난처하게 만드는 여자"),24) 많은 여성 관객들은 아
야코에게 동일화하면서 기묘한 이중적 포지션을 취하게 될 것이다. 이는
"아야코처럼 사랑할 수 있을까", "아야코처럼 행동할 수 있을까"와 같이
행동의 주체로서 아야코가 취하는 두 가지 입장을 오가는 것만이 아니다.
물론 남성 관객도 "사람은 사랑을 위해 살인할 수 있는가"라는 이 영화의
윤리적 질문에 대해 어렴풋이 고민할 수 있겠지만, 이는 야야코에게 동일
화하는 것과는 다르다. 동시에 여성 관객은 아야코에 대한 동일화 과정에
서 아야코가 "왜 고다를 사랑했는가"라는 질문을 던지면서 고다에 대한
그녀의 욕망이 성애로만 규정되는 것이 아니라 마스무라가 의도했던 것
처럼 아야코를 속박하는 결혼 제도가 원인이며 그 제도를 선택할 수밖에

---

24) 야마네 사다오, 『마스무라 야스조』, 3쪽, 10쪽.

없었던 상황 때문에 그녀가 고독해졌음을 주목할 것이다.

등산 중 일어난 사고로 삶과 죽음의 갈림길에 섰을 때 아야코는 아버지의 법이 요구하는 것과 달리 남편과 함께 죽지 않고 '삶'을 선택했다. 그 '삶'의 선택은 '성(性)'의 선택이기도 했다. 하지만 아야코는 '성'을 택하기 위해 '삶'을 선택한 것은 아니다. 아야코의 행동은 '여자이기 때문'이라는 본질적인 논리가 아니라 마스무라가 제기한 '사랑의 문제'로 그려졌고, 그녀의 자살은 '사랑의 논리'가 발생시킨 **저항을 부정당한 결과**임이 판명된다.

하지만 관점에 따라서는 아야코를 파괴하는 "여자를 여자가 아니게 하는 광기"야말로 '여자다'라는 여성의 정의에 관한 본질론적인 유혹이 더욱 의미를 갖는다. 비에 젖어 유령 같은 모습으로 고다를 방문한 와카오 아야코의 모습에 대해 한 소설가는 "거기에 생생한 한 사람의 '여자'가 드러나 있음을 보았다"면서[25] "어느 화면에서는 여자의 나체가 강렬한 에로티시즘과 함께 움직이고 있었다. 우리는 숨이 막힐 정도로 생생하고, 아름다운 한 여자를 본 것이다",[26] "아야코는 완전히 여자다. 아니, 그 이상의 여자다. 여자는 여자로 태어나는 것이 아니라 여자가 되는 것이라는 보부아르의 이야기는 사실 틀렸다"[27]라고까지 단언(폭언)했다. 그가 해당 장면에서 본 와카오 아야코는 표상으로서의 여자야말로 '여자'의 본질을 보여준다는 '시니피앙으로서의 여성'이며, 이는 부권사회가 규정한 정통적인 정의이다.

---

25) 야마카와 마사오, 「마스무라 야스조 씨의 개성과 에로티시즘」, 『야마카와 마사오 전집』 제5권, 도쥬샤, 1970년, 307쪽(최초 게재는 『영화평론』, 1962년 6-7월).
26) 위의 책, 같은 곳.
27) 위의 책, 308쪽.

이 소설가는 바로 야마카와 마사오다. 마스무라론으로 잘 알려진 이 흥미로운 비평에서 그가 한 발언은 와카오 아야코에 대한 남성 관객의 포지셔닝과 그것이 갖는 특징적인 문제를 고스란히 노출한다. 야마카와의 글이 출발점으로 삼고 있는 것은 "왜《아내는 고백한다》속 와카오 아야코는 저토록 아름다운가"라는 질문이다. 그는 배우 와카오 아야코의 아름다움보다는 그녀의 모습에서 '영원한 여자'(아야코는 '이상한 여자'임에는 분명하다. "나는 어떤 종류의 '완전한 여자'의 환영을 보았다"),28) 혹은 "(야마카와가 보기에) 여자를 여자답게 하는 것 = 여성성"을 보았다. 다시 말해 와카오 아야코는 여성성의 상징이며 표상이기 때문에 야마카와가 그녀의 아름다움에 끌린 것이다.

"한 겹 한 겹 옷을 벗기듯 인간적인 환영을 (…) 지우고 인간을, 그는 드디어 하나의 물체로 몰아넣는다. (…) 이윽고 그녀는 '자기만의 세계'를 무너뜨리고 현실과 신체[生理] 사이에서 균형을 잃고 처음으로 고다라고 하는 타인에게 매달려 살아가려고 한다. 살고자 하는 하나의 집념만을 가진 아야코. 그것은 이미 자신을 상실한 여자이고 살아 있지만 유령이 된 아야코다. 하지만 사랑은 불가능하다는 망상 때문에 스스로 독을 마신다. (…) 죽었지만 새하얗게 빛나는 그녀의 옆모습. 그녀는 **물체**가 됨으로써 자신의 고독을 완성했다. 물체로서의 인간은 외설이며 그로테스크다. 하지만 **물체**가 된 와카오 아야코는 어떤 강렬한 에로티시즘, 아름다움으로 우리의 가슴을 찔렀다. 그것은 완전한 한 사람의 '여자'로서, 아니 한 사람의 인간으로서의 완전함을 드러내며 거기에 있었다(후략)."29)

---

28) 위의 책, 311쪽.

29) 위의 책, 313~314쪽(강조는 야마카와).

관객으로서 야마카와는 명백히 남성이며 야마카와가 **물체**로서의, **물체**화되어 죽은 아야코에게 에로티시즘을 느낀 것은 네크로필리아적인 대상인 '여성 신체'에 대해서다. 야마카와가 죽은 아야코에서 본 여자의 '아름다움'과 '완전함'은 '물체로서의 인간'의 본질이고, 마스무라는 거기에서 "공허한 자신"[30]을 보고 있지만 야마카와의 눈에 비친 아야코의 마지막 모습은 '상실'일 뿐이다. 하지만 고다를 만나러 오기 전 아야코는 '이미 자기를 상실한' 것이 아니다. 고다에게 거절당함으로써, 다시 말해 고다가 '저항'의 의미를 이해할 수 없음을 알고 절망하여 죽는다. 그리고 '죽은' 아야코는 남성의 타자성을 표상하는 시니피앙이 될 뿐만 아니라 고다의 남성성이 제도에 의해 거세되었음을 의미한다. 하지만 문제는 아야코가 마지막까지 스스로 '타자성'의 시니피앙이 되는 것에 저항했다는 것이다.

온몸으로 음울한 기운을 풍기며 "결혼해도 돼, 3년에 한 번이라도 만나줘"라고 애원한 아야코는 쓰러질 듯 계단을 내려간다. 고다의 약혼자 리에를 보고 자신의 '생'의 가능성이 끝났음을 확인하고 마치 힘이 빠져나가 버린 듯 얼이 빠져 화장실 세면대에 서서 거울 속에 비친 자신의 얼굴을 본다. 와카오 아야코의 모습은 야마카와가 묘사한 '벌거벗은 여자' 혹은 '여자 그 자체'가 아니다.

그것은 사랑에 패배한 여자의 모습이다. 와카오 아야코의 신체는 '슬픔' 그 자체이며 그 때문에 보는 이의 마음을 흔든 것이다.

---

30) 위의 책, 315쪽.

아야코(文子)의 고백

야마네 사다오와의 인터뷰에서 와카오 아야코는 《아내는 고백한다》가 마스무라 감독으로부터 "아무런 말도 듣지 않고 내 생각으로 관철시킨" 유일한 작품이며, "감독과 이야기하기 전에 전부 만들었다"라고 말했다. 게다가 자살하기 전 장면을 촬영 첫날 찍었다는 점, 다시 말해 영화의 거의 마지막에 나오는 장면이 첫 커트였기에 대본을 여러 번 읽어 "처음부터 전부 어느 정도 생각하고 있었고, 어느 정도의 톤으로 연기할지"를 정해 "상당 부분 내 안에 준비되어 있었다"고 말했다. 흥미롭게도 이 대목에서 그녀는 "내가 이겼다고 생각했다"고 고백했다.[31]

조금 더 자세하게 상황을 들여다보면 이러하다. 해당 장면이 '죽기 전'임을 생각해 템포를 떨어뜨려 연기하자 마스무라가 "한 번 더, 연기를 좀 더 빨리 해봐"라고 요구했다. 하지만 결국 "그 장면은 와카오가 한 것으로 하자"라고 말했다. 이때 그녀는 "이번에는 내가 이겼어"라고 생각했다고 고백한 것이다. 서두에 인용한 대로 그녀에게 마스무라와의 작업은 "일종의 투쟁이었다." 만약 그녀가 선수를 치지 않고 "자신 없이 우물쭈물하면 거기를 치고 들어오는" 이가 마스무라였기에 그러한 상황을 피하기 위해 와카오는 "만전의 준비를 다해야 했다."

다음과 같은 이야기도 있다. 배우는 감독에게 "이건 아니에요"라고 말할 수 없고 "감독이 말한 것을 얼마만큼 해내는가에 전념"하지만, 만약 자기 나름대로 생각이 있을지라도 논의를 할 수 없기 때문에 "보여주면

---

31) 와카오 아야코 인터뷰, 「마스무라 야스조 감독과의 작업」, 『마스무라 야스조』, 127~129쪽.

돼. 해서 보여주면 내가 한 걸 선택하게 될 테니까"32)라고 와카오는 말한다. 이 발언에서도 그녀가 '투쟁'의 자세로 촬영에 임했음이 드러난다.

마스무라의 초기 영화는 빠른 대사 처리가 특징이었는데, 이 경향은 《아내는 고백한다》 이후 조금씩 느려지는 양상을 보였다. 와카오 아야코의 발언을 생각하면 그러한 변화가 우연이라 해도 그녀의 해석으로 만들어진 《아내는 고백한다》가 하나의 **계기**가 되었다고도 생각할 수 있지 않을까. 마스무라적 여성상의 전형인 '아야코'는 우선 와카오 아야코의 수행적인(performative) 해석으로 육체를 부여받았다. 마스무라가 첫 촬영에서 와카오의 연기를 선택할 때, 그는 와카오가 해석한 '아야코'상(像)을 맨 처음 시점에서 채택했으며, 경중에 상관없이 그 선택은 마스무라 영화 속 와카오의 여주인공을 어떻게 묘사해갈 것인가에 대한 하나의 길을 만들었다.

단언컨대 마스무라와 와카오가 함께한 작품 속 여주인공은 **처음부터** 두 사람의 공동작업, 아니 '조용한 결투'에서 만들어졌다. 마스무라 영화 속에서 남성에 대립하는 '관념으로서의 여자', '표상으로서의 여자'가 와카오 아야코라는 살아 있는 육체에 의해 생명을 얻었다. 마스무라라는 권위, 제도에 도전한 그녀의 투쟁이 있었기에 아야코(彩子)의 저항은 보는 이로 하여금 일종의 리얼리티를 느끼게 한다.

카메라의 시선이 '남성의 위치'를 취하고 있음을 그녀는 알고 있었다. 야마카와가 주목했던 장면, 즉 자살하기 전 아야코가 고다를 만나기 위해 비에 흠뻑 젖은 채 그의 회사에 갑자기 찾아오는 장면에서 카메라는 아주

---

32) 위의 책, 223쪽.

가까운 곳에서 그녀의 모습을 팬 다운한다. 카메라가 그녀의 발을 잡는 순간 아야코는 슬쩍 발을 뒤로 빼는데, 이에 대해 와카오 아야코는 "카메라, 다시 말해 남자가 보고 있는 듯한 느낌을 받았기" 때문에 더러워진 버선을 숨기려고[33] '자연'스럽게 나온 동작이라고 말했다.[34]

와카오는 카메라의 시선을 남성으로 상정하고 고다에게 '일부러 보여주면서 수줍어하는 이중적인 뒷걸음질의 동작'[35]을 연기했다. 그녀는 카메라의 시선이 남성 인물을 매개로 한 남성 감독의 위치임을 이해하고, 아야코를 옥죄는 제도와 지배적 시선을 '남성' 포지션으로 해석해 이를 관객에게 보여준 것이다.

그런 의미에서 매우 역설적이지만 그때까지 수행적으로 교태를 부리고 부자연스러울 정도로 집요하게 고다에게 사랑을 요구하는 아야코가 한순간 망설임을 보이는 효과를 만든다. 여기에서 아야코는 이제까지 볼 수 없었던 '수동적'인 자세를 취하고 동시에 그녀의 위치는 단숨에 남성성을 상실하고 '여성적인 것'으로 이동해간다.

와카오 아야코는 영화 속 아야코가 '일본적인 여성 묘사방식'에 따른

---

33) 역주: 이 장면에서 아야코는 일본식 버선과 함께 게타를 신고 있다.

34) 와카오 아야코 인터뷰(이토 다카시), 『마스무라 야스조 회고전』 카탈로그, 14쪽.

35) 루스 이리가라이는 다음과 같이 서술한다. 서구 문화에서는 시각이 우위에 있으나 이는 "여자의 에로티시즘과는 관계없다." 왜냐하면 "여자는 시각보다 청각에 의해 쾌락을 느끼기 때문이며 여자가 지배적인 거울 체제로 들어간다면 그것은 여성에게 수동성을 부여함을 의미한다. 여자는 보기에 아름다운 대상이 되기 때문이다. 여자의 몸이 이렇게 에로스화되고 '주체'의 욕망을 자극하기 때문에 과시와 부끄러움을 동시에 느끼며 뒷걸음질 치는 이중의 동작을 강요당한다."(『하나가 아닌 여자의 성』, 게이소 쇼보, 1987년, 27쪽) 다르게 말하면 "젠더라는 것은 신체를 반복해서 양식화해간다"라는 주디스 버틀러의 주장과도 일맥상통한다(주디스 버틀러, 『젠더 트러블 – 페미니즘과 정체성의 교란』, 다케무라 가즈코 역, 세이도사, 2001년, 72쪽).

인물이 아니라는 점을 강하게 의식했고 또한 아야코와 같은 여성이 "현실에 없음"36)을 이해하고 있었다. 그 때문에 아야코의 행동에 '정당성'을 부여해야만 하고 "어찌 되었든 간에 이 여자 입장에서 보면 있을 수 있는 이야기"라고 관객을 납득시킬 필요가 있었다고 회상한다.37)

법정에서 "내가 잘못했다"라며 결코 약한 모습을 보이지 않고 '아내의 순사(殉死)'를 강요하는 제도에 맞선 아야코의 '필사적인 투쟁'이 있었기에, 첫날 촬영한 사랑의 패배와 절망을 보여주는 자살 전 화장실 장면이야말로 관객이 아야코를 '광인'으로 보지 않도록 하는 데 가장 중요하다는 점을 그녀는 잘 알고 있었다. 왜냐하면 아야코를 '광기'로 이해하면 여성성을 광기로 이해하는 것이나 마찬가지이기 때문이다. 와카오가 자살 전에 '슬픔'을 표현함으로써 실로 '광기'의 저 너머로 아야코를 몰아내지 않고 구원한 것이다.

하지만 아야코의 자살은 그 저항을 부정하고 《아내는 고백한다》는 그녀를 '여성성'의 저 너머로 배제하는 것으로 끝이 난다. 아야코가 남긴 편지와 수표로 인해 '시니피앙으로서의 여자'가 완성된다.

간통 멜로드라마가 다수 제작되었던 당시, 회사가 비슷한 주제를 요구했을 때 마스무라는 "일본의 공고한 결혼 제도의 피해자", 즉 "결혼 제도가 견고한 탓에 거기에 속박되어 있음에도 인간으로서의 순수함을 지키려다 미치고 마는"38) 모습을 《아내는 고백한다》에서 그리려고 했다. 마스무라의 의도를 충분히 파악한 뒤 와카오 아야코는 영화 속 아야코에게

---

36) 와카오 아야코 인터뷰, 『영화감독』, 245쪽.
37) 위의 책, 246쪽.
38) 마스무라 야스조, 「자신의 작품을 말하다」, 『영화감독』, 411쪽(최초 게재는 『키네마준보』, 1962년 1월호).

육체를 부여했다. 창작자 입장에서 보면 야마카와가 제대로 **읽은** 것처럼 제도의 희생자로서 아야코는 광기로 내몰렸다.

하지만 쇼샤나 펠먼이 지적한 대로 남자의 이성이 한편으로 남성성과 다른 여성성을 "타자", "이해 불가능한 것"으로 바라본다는 의미에서 여성성을 "광기"로 규정하고 다른 한편으로 "광기가 여자를 여자가 아닌 것"이게 한다고 이해한다면, 여성성은 "광기"이고 동시에 "광기"라는 것은 "여성성의 결함이다"39)라는 역설에 봉착하게 된다. 아야코가 갖고 있던 모순은 바로 남자의 이성에서 만들어진 여성이며, 아야코라는 인물 자체에 내재된 문제는 먼저 그녀의 여성성의 문제로 받아들여진다. 다시 말해 아야코의 모순은 그녀가 '사회의 법' = '상징계의 법'을 등지고서까지 '사랑', 즉 '정동'이라는 상징계의 언어에 귀속되지 않는 언어를 말한다는 차원에서 '광기'에 가까워졌지만, 한편으로 그 때문에 사회가 규정하는 젠더 코드로서의 '여성다움'을 위반하고 "여성성의 결함"으로 규정된다는 점이다.

달리 말하면 아야코는 부권사회에서 '여자다, 여자가 아니다'라고 남성들이 규정한 여성성의 역설을 노출하고 말았다. 문제는 야마네가 "마스무라의 영화는 거의 대부분 여자의 영화이면서도 바로 그 때문에 여자의 영화가 아니다"라고 적확하게 표현한 모순이다.40) 하지만 이 모순은 여성 자신의 문제라기보다 남성 측에서 본 여성 표상의 문제이다. 더욱 복잡한 것은 여성 자신도 그 역설을 내재화해버렸다는 점이다. 여성 관객이 마스무라와 와카오의 작품을 통해 경험하는 양가적인 체험도 바로 그

---

39) 쇼샤나 펠먼, 『여자가 읽을 때』, 55쪽.
40) 야마네 사다오, 『마스무라 야스조』, 71쪽.

모순을 직면하지 않고서는 이해할 수 없다.

그러나 아야코를 둘러싼 이 모순을 와카오 아야코가 몰랐을 리 없다. 그녀는 이미《아내는 고백한다》의 아야코를 연기할 때 마스무라적 여주인공이 갖고 있던 문제, 즉 남성에 의해 규정된 여성성의 역설을 매우 날카롭게 포착했을 뿐 아니라, 야지마가 말한 "진짜 쾌락"에 빠지지 않고 아슬아슬한 경계선에 서서 '몰아(沒我)'에 다다르지 않은 것이야말로 마스무라에 대한 그녀의 내밀한 저항이 아니었을까.

영리하게도 와카오 아야코는 '몰아'를 강요받은 마스무라의 히로인들에게 관능을 부여했으나 "사랑해줘, 사랑해줘"라고 재촉하면서도 '향락(주이상스)'을 자기 안에만 간직하고 **남자들을 위해** 드러내지 않았다. 이 점이 마스무라의 여주인공들을 부권사회의 공범자로 만들지 않았고, 그렇기 때문에 그녀들의 '사랑 = 정동'이 관객에게 선명하게 전달되는 것이 아니겠는가. 그것은 마스무라의 '관념적 여자'에 대해 그녀가 은밀하게 내보인 투쟁이자 저항이며, 현실의 여성인 와카오 아야코의 '목소리'였다. 특히 "나 같은 사람을 이렇게 아래로 보기 때문에"[41]라고 아무렇지 않게 말하는 와카오 아야코가 감독이라는 절대적이고 부권적인 존재에게 '얕보였다'고 의식하고 있었음을 생각하면 30세를 앞둔 여성이 어떤 식으로 그 권력에 대항하고 있었는지를 간파할 수 있다. 거기에는 여배우 와카오 아야코 이전에 한 명의 여성 와카오 아야코가 있다.

실제 영화에서 와카오 아야코가 발산하는 존재감은 마스무라의 기대와 달리 그녀가 '무녀'가 아니었기 때문은 아닐까. 와카오 아야코는 '자기 주장을 하는, 싸우는' 마스무라의 여주인공을 연기한 것이 아니라 실제로

---

41) 와아코 아야코 인터뷰, 앞의 책, 222쪽.

투쟁했다. 그것을 간과하고 '창작자' 마스무라에게만 초점을 맞춰 마스무라와 와카오의 작품을 논하는 것은 의미가 없다.

이것만이 여성은 아니다

마스무라적 히로인은 "공통적으로 무언가"를 지니고 있는데, "마스무라 감독이 와카오 씨에게 기대어 그리려고 했던 여성이지 않을까"라는 야마네 사다오의 질문에 와카오 아야코는 다음과 같이 대답한다.

"그럴 거예요, 분명. 다른 면을 더 내보일 수 있었으면 하고 발버둥 쳐도 결국 안 됐어요. 그건 내 능력이 부족했던 탓도 있지만. 마스무라 감독이 요구하는 여성상은 칭칭 얽매여 있는 하나의 굵은 선으로 정해져 있었죠. 하지만 나는 그것만은 아닐 거라고 생각했어요. **이것만이 여성은 아니다**라고. 그렇지만 어쩔 수 없었어요. 그건 그래요. 영화에서 감독의 존재가 강하기 때문에."42)(강조는 인용자)

"마스무라 감독에게 '오케이'를 받기 위해 일한" 와카오 아야코가 "이것만이 여성은 아니다"라고 생각한 것은 마스무라가 《아내는 고백한다》에서 《훔친 욕정》을 거쳐 《남편이 보았다》와 《세이사쿠의 아내》까지 여주인공 상을 완성해나갈 때 그녀의 '내밀한 투쟁과 저항'이 계속되었다는 지표가 아닐까.

와카오 아야코는 《훔친 욕정》(1962)과 《남편이 보았다》(1964)의 사이인 1963년에 결혼하고 1968년에 이혼했다. 그녀 자신도 마스무라의 여주인공을 구속했던 '결혼 제도'를 겪은 것이다. 첫 결혼과 이혼이라는 개

---

42) 위의 책, 126쪽.

인적인 경험이 있었기에[43] 《남편이 보았다》의 나미코와 《세이사쿠의 아내》의 오카네에게 '신체'와 '목소리'를 불어넣어 '여성성의 본질'을 표상하는 관념적인 여성이 아닌 현실과 비현실을 초월해 여주인공을 '여성'이라는 '존재'답게 만들 수 있었던 것은 아닐까. 마스무라와 와카오의 영화에서 "와카오 아야코가 연기하는 여성과 개인 와카오 아야코 사이의 거리가 점점 가까워진다"라는 도미타 미카의 예리한 지적처럼[44] 그 과정은 마스무라적 여주인공이 '와카오 아야코'와 융합해가는 과정이었다. 그렇게 생각하면 와카오 아야코의 저항은 텍스트를 움직이는 '어긋남(ずれ)'임에 틀림없다.

그 어긋남을 읽어낼 수 있을지, 그녀의 '목소리'를 들을 수 있을지는 관객의 위치와도 연관이 있다.

---

43) 역주: 와카오 아야코는 1963년 디자이너 니시다테 히로유키(西館広幸)와 결혼하지만 6년 뒤에 이혼, 1983년에 건축가 구로카와 기쇼(黒川紀章)와 재혼했다.

44) 도미타 미카, 「여전히 계속 보고 싶은 와카오 아야코」, 『이미지 포럼』, 1992년 11월, 114쪽. 이 글은 도미타의 논문에서 많은 시사점을 얻었다.

III
스타에서 여배우로

"어느 정도 시간을 들여 조금씩 조금씩 어느 지점에서 나와 캐릭터의 공통점을 찾아가려고 해요…. 꽤 시간이 걸리죠. 처음엔 시커먼 구멍에 들어가 출구가 어딘지 전혀 모르는 것 같은…. 어떤 일이든 그렇겠지만요. 이런저런 책을 읽거나 하면 갑자기 가느다란 한 줄기 빛이 보일 때가 있어요. 그런 과정을 거쳐 크랭크인한 후 어떤 장면을 찍기 시작하면 엉킨 실이 풀리듯 나와 캐릭터가 하나가 되는 지점이 있어요. 그러면 연기에 대해 생각하지 않아도 어느새 내 안에서 쭉 성장한 것처럼…. 그래서 이상한 연기를 해도 그런 기분이 집중되어 (…) 연기가 술술 풀리게 돼요. 몸이 자연스럽게 움직입니다."[1]

---

1) 와카오 아야코 인터뷰, 『마스무라 야스조』, 220쪽.

나에게 '와카오 아야코적 문제'란 "여성의 상징적 의미를 둘러싸고 남성과 여성의 목소리가 투쟁하는 장소"[2]로 나타나는 와카오 아야코의 신체를 어떻게 바라봐야 하는가라는 문제이다. 나는 《아내는 고백한다》에서 와카오 아야코가 사랑을 위해 일본적 봉건제도와 싸우는 주인공 아야코를 연기하는 것만이 아니라 실제로 와카오 아야코의 '내밀한 투쟁'과 '저항'이 텍스트를 움직이는 어긋남이라고 주장했다. 하지만 와카오 아야코가 페미니스트였는지, 감독인 마스무라에게 의식적으로 저항했는지 말하고자 함이 아니다. 또한 모든 여성 관객이 나의 해석에 찬성할 리도 없다. 그러나 이러한 이론(異論)의 여지를 고려하더라도 많은 여성 팬이 와카오 아야코를 지지하고 그것이 지금까지 이어지고 있는 점은 유효하다. 내 관심은 텍스트를 움직이는 주요한 요소로서 와카오 아야코의 신체성, '여배우'로서의 미묘한 포지션과 관객과의 관계성을 검토하는 것이다. 다시 말해 '연기하다'라는 것과 관련해 와카오 아야코와 감독의 진검 승부가 단지 '감독 대 배우'라는 도식이 아닌 젠더 역학과 관련되어 있으며, 설령 무의식적이라 할지라도 와카오 아야코가 저항하는 캐릭터에 자신의 저항을 겹쳐놓는 순간이야말로 여성 관객의 욕망이 파고 들어가는 절충의 장이 될 수 있음을 제시하고 싶은 것이다.[3]

---

2) Christine Gledhill, "The Melodramatic Field: An Investigation," in *Home is Where the Heart is: Studies in Melodrama and the Woman's Film*, ed. Gledhill, (London: BFI, 1987), p.37.

3) 사토 다다오는 짧막한 에세이 「와카오 아야코」에서 "일본의 여자라는 구체적인 육체를 부여한" 와카오 아야코가 "미조구치, 마스무라의 강렬한 관념과 각투"를 벌였다고 보고 있다. 하지만 기본적으로는 감독의 기대에 맞춰 그 의도를 필사적으로 이해하고자 노력한 여배우의 "진검 승부"라는 관점으로 젠더 역학을 바라본 것은 아니다(『배우의 미학』, 미래사, 1987, 146~147쪽).

여러 인터뷰에서 와카오 아야코는 역할에 몰입할 때 "상당히 시간이 걸린다"고 밝혔다. 약 30년 전《아내는 고백한다》개봉 직전에 이뤄진 또 다른 인터뷰에서도 그녀는 자신이 "서투르"고 연기를 연기로 구분하지 못해 "일하는 중"에는 불면증이 있을 정도로 "긴장한다"고 말했다.4) "이 것만이 여성은 아니야"라고 생각하면서도 "어떻게 관객을 납득시킬까"를 고민하며 자신의 정신과 육체를 이용해 캐릭터를 만들어낸 와카오 아야코는 사실 캐릭터 '읽기'라는 차원에서 스스로 배역에 몰입하는 과정에서 도 하나의 '절충'을 수행했다고 말할 수 있다.

《아내는 고백한다》를 찍을 당시, 와카오 아야코는 서른을 바라보고 있었고 출연작은 100편이 넘었다. 마스무라와 처음 작업한 1957년에 그녀는 "많은 감독과 일을 한 것은 아니"5)라고 겸손하게 말했지만, 배우 5년 차에 접어든 20대 중반에 이미 60편 넘는 작품에 출연한 상태였다.

그렇다면 마스무라 이전의 와카오 아야코는 어떤 여배우였을까. 그리고 그녀를 수용한 관객은 어떤 이들이었을까.

다이에이의 여성중심주의

와카오 아야코에게 1961년은 확실히 전환기였다. 이해에 가와시마 유조의 《여자는 두 번 태어난다》, 마스무라의 《호색일대남》과 《아내는 고백한다》에 출연했고, 《여자는 두 번 태어난다》와 《아내는 고백한다》로 NHK영화상, 키네마 준보상, 일본영화기자회상의 여우주연상을 독차지

---

4) 야마모토 교코와의 대담, 「질문드립니다」, 『키네마 준보』, 1961년 2월 하순호, 73~77쪽.
5) 와카오 아야코 인터뷰, 『마스무라 야스조 회고전』, 16쪽.

했다.6) 두 해 전인 1959년에는 이치카와 곤 감독의 《너와 나의 암호: 잘
가, 어서 와》로 NHK영화상의 여우조연상을 수상하기도 했다. 이 시기를
기점으로 확고부동한 아이돌 스타였던 와카오 아야코가 '서민적이고 귀
여운 소녀'의 이미지에서 완전히 탈피해 서서히 '성인 여성'을 연기, 독특
한 관능미를 표현하는 연기파 배우로 인정받게 되었음은 많은 이들이 동
의하는 사실이다.

인기가 절정에 달한 것은 1956년과 1957년경이다. 잡지 『영화 팬』의
인기 여배우 랭킹 1위에 2년 연속 올랐으며 1958년에는 미소라 히바리
(美空ひばり, 1937~1989)에 이어 2위, 1959년에는 미소라, 야마모토 후
지코에 이어 3위에 선정되었다.7) 또한 미나미 히로시(南博, 1914~2001)
가 주축인 사회심리연구소 조사에 따르면 1955년에 와카오 아야코가 받
은 팬레터는 대략 3천 통, 1956년에 받은 연하장은 4만 2천 통에 달했
다.8) 일본 영화의 흥행 성적이 가장 좋았던 시기와 맞물려 와카오 아야코
는 이론의 여지 없이 "다이에이가 만들어낸 현대의 인기 스타"9)였다. 그
녀는 밝은 여대생, 말괄량이, 가련한 댄서 등 다양한 역할을 소화했으나
어떤 역이든 회사가 내세운 "순진하고 가련하고 아름답지만 친근함과 평

---

6) 와카오는 75번째 작품으로 처음 수상했다. 이와 관련해 평론가 난부 게이노스케(南部
圭之介, 1904~1987)는 "시상식에서 울고 있었다. 그때까지 저널에서 교양 없는 여배우 등
과 같이 호의적이지 않은 분위기에서 평가받았을 테니까"라고 코멘트했다(이자와 료, 후타
바 주자부로, 난부 게이노스케 대담, 「흥행 가치 100% 스타론 '일본편'」, 『키네마 준보』,
1965년 6월 상순호, 35쪽).

7) 『'영화 팬' 스타의 시대』, 와타나베 야스코, 지쿠마 쇼보, 1998.

8) 사회심리연구소, 「팬레터 분석: 와카오 아야코의 경우」, 『키네마 준보』, 1956년 3월
하순호, 105쪽.

9) 위의 책, 같은 곳.

범함을 지닌 처녀"10)라는 설정이 기본으로 깔려 있었다. 하지만 다이에이의 잘나가는 인기 스타라는 점 때문인지 와카오 아야코는 여우주연상을 받기까지 100편의 영화에 출연하고 데뷔 후 10년의 세월을 기다려야만 했다. 배우로서의 평가가 지나치게 늦었던 것이다.

마스무라가 1963년에 쓴 「스타인 것과 아닌 것」에서 지적하고 있듯 와카오 아야코뿐만 아니라, 교 마치코나 야마모토 후지코만 해도 데뷔 초기 "남자 스타의 상대역으로 등장해 연기도 서툴고 작품도 나빴다", 다만 "젊고 아름답고, 솔직"하여 그녀들의 "연기력이 좋아진 것은 오히려 스타가 되고 난 후"11)였다.

하지만 와카오는 '본격적인 여배우'로서 위치를 확립하기까지 비교적 시간이 더 걸렸다. 예를 들어 1950년 미스 일본에 선발되어 특권화된 일본적인 아름다움을 뽐내며 1953년 화려하게 다이에이에 입사한 야마모토 후지코가 첫 작품부터 하세가와 가즈오와 함께 연기하고, 1954년 12번째 작품 《금색야차》(金色夜叉, 시마 고지)로 동남아시아영화제 골든하베스트 여우주연상, 1956년 《밤의 강》(夜の河, 요시무라 고자부로)으로 NHK 최우수 여우주연상, 1958년 《피안화》(彼岸花, 오즈 야스지로), 《백로》(白鷺, 기누가사 데이노스케)로 블루리본 여우주연상을 수상하여 '배우'로서 빛나는 경력을 쌓아간 것과 비교하면 그렇다. 혹은 1951년 쇼치쿠에서 데뷔해 《너의 이름은》(君の名は, 1953)으로 일약 스타덤에 오른 기시 게이코(岸恵子, 1932~)가 1954년에 구가 요시코, 아리마 이

---

10) 위의 책, 106쪽.

11) 마스무라 야스조, 「스타인 것과 아닌 것」, 『영화감독』, 138쪽(최초 게재는 『키네마준보』,1963년 6월 상순호).

네코와 함께 제작사 '닌진 클럽'을 설립하고 1955년에 《망명기》(亡命記, 노무라 요시타로野村芳太郎, 1919~2005)로 동남아시아영화제 여우주연상을 수상한 것을 생각하면 이는 부정할 수 없는 사실이다. 미조구치 겐지의 《적선지대》(1956)를 기점으로 서서히 배우로서 평가받기 시작했다고 알려졌지만 와카오 아야코가 명실공히 여배우로서 비평가들에게 '인정받게' 된 것은 1961년 이후다.

《아내는 고백한다》 이후, 와카오 아야코는 정력적으로 작품 활동에 임했고, 상업 영화뿐 아니라 "고급"스럽고 "우아한 여성의 심리를 그린 문예 작품"[12]도 늘어났다. 1962년 《기러기 절》(가와시마 유조), 《훔친 욕정》, 《미친 노인의 일기》(기무라 게이고), 《진시황제》(다나카 시게오), 《얌전한 짐승》(가와시마 유조), 1963년 《어느 배우의 복수》(이치카와 곤), 《에치젠 대나무 인형》 등에 출연했으며, 1964년 《남편이 보았다》와 《만지》(모두 마스무라)에서는 대역이지만 노출 장면이 있는 역할에도 도전했다. 1965년에는 《세이사쿠의 아내》와 도요타 시로(豊田四郎, 1906~1977)의 《파영》, 도미모토 소키치의 《아내의 날 사랑의 유품에》로 다시한 번 NHK영화상, 키네마 준보상, 블루리본상, 일본영화기자회상의 여우주연상을 휩쓸었다. 이 시기 어느 평론가는 "일본 영화의 대표 여배우"로서 "흥행 타율"뿐 아니라 "내용의 타율" 또한 "뛰어나다"며 와카오를 치켜세웠다.[13]

흥미롭게도 마스무라는 앞서 인용한 스타에 관한 글에서 다이에이의 3대 스타 교, 야마모토, 와카오의 인기 덕분에 다이에이가 "철저한 남자

---

12) 위의 책, 137쪽.

13) 대담, 「흥행 가치 100% 스타론 '일본편'」, 35쪽.

배우 중심주의를 견지하지 못"했지만, "3대 스타의 성숙이 너무나도 분명해진 요즘, 다이에이는 여성중심주의에서 남성중심주의로, 성숙한 스타에서 젊은 신인으로 노선을 바꿔 '악명' 시리즈, '샐러리맨' 시리즈, '온천' 시리즈로 흥행에 성공하기 시작했다"[14]고 분석했다.

더욱이 스타를 지탱하는 관객의 심리는 동성 스타에 대한 '변신 욕망'과 이성 스타에 대한 '대리 만족'의 잠재적인 열망이며 두 경우 모두 젊은 세대 특유의 정서이기에 "리얼리스트적 경향이 있는 중년 남녀는 그런 어린애 같은 장난질에 빠지지 않는다"[15]고 지적한다. "스타는 어디까지나 젊고, 그 젊음 속에서만 태어난다", "저속함이 스타의 특징이다"라고까지 말한 마스무라가 '예술 작품'을 만들기 위해 필요로 한 것은 스타가 아니라 '뛰어난 연기자'였다.

마스무라의 스타론은 1963년에 집필되었다. 1950년대부터 1960년대로 넘어가는 시기에 다이에이는 세 명의 스타 여배우를 중심으로 성장했으나, 그녀들이 성숙해지고 스타의 조건인 젊음을 잃어가자 작품의 기획은 고급화되어 '복잡한 여성의 심리를 그린 문예 작품'이 늘어났다. 동시에 남성 스타를 중심으로 액션물을 주로 제작했던 닛카쓰나 역시 남성 장

---

14) 마스무라 야스조, 「스타인 것과 아닌 것」, 137쪽.

15) 위의 책, 138쪽. 이하 인용은 모두 138~139쪽. 마스무라의 스타론에서 눈에 띄는 것은 일본의 스타 개념이 할리우드와 다르다는 점이다. 스타와 배우의 차이에 대해 크리스틴 글레드힐은 "스크린 밖의 실생활과 성격이 연기력과 같은 정도 혹은 그 이상으로 중요성을 갖기 시작할 때 배우는 스타가 된다"(Christine Gledhill, *Stardom: Industry of Desire*, New York: Routledge, 1991, xiv)고 정의했다. 배우의 능력 이상으로 실제 성격이나 라이프 스타일이 배우를 '스타'로 만든다는 지극히 할리우드적인 '셀러브리티 성향'은 일본의 스타 개념에서 그다지 강하지 않다. 일본에서 스타는 젊은 관객에게 인기 있는 '아이돌'이나 '탤런트'와 마찬가지로 멸시적인 의미로 사용되는 경향이 있다. 때문에 '스타'라는 단어에는 '젊음'의 의미도 포함되어 있다.

르인 찬바라(ちゃんばら)16) 영화에 주력했던 도에이를 의식해 젊은 층을 타깃으로 '여성중심주의에서 남성중심주의'로 노선을 변경해야 했다.

마스무라는 '감정을 이입하며 즐기는 오락 영화'와 '감상-깨달음을 목적으로 하는 예술 영화'의 이항대립에 '스타'와 '연기자'를 대비시켰는데 와카오 아야코가 뛰어난 연기자로 성장해가는 과정은 바로 이 시기와 겹친다. 마스무라가 지적하듯이 다이에이가 "남성중심주의"로 노선을 변경해야만 하는 상황 속에서 여성 스타가 나이 들고 그로 인해 작품 경향이 "고급화", "문예작품주의"로 이행하면서 **관객**의 고급화도 함께 생각했는지 모른다. 그리고 스타도 자신의 작품이 어떻게 평가받는지 적지 않은 관심을 가졌을 것이다.17) 실제로 와카오 아야코는 《아내는 고백한다》 출연 직후 이루어진 대담에서 "일본 영화는 아직도 문화인들에게 인정받지 못했"지만 "한 가지 바람이 있다면 그런 사람들에게도 인정받고 평가받는 여배우가 되고 싶다, 대중이 가장 강하다고 생각하지만…"18)이라고 발언했다.

즉, 1961년 당시 와카오는 자신의 관객층을 스타의 인기를 견인하는 '젊은 (여성) 팬'에서 예술 영화를 소비하는 '남성 비평가, 문화인'으로 옮

---

16) 역주: 일종의 검극(劍戟) 영화로 1920년대부터 1950년대까지 유행, 양산되었다. 칼로 베거나 부딪치는 소리를 나타내는 의성어 혹은 칼을 부딪치며 싸우는 모습에서 유래했다는 의견이 지배적이다.

17) 영화평론가 오구로 도요시와의 대담에서 와카오는 데뷔 직후 겪었던 일에 대해 이야기했다. 영화관에서 《죽음의 거리를 벗어나》를 본 뒤 옆자리의 관객에게 "세쓰코를 연기한 배우를 어떻게 생각하는가"라고 물었더니 그 관객은 아무것도 기억나지 않는다고 했다. "팬의 생각을 알고 싶다"는 그녀의 열의가 단적으로 드러나는 일화다. 「영화 팬」, 1953년 5월, 119~121쪽.

18) 야마모토 교코와의 대담, 「질문드립니다」, 77쪽.

겨야 한다고 생각했던 것 같다. 따라서 스타에서 배우로의 변신은 '상정된 관객'의 시선이 젊은 여성이나 남성 팬의 감정 이입에 기반한 '동일화'의 시선("변신 욕망" 및 "대리 만족")에서 남성 문화인의 예술적 평가에 기반한 '대상화'의 시선("감상")으로 이행해간 것으로 이해할 수 있다. 하나의 가설이지만 와카오 아야코는 "뛰어난 연기자"로서 지극히 자각적으로 스스로를 남성(특히 비평가)적 시선의 대상으로 구축해간 것은 아닐까? 다만 다이에이의 간판스타로서 책임감 또한 잊지 않았다. "대중은 강하다"라고 첨언한 것을 보면 당시 그녀는 이행기에 있었고 여배우로서의 방향성을 모색했음을 엿볼 수 있다.

'여성 세계'에 대한 친화성

1950년대 말에서 1960년대 초까지 와카오 아야코는 '아이돌 스타'에서 '배우'로 변모했다. 이는 여성 팬들이 갖는 동일화 욕망의 대상인 '스타 와카오 아야코'에서 남성 비평가의 시각적 쾌락, 즉 미학적 욕망의 대상으로서의 '여배우 와카오 아야코'로 변화해가는 모습과 겹쳐진다. 이과정 자체로부터 와카오 아야코의 양가적 이미지가 갖는 상대적인 힘을 읽어낼 수 있지 않을까.

실제로 와카오 아야코의 초기작과 1960년대 이후의 몇몇 대표작을 비교하면 '스타에서 여배우로'의 변화가 단지 '청순파'에서 '어른의 여배우'로의 변신뿐만 아니라 여성 주체의 '동일화' 세계에서 남성 주체의 '대상화' 세계로의 이행이기도 하다는 것을 충분히 알 수 있다. 예를 들어, 아직 보지 못했으나 세 번째 출연작이자 미마스 아이코가 주연한 모성 영화 시리즈의 한 편인 《모자학》(母子鶴, 고이시 에이이치, 1952)에서 와카오는 아버지의 재혼으로 유복한 집에서 살게 되지만 유랑 극단의 예술가인 엄마를 그리워하는 장녀 에이코를 연기한다. 딸의 행복을 위해 희생하는 엄마와 딸의 애틋함을 그린 전형적인 '모성 멜로드라마'로 전통적인 여성 영화에 속하는 작품임을 추측할 수 있다.

또한 그녀를 인기 스타로 만들어 준《십대의 성전》(시마 고지, 1953)에서는 상급생인 가오루를 "언니"[19]라고 부르며 연모하는 히데코로 등장, 활발하고 밝은 여고생을 연기한다. 그녀는 항상 가오루와 손을 잡고 걷고 가오루에게 남자 친구가 있음을 알고 질투한다. 가오루는 과거 강간당한 경험 때문에 괴로워하면서도 이성애의 세계에 한 발 더 들어가는데 이와 대조적으로 히데코는 어디까지나 순진하고 맑게 동성의 세계에 머문다. 좋아하는 동성 친구에게 애인이 생긴 것을 질투하는, 즉 남녀 관계에 눈 뜨기 전 동성과의 관계 속에서 사춘기 여성이 느끼는 감정을 와카오는 능숙하게 소화해냈다. 선정적인 타이틀과는 달리《십대의 성전》이 그리는 여학생의 심리는 소녀 만화에 가깝다. 특히 아직 앳된 티가 남아 있는 와카오 아야코의 모습은 어리광을 부리는 듯한 독특한 저음의 목소리와 묘하게 어우러져 동경하는 선배에 대한 우정인지 애정인지 모를 감정을 효과적으로 만들어낸다.

같은 해에 발표된 미조구치 겐지의《게이샤》에서는 마이코 역으로 출연해 많은 여성 팬을 매료했다. 와카오는 고구레 미치요(木暮実千代, 1918~1990)가 연기한 미요하루에게 마이코 수업을 받는 에이코를 연기했는데, 술자리에서 강제로 키스를 당하자 손님의 입술을 물어뜯거나 '후원자'와 맺어지는 것을 거부하는 등 '남자에게 봉사하는 여자'라는 인식이

---

19) 역주: 일본에서는 혈연관계에서만 언니, 오빠, 동생 등의 호칭을 사용한다.

당연한 화류계에서 아프레게르(après-guerre, 戰後)적인 여자의 반항적이고 강한 의지를 보여주었다.20) 이 작품에서 미조구치는 고구레 미치요의 신체에 자신의 장기인 여성상을 투영했고, 감독에게 "아이"21)라고 불린 와카오 아야코는 남성 욕망의 대상으로 그려지지 않는다. 그녀는 반항심이 강하고 욕망의 대상화를 알지 못하는, 혹은 '거부하는' 캐릭터다. 《십대의 성전》과 마찬가지로 에이코는 미요하루를 "언니"라고 부르며 동경한다. 또한 미요하루는 에이코를 어떻게 해서든 화류계의 관습으로부터 지켜주고 에이코가 '남자의 소유물'이 되지 않게 하려고 애쓴다. 감독은 동성인 '여자의 세계'와 이성인 '남자의 세계'라는 이항대립의 틈에서 미묘하게 동요하는 두 여성의 심리를 섬세하게 표현하고 있으며 이 점이 많은 젊은 여성들의 마음을 움직였음을 쉬이 짐작할 수 있다. 나중에 설명하겠지만 《게이샤》는 여성들에게 특히 사랑받았다.

사실상 출세작이라고 할 수 있는 《게이샤》에서 당시 스무 살이 채 안 된 와카오 아야코는 풋풋하고 활기차며 기가 세면서도 상냥하고 그럼에도 현실적이며 약삭빠른 에이코를 천연덕스럽게 연기한다. 미조구치는 클로즈업으로 그녀의 귀여운 얼굴을 강조하지 않는다. 대신 롱쇼트의 화면 안에서 그녀의 신체성은 유감없이 발휘되고 통통 튀는 목소리와 어우러져

---

20) 다이에이의 홍보 전단도 와카오의 반항심을 강조하고 있다. "마이코라는 이름의 값비싼 장난감, 하지만 그녀의 젊은 육체에는 반역적인 10대의 피가 들끓는다", "젊은 세대를 대표하는 와카오 아야코가 전후파 소녀 마이코가 되어 몸을 팔지 않고서는 살아갈 수 없는 화류계를 향해 폭발시키는 10대의 반역─와카오 아야코의 시선에 초점을 맞춰 반항의 격렬함을 매력적으로 보여줍니다." 이 문구에서 《10대의 성전》 이후 와카오 아야코에 대한 회사의 기획 방향이 어땠는지를 엿볼 수 있다.

21) 가와모토 사부로와의 대담, 가와모토 사부로, 『너 아름답게: 전후 일본 영화배우 예찬』, 문예춘추사, 1996년, 363쪽.

가련함과 있는 힘껏 저항하는 모습이 기분 좋고 사랑스럽게 표현된다.

당시 매체에 공개된 자료와 「와아코 아야코 출연작 일람」[22] 등을 참고하여 《적선지대》 이전 출연작을 살펴보면 '스타' 와카오 아야코에게서는 몇몇 예외가 있더라도 그 시절 유행했던 청춘물로 대표되는 정의감이나 반항심이 강한 '요즘 여자아이'의 이미지와 함께 여성 공동체(넓은 의미에서 '가족'을 포함)에서 어여삐 여겨지고 보호받는 이미지가 강하게 느껴진다. 연애를 소재로 한 작품도 있지만 이성에 대한 동경이나 아련한 사랑을 그린 작품이 더 많은 듯하다. 또한 초기작에서는 "귀여움"과 "강한 의지", 그리고 "밝고 분명하게 현대적인 성격"과 "내성적이면서 순종적인 기존의 여성스러움"[23]이라는 젠더 규범이 변화하던 시대 및 문화에서 충돌하는 여성성의 모순을 온몸으로 재현하는 역할을 연기했다. 이러한 작품에서 와카오는 남성의 시선보다는 현저하게 여성이 동일화하는 대상이었다.

예를 들어 1954년 작 《달에서 온 사자》(다나카 시게오)에서 와카오는 주인공 역의 야마모토 후지코를 연모하는 젊은 간호사 연수생으로 등장하고 역시 주인공을 "언니"라고 부르며 동경한다.[24] 와카오보다 2년 늦게 다이에이에 입사했으나 나이는 두 살 많은 야마모토 후지코는 사랑하는 사람을 위해 희생하는 고전적인 여성으로 등장하는 반면 와카오는 주인공의 비애를 응원하는 현대적인 여성 요코를 연기한다. 《게이샤》의 에이코와 마찬가지로 히로인을 짝사랑하는 비열한 젊은 의사를 신랄하게

---

22) 사회심리연구소, 『팬레터 분석』, 106쪽.

23) 위의 책, 112쪽.

24) 1954년 개봉한 문예 대작 《어떤 여자》(도요타 시로)에서도 언니(교 마치코)를 동경하는 심성 고운 동생을 연기한다.

비난하는 다부진 면모도 보여준다. 정의감에 불탄 요코가 다카마쓰 에이지로가 연기하는 의사에게 산뜻하게 뺨을 날리는 장면 등을 보면 속이 시원해 박수를 치게 될 정도다.

기모노를 입은 야마모토가 보란 듯이 조신하게 고전적인 여주인공으로 분한 것에 반해, 와카오 아야코는 야마모토를 동정하며 눈물을 보이면서도 동료 간호사들과 여고생처럼 재잘거린다. 마지막 장면에서는 포니테일 스타일로 머리를 묶고, 허리를 잘록하게 드러낸 A라인 원피스를 입은 채 시원스럽게 큐피드 역을 수행한다. 여기서도 와카오 아야코는 경계선에 서 있다. 말하자면 그녀는 야마모토가 상징하는 전쟁 이전의 고전적인 히로인과 강한 연결점을 가지면서도 스스로는 전후 세대의 여성상을 받아들이고, 또 한편으로는 히로인이 남성과의 사랑을 성취할 수 있도록 도와주면서 자신은 아직 이성애의 세계에 발을 들이지 않은 채 '여성 공동체'에 머무른다.

아이돌 스타에서 여배우로

'여자의 세계'에 대한 와카오 아야코의 친근함은 관객층에서도 드러난다. 아이돌 스타로 인기를 누리던 시절 와카오를 지지한 팬층은 압도적으로 10대에서 20대, 그중에서도 여성이 많았던 것으로 보인다.[25] 1956년

---

25) 1947년에 실시한 통계 보고에 따르면, 20대부터 40대는 남성이 압도적으로 많았으나 10대의 경우 여성의 비율이 남성의 2배 이상이었다. 1955년 발표된 다른 조사에서는 남성이 이야기와 연출에 중점을 두고 영화를 본다면 여성은 거의 비슷하게 이야기와 배우를 중요시했다(호리 히카리, 「영화를 보는 것과 말하는 것—미조구치 겐지의 《밤의 여자들》(1948)에 대한 비평, 젠더, 관객」, 『영상학』 68호, 2002년 5월, 64~65쪽).

에 사회심리연구소가 실시한 와카오 아야코 팬레터 조사에 따르면 "팬들이 '가장 와카오 아야코다워서' 좋아하는" 작품은 《게이샤》, 《마이코 이야기》, 《행복을 배달하는 아가씨》(기무라 게이고, 1955) 등이지만 "어느 경우든 10대 여성층이 남성보다 많았다"[26]고 한다. 또한 일반적으로 여성들이 팬레터를 많이 쓰기는 하지만 와카오의 경우 "그 경향이 특히 현저"[27]했고, 압도적으로 여성 팬의 편지가 많았다는 조사 보고를 지적했다. 대부분의 내용은 '팬레터'라는 손 편지의 특징이 공통적으로 드러나며 이는 '동경', '숭배', '헌신', '친근감', '동일화'의 패턴으로 나타났다.[28] 나중에 기술하겠지만 이 조사 결과는 재키 스테이시가 언급했던 것처럼 여성 스타에 대한 여성 관객의 다양한 '동일화' 양상과 거의 비슷하다는 점에서 중요하다.[29]

흥미로운 것은 몇몇 작품에서 와카오가 마치 여성과 긴밀하게 연대하듯이 연상의 여성을 사모하며 "언니"라고 부르는 것과 마찬가지로 보고서에 인용된 수많은 편지에서 팬들이 그녀를 "아야코 언니"라고 부른다는 점이다.[30] 여기에서 우선 배역과 이를 연기하는 스타를 동일시하고, 나아가 관객이 스타와 배역에 동일시를 하는 이중의 동일화가 이루어짐을 엿

---

26) 사회심리학연구소, 『팬레터 분석』, 105~106쪽.

27) 위의 책, 108쪽.

28) 위의 책, 112쪽.

29) Jackie Stacey, *Star Gazing: Hollywood Cinema and Female Spectatorship* (New York: Routledge, 1994), pp.126~175.

30) 이 현상은 와카오 아야코의 팬에게만 해당하는 것이 아니라 10대 여성 팬에 대한 논의에서도 특징적으로 드러난다. 앞서 인용한 호리 히카리의 논문도 잡지의 독자 편지 투고란 여성 담당자에게 많은 여성 투고자들이 "지야코 언니"로 시작하는 편지를 썼다고 서술하고 있다(호리 히카리, 「영화를 보는 것과 말하는 것」, 57~60쪽).

볼 수 있다. 이처럼 와카오 아야코가 많은 여성 팬을 결집한 것은 "누구에게나 애정을 느끼게 하는 외모의 소유자"[31]였기 때문만은 아니었다. 어린 나이에 엄마와 오빠를 잃은 그녀의 인생, 즉 스테이시가 지적한 이른바 '텍스트의 외부' 문맥에 그녀가 연기한 많은 '불행하지만 다부지고 밝은 소녀'의 이미지와 관객의 '가족 로맨스' 판타지가 맞물려서 독특한 여성 팬의 관계를 만들어냈다는 가설 또한 가능해진다.

따라서 이 시기 와카오 아야코는 남성 관객에게 '대리 만족'을 느끼게 해주는 대상이었을 뿐만 아니라 '변신 욕망', 다시 말해 여성이 동일화하는 대상으로서 존재했다. 아이돌 스타 시대의 와카오 아야코는 분명히 여성 팬과 농밀한 친화성을 공유하고 있었다. 다나카 기누요(田中絹代, 1909~1977)나 요시나가 사유리를 생각해봐도 알 수 있듯 스타의 지위를 몇 년이나 유지하는 것은 여성 팬의 지지가 없으면 불가능하다. 이미지는 변했지만 오랜 기간 '남성의 아이돌'이라 불렸던 와카오 아야코도 실은 다나카 기누요 같은 배우와 마찬가지로 여성 팬에게 인기를 누렸던 여배우였던 것이다.[32]

이후 와카오는 1955년 작 《일곱 명의 오빠 동생》(사에키 고조), 기무라 게이고 감독의 1956년 작 《신부의 한숨》과 《새색시의 잠꼬대》에서 이제 막 결혼한 새댁 역을 연기한다. 미조구치 감독의 《적선지대》에서는 처음으로 '창부' 역, 그것도 '악녀 타입'에 도전해 새로운 경지를 구축한다.

---

31) 사회심리학연구소, 『팬레터 분석』에 소개된 팬레터 「도쿄, 나카노, 여성」에서 인용, 108쪽. 한 여성이 쓴 이 편지에는 본인뿐만 아니라 "엄마와 언니도 엄청난 팬"이라 밝히고 있으며, 따옴표 안의 문장은 "엄마들"이 말한 것이라고 저자가 인용한 것이다.

32) 와카오는 1960년대 말부터 텔레비전 드라마에 출연하기 시작했는데, 흥미롭게도 1950년대 여성 팬들을 사로잡았던 서민적이고 친근한 성격의 캐릭터로 회귀했다.

한편 3개월 후 공개된 이시하라 신타로의 원작을 영화화한 《처형의 방》을 통해 처음으로 이치카와 곤 감독(이 작품의 조감독이 마스무라 야스조다)과 작업하며 강간당하는 여학생 역에 도전했다. 더욱 놀랍게도 같은 시기 《폭포의 흰 줄기》(시마 고지)에서 시라이토 역을 맡고, 이치카와 곤의 또 다른 작품이자 이즈미 교카의 소설을 영화화한 신파 멜로드라마 《니혼바시》에도 출연했다.33) 이러한 멜로드라마 노선은 1957년 《주작문》(모리 가즈오)으로 이어지는 한편, 《처형의 방》과 같은 현대적인 청춘물은 미시마 유키오의 작품을 영화화한 《너무 긴 봄》으로 계승된다. '처음'이라는 형용사를 수차례 사용했음에서 알 수 있듯이 이 시기는 와카오 아야코의 전환기였다.

《주작문》에서 와카오 아야코는 황녀 가즈노미야 역을 맡았다. 이전 영화에서처럼 솔직한 성격의 공주 역할로, 야마모토 후지코가 연기하는 어린 시절 친구이자 시녀인 유히데와 끈끈한 관계를 맺고 있다. 이 작품에서도 이성애 세계에 진입하기 전인 '여자들만의 관계'가 강조된다. 《주작문》은 표면적으로 이치카와 라이조가 연기하는 아리스가 지카히토와 가즈노미야의 슬픈 사랑을 그린 것처럼 보이지만, 이야기의 핵심은 긴밀한 유대감을 공유하는 두 여성이 동시에 한 남자를 사랑한다는 점이다. 두 사람은 강한 동일화로 맺어져 있다. 흥미로운 점 중 하나는 가즈노미야가 임신할 수 없을 때 유히데가 '이에뇨보'(家女房)34)가 되어 후대를 이어야

---

33) 《니혼바시》에서 이즈미 교카적인 히로인을 연기한 이와시마 지카게와 야마모토 후지코가 각각 게이샤 오코와 기요하로 등장해 경쟁 구도를 펼치고, 와카오는 주연은 아니지만 두 사람을 연결해주는 마이코 오치세로 출연한다. 영화의 후반 오치세는 오코의 옛 단골 손님이 휘두른 칼에 찔려 숨이 넘어갈 듯한 순간에 "언니"라는 말을 내뱉는다.

하는 설정이다. 신분이 다른 가즈노미야와 유히데의 동일화와 연대를 강화하기 위해 내러티브상의 설정으로 이용되는 이에뇨보 제도는 본래 가부장제를 지키기 위한 수단이지만, 이 작품에서는 여성의 비극을 드러내고 동시에 두 여성이 한 남자를 공유함으로써 간접적으로 서로에 대한 애정을 공고히 하도록 기능한다.

가즈노미야와 유히데는 신분이 서로 다르고 한 남자를 사랑하지만 적대적이지 않다.《주작문》은 할리우드의 많은 여성 영화에서 볼 수 있는 전개, 즉 한 남자를 둘러싼 '여성들의 증오와 질투'를 그리는 것이 아니라 '여성들만'의 호모소셜한(homosocial) 관계에 초점을 맞추고 있다.

두 스타 와카오 아야코와 야마모토 후지코의 공동 출연은 일종의 경쟁으로 보이지만, 영화에서는 이성애가 개입해도 '여성 공동체적 세계'가 무너지지 않고 유지된다. 특히 와카오 아야코가 연기하는 가즈노미야는 아리스가와 유히데를 맺어지게 하는 공통적인 애정의 대상으로 존재한다. 이렇게 해서 유히데는 아리스가와와 가즈노미야를, 가즈노미야는 아리스가와와 유히데를 사랑할 수 있게 된다. 다시 말해 두 여성에게서 보이는 사랑의 형태는 바이섹슈얼적인(bisexual) 반면, 이와 대조적으로 아리스가와는 가즈노미야만을 사랑하고 오로지 이성애의 세계에 머물러 있다.

《주작문》은 잠재적으로 여성 간의 복잡한 관계를 그리면서도 아리스가와를 여성 욕망의 대상으로 포착하고 '여성 간의 유대'를 제시한다는 점에서 지극히 정통적인 '여성용 멜로드라마'다. 이 영화가 만들어진 1957

---

34) 역주: 헤이안 시대에서 에도 시대까지 조정이나 귀족 집안의 대소사에 관여했던 여성 하인 혹은 첩의 자리에 있던 자. 오로지 고용인의 신변에 관련한 잡무를 담당했으며, 그 역할은 유모, 가정 교사, 비서 등 다양했다. 고용인이 남자일 경우 대체로 공공연하게 첩이 되었고 후대를 잇기 위해 본처 대신 아들을 낳는 경우도 있었다.

년의 시점에서 열렬하게 애정을 표현하고 여성성을 전면에 내세우는 것은 야마모토 후지코이고, 이치카와 라이조와 맺어지지 않는 와카오 아야코는 성적인 존재로 그려지지 않는다. 가즈노미야는 원치 않는 결혼을 하지만 정신적으로는 아리스가와를 계속해서 사랑함으로써 이성애의 세계에 들어가지 않은 채 동성의 세계에 머물러 있다.

드디어, 《주작문》과 같은 해에 발표된 《명랑 소녀》부터 와카오와 마스무라 감독의 공동작업이 시작된다. 《명랑 소녀》는 1960년 이후 제작된 두 사람의 협업 작품들과 완전히 다른 경향을 보이는 마스무라의 초기작 중 하나로 일종의 신데렐라 스토리에 속하는 영화다. 시종일관 밝게 웃고 있는 와카오는 이 영화에서 명백하게 '아이돌 스타'의 이미지를 답습한다. 또한 여성 공동체에 대한 친화성은 "엄마!"라고 외치는 첫 장면부터 이미 드러난다.

와카오가 연기하는 주인공 유코에게는 친모와 계모가 있으며 이는 '모성 영화 장르'를 일정 부분 계승한다고도 볼 수 있다. 하지만 마스무라는 이 신파적 멜로드라마의 설정을 완전히 역전시킨 다음 신데렐라 스토리의 핵심을 뒤틀어버린다. 즉 원작 동화에서 신데렐라는 왕자에게 구원받고 아버지의 권력을 긍정한다. 하지만 《명랑 소녀》에서 유코는 자신을 희생자로 보는 시선을 철저히 거부한다. 또한 자신에게 무한한 사랑을 주는 아빠가 친모와 계모에게 불성실했다며 비난한다. 가부장제에서 용인되었던 '아버지의 논리'를 거부하고 '엄마 쪽의 논리'에 서기를 선택하는 것이다. 말하자면 와카오 아야코는 여기서도 '남자의 세계'가 아닌 '여성 공동체'에 속해 있다. 마스무라는 이미 《명랑 소녀》부터 나중에 연출한 《아내는 고백한다》, 《남편이 보았다》, 《세이사쿠의 아내》에서 펼쳐지는 '남자 = 사회의 규범'과 '여자 = 사랑의 논리'라는 이항대립을 설정하여 전자를 거부하고 후자를 선택하는 역할을 와카오 아야코에게 부여했다.

어느 경우든 이야기의 설득력은 와카오 아야코의 캐릭터가 얼마만큼 여성으로서 설득력이 있는가에 달려 있었다. 이는 여성 관객의 동일화, 더 정확하게 말하자면 와카오 아야코 자신이 얼마만큼 역할에 동일화할 수 있는가와 당연히 관련된다. 즉 와카오 아야코가 서서히 개성 넘치는 마스무라적 히로인을 연기하게 되고, 설령 남성 사회에 홀로 대항하는 역할이나 남자를 위해 존재하는 듯한 과장된 여성성을 체현하는 듯이 보일지라도 남자뿐만 아니라 동성에게도 매력적일 수 있었던 가장 큰 이유는 그녀에게 '여성에 대한 강한 친화성'이 있었기 때문이다.

여성 관객의 '에로스화된 동일화'

여기서 논의를 구체적으로 정리해보자. 재키 스테이시에 의하면 여성 스타와 여성 관객의 관계는 멀비가 전제로 삼았던 남성성과 여성성이라는 이항대립의 개념으로 이해할 수 없으며, 기존의 정신분석 이론에 기반한 동일화 개념으로는 역사적, 문화적으로 본 여성 관객의 동일화 과정을 해명할 수 없다. 그렇기 때문에 크리스티앙 메츠로 대표되는 라캉의 거울상 단계를 기반으로 정신분석 이론의 문맥에서만 이론화된 영화의 '동일화'[35] 개념을 새로운 각도에서 검토할 필요가 있다.

스테이시의 논의를 간단히 정리하면 다음과 같다. 영화에 대한 여성 관객의 동일화는 정신분석적 차원에서만이 아니라 소비, 오락과 같은 문화적, 사회적 차원에서 바라봐야 한다. 여성 관객이 여성 스타에게 표출

---

35) 크리스티앙 메츠, 『영화와 정신분석 상상적 시니피앙』, 하쿠스이사, 1981.

하는 팬심은 말하자면 동성애적 욕망에 기반한 "여성적(여성적인 것에 대한) 애착"36)으로 이해해야 하며 여성의 호모섹슈얼리티＝레즈비어니즘과 완전히 다른 것은 아니지만 이와는 구별해야 할 호모 에로틱한 욕망이다. 관객의 성적 지향과는 별개로 "모든 여성 관객이 느낄 법한 매혹의 형태를 띤 호모 에로티시즘의 가능성"37)으로 이론을 구축해야 한다. 동성애에 국한되지 않는 에로티시즘을 상정하는 것은 레즈비어니즘의 "가능성을 배제하고 욕망을 탈에로스화하는 것이 아니라 오히려 동일화의 에로스화(eroticising identification)"38)로 바라보는 여지를 찾는 작업이 되어야 하지 않을까. 또한 스테이시는 여성의 자기애도 "여성의 타자"라는 시점에서 재검토하지 않으면 여성의 호모 에로틱한 욕망을 이해할 수 없지 않은가라는 도발적인 질문을 제기한다. 그녀가 말하는 자기애는 "일관되게 시선의 주체와 객체로 여성을 정의하는 문화 속에서 특별한 의미"를 지닐 뿐 아니라 "여성성의 이미지에 대해 여성이 느끼는 매혹"39)과 깊이 관련되어 있다. 영화라는 장치와 제도에서 관객의 욕망 혹

---

36) Stacey, *Star Gazing*, p.28.

37) Ibid., p.29.

38) Ibid.

39) Ibid., pp.28~30. 1970년대 이후 이데올로기 비판 가운데 스타에 대한 "변신 욕망" 및 내러티브에 대한 과도한 "감정 이입"은 영화를 진지하게 감상하는 "비평적인" 태도에 반하는 것이자 "오락 영화"를 좋아하는 사춘기적 태도, 대부분의 경우 여성과 관련된 정신적 유치함으로 인식되어왔다. 여성이 멜로드라마 등에 과도하게 감정을 이입하고 여성 스타를 동경하는 것은 **여성 특유의** '허영심' 때문이라는 본질론으로 환원하여 이해하려는 논의가 있었다. 한편으로 페미니스트들은 이렇게 여성이 자기애적으로 스타에 경도되고 적극적으로 감정 이입하는 것은 가부장제가 규정한 '여성스러움'과 '아름다움'의 가치관을 강박적으로 내재화했기 때문이라고 반론하기도 했으나 어느 쪽이든 이야기와 스타에 대한 '감정 이입' 및 '동일화'는 빈번하게 '여성적'인 것과 결부되어 부정적인 요소로 이해되었다.

하지만 여성 관객이 아름다운 여성 스타를 숭배하는 것은 정신 연령이 낮거나 허영심 혹

은 에로틱한 요소를 무시할 수 없기 때문이다.

스테이시의 논의는 와카오 아야코를 생각할 때 매우 중요하다. 왜냐하면 서민적인 매력으로 인기를 얻은 와카오 아야코를 다른 각도에서 바라보도록 촉구하기 때문이다. 다이에이에 입사했을 때 사장 나가타 마사이치가 "높은 봉우리의 꽃이 아니라 낮은 봉우리의 꽃이다, 누구라도 손에 닿을 듯한 점이 좋다"라고 말한 일화는 잘 알려져 있으며, 그녀 자신도 잡지 『영화 팬』에서 야마모토 후지코와 대담했을 때 "내 얼굴은 누에 콩 같아서"라고 말할 정도였다.40) 이러한 에피소드가 단적으로 드러내듯이 '아이돌 스타' 와카오 아야코는 '귀엽고 친근한 서민적인 외모' 덕분에 많은 여성 팬에게 사랑받았지만, 실은 당시 다이에이의 '여성 영화' 노선이 강조한 '여성의 호모 에로틱한 관계에 대한 친화성'이 근간에 있었고, 그러한 작품군에서 와카오 아야코가 마이코부터 학생까지 '여성 관객'이 동일화할 수 있는 접점으로 자신의 이미지를 구축한 것이 아닐까 생각해볼 수 있다(다시 한 번 "언니"라는 단어를 떠올려보길).41)

1950년대 중반 『영화 팬』이나 『근대 영화』와 같은 잡지에 실린 인터

은 강한 자기애 때문이 아니며, 남자든 여자든 아름다운 것을 보면 아름답다고 느낀다는 식으로 단순한 문제로 치부할 수도 없다. 문화와 사회가 규정하는 '여성성'을 내재화하는 여성에게 '동일화'는 수많은 회로를 통해 성립되는 복잡한 과정이기에 일대일 대응의 개념으로 파악하기란 불가능하다. '동일화'는 포지션을 특정하지 않는 데다가 판타지의 구조에서는 이동하는 동일화의 형태야말로 무엇보다 중요한 시점이다. 또한 '여성 관객'으로서, 실제로는 남성 관객도 취할 수 있는 동일화의 형태가 있다면, '여성'의 시점은 성별에 상관없이 어느 관객이든 취할 수 있는 형태로 생각해야 할 것이다.

40) 와카오 아야코, 야마모토 후지코 대담, 『영화 팬』, 1953년 7월호, 131쪽.

41) 와카오에게는 세 명의 언니가 있는데 그중 한 명인 미사오가 오랫동안 매니저로 일하며 그녀를 도왔다. 미사오에 대해서는 「마이 라이프 스토리」(『영화 팬』, 1954년 8월, 52~54쪽)에 소개된 바 있고, 팬들도 잘 알고 있었으리라 생각된다.

뷰와 기사, 1960년대 전반에 이뤄진 여러 대담에서 와카오는 '대스타'였음에도 불구하고 '한 사람의 여성'으로서 갖고 있던 고민이나 심경을 솔직하게 드러냈다. 예를 들어 1961년 영화평론가 야마모토 교코와의 대담에서는 "내 남편만 하더라도 다소 위에 있고 싶어 하는 고루한 면이 있기 때문에 아무래도 제가 일을 좀 줄여야 하겠죠"[42]라고 했고, 1962년 배우 오카다 마리코와의 대담에서는 일에 대한 의욕은 물론 "여배우도 하나의 직업이다"[43]라는 자각을 엿볼 수 있다. 꾸밈없으나 '보수적이며 여성스러운' 부분이 있는 한편, 남자와 마찬가지로 직업인으로서 정력적으로 일에 매진하는 '현대적인 여성'이라는 와카오 아야코의 이면에서 알 수 있듯이, 전통적인 젠더 규범에서 '일과 가정 중 어느 쪽을 택할 것인가'의 양자택일 혹은 '모두 다 할 것인가'라는, 명백히 현대에도 존재하는 여성의 갈등이 보인다.

여학생을 연기하던 그녀는 '아내' 역할을 맡아 결혼 제도에 속박되어 있으면서도 '연애'를 갈구하는 마스무라적 히로인을 연기했는데, 그런 이미지가 많은 여성이 갖고 있던 '은밀한 판타지'와 맞닿았을 가능성이 매우 크다. 스크린 안팎에서 만들어진 와카오 아야코의 이미지에서는 기존의 젠더 규범적 관점에서 말하자면 가정, 연애의 사적 영역에 속하는 '여성적'인 위치와 일과 공적 영역에 속하는 '남성적'인 부분이 서로 충돌하고 있다. 물론 이는 와카오 아야코 이외의 여배우들 또한 겪었던 문제일 것이다. '와카오 짱'이라는 친근한 호칭으로 불렸던 그녀는 '스타에서 여

---

42) 야마모토 교코와의 대담, 「질문드립니다」, 77쪽.
43) 와카오 아야코, 오카다 마리코 대담, 「우리를 활용해줘」, 『영화 저널』, 1962년 1월호, 64쪽. 절정기에 있던 두 여배우가 서로에 대해 존중을 표현하면서도 좋은 의미에서 경쟁심을 표출한 흥미로운 대담이다.

배우'로 진화해가는 가운데 남성의 에로틱한 시선의 대상이 되는 것을 수긍하고 또 한 번 성장했지만, 여성의 에로틱한 동일화의 접점도 유지했던 것이다.

게다가 그녀에게 내재된 '여성적이고 순종적인' 부분과 '의지가 강하고 반항적인' 부분이 관객으로 하여금 '남성적'이고 '여성적'인 양가적 위치를 취할 수 있도록 한 것은 아닐까. 1960년대 중반 와카오 아야코를 지지했던 이들은 당연히 아이돌 스타 시대의 관객과는 다르지만, 가령 현대의 여성들까지 와아코 아야코를 좋아하는 것은 그녀가 유지해 왔던 '여성의 애착'과 가부장제에 대한 저항, 호모 에로틱한 욕망에 내재하는 '양성적인 입장' 때문일 것이다.

욕망의 모호한 대상

한 대담에서 와카오 아야코는 1960년 작인 《여경》에 출연했을 때 여배우라는 직업이 "천직"임을 자각했다고 밝혔다.[44] 《적선지대》에서처럼 여배우로서의 방향성을 발견한 것이 자신의 '여성성'을 전면에 내세워 성적인 존재임을 강조하는 역할이라는 점은 매우 흥미롭다.

《여경》은 이치카와 곤, 요시무라 고자부로, 마스무라 야스조가 연출로 참여한 옴니버스 영화로 각각의 단편에서 다이에이의 3대 여배우인 야마모토 후지코, 교 마치코, 와카오 아야코가 저마다의 개성과 매력을 발휘한다. 제1화의 주연인 와카오 아야코는 스미다강에 위치한 빈민촌의 목조 배에서 가족들과 생활하며 긴자의 바에서 일하는 노리코 역을 연기한

---

44) 야마모토 교코와의 대담, 「질문드립니다」, 75쪽.

다. 미인계로 남자를 속여 열심히 돈을 모아 증권을 사들이는 노리코는 여성성을 무기로 남자에게 반격하는《적선지대》의 야스미를 계승하는 캐릭터이자 이후《호색일대남》,《미친 노인의 일기》,《얌전한 짐승》,《문신》 등에서 와카오가 연기한 여성의 원형과도 같은 인물이다. 다만《여경》이 이러한 작품들과 다른 것은 요령 좋은 노리코가 동료들에게 미움을 받으면서도 엄마와 동생, 친구(히다리 사치코)와 '여성 공동체의 보루(堡壘)'를 갖고 있다는 점이다. 자신의 '여성성'을 이용해 남자들로부터 돈을 뜯어내면서도 노리코는 가와구치 히로시가 연기한 돈 많은 청년을 사랑하고 내심 결혼을 바란다. 하지만 정작 프러포즈를 받자 괜히 센 척하며 거절한다. 그녀의 눈부신 아름다움이 마지막 장면 속 뒷모습의 쓸쓸함과 어우러져 독특한 애처로움을 만들어내는 작품이다.

《여경》에 대해 마스무라는 다음과 같은 발언을 남겼다.

"어느 술집 아줌마 한 사람만이 이 작품을 좋게 평가해줬습니다. '세 가지 이야기 중 당신이 만든 게 진짜 여자의 모습이다'[45]라고요." 마스무라는 자신이 연출한 에피소드에서만 '현실의 여성 관객'이 여성으로서의 리얼리티를 느꼈다는 의미로 이해했던 것 같다. 하지만 실은 여배우 와카오 아야코의 '여성성'에 그녀가 동일화했기 때문에 영화 속 캐릭터를 '현실적인' 존재로 받아들일 수 있었던 것이 아닐까. 마스무라가 말한 "술집의 아줌마"도 여자로서의 읽기를 수행했다고 말한다면 이는 그저 나의 망상일까?

---

45) 마스무라 야스조, 「자신의 작품을 말하다」, 『영화감독』, 409쪽(최초 출전은 『키네마준보』, 1962년 1월호).

《여경》이후 1960년에 와카오가 작업한 영화는 남자들만으로 구성된 재즈 밴드를 성공시키려는 매니저로 등장한 《여자는 저항한다》(유게 다로弓削太郎, 1923~1973), 미시마 유키오와 함께 출연한 《실없는 놈》, 성격 좋은 게이샤 역으로 즐거움을 선사하는 《도련님》(이치카와 곤), 온천욕 장면에서 이치카와 라이조를 요염하게 유혹하는 대담한 연기로 놀라움을 준 《안친과 기요히메》(시마 고지), 도쿄의 한 명문 대학의 여대생을 연기한 마스무라 감독의 《가짜 대학생》이다. 이듬해인 1961년에는 《호색일대남》과 《여자는 두 번 태어난다》, 《아내는 고백한다》 등 연이어 마스무라 영화에 출연했다. 이 시기 제작된 작품 속에서 와카오는 매번 혼신의 힘을 다해 역할을 소화하는 모습으로 강렬한 인상을 줄 뿐만 아니라, 20대 중반에 가까워지면서 가련함과 귀여움이 공존하는 기묘한 아름다움을 발산한다.

《여자는 저항한다》와 《가짜 대학생》에서 와카오는 남자들 무리 속에 있는 유일한 여성으로 나오는데, 이 상황이 상징하듯이 《여경》에서 《아내는 고백한다》로 이어지는 과정은 '모성적인 여성 공동체'에서 '가부장제적 이성애'의 세계로 진입해가는 모습과 겹쳐진다. 그녀는 《주작문》 속 동성애와 이성애의 경계선 위에 선 '욕망의 모호한 대상'이 아니라 명백히 이성으로서의 남성을 의식하는 존재로 변화했다. 동시에 와카오 아야코는 '동일화'에서 '대상화'로 스스로를 성적 존재로 변모시켜나갔다.

하지만 《아내는 고백한다》를 통해 고찰한 바대로 그녀는 '동일화'의 부분을 배제하지 않고 남겨두면서 이성애의 '대상화'를 수용했다. 그 점에서 와카오 아야코의 신체에 내재한 이중성은 '길항하는 남성 담론과 여성의 욕망'이 투영된 장소로서 구축되었다. 그녀가 여성으로서, 여배우로서 성장해감에 따라 아름다움은 배가되었고 그 '아름다움'은 결코 여성의 시선과 욕망을 배제하는 것이 아니라 반대로 여성의 판타지를 발동시키는 동일화의 접점을 잃어버리지 않았다.

이러한 와카오 아야코의 변천은 다나카 기누요나 하라 세쓰코, 요시나가 사유리와 같은 청순파 배우가 설령 천한 역을 맡더라도 성적인 존재로서 자신의 신체를 구축하지 않았던 점이나, 관록파 여배우 야마다 이스즈와 댄서 출신으로 육체적 미를 지녔던 교 마치코, 아와시마 지카게, 고구레 미치요와 같은 배우들이 처음부터 '여자의 매력'을 무기로 삼아 '어른의 여배우'로 다양한 캐릭터를 소화해 큰 성공을 거둔 점과도 대조적이다.

혹은 데뷔 당시엔 "사랑스럽지만 불행한 소녀"[46] 역을 주로 연기했으나 《아키쓰 온천》(요시다 기쥬, 1962)에서 멜로드라마적 팜파탈을 연기하고, 1967년 와카오와 《두 아내》(마스무라), 《불신의 시간》에서 호연을 펼친 오카다 마리코도 흥미로운 비교 대상이다. 1954년 작 《게이샤 고나쓰》(芸者小夏)의 입욕 신으로 이른 시기부터 성인 스타로 발돋움하고 '나쁜 여자'를 연기한 오카다에 대해 오시마 나기사 감독은 1958년, "(그녀를) 능가할 자는 없다"며 "사회의 벽을 무너뜨리는 역동적인 힘을 가질 것인가"가 관건이라고 평했다. 1961년 와카오와 오카다는 여우주연상을 놓고 겨룰 정도로 경쟁 관계에 있었지만, 한 발 앞서 배우로 인정받은 건 오카다였다. 오시마는 그녀를 "격한 애정, 온몸을 던진 애정을 표현할 수 있는"[47] 배우라고 치켜세웠다. 하지만 1965년 오카다는 "대표작이 없다"[48]고 지적받은 반면, 와카오 아야코는 여배우로서 변화와 성장을 거듭

---

46) 사토 다다오, 요시다 지에오, 『일본 영화 여배우사』, 211쪽.

47) 오시마 나기사, 「오카다 마리코는 악녀가 될 수 있는가」, 『전후 영화』, 155쪽.

했다. 《세이사쿠의 아내》에 출연할 당시 그녀는 오카다에 대해 오시마가 능가할 자가 없다고 말한 "온몸을 던진 애정을 표할 수 있는" 배우가 되어 있었다. 실로 와카오 아야코만큼 이미지를 바꿔가는 동시에 일관성을 견지한 배우는 좀처럼 찾아보기 힘들다.

와카오가 요염한 매력을 발산했던 1960년대 중반 남성 욕망의 대상이 아닌 자기 완결적 관능미를 지니고 있었던 기시다 교코는 일본에서는 상당히 보기 드문 여배우라 할 수 있는데, 그녀와 와카오가 함께 경연을 펼친 《만지》에 대해 생각해보자. 이 영화에서 와카오가 연기한 인물은 남녀 캐릭터 모두로부터 사랑을 받는다. 다시 말해, 그녀가 지닌 여성의 호모에로틱한 욕망에 대한 친화성을 아카오 자신은 거의 "이해할 수 없다"[49]고 밝혔지만,[50] 그럼에도 불구하고 모호하고 위험한 레즈비언 관계를 구축해낼 수 있었다.[51]

다시 한 번 강조한다. 《아내는 고백한다》로 여러 영화제에서 여우주연

---

48) 대담, 「흥행 가치 100% 스타론」, 35쪽.

49) 와카오 아야코 인터뷰, 『영화감독』, 247쪽.

50) 이와 대조적으로 와카오에 대해 레즈비언적 욕망을 품는 소노코 역의 기시다가 여성 간의 애정을 "이해한다"고 답한 점이 흥미롭다(기시다 교코 인터뷰, 앞의 책, 257쪽).

51) 덧붙이자면, 외모뿐 아니라 '목소리' 또한 여성들이 와카오 아야코에게 매력을 느끼는 중요한 요소였다. 왜냐하면 '목소리'에는 동일화의 첫 접점이 되는 엄마의 흔적이 새겨져 있고, 안과 밖으로 경계 지어진 스크린 위의 이미지로서의 신체에 동일화하는 접점을 제공하기 때문이다. 울리는 듯한 와카오 아야코의 낮은 목소리는 그녀의 신체에 완전히 융합되어 시각뿐 아니라 청각에서도 여성 관객이 동일화하도록 작용한다. 그런 의미에서 《만지》는 일본 여배우 중에서도 가장 매력적인 '목소리'를 지닌 두 여배우가 경연하는 영화다. 두 사람의 불온한 에로티시즘과 유머는 혼재하는 '목소리' 덕분이다. 영화의 목소리에 관한 논문은 메리 앤 도앤, 「영화 속 목소리 신체와 공간의 분절」, 마쓰다 히데오 역, 『「新」영화이론집성②』(이와모토 겐지 외 편집, 1999년, 필름 아트사, 312~327쪽), 미셸 시옹, 『영화와 소리』, 가와타케 히데카쓰, 피농 번역(게이소 쇼보, 1993)을 참조.

상을 거머쥔 와카오 아야코는 어떤 변화를 거쳐 청순함을 벗어던지고 연기파 배우로서 '예술 영화' 및 '문화인', '비평가'에게 인정받는 존재가 되었는가. 《아내는 고백한다》 이후 마스무라의 영화에서 점차 관능적이고 사랑에 모든 걸 내맡기는, 자칫 가부장제가 규정하는 여성성을 구현하는 역할을 연기할 때조차 그녀는 여성에 대한 '호모 에로틱한 관계의 친화성'을 잃어버리지 않았다.

마스무라의 작품 중에서 《아내는 고백한다》, 《남편이 보았다》, 《세이사쿠의 아내》가 멜로드라마적 성격을 강하게 띠고 있다는 점이 특히 중요하다. 장르 자체가 갖는 특성, 즉 상징으로서 여성의 의미를 둘러싸고 '남성과 여성의 목소리가 싸우는 장'이라는 절충이 와카오 아야코적 이중성과 맞물려 작품 속에 녹아들었고 이를 통해 그녀의 양가적인 이미지가 만들어졌기 때문이다.

IV
와카오 아야코의 중력

《아내는 고백한다》의 제작 현장에서 마스무라 야스조에게 은밀하게 저항했던 와카오 아야코의 모습은 젠더 규범을 강요한 '아버지의 법'에 맞서 필사적으로 투쟁했던 캐릭터와 겹쳐졌고, 그녀가 연기를 통해 보여준 해석은 이후 마스무라 스타일에도 적지 않은 영향을 미쳤다. 마스무라는 《남편이 보았다》에서 보다 분명한 형태로 와카오 아야코를 집요하게 영화적 공간 속에 밀어 넣어 여주인공을 억누르는 결혼 제도를 반복적으로 보여줬다. 그 속에서 히로인 나미코의 투쟁은 영화적 스타일과의 갈등으로 그 모습을 드러낸다. 와카오 아야코는 《아내는 고백한다》에서 파악한 여성성의 모순을 견지하면서 더욱 대담한 연기로 마스무라적 히로인을 여성성의 판타지에 가깝게 구현했다. 이렇듯 긴장감 넘치는 와카오와 마스무라의 다이내믹한 협업은 《세이사쿠의 아내》로 이어져 고전적인 멜로드라마의 히로인 오카네를 소환해냈다. 《아내는 고백한다》에서 아야코의 신체가 받아들인 '중력'은 《남편이 보았다》를 거쳐 마스무라, 와카오 작업의 정점을 찍은 《세이사쿠의 아내》에서 완벽한 형태를 갖춘다.

안타깝게도 《아내는 고백한다》에서 주인공 아야코의 투쟁은 패배로 끝났다. 하지만 그녀의 자살을 부정하려는 듯 《남편이 보았다》와 《세이사쿠의 아내》에서 여주인공은 살아남는다. 또한 《아내는 고백한다》에서 남자 주인공이 살아남은 것과는 대조적으로 《남편이 보았다》와 《세이사쿠의 아내》에서 나미코의 남편은 죽음으로, 오카네의 남편은 시력을 잃음으로써 상징적으로 '아버지의 법'으로부터 등을 돌려 히로인처럼 끝까지 사랑을 지킨다. 즉, 두 영화에서 부정당한 것은 바로 규범으로서의 남성성이다. 《아내는 고백한다》의 경우, 남성의 관점에서 바라본 여성성이 최종적으로 텍스트(영화)를 지배하기 때문에 여성의 판타지를 보는 것이 불가능하다. 하지만 보다 복잡한 구조를 지닌 《남편이 보았다》와 《세이사쿠의 아내》에서는 여주인공의 시점이 선명히 드러난다. 언뜻 보기에 여성의 담론이 중심인 영화가 많기는 하지만 이 두 작품만큼 마지막에 남성성이 패배하고 부정되는 경우는 드물다. 와카오 아야코는 마스무라의 충실한 무녀 역할을 넘어서 여성의 욕망과 패배한 남성성을 지극히 멜로드라마적으로 히로인의 신체를 통해 받아들였다.

이러한 와카오 아야코의 중층성은 마스무라 야스조가 연출한 영상과 멜로드라마적 상상력이 결합했을 때 최대한으로 효과를 발휘한다. 이제부터는 이색적인 두 작품 《남편이 보았다》와 《세이사쿠의 아내》를 좀 더 상세하게 분석해보겠다.

그런데 하필이면 왜 마스무라의 와카오 아야코가 특권적인 존재가 되었을까. 가령, 가와시마 유조 감독과의 협업이 크게 주목받지 못한 이유는 무엇일까. 개성 넘치는 두 감독의 작품에 출연했을 때, 이 여배우의 어떤 점이 다르게 드러났을까. 지금부터 전개할 논의의 초점은 바로 이것이다. 미리 말해두지만, 작가적 관점에서 두 사람의 우월함을 비교하려는 의도는 결코 없으며, 와카오의 출연작이라는 측면에서 마스무라의 작품이 영화적으로 뛰어나다는 식의 작품론을 서술하는 것은 이 글의 목적이 아니다. 어디까지나 '와카오 아야코적 문제'를 고찰하는 하나의 실마리로서 논의를 전개하고자 한다.

존재의 참을 수 없는 가벼움과 무거움

1961년 10월 개봉한 《아내는 고백한다》와 1964년 2월 개봉한 《남편이 보았다》 사이에 이루어진 마스무라와 와카오의 협업은 1962년 작인 《훔친 욕정》뿐이다. 대신 와카오는 《여자는 두 번 태어난다》를 시작으로 《기러기의 절》, 《얌전한 짐승》 등 가와시마 유조의 영화에 연달아 출연해 마스무라적 히로인과는 완전히 다른 여성을 당당하게 연기함으로써 새로운 면모를 보여준다. 세 편에 불과하지만 와카오는 가와시마에 대해 "그때까지 없었던 나를, 내 안에서 끌어내"주었고, 감독이 "그런 걸로는 안 돼. 조만간 엄청난 배우로 만들어주겠어"라고 "입버릇처럼" 말했다고 회상한다.[1] 안타깝게도 젊은 나이에 세상을 떠난 가와시마가 와카오 아야코와 더 많은 작품을 했었더라면 어땠을까 생각하는 건 나만은 아닐 것이다.[2]

---

1) 와카오 아야코, 「완수하지 못한 약속」, 『키네마 준보』, 1969년 상순호, 18쪽.

2) 와카오 아야코에게 가와시마와의 작업이 중요했던 만큼 이는 가와시마에게도 마찬가지였을 것이다. 1963년 급사한 가와시마는 2년간 7편을 촬영했고 그중 3편에 와카오가 출연했는데, 그의 코멘트를 보면 이 세 작품에 연출가로서 모든 것을 걸었음을 알 수 있다(『가와시마 유조: 난조(乱調)의 미학』, 와이드 출판, 2001년, 122~133쪽).

가와시마와 함께하면서 어떤 '대단한 여배우'가 되었는가를 상상하는 즐거움을 별개로 하더라도 가와시마의 작품 속 와카오는 마스무라의 여성과는 아주 다르다. 뜨겁게 남자를 사랑하는 마스무라적 여성과 달리, 관능적으로 남자를 필요로 하면서도 동시에 가볍게 대하며, 속을 알 수 없는 미스터리한 인물이지만 지극히 현실적이다. 《얌전한 짐승》의 사키에는 '악녀'라는 점에서 와카오의 다른 캐릭터와 차별화되지만, 돈에 집착하는 《적선지대》의 야스미를 비롯해 《여경》의 기미, 《미친 노인의 일기》의 사쓰코 등 이전에도 비슷한 타입의 여성을 연기했었다. 그렇다고 해서 마스무라 영화와 비교했을 때 가와시마 영화의 캐릭터가 보다 '현실적'이라고 할 수는 없다. 그녀는 현실에 '있을 법하지만 없는' 여자다. 반면, 마스무라적 히로인은 현실에 '없을 것 같지만 실은 있다'라고 말할 수 있는 타입의 인물이다.

　　이렇듯 마스무라적 히로인과 좋은 대조를 이루는 가와시마의 영화 속 와카오 아야코에 대해 영화 평론가 가토 미키로는 "어디를 보고 있는지 알 수 없는 허무한 시선과 무심함과 관련해 특히 언급해야 할 멜로드라마 여배우"[3]라고 표현했다. 관념적인 사랑을 갈구하는 마스무라적 히로인이 여성성의 인력을 보여준다면 가와시마의 히로인은 반(反)관념으로서의 표면성이 두드러지고 마스무라적인 **중력**이 아닌 **무중력**의 매력을 발산한다. 이 무중력성은 《얌전한 짐승》의 사치에가 계단을 올라가는 인상적인 장면에서 분명히 드러난다. 이전 장면과 아무런 연결성도 없이 모노톤의 공간이 등장하고 사치에는 아무 말 없이 계단을 천천히 오른다. 그녀의

---

3) 가토 미키로, 「우리는 이 희극과 멜로드라마 작가를 재평가해야 한다: 가와시마 유조론」, 『사랑과 우연의 수사학』, 게이소 쇼보, 1990년, 71쪽.

뒷모습은 남자들을 보기 좋게 속여 돈을 갈취하는 사치에의 허무한 내면을 아이러니하게 비춘다. 마치 그녀의 냉담하고 타산적인 성격이 주변 사람들의 무의식을 투영하듯이. 이야기 속 공간에서 이차원의 무중력 상태로 빠져들어 간 사치에는 《여자는 두 번 태어난다》의 마지막 장면에서 오갈 데 없는 처지가 된 고엔과 마찬가지로 어딘가 부유하고 있는 듯하다.

일종의 자아 없음 때문인지 혹은 운명에 떠밀려가는 수동성 때문인지, 가와시마의 영화 속 와카오 아야코, 특히 고엔을 연기한 그녀에게서는 마스무라의 여성에게 없는 일종의 가련함이 느껴진다. 이는 요시무라 고자부로 감독이 《에치젠 대나무 인형》에서 보여준 가련함과는 다르며, 자신조차 깨닫지 못한 부유하는 자의 가련함이다. 《얌전한 짐승》의 경우, 사치에로부터 느껴지는 연민은 깊이를 알 수 없는, 무서울 정도의 공허함을 만들어낸다. 그렇다면 와카오 아야코는 가와시마의 영화에서 '참을 수 없는 존재의 가벼움'을, 마스무라 영화에서는 '참을 수 없는 존재의 무거움'을 절묘하게 드러낸다고 말할 수 있지 않을까.

와카오 아야코의 불가사의한 무중력 상태는 가와시마의 스타일과 깊이 관련되어 있으며, 이는 대상에 바짝 다가서는 마스무라의 그것과 사뭇 다르다. 가와시마는 풍자를 통해 대상에 거리를 두는 경우가 빈번한데, 이때 히로인은 관객의 시선을 정면에서 받지 않는다. 어느새 관객의 시선으로부터 빠져나와 버리는 것이다. 특히 《여자는 두 번 태어난다》와 《기러기의 절》에서 와카오 아야코는 일종의 가벼움이라 말할 수 있는 그런 특징 때문인지 강한 의지를 지닌 마스무라 영화 속 인물과는 달리 운명에 휘둘리는 수동성을 내뿜는다. 물론 《기러기의 절》의 사토코는 만만치 않은 성격에 강한 욕망의 소유자이다. 하지만 동시에 어딘가 운명에 자신을 내맡기는 듯한 구석이 있다. 또한 《얌전한 짐승》의 사치에도 강한 의지를 지닌 마스무라의 여성 캐릭터를 연상시키지만, 사실 그러한 표면적인 이미지는 가토 미키로가 표현한 독특한 공허함 때문인지 마치 라캉적인 의미에서 무의식에 따라 움직이는 듯하며, 그래서 기묘한 슬픔이 느껴진다.

동시에 가와시마 영화 속 와카오의 가벼움과 수동성에는 마스무라 영화에서는 볼 수 없는 자유로움이 있다.

마스무라 영화에서 와카오 아야코의 캐릭터가 '강철 같은 강함'을 지녔다면, 가와시마 영화에서는 '탄력 있는 강함'으로 나타난다. 마스무라 영화 속에서 그녀가 억압적인 구조와 싸우는 자아에 가까운 존재라면, 가와시마 영화 속 그녀는 쾌락의 원칙에 따르는 이드적인 측면을 보여준다. 나아가 전자가 모더니즘적 여성상이라면, 후자는 포스트모던적이다.

이처럼 두 감독의 영화에서 와카오 아야코의 이미지가 다른 이유 중 하나로 당연히 연출 방법의 차이를 들 수 있다. 한 인터뷰에서 와카오 아야코는 가와시마 영화에서 "연기를 즐기는 것처럼 보인다"라는 질문을 받자 다음과 같이 대답한다.

"마스무라 감독과는 정반대에요. 그건 그것대로 아주 즐거워요. 가와시마 감독은 뭐 하나 배우를 구속하지 않아요. 어느 쪽이 좋다 나쁘다라는 말은 아닙니다… 다만 미조구치 감독이나 마스무라 감독의 영화에서는 상대 배우와 얽혀 행동을 완성해가기 때문에 연기에 대해 지시를 받고 상대역의 장단점에도 영향을 받죠."[4]

또 다른 인터뷰에서는 마스무라가 "자신의 스타일을 완고하게 지키려고 하는" 반면, 가와시마는 "굉장히 재미있지만, 지나치게 자유로워요"[5]

---

4) 와카오 아야코 인터뷰, 『영화감독』, 243쪽.
5) 와카오 아야코 인터뷰, 『마스무라 야스조: 레트로 스펙티브』, 20쪽.

라며 두 감독의 차이를 밝혔다. 가와시마 감독의 촬영 현장을 '즐겼던' 와카오가 마스무라 감독의 현장에서는 은밀하게 투쟁하고 있었음을 충분히 짐작해볼 수 있다. 마스무라와의 작업은 "굉장히 힘들었"지만 가와시마의 경우는 "비교적 집중하지 않아도 됐기 때문에 조금 더 편했죠"라는6) 그녀의 발언은 캐릭터에 임하는 자세 또한 현격하게 달랐음을 시사한다. 다시 말해 가와시마와 함께 일할 때 "얼마만큼 배우로서의 나를 보여줄 수 있는가"에 대한 보람이 있을지는 모르지만, 마스무라와의 작업에서 요구받은, 반쯤은 무의식적인 '절충'이 개입할 여지가 적었던 것은 아닐까? 물론 양쪽 모두 그녀의 매력임은 말할 것도 없지만.

이러한 감독과 배우의 거리는 연출뿐 아니라 관객의 동일화 문제와도 깊이 관련되어 있다. 지성적이고 정감을 배제한다는 점에서 마스무라와 가와시마는 매우 비슷하다. 하지만 그 배제의 방식과 대상에 거리를 취하는 방법은 크게 다르다. 대상에 일정하게 거리를 두는 가와시마의 연출에서는 관객을 따돌리는 듯한 경향이 있고 이는 일종의 이화(異化) 효과와 비슷하다.

한편, 두 감독은 공통적으로 미디엄 쇼트를 자주 사용한다. 마스무라는 지극히 사소한 움직임만으로도 구도 전체가 바뀌는 연출을 통해 공간과 인물을 엄격하게 제한한다.7) 가와시마의 경우는 미디엄 롱쇼트를 빈번하게 사용하여 공간 속에서도 배우들이 자유롭게 돌아다니는 것을 허용한다.8) 이로써 관객과의 거리 두기가 가능해지고, 《여자는 두 번 태어

---

6) 위의 책, 249쪽.

7) 와카오 아야코 인터뷰, 『영화감독』, 243쪽.

8) 가와시마 영화 속 공간의 사용 방식에 대해서는 가토 미키로의 앞의 책을 참조.

난다》와 《기러기의 절》과 같은 멜로드라마적 설정에 이화 효과를 가져오 거나, 혹은 《얌전한 짐승》에서는 희비극적인 상황에 놓인 가족 멜로드라 마를 알레고리적 아이러니로 바꾸어놓는다. 또한 대부분의 가와시마 영 화에는 많은 인물이 등장하며 마스무라처럼 오로지 주인공을 쫓아가는 식의 전개를 취하지 않는다. 마치 로버트 알트만(Robert Altman, 1925~ 2006)의 영화처럼 다양한 인물들이 중층적인 드라마를 만들고, 와카오 아야코는 중심적인 존재이면서도 동시에 전체 이야기를 이어주는 장기 말과 같은 기능을 수행한다.

마스무라의 미디엄 쇼트는 가와시마와는 완전히 반대로 작용한다. 마 치 마스무라가 《얌전한 짐승》 등에서 가와시마가 사용한 공간 설정을 인 지하고 일부러 그것을 극단적으로 밀어붙인 것이 《남편이 보았다》가 아 닐까 싶을 정도다. 마스무라 역시 가와시마와 마찬가지로 관객의 동일화 를 결코 손쉽게 허용하지 않는다. 마치 와카오 아야코가 관객에게 부여하 는 정동적인 연결을 절대적으로 신뢰한다는 듯, 마스무라는 철저하게 인 물을 프레임에 가두고 통제하지만 그렇다고 해서 관객의 동일화를 완전 히 배제하지는 않는다. 마스무라는 이야기상에서 궁지에 몰린 캐릭터를 영상으로도 몰아붙여 관객이 인물에게 동일화할 수 있게 한다. 그 때문에 《아내는 고백한다》에서 드러나듯이 텍스트 안에 흔적으로 남아 있는 제 작 현장에서의 '저항'은 마스무라와의 협업에서 막다른 골목으로 내몰려 가는 와카오 아야코의 신체성에 깊게 각인되었고, 바로 거기에서 와카오 아야코적 문제가 발생한다.

역설적이지만 카메라 앞에서 자유롭게 움직이고 있음에도 가와시마의 영화 속 와카오 아야코는 이야기의 허구성을 폭로하는 위험한 존재이고 관객이 동일화하는 접점으로 좀처럼 기능하지 않는다. 더 정확하게는 기존 의미에서 말하는 동일화가 아니라 마스무라의 영화처럼 텍스트에서 발생하는 정동의 파장에 관객의 욕망을 겹쳐놓기가 어렵다.

더욱이 가와시마의 영화에서 와카오 아야코가 장기 말처럼 기능하는 것과 달리, 마스무라 영화에서는 텍스트 자체가 주인공인 와카오를 중심으로 성립하기에 그녀는 여성 관객과 이야기의 접점이 되고 여성 관객의 욕망이 작품 속에 기입될 수 있게 해준다. 마스무라의 영화 속 와카오 아야코의 중력은 바로 잡아당기는 힘으로 움직이는 것이다. 《남편이 보았다》, 《세이사쿠의 아내》에서 마스무라는 가와시마처럼 거리 두기를 이용해 캐릭터나 이야기에 대한 동일화를 회피하지 않는다. 그렇다고 해서 그저 캐릭터를 통해 이야기 차원에서의 동일화를 도모하는 것도 아니다.

마스무라가 젠더 메타포에 기반한 이원적인 윤리의 드라마를 선호하고 "무엇을 위해, 무엇에 의해 인간은 살아가는가라는 문제에 관해 근본적인 정신의 관계와 광대한 윤리적 힘"[9]이라는 멜로드라마적 관점에서 대상을 세차게 끌어당긴다면, 가와시마는 멜로드라마에서조차 "자신을 비웃는" 희극의 관점을 기적적이라고 할 만큼 단 한 번도 잃어버리지 않는다. 두 사람은 작가로서의 스타일뿐만 아니라 스크린에 드러나는 미장센, 배우와의 협업 방식까지도 완전히 달랐다. 이렇듯 두 감독은 뚜렷이 다른 개성을 보여줬지만, 결국 주눅 들지 않는 기질로 전력을 다해 연기에 임한 "용의주도하지만, 요령이 없어 납득이 안 가면 (연기)할 수 없는"[10] 와카오 아야코의 가능성을 최대한 끌어낸 건 배우와 감독의 호흡

---

9) 피터 브룩스, 『멜로드라마적 상상력』, 요모타 이누히코, 기무라 게이코 번역, 산업도서, 2002년, 36쪽.

10) 와카오 아야코 인터뷰, 『아사히 클럽』, 2000년 10월 13일호, 이외에 다른 인터뷰 참고.

을 요구한 마스무라의 현장이 아니었을까.

마스무라 영화의 와카오 아야코가 특별한 이유는 그녀가 행한 절충의 프로세스가 영화 속에서 여실히 드러나고 그러한 '상태(ありょう)'에 관객이 동일화할 수 있기 때문이다. 《세이사쿠의 아내》 속 와카오 아야코를 떠올려보자. 이 영화에서 관객은 캐릭터를 연기하는 배우와 와카오 아야코라는 한 여성이 융합하여 역할의 성격인지 실제 본인인지 단정할 수 없는 애매한 (역주: 신체적) 공간에 동일화한다. 이 미묘하고 중층적인 동일화와 저항의 흔적이 마스무라적인 히로인을 연기하는 여배우의 신체에 나타나고 그러한 직접성이 그녀의 매력으로 발현한다. 하지만 가와시마 유조의 영화에서 감지되는 와카오 아야코의 무중력 상태에서는 '여성이라는 상징의 의미에 대해 남성과 여성의 목소리가 투쟁하는 장소'라는 멜로드라마적 절충이 좀처럼 일어나지 않는다. 영화 곳곳에서 '저항'과 '절충'이 부딪치는 마스무라의 영화에서처럼 그 흔적이 보이지 않는다.

《아내는 고백한다》와 《여자는 두 번 태어난다》로 여우주연상을 받은 와카오 아야코가 영화의 힘이 "어디서부터 어디까지가 시나리오의 힘인지, 감독의 연출력인지, 혹은 배우의 연기력인지를 엄밀하게 구별하기 어렵기 때문에 그 모든 것이 합쳐졌을 때가…"11)라고 말했을 때 여배우로서의 방향성을 간파한 것이 아닐까. 본인의 강렬한 의지가 아니라 마스무라와의 긴장감이 넘쳐흐르는 공동작업에서 만들어진 개성이 와카오 아야코를 특별한 끌어당김이 있는 존재로 만들었다. 마스무라와 와카오 아야코의 공동작업이 최고의 결과를 만들어냈을 때 캐릭터와 배우, 그녀 자신

---

11) 와카오 아야코, 오카다 마리코 대담, 「우리를 활용해줘」, 63쪽.

과도 떼어낼 수 없는 하나의 '존재'로서의 와카오 아야코에게 관객이 동일화할 수 있는 텍스트가 만들어졌고, 바로 이 동일화에 와카오 아야코가 본래 지니고 있던 '여성 공동체에 대한 친화성'이 발동하여 여성 관객의 호모 에로틱한 동일화가 가능해지는 것이다. 그것은 영화 제작＝생성(프로덕션)에 관한 문제이기도 하다.

나의 '읽기'에서 마스무라의 와카오가 특권화되는 이유는 여기에 있다.

《남편이 보았다》의 곤란

이제 《남편이 보았다》를 보자. 언뜻 보면 통속적인 작품으로 마스무라의 연출작 중 완성도 면에서는 평범하다. 하지만 실은 마스무라와 와카오의 영화 중 《아내는 고백한다》만큼, 아니 그 이상으로 중요하고 획기적이다. 그럼에도 불구하고, 혹은 그렇기 때문에 오해를 받기도 했다. 이는 영화를 둘러싼 중층적 변용과 절충에서 비롯된 필연적인 결과이다.

《남편이 보았다》는 1964년 2월 유게 다로 감독의 《죽기 전에 죽여》(殺られる前に殺れ)와 함께 개봉됐다. 원작은 구로이와 쥬우고(黒岩重吾, 1924~2003)의 소설 『여자의 작은 상자』이며, 노가미 다쓰오(野上龍雄, 1928~2013)가 각본을 쓰고, 음악 감독 야마노우치 다다시(山内正, 1927~1980, 《만지》·《세이사쿠의 아내》), 촬영 감독 아키노 도모히로(秋野友宏, 《세이사쿠의 아내》), 베테랑 조명 감독 이토 유키오(伊藤幸夫) 등이 스태프로 참가했다. 원작 소설은 1962년부터 1963년까지 지방 신문에 연재되었고, 산업 스파이를 소재로 한 "샐러리맨 스릴러"[12]로, 서스펜스,

---

12) 『키네마 준보』 361호, 작품 소개란(1964년 3월 하순호, 78쪽).

미스터리, 살인, 공갈, 연애, 섹스부터 전후 일본의 어두운 과거까지 총망라한 전형적인 '남성용' 대중오락 소설이다.

"한 통의 괴전화로 남편의 비밀을 알고, 수상한 남자에게 미행당한다"는 영화의 선전 문구는 추리 서스펜스 스릴러를 강조하고 있지만 실제로 영화에서는 이러한 요소가 전면에 드러나지는 않는다. 마스무라가 "핵심을 벗어난 선전 문구"13)라고 비판한 것처럼 이는 명백하게 원작 소설을 의식한 표현이며, 원작의 인기에 기대 남성 관객용 오락 영화로 홍보해 흥행시키려 했던 것으로 보인다.

남성 관객을 위한 영화 노선이 형성된 것은 1962년 마스무라가 연출하고 다미야 지로(田宮二郞, 1935~1978)가 출연한 산업 스파이 서스펜스 《검은 테스트 카》가 대성공하고 이후 개봉된 《검은 보고서》(1963), 《불량배 순정파》(1963), 《현대판 사기꾼 이야기》(現代インチキ物語 騙し屋, 1964) 등이 괜찮은 흥행 성적을 거두었기 때문이다. 참고로 '남편이 보았다'는 원작 소설의 소제목으로 해당 챕터는 이야기의 핵심적인 내용과 크게 상관이 없다. 그럼에도 다이에이는 당시 유행하던 '불륜 이야기'의 선정성과 남성 관객의 관음증을 자극하기 위해 이 제목을 사용했던 것으로 보인다.

실제로 개봉 당시 『키네마 준보』의 '흥행 가치' 코너에 "다미야 지로의 인기와 기시다, 에나미, 와카오의 강렬한 섹스 장면이 볼거리이며 관객 동원은 갈수록 호조"라고 소개되었다.14) 와카오와 다미야의 인기와 함께

---

13) 마스무라 야스조, 「인간이란 무엇인가」, 413쪽.

14) 『키네마 준보』 361호, 87쪽. 같은 호 다른 기사도 "이번 주에 가장 주목할 작품은 다이에이의 《남편이 보았다》, 《죽기 전에 죽여》. 아사쿠사에서 3,350, 아시베에서 4,700으로 동서 지역에서 독주. 다미야 지로, 와카오 아야코, 기시다 교코의 강렬한 베드 신이 인기를 끌고 있는 가운데 작년 이후의 호조가 토대가 되었음을 간과할 수 없다"고 소개하고 있다

개성파 배우 기시다, 신인 배우 에나미의 베드 신이 화제가 된 것은 일반 관객의 심리 및 당시 영화계의 사정을 생각해도 당연했다. 또한 앞서 서술한 바와 같이 '여성중심주의에서 남성중심주의'로 노선을 변경할 수밖에 없었던 제작사의 요구도 만족시켜야 했을 것이다. 어찌 되었든 《남편이 보았다》는 다미야, 와카오, 기시다 등 주연 배우의 섹스 신을 내세워 관객 동원에 성공했다.

29세의 나미코(와카오 아야코)는 결혼 7년 차 주부다. 회사원인 남편 가와시로 세이조(가와사키 게이조)는 업계 이류지만 실적이나 자산 규모가 나쁘지 않은 시키시마 가공의 주식 과장이다. 이 회사는 나이트클럽을 경영하며 바닥부터 올라와 성공한 이시즈카(다미야 지로)가 주식을 매점한 탓에 매수당할 위기에 처하고 가와시로는 이를 해결하기 위해 매일 야근을 한다. 이시즈카에게는 번듯한 실업가가 되고자 하는 야망이 있다. 한편 아직 아이가 없는 나미코는 잦은 귀가와 외박을 일삼는 남편에게 실망하고 정신적으로나 육체적으로나 불만족스러운 나날을 보내고 있다.

어느 날, 그녀는 어린 시절 친구이자 산부인과 의사인 쓰무라 미쓰에의 권유로 이시즈카의 나이트클럽을 방문하고 그곳에서 클럽 마담인 요코(기시다 교코)를 만난다. 요코는 이시즈카의 애인으로 오랫동안 음지에서 물심양면 이시즈카를 도왔고, 시키시마 주식을 매점하기 위한 자금 역시 요코의 희생으로 마련된 돈이다. 한편, 가와시로는 이시즈카의 비서 에미(에나미 교코)와 내연 관계로 그녀에게서 필요한 정보를 빼낸다. 나미코가 가와시로의 아내임을 안 이시즈카는 가와시로가 가지고 있던 주식 명부를

(91쪽). 참고로 거의 같은 시기에 공개된 데시가하라 히로시(勅使河原宏, 1927~2001)의 《모래의 여자》(砂の女)도 큰 성공을 거둔 것으로 기록되어 있다.

손에 넣을 심산으로 그녀에게 접근하여 가와시로에게 정부가 있음을 전화로 알리고 남편의 불륜 현장을 덮치게 한다. 에미와의 관계를 들킨 가와시로는 정부를 둔 것은 회사를 위해서일 뿐이며 출세하면 편안하게 살게 해주겠다, 모든 것은 "너의 행복을 위해서"라며 뻔뻔한 태도를 보인다.

　그러나 에미가 누군가에게 살해당하고 가와시로는 용의자로 의심받는다. 그는 나미코에게 거짓으로 알리바이를 진술할 것을 요구하는 한편, 경찰 측에 "이시즈카가 수상하다"고 주장한다. 이에 이시즈카가 구속되지만, 나미코가 그의 알리바이를 진술해주어 가와시로가 궁지에 몰린다. 나미코 덕분에 풀려난 이시즈카는 주식 매점에 성공하고 나미코를 진심으로 사랑하게 된다. 가와시로는 이시즈카를 위해 증언한 나미코를 질책하고, 이혼을 요구하는 그녀를 강간하며 부부의 연을 강요한다. 남편에게 환멸을 느낀 나미코는 가출하는데, 주식 매점을 막지 못한 탓에 회사에서 설 자리를 잃은 가와시로는 그녀에게 이시즈카와 잠자리를 하고 회사의 매수를 막아달라고 애원한다. 한편, 이시즈카의 본심을 안 요코는 나미코에게 자신이 이시즈카와 내연 관계이며 그는 진심으로 여자를 사랑하는 남자가 아니다, 그렇기 때문에 속고 있을 뿐이라고 말한다.

　그럼에도 나미코는 흔들리지 않고 이시즈카에게 "나를 진심으로 사랑한다면" 회사 매수를 포기해달라, 매점한 주식을 돌려주면 남편과 이혼하고 이시즈카와 결혼하겠다, "당신의 꿈과 나, 어느 쪽을 원해? 나를 사랑한다면 당신의 꿈을 포기"하라고 종용한다. 이시즈카는 "오랜 꿈을 버리고 주식을 팔게. 결혼하자"라고 프러포즈하고, 둘은 관계를 맺는다. 나미코는 남편에게도 "주식과 나, 둘 중 하나를 선택"하라며 이혼 서류를 보낸다. 이시즈카는 절연의 대가로 주식 매도금을 요코에게 건네고 나미코와의 새 출발을 꿈꾸지만 요코가 휘두른 칼에 찔려 중상을 입는다. 요코는 나미코를 불러내 죽이려 하지만 이를 저지하고자 이시즈카는 그녀의 목을 조르고, 요코는 환희를 느끼면서 숨을 거둔다. 뒤늦게 현장에 달려온 나미코가 피투성이가 된 이시즈카를 격렬하게 애무하고 그는 눈을 감는다.

이상 영화의 줄거리만으로도 당초 남성 독자들을 위해 집필된 원작의 대중 오락적 통속성을 영화에 그대로 살려놓았음을 알 수 있다. 다시 말해 나미코와 이시즈카의 베드 신이나 가와시로가 내뱉는 변명 등은 상당히 통속적일 뿐 아니라 현실에서는 말로 하기 민망한 원작 속의 많은 대사들이 영화에 그대로 사용되었다.

하지만 이러한 통속성은《남편이 보았다》의 표면적인 특징일 뿐이다. 원작은 대담하게 각색되어 기본 설정만 남아 있는 정도다. 가령 원작의 경우 마지막에 밝혀지는 이시즈카와 요코의 관계에는 근대 자본주의에 휩쓸려 가는 패전 후 일본 사회의 명암이 짙게 드리워져 있지만, 영화에서 그들의 과거는 이시즈카가 클럽을 매각할 때 단 한 번 나오는 '제3국인'이라는 단어로 암시될 뿐이다.15) 또한 원작의 핵심인 미스터리 서스펜스적 요소도 어정쩡하게 남아 있다.

이와 반대로 나미코와 이시즈카의 연애라는 멜로드라마적 요소가 영화에서 중요하게 다뤄지지만, 원작에서 두 사람의 연애는 추리소설의 플롯에 약간의 섹슈얼한 분위기를 첨가하기 위해 여주인공의 심리를 섞어놓은 이른바 '서스펜스 로망'의 기본을 충실하게 밟아가며 독자의 호기심을 유발하는 기능만을 한다. 또한 영화에서는 와카오가 연기한 나미코가 주인공으로 등장하는 반면 원작에서는 손에 잡히지 않는 애매한 윤곽으로만 처리되어 여러 인물이 이리저리 뒤얽히는 미스터리의 요소를 강화

---

15) 구로이와 쥬우고, 『여자의 작은 상자』 (상하 권), 분슌 문고, 1978.

하기 위한 연결 고리 역할만을 한다.

다시 말해 원작은 나미코의 미묘한 심리나 복잡한 갈등을 거의 묘사하지 않아 영화에서 볼 수 있는 여성 인물의 멜로드라마적 요소가 거의 없다고 봐도 무방하다. 영화를 제작할 때 이러한 각색과 원작의 차이는 당연한 일이다. 1년간 연재된 소설을 한 시간 반 정도의 영화로 제작하는 과정에서 추리의 요소 등을 덜어낸 뒤 에피소드를 따라가는 전개 방식은 효과적이며, 실제로 몇몇 시퀀스는 원작의 에피소드를 그대로 사용했다.

회사원 가와시로가 대표하는 중류 계급의 위선, 퇴폐와 전후 번영, 이시즈카와 요코 같은 벼락부자 등의 인물 설정은 상당히 마스무라적인 도식이다. 1960년대 중반 고도 성장기였던 일본에서 급속하게 진행되는 근대화와 그로 인해 변할 수밖에 없었던 당시의 사회 상황이 개개인의 일상에 미쳤던 변화가 어떤 식으로 인간으로부터 사랑과 자유를 빼앗고 남녀 모두 각자의 세계에 속박되게 했는가라는 지극히 윤리적인 문제 제기는 마스무라에게 안성맞춤인 소재였다.

《남편이 보았다》에 대해 마스무라는 다음과 같이 설명한다.

"일본에는 남녀의 '사랑'이 존재하지 않는다. 왜냐하면 남녀 모두, 즉 인간이 없기 때문에 인간의 결합인 사랑도 없다. 일본에는 벌거벗은 인간이 없다. (중략) '인간의 부재', '사랑의 부재'는 일본에서 새로운 사실이 아니며 일본인의 성격에 깊이 새겨진 만고불멸의 흔들림 없는 전통이다. 본래 인간관계는 있어도 벌거벗은 인간 따위는 존재한 적이 없는 나라다. (중략) 이번 작품 《남편이 보았다》에서 그러한 벌거벗은 인간이 사랑을 추구하는 모습을 그리고자 했다. 그 사랑은 고독하고 순수하며 쾌락적이다. 일본적인 사회관계에서 보면 비도덕적이고 음란하고 파괴적이다. 일본인은 서양을 모방해 어른스러운 척을 하며 뜻도 모른 채 '사랑의 부재',

'인간의 부재'라고 이야기하기 전에 일찍이 존재하지 않았던, 단지 수입된 관념으로만 존재했던 '인간'과 '사랑'을 먼저 아이처럼 추구해야만 하지 않을까."16)

이렇듯 마스무라는 《아내는 고백한다》를 통해 추구했던 테마를 다시 한번 꺼내 들었다. 그의 의도는 원작의 통속성을 모두 걷어내고 순수하게 마스무라적 소재, 즉 '사랑'의 드라마를 찍는 것이었다. 원작 속 서스펜스의 요소를 최소화하고 몇 가지 설정만을 가져와 나미코와 가와시로, 나미코와 이시즈카, 그리고 이시즈카와 요코(단적으로 말하면 나미코와 이시즈카, 그리고 요코) 등 세 쌍의 남녀 관계에 초점을 맞춰 이야기를 이끌어간다.

《아내는 고백한다》 속 인간관계의 도식을 보다 강하게 밀고 나가 나미코 대 가와시로, 나미코 대 오빠 부부,17) 혹은 이시즈카 대 가와시로를 대비시켜 '일본적인 근대 사회' 대 '개인으로서의 인간'이라는 이항대립을 명확하게 보여준다. 가와시로는 회사를 위해 자신을 희생하고 출세하

---

16) 마스무라 야스조, 「차기작 《남편이 보았다》」, 『영화감독』, 411~412쪽.

17) 오빠 부부가 내뱉는 대사는 적당하게 '상식적인' 결혼관을 드러낸다. 몇 가지 예를 들면 다음과 같다. 가출한 나미코와 오빠의 대화, "가끔은 싸워도 괜찮지만 가출은 안 돼. 집에 돌아가. 무엇보다 가와시로 군에게 너와의 결혼을 부탁한 건 나야. 가와시로 군에게 미안하다", "오빠, 남편과 헤어지고 싶어", "여자라도 생겼다더냐, 바람도 남자들 일의 일부야", "나를 사랑해주지 않아", "바보, 사랑이라니. 29살이나 됐으면 문학소녀 같은 말은 그만해. 여기는 외국이 아니야, 일본이라고. 부부관계는 연애가 아니라 생활이야." 오빠의 처, "부부란 어차피 시시한 거야. 빨리 아이라도 낳아. 30대가 되기 전에."
이시즈카와 새 출발을 하려는 나미코를 가와시로와 화해시키려는 오빠, "나미코, 너도 여자잖아. 여성스러운 상냥함은 없니. 가와시로 군의 성의를 생각해서 좀 굽히면 어떠냐", "싫어. 여자니까 싫어", "나미코, 남편이 일 때문에 아내를 돌보지 않는다고 해서 이혼한다는 얘기는 들어본 적이 없어. 일하는 남자는 성공한 인간이야. 이 세상 부인들은 모두 참고 불평도 안 하고 남편의 출세를 돕는다. 그런 게 아내고 부부란 말이다. 세상의 상식이야", "난 싫어, 남편을 위해 희생하지 않을 거야", "그럼 남편이 아내에게 희생하란 말이냐!"

는 것이 아내를 위하는 길이라 생각하지만, 그의 최종 목표는 나미코에 대한 '사랑'이 아니라 결혼 제도로 유지되는 부부 '관계'일 뿐이다. 다시 말해 사랑으로 맺어진 관계가 아니라 관계를 유지하기 위해 사랑이 수단이 된다. 가와시로가 '일본적인 사회'의 윤리를 대표한다면 이에 대항하는 나미코와 이시즈카가 '사랑의 윤리'를 선택하게 함으로써 마스무라는 자신의 도식을 완성한다.

'벌거벗은 인간'을 그리고자 한 마스무라의 의도는 이미 타이틀 시퀀스에서도 드러난다. 나중에 설명하겠지만 와카오 아야코의 나체(대역)를 비추는 이 시퀀스는 엉뚱한 해석을 불러일으켰다. "드라마의 중심이자 출발점"으로 "30세의 유부녀, 나미코의 육체와 정신을 그리고 싶어"[18]했던 마스무라는 가와시로와의 결혼 생활에 환멸을 느끼고 육체적으로 만족하지 못한 나미코에게 '사랑을 갈구'하는 사명을 부여한다. 마스무라의 무녀로서 나미코는 이시즈카에게도, 그리고 가와시로에게도 "나를 위해 전부 버릴 수 있어?"라고 추궁한다.

'일과 사랑 중 어느 쪽인가'라며 "남자에게 불합리한"[19] 선택을 강요하는 나미코의 논리에는 '남자＝상식＝사회＝일＝타협과 제약' 대 '여자＝본능＝반사회＝에고이즘＝정동'이라는 지극히 마스무라적인 도식화된 젠더 규범이 작동하고 있다. 사실 무턱대고 '사랑'을 갈구하는 나미코는 《아내는 고백한다》 이후의 마스무라적 여주인공이라고 자주 지적되었다.

결론적으로 영화의 시나리오는 거의 새로 쓴 것처럼 구로이와 쥬우고의 원작과는 다른 결을 지니고 있다. 샐러리맨을 위한 '남자 이야기'였던

---

18) 마스무라 야스조, 「인간이란 무엇인가」, 413쪽.
19) 와카오 아야코를 인터뷰한 쓰쓰이 다케후미의 질문, 『영화감독』, 245쪽.

원작은 완전히 마스무라적 소재, 다시 말해 '개인을 속박하는 일본 사회'를 고발하기 위해 발동된 '여성성의 담론'을 둘러싼 갈등의 장이라는 지극히 '멜로드라마적인 상황'으로 변모한다. 모든 인물은 마스무라 영화에서 흔히 볼 수 있는 유럽형 성애에 근거한 사랑의 관념을 충실히 구현하기 위한 존재들이다. 와카오 아야코와 기시다 교코가 연기하는 나미코와 요코, 다미야 지로가 연기한 이시즈카는 허구의 이야기 속에 성립된 리얼리즘적 현실 원칙에 따라 행동하지 않는다. 애당초 『여자의 작은 상자』의 표층적인 인물 설정은 틀림없이 마스무라에게 딱 맞는 소재였다. 왜냐하면 멜로드라마 속 등장인물은 "내면적인 깊이"도 "심리적인 갈등"도 없고, 대신 "갈등 및 심리 구조를 외면화"[20]하기 위한 존재이기 때문이다.

《남편이 보았다》의 통속적이고 틀에 박힌 대사는 얄팍하기 이를 데 없으며 그 때문에 이야기와 인물 설정은 우스꽝스럽게 보이기도 한다. 이러한 위험성에도 아랑곳하지 않고 마스무라는 '사랑'에 대한 영화를 만들어냈다. 《남편이 보았다》는 제작사가 의도했을 법한 '남성용 오락 영화'의 외피를 두르고 있지만 예상치 못하게 '마스무라적 히로인'의 이야기로 탈바꿈했다. 사실 마스무라는 분명히 말했다. "이건 산업 스파이 영화도 범죄 미스터리도 아니고 에로 영화도 아니다. 바로 연애 영화이다."[21]

너무나 역설적이지만 구로이와가 **'남성 소설'**로 쓴 서스펜스 스릴러 『**여자의 작은 상자**』는 《**남편이 보았다**》로 영화화되면서 마스무라의 멜로드라마, **'여자의 영화'**가 되었다. 이러한 장르 변화에 따라 어긋남이 만들어졌을 뿐만 아니라 이 영화는 남성과 여성 담론이 갈등하고 통속적인 담

---

20) 피터 브룩스, 『멜로드라마적 상상력』, 63쪽.
21) 마스무라 야스조, 「인간이란 무엇인가」, 413쪽.

론과 신성한 윤리가 대립하는 장이 되는 상황에 놓이고 말았다. 마스무라는 마치 반격을 꾀하듯 구로이와의 소재를 멜로드라마적인 윤리극으로 만들었다. 그로 인해 너무나 당연하게도 젠더의 착종이 일어나고 이야기의 레벨에서 '남성성의 담론'과 '여성성의 담론'이 충돌하는 것을 피할 수 없게 됐다. 작품이 만들어지는 단계에서부터 《남편이 보았다》는 '남녀의 목소리가 싸우는 장'이 될 운명이었다. 그렇다, 《남편이 보았다》는 가장 순수하게 마스무라적인 영화 중 하나다.

마스무라의 오산

『영화예술』에 게재된 마스무라의 글(「인간이란 무엇인가—《남편이 보았다》에서 그리고 싶었던 것」「人間とは何か」—『女の小箱・より・夫が見た』で描きたかったこと」)을 읽어보면 당시 비평가들이 자신의 의도를 이해하기는커녕 오해하고 있음에 그가 얼마나 분노하고 있는지 생생하게 느껴진다. 그러한 오해에는 여러 이유가 있겠지만 짐작하건대 당시로서는 '대담한 성 묘사'가 가장 큰 원인이었다.

하나의 예로 앞서 언급한 나미코의 나신을 비추는 오프닝 쇼트를 살펴보고자 한다. 해당 쇼트는 "노출 과다의 애욕물(物)", "불필요한 에로쇼"[22] 등의 혹평을 받았고 이에 마스무라는 분개했다. 묵직한 테마 곡을 배경으로 프레임 안쪽의 귀퉁이에 목욕 중인 와카오 아야코가 보인다. 그녀는 조금도 웃지 않고 한 곳을 바라보며 욕조에 몸을 담그고 있다. 영화 제목 '남편이 보았다'가 화면에 뜬다. 곧이어 와카오가 욕조 밖으로 나오

---

22) 위의 책, 412~413쪽.

면 프레임에 잘린 나체가 드러난다. 대역 배우가 촬영했지만, 당시의 관객들은 화면 속 나체를 와카오의 몸이라고 생각했기에 그 충격은 컸다. 마스무라는 처음부터 다짜고짜 들이대는 식으로 미디엄 클로즈업 쇼트로 와카오의 신체를 잘라 카메라 앞에 노출시킨다.

이 장면만 봐도《남편이 보았다》가 '남성을 위해, 남성의 시선을 위해' 만든 영화라는 인상을 가장 먼저 받는다. 실제로《아내는 고백한다》의 와카오 아야코를 좋아했던 많은 여성 관객들도 이 영화에 불편함을 느꼈을 것이다. 거의 전라 상태로 풍만한 여성의 육체가 명백하게 성적인 대상으로서의 '여자'를 보여주기 때문이다.

이어지는 장면에서 목욕을 끝낸 나미코는 "오늘 밤도 집에 못 가"라는 남편의 전화를 받는다. "그래"라며 건성으로 대답하는 나미코. 그 뒤 카메라는 하얀 침대를 비춘다. 이런 식으로 영화는 초반부터 나미코의 불만족스러운 부부생활을 암시한다. 이후 가와시로의 사무실 장면, 가와시로가 이시즈카의 사무실을 방문해 "회사 매수를 멈춰달라"고 설득하는 장면, 가와시로와 에미의 불륜 장면이 차례로 등장한다. 뒤이어 나오는 장면에서 산부인과 의사이자 친구인 미쓰에를 찾아간 나미코가 요즘 들어 부부관계도 없고 "무엇을 위해 결혼했는지", "누가 있는 힘껏 안아줬으면 좋겠어"라는 등 불만을 토로한다. 이 모든 장면이 10분도 채 안 되는 사이에 펼쳐진다. 인물의 관계와 정황을 제시하는(실은 필름 한 롤에 해당하는 시간에23) 주요 등장인물을 모두 동원하여 그들의 관계를 보여준다) 방식에서 마스무라의 노련함을 엿볼 수 있지만, 장면 자체만 놓고 보면 나미코는 단지 '욕구 불만의 유한마담'이라는 스테레오 타입에 지나지 않

---

23) 역주: 당시 필름 한 롤로 대략 10분 정도의 장면을 찍었다.

기에 이 시점에서 어떤 관객은 이미 영화에 대한 흥미를 잃을 수도 있다.

에로틱한 장면은 이외에도 다수 있다. 나미코와 이시즈카의 첫 베드 신에도 나미코의 입욕 장면이 나온다. 이때 이시즈카 또한 '그리스의 조각과도 같은' 다부진 상반신을 노출한 채 샤워를 한다(실제로 다미야의 육체 또한 욕망의 대상으로서 강조된다). 혹은 요코와 이시즈카의 관계도 격정적으로 묘사되고, "안아줘", "가슴을 깨물어줘"라고 말하는 장면 등은 지금 봐도 직접적이라 민망할 정도다.

하지만 마스무라의 의도는 전혀 다른 데 있었다. "타이틀 시퀀스 속 그녀의 육체, 표정, 손의 움직임 등은 드라마의 중심이자 출발점, 다시 말해 나미코의 사랑받지 못한다는 불만, 사랑에 대한 열망, 쇠약해져가는 육체에 대한 불안"을 묘사하기 위한 장치이며, 이를 통해 나미코의 '육체와 정신'을 그렸다고 마스무라는 주장한다. 비평가들이 "선전 문구"나 "구로이와 쥬우고 작품에 선입견을 품고 이후 전개를 오해했다"[24]고 말한 마스무라의 비판은 타당하다. 계속해서 영화 분석을 이어가면, 오프닝 시퀀스는 나미코가 처음으로 이시즈카와 관계를 갖고 육체적으로 만족감을 느끼는 장면과 호응한다. 따라서 이 시퀀스의 입욕 장면은 시각적 임팩트나 충격 효과를 노린 것이 아니라 최초의 쇼트부터 곧바로 이야기의 세계로 진입시키는 중요한 기능을 수행한다.

그렇다고는 하나 만약 예고편에서 오프닝 시퀀스의 이미지를 사용했다면 얼마나 화제가 되었을지 쉽게 짐작할 수 있다. 마스무라의 의도와 상관없이 화면에 노출되는 나체 쇼트는 나미코를 '성애'의 대상에 위치시킨다. 또한 나체 신과 베드 신을 빈번하게 사용한 것은 당연하게도 《아내

---

24) 위의 책, 413쪽.

는 고백한다》이상으로 '와카오 아야코적 문제'를 환기시킨다. 오프닝의 누드 장면만 본다면 남성이 규정하는 여성성을 실현한 것과 다를 바 없으며 이런 식으로 남성 담론을 페미니스트적으로 비판하는 것은 아주 간단해 보인다.

더욱이 《남편이 보았다》에 대한 비평가들의 오해는 영화의 에로틱한 요소 때문만은 아니었다. 이 시기 마스무라는 《아내는 고백한다》이후 《훔친 욕정》, 《여자의 일생》(女の一生, 1962) 등 '여성 영화' 계보에 속하는 작품을 찍었지만, 한편으로 '흑' 시리즈, 《순정파 불량배》, 《현대판 사기꾼 이야기》등 남성 영화도 연출했다. 이런 영화에서도 빠른 템포의 단도직입적인 대사, 심리 묘사나 분위기가 아닌 액션과 상황을 카메라의 움직임으로 표현한 스피디한 화면 전개 등 《입맞춤》(1957), 《거인과 완구》, 《명랑 소녀》로 대표되는 마스무라 스타일을 여전히 볼 수 있었다. 하지만 《남편이 보았다》에서는 이러한 연출을 일절 구사하지 않는다. 액션은 극단적으로 적고 이야기 전개도 느리며 시공간적 관련성을 제시하지 않은 채 고집스럽게 에피소드를 이어간다.

이처럼 《남편이 보았다》는 여러 면에서 모순적이다. 원작의 영화화 과정에서 일어난 '남성 담론과 여성 담론'의 교착, 통속적인 언어와 신성한 윤리의 대립, 성적인 표현을 어떻게 읽어낼 것인가라는 기호로서의 영상(시니피앙)과 그 내용(시니피에)의 어긋남, 그리고 작가로서의 마스무라를 둘러싼 기대와 감독의 의도 사이에 생긴 온도 차 등 실로 다양한 모순과 갈등이 이 영화 속에 존재한다.

이는 높은 평가를 받은 《아내는 고백한다》와 비교하면 더욱 명확하다. 탄탄한 시나리오 집필 단계를 거친 《아내는 고백한다》[25]가 '아버지의 법'에 '여성성'이 단죄되고 패배하는 젠더 규범에 관한 세련된 담론을 이야기하고 있다면, 《남편이 보았다》는 이른바 뛰어난 각본에 요구되는 동기나 심리 묘사를 무시하고 직접적인 '사건'과 '행동(액션)'을 에피소드식으로 짜맞춰나간다. 그런 이유로 영화는 '깊이'가 없어 **보이는** 치명적인 결점을 떠안고 말았다. 언뜻 모순투성이인 《남편이 보았다》를 비평가들이 혹평한 것은 마스무라의 쓸쓸한 오산 때문인지 모른다. 하지만 동시에 비평가들의 오해는 통속성을 배제한 채 예술성으로만 재단한 결과 '작품'으로서의 완성도라는 관점에서만 영화를 보았기 때문이다.

당시의 한 비평가는 "영화 전반부, 마스무라의 터치는 여자의 에고이즘을 일종의 잔혹한 것으로 그려 건조한 재미를 만들어냈"지만, 최종적으로는 "가작(佳作)이라 할 여지가 있음에도 불구하고 어딘가에서 당장의 오락적인 재미와 바꿔버렸다. 아까운 작품이다"26)라고 평했다. 그러나 아이러니하게도 《남편이 보았다》의 특이성은 바로 그러한 '깊이' 없음에 있다. 물론 여기서 말하는 '깊이'는 뛰어난 각본, 심리적 동기에 기반한 세밀한 인물 묘사, 자연스러운 이야기 전개 및 적절한 템포와 같은 규범을 칭하는 것인데, 《남편이 보았다》는 그러한 상식적인 의미에서 만듦새가 좋은 영화는 아니다. 그렇다면 과연 무엇이 《남편이 보았다》를 기묘한 매력으로 채워진 마스무라적 영화라고 말하게 하는 것일까.

와카오 아야코의 멜로드라마적 신체

《남편이 보았다》를 최종적으로 어떻게 평가할 것인가와는 별개로 이

---

25) 이데 마사토, 「시나리오 아내는 고백한다」, 『시나리오』 160호, 1961년 10월호, 16~46쪽.

26) 오카다 스스무, 「남편이 보았다」, 『키네마 준보』 361호, 86~87쪽.

영화는 아주 이상한 작품이다. 예를 들어, 다음과 같은 코멘트를 보자.

"《남편이 보았다》의 원작은 멜로드라마가 아닌 구로이와 쥬우고의 대중 소설이고 영화도 회사 매수 이야기에 성적인 요소를 섞은 풍속 영화 그 이상도 아니며, 게다가 마스무라답지 않게 이야기는 느린 템포로 흘러간다. 별 기대 없이 영화를 보면 어느새 마스무라와 와카오의 강력한 파토스에 휘말리고 끝에서는 목숨을 걸고 자기주장을 하는 개인으로서의 히로인…의 탄생과 마주하게 된다."27)

이 글은《남편이 보았다》의 모순을 있는 그대로 드러낸다. 대조적인 오프닝과 엔딩이 상징적으로 보여주는 것처럼, 처음에는 지극히 통속적인 '남성 관객용' 영화인가 싶다가 '어느 순간' 다 보고 나면 와카오 아야코의 끌어당김에 휘말려 들어가 보기 드문 정통 멜로드라마에 놀라움과 감동을 느끼는 이상한 영화 체험을 하게 된다.

《남편이 보았다》를 멜로드라마로 규정하는 이유는 크게 세 가지로, 스타일, 캐릭터, 라스트 신의 측면에서 살펴볼 수 있다. 특히《아내는 고백한다》와 비교해보면 이러한 점은 더욱 확실해진다.

《남편이 보았다》의 특이성은 한층 두드러진 작위적인 연출법, 즉 영화적 스타일에 있다고 해도 과언이 아니다. 심지어 이는 '마스무라 터치'라 부를 만한 작가적 스타일도 아니다. 감독의 시도는 각본 및 이야기의 레벨에서 마스무라적 히로인이 놓인 폐쇄적인 상황을 드러내는 것이 아니라 이를 어떻게 '영화적'으로 나타낼까, 다시 말해 하나의 스타일로서 어떻게 연출할 것인가에 관한 것이다. '속박당하는 개인'이라는 지극히 도식적인 마스무라의 테마가 영화적 스타일로 구현되고 그 철저함은 가히

---

27) 이와모토 겐지, 「몰아로의 역습」, 32쪽.

'실험적'이다.

마스무라가 미디엄 쇼트를 자주 사용하는 점은 익히 알려져 있다. 이야기 전개의 경우, 관객을 위해 인물 설정과 환경 등 '설명적인 배경'을 쌓아가면서 인물의 내면으로 논리적으로 들어가기 위한 롱쇼트, 미디엄 쇼트, 클로즈업을 단계적으로 편집해가는 방식이 아니라 시작부터 갑자기 미디엄 쇼트로 가까운 거리에서 히로인이 놓인 상태를 포착한다. 영화 평론가 야마네 사다오의 말을 빌리면 '상황'만을 보여줄 뿐이다.[28] 밀폐된 공간에서 벌어지는 이야기를 그린 《눈먼 짐승》(1969)과 같은 작품이 적절한 예다.

《남편이 보았다》에서도 마스무라는 미디엄 쇼트를 빈번히 구사한다. 하지만 그보다 눈에 띄는 것은 화면이 옆으로 긴 시네마스코프 사이즈를 최대한 이용해 만들어내는 독특한 공간 구성의 방식이다. 존 포드(John Ford, 1984~1973)의 《수색자》(The Searchers, 1956)가 모범적으로 시사하듯이 본래대로라면 시네마스코프 사이즈는 롱쇼트로 공간적인 너비를 표현하는 데 효과적이다. 그런데 《남편이 보았다》에서는 완전히 반대로 공간을 제한하기 위해 사용하고 있다. 마스무라는 시네마스코프의 화면을 삼등분하여 3분의 1에 해당하는 공간에 인물을 배치한다.

마스무라는 공간에 상당한 깊이를 만들어내는 연출 방식으로도 잘 알려져 있는데, 앙드레 바쟁(André Bazin, 1918~1958)이 '리얼리즘의 수법'이라 옹호했던 그 깊이조차 마스무라의 손을 거치면 작위성을 띠게 된다. 이러한 특징은 《남편이 보았다》에서 현저하게 드러난다. 전형적인 구성의 측면에서 화면의 전경, 중경, 후경 중 전경에는 방해물로 여겨지는

---

28) 야마네 사다오, 『마스무라 야스조』, 47~58쪽.

'사물'이 놓여 있고 인물은 중경 혹은 후경으로 밀려나 있다.

예를 들어 요코가 나미코에게 자신이 이시즈카의 내연녀라고 도발하는 장면을 보자. 두 여성의 대립은 삼등분된 구도 속에서 연출된다. 전경에는 식물이 있고 두 사람의 대결을 강조하듯 교대로 요코와 나미코의 얼굴을 비추는데(쇼트-리버스 쇼트) 이때 쇼트 사이즈는 클로즈업이 아닌 타이트한 미디엄 클로즈업이다. 쇼트-리버스 쇼트는 화면의 심도가 깊고 거의 180도 규칙을 위반한다. 이러한 충돌과 대립은 와카오와 기시다의 몰입도 높은 연기를 최대한으로 살려 화면에 긴장감을 불어넣는다. 대부분의 경우 화면은 수직과 수평의 두 축을 중심으로 구성되고 이러한 연출상의 대립 관계는 과도할 정도로 강조된다. 영화의 첫 장면, 즉 오프닝 시퀀스의 첫 번째 쇼트를 보더라도 카메라는 살짝 부감으로 와카오 아야코를 누르는 듯이 넓은 화면의 한 공간에 집어넣어 보여준다.

이러한 구도는 지극히 멜로드라마적인 구조를 내포하고 있다. 왜냐하면 멜로드라마의 기본은 "환원되지 않는 이원론"이며 "멜로드라마의 딜레마와 선택은 전부를 취할 것인가, 모두 버릴 것인가라는 극단적인 형태를 띠며 어느 한쪽으로 치우쳐" 있는 데다 그 대립은 "수평적이고 수직적"이기 때문이다.[29] 나미코가 요구하는 궁극의 선택이야말로 가장 적합한 예가 되겠지만, 어찌 되었든 《남편이 보았다》의 극단적인 설정과 스타일의 과잉은 이 영화가 분명히 멜로드라마의 계보에 위치해 있음을 시사한다.

화면상의 제약은 와카오 아야코에게만 해당하는 문제가 아니다. 영화 대부분에 걸쳐 어두운 화면이 이어지는 가운데 와카오 아야코에게 조명을 비추는 장면이 많은 탓에, 그녀의 존재감이 강조될 뿐만 아니라 궁지

---

29) 피터 브룩스, 『멜로드라마적 상상력』, 63쪽.

에 몰린 나미코의 상황이 이야기 흐름이 아닌 신체적인 측면에서 구체화된다. 이렇게 마스무라는 《아내는 고백한다》보다 더욱 분명하게 나미코를 **영화적 공간**에 집요하게 가두고 그녀가 놓인 **폐쇄적**인 결혼 제도를 영상적인 환경으로 창조해낸다. 다시 말해 《아내는 고백한다》는 기본적으로 이야기의 측면에서 주인공 아야코의 투쟁을 그리고 있지만, 《남편이 보았다》의 경우 이야기뿐만 아니라 영화적 스타일과의 갈등으로도 드러난다. 그리하여 느린 템포의 멜로드라마로 시작하는 《남편이 보았다》는 서서히 긴장감을 고조시켜 나가다가 강렬한 라스트 신으로 끝을 맺는다.

예를 들어 나미코가 가와시로와 에미의 불륜을 비난하는 장면을 보자. 이시즈카가 가와시로의 집을 방문해 주식 명부를 발견한 뒤 가와시로가 귀가한다. 화면은 거실과 부엌으로 나뉘어 있고 왼쪽 중경에서 후경쯤 나미코가 옆을 향한 채 의자에 앉아 있다. 명부가 놓여 있는 것을 본 가와시로가 이시즈카와 어울리지 말라며 나미코를 비난하자 나미코는 "그럼 당신은 뭘 해도 괜찮다는 거야?"라고 몰아세운다.

이때 가와시로가 전경 중앙에 있고 나미코는 화면의 3분의 1에 해당하는 공간으로 밀려나 있지만 부엌의 조명 덕분에 좁은 공간 안에서도 또렷하게 보인다(《세이사쿠의 아내》에도 참여했던 이토 유키오 조명 감독은 이 영화에서도 효과적이고 뛰어난 조명을 구사한다). 와카오 아야코가 특유의 낮은 목소리로 "불륜은 더러워, 사랑하지도 않는데 몸을 섞다니"라고 격하게 대사를 쏟아낼 때 관객은 전경의 가와시로가 아닌 화면 한쪽으로 쏠려 있는 나미코가 거친 숨을 몰아쉬며 가와시로에게 있는 힘껏 반발하는 모습을 본다. 화가 난 나미코가 다른 방에서 자겠다고 하자 가와시로는 완력으로 그녀를 침대에 눕힌다. "짐승"이라고 일갈하는 나미코에게 가와시로는 주먹을 휘두르고 이에 나미코는 꿋꿋하게 이혼을 요구하며 오히려 "더 때려"라고 말한다. 미시마 유키오와 함께 출연한《실 없는 놈》에도 비슷한 장면이 나오는데《남편이 보았다》에서는 표현의 측면에서 가와시로의 불합리한 폭력과 나미코의 무력한 반항의 강도가 동시에 상승한다.

말하자면《남편이 보았다》는《아내는 고백한다》의 마지막 시퀀스에서 구사했던 연출을 영화 전체에 적용해 만든 것 같다. 와카오 아야코의 목소리는 점점 낮아지고 존재의 중심은 점점 무거워져 보는 이를 끌어당긴다.

앞서 가와시마 감독의 작품과 비교한 것처럼 마스무라는 과할 정도로 와카오 아야코를 공간적으로 가두고 카메라의 시선으로 규제한다. 이런 숨 막힐 듯한 화면 구성은 인물과 인물 혹은 인물과 세트의 배치 등 면밀하게 계산된 미장센을 요구한다. 와카오 아야코도 다음과 같은 말을 남겼다. "마스무라 감독의 경우는 위치를 너무 타이트하게 잡아서 힘들었어요. 1센티라도 틀리면 상대방이 보이지 않을 때도 있었어요. 그래서 언제나 촬영 직전까지 카메라를 보고 계셨던 게 아닌가 싶어요. 본 촬영 중에도 카메라 감독을 밀어내고는….".30) 그녀의 발언대로 상당한 긴장감이 촬영장을 채웠을 것이다. 내러티브상에서 궁지에 내몰리는 나미코의 막막한 상황은 카메라를 대리인으로 하여 화면으로도 제시된다.《남편이 보았다》의 독특한 긴장감은 바로 이러한 점에서 생겨난다.

와카오 아야코는《아내는 고백한다》의 아야코를 연기할 때보다 한층 더 마스무라의 극단적인 연출 방식에 온 힘을 다해 따랐고, "이치"31)에 맞지 않거나 "이상"32)할 정도로 (남자의 입장에서 보면) 이기적인 사랑을 추구

---

30) 와카오 아야코 인터뷰,『영화감독』, 243쪽.

31) 오카다 스스무,「남편이 보았다」, 86쪽.

하는 나미코에게 육신을 부여했다. 그 존재감은 가히 압도적이다.

이렇게 해서 "이것만이 여자는 아니야"라고 생각한 와카오 아야코가
《아내는 고백한다》에서 벌였던 은밀한 투쟁은《남편이 보았다》를 통해 스
크린 위의 '영화적 갈등'이 되었고 또다시 영화 텍스트를 뒤흔들었다.《아
내는 고백한다》의 아야코 이상으로 더욱 '성애'적인 나미코는 오로지 '사
랑'을 향한 에고이즘이라는 지극히 마스무라적인 젠더 규범에 충실한 인
물이다. 그러한 구도 안에서 세간의(즉 남성적 원리에 따른) 상식으로 보
면 "이치에 맞지 않는" 나미코의 '정동의 논리'가 **그녀 자신**의 관점에서 보
면 **논리적**이라고 자기를 포함해 관객을 납득시킬 필요가 있음을 당연히
느꼈을 것이다. 상상에 지나지 않지만, 단도직입적인 대사나 당시의 규범
을 벗어나는 성애 묘사, '여배우'로서 성숙한 모습을 보이고자 했던 와카
오의 일에 대한 열의를 보더라도 어중간하게 연기할 수 없는 배역이었다.

게다가《아내는 고백한다》와《남편이 보았다》사이에 와카오는 한 남
자의 '아내'가 되었고, 결혼 생활이라는 현실에 직면했다.33) 와카오는 나
미코의 상황, 그녀를 구속하는 결혼 제도의 모순, 이에 대한 저항과 반발
을 자신의 문제로 받아들였을 것이다. 만약 그녀가 철저하게 제어되는 폐
쇄적인 공간34)과 마스무라의 카메라 앞에서 '제도에 저항하는 히로인'을

---

32) 야마네 사다오, 『마스무라 야스조』, 7쪽.

33) 1969년 이혼 직후 이뤄진 야마모토 교코와의 인터뷰에서 와카오는 이혼에 대해 이
렇게 말했다. "나를 머리부터 바꾸려고 했어요.… 그저, 그저, 여러 가지로 자유를 구속하고,
그래서 숨이 막혔죠. 어떤 부분에서도 친밀해지지 않았어요." 여배우라는 직업과 결혼 생활
을 함께 유지해야 하는 어려움이 한 원인이었음이 그녀의 말 곳곳에서 드러난다. 「와카오
아야코, 심경을 말하다」, 『키네마 준보』, 1969년 9월 상순호, 44~49쪽.

34) 물론 현장에는 스크린의 프레임이 존재하지 않기에 화면상에 보이는 제어가 그대로

단지 연기했을 뿐이라면 관객을 끌어당기는 그 힘은 아무리 해도 생길 수 없었을 것이다.

이러한 역학은 나미코가 이시즈카에게 "일과 사랑" 중 하나를 선택하라고 종용하는 장면에서 가장 선명하게 드러난다. "이시즈카 씨 당신의 꿈과 나, 어느 쪽이야? 가와시로처럼 역시 남자의 꿈이 중요해? 나는 어떻게 되든 상관없어? 사랑한다면 사랑하는 여자를 위해 모든 것을 버리는 게 아니라? 나를 사랑한다면 나를 위해 당신의 꿈을 버렸으면 해. 난 그저 평범한 유부녀야. 이렇게 말해서 오만하다고 생각해? 바보 같아? 어린애 같아? 하지만 그게 여자야. 자, 확실히 말해줘. 나를 사랑해?" 다소 말하기 껄끄러운 통속적인 질문을 나미코는 아무런 부끄러움도 없이 이시즈카에게 던진다.

사실 이 대사는 원작에서는 볼 수 없다. 소설에는 나미코의 '목소리'가 존재하지 않기 때문이다. 나미코가 "바보 같아? 어린애 같아? 그게 여자야"라고 무서울 정도로 '여성성의 본질론'의 유혹을 설파할 때 '와카오 아야코적 문제'는 정점에 이른다. 왜냐하면 이 낡고 낡은 '여성성의 본질론'의 유혹이 최고조에 달했을 때 드라마 또한 절정에 다다르기 때문이다.

고정된 카메라와 롱테이크를 사용한 쇼트에서 와카오 아야코가 한 마디 한 마디에 힘을 실어 지극히 윤리적인 질문을 던질 때, 관객은 그 발언 내용에 반발감이나 당황스러움을 느끼면서도 일종의 솔직함에 감동할 수밖에 없는 멜로드라마적인 상황에 생각지도 못하게 이끌리고 만다. 이 순간 영화적 스타일, 이야기, 배우의 연기가 한 치의 모자람도 없이 딱 들어

현장에서의 공간적 제어가 될 리는 없다. 하지만 영화 텍스트에서 드러나는 제어는 감독 마스무라에 의한 것임이 분명하다.

맞고, 와카오 아야코의 중력이 확실하게 화면을 장악하며, '부조리'하다고도 할 수 있는 나미코의 물음은 온전한 윤리적 사랑의 문제로 승화된다. 와카오 아야코의 양가성 덕분에 나미코는 이기적인 괴물이 아닌 '사랑의 주체'가 된다.35) 이 점에서 나미코는 《아내는 고백한다》의 아야코와 결정적으로 다르며, 그로 인해 《남편이 보았다》는 여성의 판타지에 한층 가까워진다.

《남편이 보았다》의 나미코는 《아내는 고백한다》의 아야코와 몇 가지 중요한 점에서 다르다. 세상을 모두 적으로 돌리고 고군분투하다가 결국 사랑을 잃고 패배하는 아야코와 대조적으로 《남편이 보았다》의 나미코는 마스무라적인 '사랑'을 실천하고, 그런 점은 요코도 비슷하다. 그녀는 나미코 이상으로 '사랑의 윤리'를 추구한다. 아야코가 마스무라적인 히로인의 원형이라면 아야코의 후계자는 실은 나미코가 아니라 요코라고 할 수 있을 정도다. 마스무라는 "자신의 만족을 위해서는 살인도 불사하는 에고이즘"을 하나의 "진실한 사랑"이라고 생각했고 이러한 사랑의 개념을 구현하는 이는 이시즈카에게 선택을 종용하는 나미코가 아니라 자신을 떠나 다른 여자에게 가려는 이시즈카를 칼로 찌르는 요코였다. 더욱이 자신의 육체를 바치면서까지 이시즈카에게 전력을 다해 희생하고 헌신한다는 점에서 요코는 나미코 이상으로 정통적인 멜로드라마의 캐릭터이다.
아야코가 혈혈단신 사랑을 향한 여자의 정열과 집념을 표현했다면 《남

---

35) 이 장면의 기묘한 양가성은 와카오 아야코가 실은 나미코와 비슷한 정도로 이시즈카에게 동일화했을 가능성에 있을지도 모른다. 여러 인터뷰에서 직업 배우로서 '일인가 결혼인가'라는 문제를 절실하게 고민한 흔적을 보이기 때문이다. 다시 말해 와카오는 나미코에게 선택을 종용당하는 이시즈카의 입장을 잘 이해하고 있었을 것이다.

편이 보았다》에서 나미코와 요코는 각각 정열과 집념을 보여준다. 이 영화에서 '마스무라적 히로인'은 와카오 아야코가 연기하는 나미코와 기시다 교코가 연기하는 요코를 합침으로써 완벽한 존재가 된다.

또한 나미코는 아야코과 마찬가지로 자신을 돌보지 않는 냉담한 남편 때문에 질식할 것 같은 결혼 생활을 하고 있지만, '사랑을 향해가는 정열'의 표출 방식은 결정적으로 다르다. 철저하게 사랑을 추구함으로써 여성성을 상실하고 반쯤 미쳐서 궁극의 타자성을 드러낸다는 점에서, 아야코는 가부장제가 규정하는 여성성 그 자체이며 부권사회에서 여성성의 역설을 폭로하는 존재다. 한편으로 나미코는 아야코와 대조적으로 광기와는 거리가 멀다. 그녀는 어디까지나 냉정하게 남자들에게 "궁극적인 선택"을 요구한다.

마스무라는 "자신의 욕망을 위해 부부관계를 깨는 나미코는 어린애 같고 음란하며 멍청한 데다가 악인이다. 나는 나미코를 소녀처럼 관념적인 여자로 그렸다"36)고 설명했다. 마스무라적인 관념으로서의 사랑을 아야코가 '광기'라는 형태로 표현했다면, 마찬가지로 '홀린' 듯 사랑을 좇고 있다고는 해도 나미코가 기대고 있는 것은 '관념으로서의 사랑'이지 '정념으로서의 사랑'은 아니다. 나미코는 결코 육체적인 성취에만 만족하지 않는다. 그녀가 요구하는 것은 '사랑의 증명'이며 육체뿐만 아니라 '관념으로서의 사랑의 절대성'을 소유하는 것이다. 이는 '사랑하는 주체'로서 존재하는 것이다. 설령 사랑하는 주체라는 포지션 자체가 가부장제가 부여한 의사적(擬似的) 주체라 할지라도 말이다.

그런 의미에서 나미코는 아야코 이상으로, 아니 아야코에 비교할 수

---

36) 마스무라 야스조, 「인간이란 무엇인가」, 413쪽.

없을 정도로 사랑에 대해 탐욕적이다. 일단 고다(가와구치 히로시)를 사랑하게 되자 이유 따윈 필요로 하지 않고 오로지 사랑하는 행위 자체를 목적으로 삼는 아야코가 순진무구하다면, 나미코는 '소녀처럼' 사랑을 갈망하지만 그 행동에는 타산적이라 할 만큼 어딘가 차가운 구석이 숨겨져 있다.37) 또한 아야코가 사랑을 향해 '달려가는 여자'라면 나미코는 철저하게 '주저앉는 여자'다. 와카오 아야코는 이렇게 비슷하면서도 다른 유형의 '마스무라적 여주인공'을 분명하게 구별하여 연기한다.

한편 《아내는 고백한다》 속 또 다른 여성 인물인 리에가 캐릭터로서 강한 인상을 남기지 못하고 이로 인해 아야코는 고립되고 말지만, 《남편이 보았다》에는 '마스무라적 히로인'이 나미코와 요코로 나뉘어 있고 강한 개성을 지닌 쓰무라 미쓰에의 존재로 인해 나미코는 고립을 면할 수 있었다. 나미코의 오빠가 가와시로와 함께 미쓰에의 집을 찾아오는 장면을 떠올려보자. 나미코가 이혼을 번복하지 않자 폭력을 휘두르는 그에게 미쓰에는 "여긴 내 집이에요. 난폭하게 굴려거든 돌아가주세요"라며 딱 잘라 말한다. 나미코에게 그녀를 이해하는 친구가 있다는 점은 와카오 아야코가 지닌 '여성 공동체에 대한 친화성'과 맥을 같이한다. 언뜻 스테레오타입화한 젠더 규범이 작동하는 듯 보이지만 《남편이 보았다》 속 여성성의 담론은 《아내는 고백한다》보다 중층적이다.

마지막으로 아야코와 나미코의 다른 점을 한 가지 더 살펴보고자 한다. 아야코는 무의식적으로 '남자에게 교태'를 부리는 과잉의 여성성을

---

37) 「와카오 아야코 심경을 말하다」에서 그녀는 "궁지에 몰리면 냉정해져요"라고 밝혔다. 45쪽.

드러낸다. 반면 평론가 야마네 사다오가 "뾰로통한 표정과 될 대로 되라는 식의 말투"[38]라고 표현한 것처럼 나미코는 거의 웃지 않고 부권성이 요구하는 '여성스러움'을 과시하지 않는다. 그녀는 영화에서 '섹슈얼'한 존재지만 '응시당하는 여자'가 아니다. 이는 오해를 살 만한 오프닝 시퀀스에서는 명확하게 드러나지 않지만, 영화를 보다 보면 나미코는 결코 '욕망의 대상'이 아니라 '욕망하는 주체'로서 그려진다. 마스무라는 그저 남자의 시각적 쾌락만을 위해 와카오 아야코를 '아름답게' 찍으려는 데에는 흥미가 없었던 것이 아니었을까. 이 차이는 요시무라 고자부로의《에치젠 대나무 인형》과 비교하면 더욱 분명하다. 두 감독의 스타일이 다른 것은 별개로 하더라도《에치젠 대나무 인형》에서 와카오 아야코는 남성 중심의 시각적 쾌락을 부여한 신체로 제시된다.

물론 마스무라의 와카오 아야코는 감동적일 정도로 지나치게 아름답다. 하지만 이것은 이른바 '타자의 시선을 위해' 자신을 노출하는 아름다움이 아니다. 그녀의 아름다움은 무의식적인 우연한 표정과 몸짓에서 돌연 나타난다.

《남편이 보았다》에서 딱 한 번 나미코가 희미하게 웃는 장면을 생각해보자. 경찰서에서 알리바이를 증명하고 자신에게 씌워진 살인 혐의를 벗게 해준 나미코에게 이시즈카는 "부인을 사랑합니다. 당신을 위해 뭐든지 할게요"라며 갑작스럽게 고백한 뒤 "목숨을 구해준 감사의 표시"로 진주 목걸이를 선물한다. 하지만 그녀는 선물을 받지 않는다. 이시즈카는 나미코를 집에 바래다주고 "오늘 즐거웠어요"라고 말한다. 차에서 내린 나미코는 입을 닫은 채 아주 잠깐 알 듯 모를 듯한 미소를 띤다. '자연'스

---

38) 야마네 사다오,『마스무라 야스조』, 76쪽.

럽다고만은 할 수 없는 미소다. 이 표정을 지을 때 이미 와카오 아야코는 나미코를 연기하는 것이 아닌 듯하다. 이 시점에서 관객은 배우와도 나미코와도 구별할 수 없는 기묘한 신체에 동일화할 수 있게 된다. 이 장면 속 와카오 아야코의 아름다움은 그 누구도 아닌 그녀 자신의 것이며, 그 아름다움 앞에서는 젠더화된 관객 또한 없다.

그리고 《남편이 보았다》는 나미코의 아름다운 판타지로 변화해간다. 이시즈카는 하나의 캐릭터이기를 멈추고 나미코만을 위한 존재가 되어간다. 이 과정에서 그는 일과 야심 같은 것을 모두 버리고 가부장제로부터 등을 돌린다.

마스무라는 앞서 인용한 「인간이란 무엇인가」에서 비평가들은 이 작품을 이해하지 못했지만, 대조적으로 "『주간 헤이본』(週間平凡)에서 '전혀 불결하지 않아, 사랑에 대한 테마도 잘 알겠어'라고 말한 비즈니스 걸"이나 "일반 관객들이 훨씬 더 정확하게 이 영화를 이해했다"[39]고 비꼬며 강하게 반박했다. 지금까지 이 글을 읽었다면 왜 비평가들보다 젊은 여성들이 이 영화를 더 잘 이해할 수 있었는지 분명해진다. 여러 가지 외적인 모순에도 불구하고 '사랑하는 주체'로서의 나미코에게 숨을 불어넣은 와카오 아야코가 있었기에 여성 관객이 이 영화에 동일화할 수 있었던 것이다.[40] 아야코는 아버지의 법에 패했지만 《남편이 보았다》에서 마스무라

---

39) 마스무라 야스조, 「인간이란 무엇인가」, 412쪽.

40) 예를 들어 1962년 공개된 《암전한 짐승》은 가와시마도 말했듯이 흥행에는 실패했으나 1962년 『키네마 준보』 독자 투표 베스트 텐의 여성 관객 부문에서 당당히 4위에 올랐다. 반면 남성 관객 부문에서는 10위에 그쳤다. 《에치젠 대나무 인형》의 경우, 남자 관객 부문 6위, 여성 관객 부문 순위에는 들어가지 못했다. 투표에 참여한 수는 남성 관객이 많기는 했지만 그럼에도 상당히 흥미로운 결과다.

는 일견 충실하게 부권사회의 젠더 규범에 기반한 '여성성'을 와카오 아야코에게 연기하도록 하면서도 그녀의 신체를 '멜로드라마적'으로 억압함으로써 지극히 남성적인 이야기를 여성의 판타지로 바꿨다. 이는 와카오 아야코의 잠재적인 '여성성에 대한 애착'이 있었기에 가능했다.

《남편이 보았다》에서 마스무라는 실험적이라고 할 법한 연출 스타일로 와카오 아야코의 신체를 철저하게 지배해 '남성 시선'을 위해 대상화하는 것을 거부했다. 역으로 말하면 "동일화의 에로스화"를 통해 '사랑하는 주체'로서의 와카오 아야코에게 초점을 맞췄고, 뿐만 아니라 다미야 지로를 '남자의 세계'에서 '여자의 세계'로 이동시켰다.

남성성의 패배

이제 문제의 최종 단계로 들어갈 차례다. 요코에게 찔린 이시즈카는 나미코에게 위해를 가하고자 야쿠자에게 전화를 거는 요코를 목 졸라 죽인다. 그런 뒤 나미코에게 전화를 걸어 "맨션으로 바로 와줘"라고 숨이 넘어갈 듯 말한다. 급하게 달려온 나미코와 미쓰에는 피투성이가 된 채 바닥에 누워 있는 이시즈카를 발견한다. 그 옆에는 요코가 죽은 채 쓰러져 있다. "죽고 싶지 않아, 너를 있는 힘껏 사랑하고 싶어"라며 피 묻은 손으로 나미코의 손을 어루만지는 이시즈카에게 나미코는 "나도"라고 대답한다. 나미코는 "안아줘"라고 내뱉으며 생사를 오가는 이시즈카를 뜨겁게 포옹하고 입을 맞춘다. 이시즈카는 그녀의 품에서 숨을 거둔다.

평론가 야마네는 이 결말을 다음과 같이 묘사한다. "유부녀가 사랑 때문에 번민하는 멜로드라마라고 하기엔, 옛 애인이 남자를 칼로 찌른 뒤 목을 졸리면서도 저항은커녕 죽여달라고 애원하며 소원대로 죽는 부분이나 뛰어 들어온 여주인공이 빈사 상태의 남자를 그저 껴안고 입을 맞추는 대목을 볼 때 단지 상투적인 것이 아니라 마치 클리셰를 집약해놓은 듯 이상할 정도로 새빨간 피가 화면을 가득 채우고 있다."[41]

《문신》이나 《붉은 천사》(이 영화는 흑백이지만) 등 마스무라의 영화에서 피는 빈번하게 나오지만 그 시작은 두 작품보다 앞서 제작된 《남편이 보았다》이다. 야마네도 지적하듯 《남편이 보았다》의 마지막 장면은 여러 의미에서 '과잉'이 두드러진다. 하지만 이 장면에서의 과함, 아니 과격함은 단지 '피'가 많이 나오기 때문이 아니라 가장 마지막 쇼트에서 배우 다미야가 놓인 구도 때문이다.

"죽고 싶지 않다"고 말한 뒤 신음하며 누워 있는 다미야를 잡은 카메라는 바닥 쪽에 놓여 있다. 이때 화면 전경에 그의 무릎을, 후경에 머리를 위치시켜 프레임 안에서 그의 신체가 수직 구도의 중앙에 오도록 포착했다. 화면 앞쪽으로 무릎을 구부린 다미야의 두 다리가 보이고 카메라는 그의 허벅지 정도의 위치에서 엿보듯이 피투성이가 된 배, 그리고 다미야를 끌어안고 혼이 나간 듯 계속해서 입을 맞추는 화면 안쪽의 와카오 아야코를 비춘다.[42]

실은 이 구도야말로 '상투'적이지 않다. 다리를 벌리고 누워 있는 다미야의 자세는 여성이 출산하는 모습과 매우 흡사하기 때문이다. 허벅지

---

41) 야마네 사다오, 『마스무라 야스조』, 140쪽.

42) 이 죽음의 포옹 신을 보고 알랭 레네의 《히로시마 내 사랑》에서 여주인공의 독일인 애인이 총에 맞아 죽는 플래시백의 한 장면을 떠올렸다. 카메라는 롱쇼트로 피투성이가 된 애인을 껴안고 있는 여주인공을 비춘다. 그리고 그녀의 보이스오버로 "죽어가는 애인이 내 팔 안에서 살아 있는지, 죽어 있는지 그 경계를 알 수 없었다. 왜냐하면 그의 신체와 그녀의 신체가 하나가 되었기 때문이다"라는 대사가 흘러나온다. 어쩌면 마스무라가 그리려던 것은 이러한 사랑의 광기의 한순간이 아닐까.

사이로 보이는 다미야의 하복부는 피범벅이 되어 있어 마치 거세당한 것처럼 보인다. '남성의 입장에서' 나미코가 진짜 무서울 수밖에 없는 건 다미야를 상징적으로 거세했기 때문이라는 점이 여기서 명백해진다. 나미코가 요구하는 사랑은 그를 가부장제 시스템에서 물러나게 했을 뿐만 아니라 '여성화'해버렸다. 말하자면 '거세를 넘어선' 것이다. 페미니스트 비평이 종종 지적하듯 영상 속 거세 불안을 은폐하고 여성의 이미지가 억압으로 기능하는 것이 할리우드를 비롯한 주류 영화의 특징이며[43] 여주인공이 남자 주인공 품에 안겨 희생되어 죽는 것은 멜로드라마의 기본 라인이다. 그러므로 《남편이 보았다》가 과격한 이유는 나미코를 살리고, 한편으로 다미야를 거세당한 '여성'의 위치에서 죽음에 이르게 했기 때문이다. 실로 지배적인 젠더 표상 코드의 역전이다. 좀처럼 볼 수 없는 아름다운 거세 판타지로 영상화된 남성성의 패배를 여기서 목격할 수 있다.

개봉 당시 이러한 과격한 결말에 당혹감을 느낀 이들이 있었다면 충분히 이해할 만하다. 예를 들어 앞서 인용한 바와 같이 동시대 비평가가 최종적으로 "아까운 작품"이라고 한 이유 중 하나는 영화의 후반부, 특히 마지막 장면을 제대로 평가하지 않았기 때문인데, 그(오카다 스스무—역자)는 이를 다음과 같이 설명한다. 여러 가지 의미에서 상징적인 내용이므로 다소 길지만 인용한다.

"(중략) 남자의 에고이즘은 그 나름대로 일단 논리가 있고 일을 위해서라는 쪼잔한 변명이 깔려 있다. 그러나 여자의 에고이즘은 훨씬 대단하다.

---

43) 이와 관련해서는 할리우드 영화에서 거세를 숨기지 않고 '남성의 결여'를 이야기로 만든 보기 드문 예로 《우리 생애 최고의 해》를 논한 카자 실버만의 *Male Subjectivity at the Margins* (New York: Routledge, 1992, 초역은 『역사적 트라우마와 남성 주체』, 가토 미키로 옮김, 『문예』, 1993년, 가을호 322~327쪽)을 참조.

(중략) 하지만 결말에 가까워질수록 와카오 아야코의 요구에 다미야가 패배한다. 그는 사랑을 위해 야심을 버리고 그녀와 결혼하려 하지만…, 기시다 교코가 연기한 정부에게 살해당한다. 이 부분에서 마스무라의 기세가 다소 꺾이고 질척한 분위기에 빠진다. 마지막까지 사정없이 인간을 응시하고 사랑의 잔혹함과 탐욕스러운 기괴함을 화면 밖의 객관적인 의식으로 제시했다면 마스무라다운 수작이 되었을 것이다. 마지막 장면은 컬러필름을 사용해 피의 색감을 화면 가득 채운 러브 신. 이처럼 붉은색을 풍부하게 사용해도 생리적인 혐오감만을 줄 뿐 사랑의 잔혹성은 드러나지 않는다. 마찬가지로 아무리 와카오의 나체를 강조해도 여자의 본능적인 에고이즘을 볼 수가 없다. 게다가 남편 역의 가와사키 게이조가… 《남편이 보았다》에 걸맞은 시선을 영화 전편에서 드러내지 못한 점도 영화의 힘과 박력을 약화시켰다."[44)

이 글의 다음 부분은 앞에서 소개, 인용했던 "가작이다"라는 결론으로 이어진다. 가와시로의 "에고이즘"이 일을 위해서라는 "쪼잔한 변명"이고 "일단 논리"가 있다고 한 것도 오카다가 역시 남성 캐릭터에 동일화하고 있음을 시사한다. 이 분석에서 오카다가 문제 삼는 것은 후반부에서 서서히 여성의 포지션이 분명해지는 부분이다. 다시 말해 남성 담론이 중심인 전반부는 그런대로 괜찮지만 "질척한 분위기", 즉 여성 담론이 중심이 되면 마스무라는 "기세가 꺾여", 마지막은 "생리적인 혐오"가 두드러져 원래대로라면 강한 시선을 가져야 할 "남편"이 '시선의 힘', 즉 보는 주체가 아니라고 판단한 것이다. 하지만 그가 말하는 "생리적인 혐오"는 단지 피의 붉은색이 두드러져서가 아니라 실은 무의식적 불안을 환기하는 듯한

---

44) 오카다 스스무, 「남편이 보았다」, 86~87쪽.

구도에서 비롯된 것은 아닐까.

마스무라는 "여자의 에고이즘"을 그리기 위해 나체를 보여준 것이 아니다. 나미코가 '사랑의 주체'가 된 뒤, 이 비평가는 이야기에서 소외되고만 것이다. 또한 엔딩 부분에서 "사랑의 잔혹성"을 표현한 것이 아니라 '사랑'이 순수함으로 존재한다면 그 불가능성으로밖에 실현할 수 없는 지극히 멜로드라마적인 '몸짓'을 영상화한 것은 아닐까. "표현되어야 할 것이 표현 불가능할" 경우에 출현하는 멜로드라마적 상황을 영상화하려 했던 마스무라의 의도는 너무도 과격했고, 이 영화를 남성 담론으로밖에 볼 수 없었던 비평가는 또 다른 비극의 주인공처럼 눈을 감아버리고 말았다.

그러나 중요한 것은 마스무라의 의도가 아니다. 일견 '비극적인' 주인공의 죽음이지만 이는 침묵하면서도 신체로 "모든 것을 표현하고 싶다"는 영화의 멜로드라마적 욕망처럼 느껴진다.[45] 요코가 이시즈카에게 목을 졸리면서도 황홀하게 죽어가듯 이시즈카는 나미코의 욕망에 죽음으로써 응답하고 나미코의 품에서 황홀하게 죽음을 맞이한다. 이시즈카는 나미코의 힘에 이끌려 그녀와 완전히 동일화함으로써 사랑을 쟁취한다. 아니, 이시즈카는 스스로 '사랑'이 됨으로써 나미코와 융합한다. 이시즈카는 나미코에게 '에로스화된 동일화'를 수행한다. 피투성이가 된 이시즈카를 포옹하는 나미코의 작은 손이 모든 것을 받아들이는 슬픔과 주이상스(향락)를 드러낸다. 뭐라 말할 수 없는 무섭고도 유혹적인 비전이다.

---

45) 피터 브룩스, 『멜로드라마적 상상력』, 25쪽.

V

사랑을 신체화하는
《세이사쿠의 아내》

《세이사쿠의 아내》는 1965년 6월에 개봉했다. 다니자키 준이치로의 소설을 영화화한 《만지》 이후 와카오와 마스무라가 다시 한 번 협업한 작품이다. 《만지》에서는 기시다 교코가 애정의 대상으로 삼은 와카오 아야코가 잠재적인 '여성성에 대한 애착'을 최대한 끌어내 남녀 모두가 사랑하는 작은 악마와도 같은 미쓰코 역을 연기했다. 이 사이 와카오는 야마모토 사쓰오(山本薩夫, 1910~1983)의 《상처투성이 산하》(이시가와 다쓰조 원작, 1964), 미시마 유키오 원작의 《짐승의 장난》(도미모토 소키치 감독, 1964), 히라바야시 다이코(平林たい子, 1905~1972) 원작의 《번민》(이노우에 우메쓰구, 1964), 마쓰모토 세이초(松本清張, 1909~1992) 원작의 《꽃과 열매가 없는 숲》(도미모토 소키치, 1965)[1]과 문예 대작에

---

1) 《남편이 보았다》와 유사한 살인 미스터리로 "수수께끼의 여자! 꽃과 같은 아름다움! 다

연달아 출연했고 도미타 시로(冨田四郎, 1906~1977) 감독, 미즈카미 쓰토무(水上勉, 1919~2004) 원작의 《파영》에서 운명에 농락당하면서도 씩씩하게 살아가는 창부를 연기했다. 《파영》은 1965년 1월 말에 개봉했는데 그로부터 약 반년 후에 나온 작품이 《세이사쿠의 아내》다. 같은 해 와카오 아야코는 《세이사쿠의 아내》, 《파영》, 《아내의 날 사랑의 유품에》(도미모토 소키치)로 다수의 여우주연상을 수상했다. 1961년에 이은 쾌거였다.

《세이사쿠의 아내》는 요시다 겐지로(吉田絃二郎, 1886~1956)가 쓴 동명의 단편 소설이 원작이며 신도 가네토(新藤兼人, 1912~2012)가 각본을 집필했다. 이야기는 비교적 간단하다.

러일 전쟁 무렵, 조선소가 있는 마을. 16세의 오카네는 집안을 먹여 살리기 위해 한 노인의 집에서 첩살이를 한다. 어느 날 갑자기 노인이 죽고 그녀는 천 엔의 유산을 받고 집으로 돌아온다. 얼마 지나지 않아 투병 중인 아버지가 세상을 떠나고 고향에 가고 싶어 하는 어머니와 함께 마을에 온다. 하지만 그녀의 과거에 대해 수군대는 마을 사람들로 인해 오카네는 우울한 날을 보낸다.

그러던 어느 날, 마을의 모범 청년 세이사쿠가 의기양양하게 전쟁터에서 돌아온다. 바른 성품의 소유자인 세이사쿠는 매일 아침 큰 종을 쳐서 마을 사람들을 깨우고 이런 행동에 오카네는 반발심을 갖는다. 하지만 어머니의 몸 상태가 급격히 나빠져 의사를 부르러 갔을 때 세이사쿠가 그녀를 도와준다. 어머니가 죽고 오카네 홀로 장례를 준비할 때도 도움을 주

가오는 남자는 계속해서 살해당한다!"라는 선전 문구가 있다. 《남편이 보았다》와 비교하면 통속 미스터리의 색채가 강하다.

었고 조문을 온 사람도 오로지 세이사쿠뿐이었다. 그렇게 둘은 급속도로 친해지고, 세이사쿠는 가족의 반대에도 불구하고 오카네와 결혼을 결심한다. 오카네는 유일한 친척이자 지체 장애가 있는 헤이스케를 데려와 살며 행복한 나날을 보내지만 러일전쟁이 발발하자 세이사쿠는 징집된다.

홀로 남겨진 오카네는 예전처럼 고독하고 힘든 하루하루를 보낸다. 그런데 세이사쿠가 부상을 입고 돌아오고 그녀는 짧은 행복을 맛본다. 하지만 몸이 회복된 남편은 다시 전쟁터로 돌아가게 된다. 재출정을 축하하는 연회가 끝날 즈음, 오카네는 멍한 상태로 세이사쿠의 두 눈을 못으로 찌른다. 세이사쿠는 전쟁에 나가지 않고 오카네는 수감된다.

2년 후, 형기를 마친 오카네는 세이사쿠에게 돌아간다. "죽임을 당해도 마땅해요. 당신 기분대로 해요"라고 말하자 세이사쿠는 그녀의 목을 조르려 하지만 오카네의 몸에 손이 닿자 눈물을 흘리며 "힘들었지, 야위었네"라고 말한 뒤 포옹한다. 그녀를 증오했지만 눈이 보이지 않게 되자 처음으로 "혼자가 얼마나 외로운가"를 깨닫고 오카네의 심경을 이해하게 된다. 세이사쿠는 "나는 주변만 생각하는 바보였어. 지금의 나는 당신이 없으면 살아갈 수 없다"며 통곡하는 오카네에게 진심을 말한다. 영화의 마지막 장면은 밭에서 쉬고 있는 세이사쿠와 그 옆에서 농사일을 하는 오카네의 모습이다.[2]

요시다 겐지로의 원작은 당시 반전문학으로 수용되었던 것 같다. 하지만 그는 "인도주의적인 사랑의 작가"이자 "감상적인 리얼리즘"이 특징인 작가로, 《세이사쿠의 아내》와 관련해 전쟁을 긍정도 부정도 하지 않는다.

---

2) 신도 가네토, 「세이사쿠의 아내 시나리오」, 『키네마 준보』, 1965년 5월 하순호, 122~140쪽.

이 작품에 대해 작가는 "공포스러운 인간 고뇌의 클라이맥스에 나타나는 아름다운 인정을 발견하려는 것이 나의 바람이었다"고 적었다.[3] 애당초 이 영화의 기획은 신도 가네토가 가져왔으며, 그에 따르면 요시다의 원작은 "실화를 바탕으로 했다."[4] 한편 마스무라는 《세이사쿠의 아내》를 '전쟁영화'로 바라보면서 다음과 같이 설명했다.

"《세이사쿠의 아내》를 만들기 위해 [메이지] 일본의 가난함과 그 시대 사람들의 난폭함을 그리려고 했습니다. (중략) 그러한 백성과 농촌을 가능한 한 현실적으로 바라봄으로써 메이지 시대의 일본을 묘사함과 동시에 그 시대를 살아가는 남녀를 통해 전쟁과 싸우는 한 여자의 대단함, 오싹함을 표현하려고 했습니다. (중략) 무지한 탓에 그녀는 갈팡질팡하다가 본능의 외침에 따라 남편을 실명시켜 징병에서 벗어나게 합니다. (중략) 그녀는 무법자이며 말도 안 되는 일을 저지르지만, 거기에는 생명체로서 여자가 지닌 아름다움, 강함, 다부짐이 있고 그것이 반전(反戰)으로 연결되어 휴머니즘이 됩니다."[5]

불행한 처지에 놓인 강한 정념의 여자가 사랑 때문에 벌이는 행동, 일본적인 마을 공동체의 폐쇄성과 비관용, 여자 때문에 남자의 인생이 바뀌는 이야기는 본래 마스무라적인 소재다. 감독은 '첩살이'를 한 과거 때문에 마을 사람들에게 멸시당하는 격정적인 여자와 그를 사랑하는 '모범 청년'을 난폭한 마을 사람들과 대립시키고 이를 통해 메이지 시대의 일본 사회와 인간관계의 축도(縮圖)를 그리려고 했다. 마스무라에 따르면 "미

---

3) 원작은 요시다 겐지로 「세이사쿠의 아내」, 『다이쇼 소설집』, 지쿠마 쇼보, 1957년, 107~118쪽. 요시다의 인용은 해설 참조(403~404쪽).

4) 신도 가네토 인터뷰, 『영화감독』, 335쪽.

5) 마스무라 야스조, 「연출 의도」, 『영화감독』, 624~625쪽.

개하고 무엇을 하고 있는지 모르는 에너지"를 갖고 있던 메이지 시대의 일본인은 군국주의의 파도에 밀려 "천황제 아래에서 얌전한 양떼처럼" 전락했던 쇼와 시대의 일본인과는 달랐다. 그러한 차이 속에서 마스무라 적인 드라마가 펼쳐진다.

원작이 단편 소설인 데다가 등장인물도 많지 않기 때문에《세이사쿠의 아내》의 구조는 비교적 단순하며,《남편이 보았다》처럼 영화에 대한 원작의 영향력은 크지 않았다. 마스무라의 많은 영화가 그렇지만《세이사쿠의 아내》도 프로그램 픽처답게 약 90분의 상영 시간 내에서 '전쟁으로 인한 비극'이라는 딱히 설명이 필요 없는 테마를 중심으로 이야기가 무리 없이 전개된다.《명랑 소녀》이후 함께한 지 약 8년, 마스무라와 와카오 의 열세 번째 협업작인《세이사쿠의 아내》는 작품 자체에서 강도 높은 긴 장감이 느껴지고, 와카오 아야코의 연기에는 여유와 자신감이 엿보인다.

《세이사쿠의 아내》는 1924년에 닛카쓰 교토 촬영소에서 무라타 미노 루 감독의 연출로 처음 영화화되었다. 이 작품을 본 신도 가네토는 "일본 최초의 반전영화"[6]라고 평가했다. 무라타 감독의 버전에서는 이 작품으 로 데뷔한 우라베 구메코가 오카네 역을 맡았다. 필름이 남아 있지 않은 탓에 이 영화에 대해서는 알려진 바가 없으며 내용을 확인할 수도 없다. 다만 사토 다다오는 "일본 영화에서 여성이 자아를 자각하는 것은 역시 신파 비극 그 자체의 내부적인 혁신의 형태로 나타난다"고 했는데, 그런 의미에서 무라타의《세이사쿠의 아내》는 "중요한 작품"이었던 것으로 보 인다.[7] 또한 후일 이름난 조연 배우가 되는 우라베 구메코에 대해서는 당

---

6) 신도 가네토 인터뷰, 335쪽.

7) 사토 다다오, 요시다 지에오, 『일본 영화 여배우사』, 189쪽.

시 "뛰어난 연기가 평판"[8]을 얻었고 "자연스러운 연기로 깊이 있는 표현을 잘 해냈다고 기록되어 있다."[9]

사토에 의하면 1924년 판 《세이사쿠의 아내》의 주인공은 현실적이고 사회적인 '비극을 짊어진 여성'이다. 여주인공에 대한 신파 비극적인 묘사방식은 다나카 에이조(田中榮三, 1886~1968) 감독의 장기인 '탐미적인 온나가타'[10]가 출연하는 '신파 영화 스타일'과 함께 후배 감독 미조구치 겐지로 계승되었으며, 이후 일본 영화에서의 '여성 비극'으로 발전해 갔다.[11] "일본 영화의 리얼리즘" 계보를 "일본적 풍토에서 여자를 그린" 미조구치의 영화에서 발견하고 이러한 전통의 원점으로서 무라타 미노루를 바라보는 관점은 마스무라의 「일본 영화사」에서도 드러난다. 이 전통을 계승하면서도 일본 영화의 전통인 "신파 멜로드라마"의 계보를 전복, 해체하고 나아가 새롭게 갱신한 마스무라가 《세이사쿠의 아내》를 연출한 사실은 어떤 의미에서 자연스러운 결과였을지 모른다.

마스무라가 감독한 《세이사쿠의 아내》의 근저에는 '전쟁의 비극'이라는 테마가 깔려 있지만, 대부분의 초점은 당연하게도 "세이사쿠를 전쟁에 빼앗기고 싶지 않다"라는 오카네의 심리 상태에 맞춰져 있다. 각본을 쓴 신도 가네토는 처음부터 '반전영화'의 이미지를 확고하게 갖고 있었

---

8) 신도 가네토 인터뷰, 335쪽.

9) 사토 다다오, 요시다 지에오, 앞의 책, 190쪽.

10) 역주: 가부키에서 여성 역할을 연기하는 남자 배우. 많은 연구에서 가부키가 일본 영화에 미친 영향을 지적한다. 초기에는 가부키 배우들이 영화에 출연하는 일도 빈번했으며 가부키에서처럼 남성 배우가 여성 역할을 연기하는 경우도 있었다. 《미친 한 페이지》, 《지옥문》을 연출한 기누가사 데이노스케가 감독이 되기 전에 온나가타 배우로 영화계에 발을 들인 것은 잘 알려져 있다.

11) 사토 다다오, 요시다 지에오, 위의 책.

고, 세이사쿠와 오카네를 이른바 '전쟁의 피해자'로 그리는 것은 틀림없이 중요했다. 하지만 그 이상으로 마스무라는 메이지 일본의 '마을' 공동체가 과거에 갖고 있던(그렇다고 마스무라가 믿었던) 일종의 에너지와 원시성에 관심이 있었다. 이러한 에너지와 공격성이 폭발하는 계기는 '규범'을 일탈한 섹슈얼리티다. 첩은 성의 규범에서 벗어나 있고, 생산과 재생산의 '노동' 수단으로 기능하는 마을의 여성들과는 다른 성적 존재이기 때문에 오카네는 공동체에서 명백하게 '무법자＝타자'다. 뿐만 아니라 '노동'의 장에 '성(性)'을 끌고 들어와 마을 남성들을 유혹하는 위험한 존재다. 또한 본래 공동체에 속해 있어야 할 모범 청년 세이사쿠와 오카네라는 '외부인'의 결혼은 공동체 규범이 성에 굴복했음을 의미하며 나아가 명예를 희생하는 것은 '남성성의 부정'과 연결된다.

어떤 경우든 오카네는 공동체의 기본 질서를 전복시키는 '위협'적인 존재다. 따라서 마스무라의 《세이사쿠의 아내》는 세이사쿠가 "참전하면 모범 병사로 마땅히 죽어야 한다"는 마을 사람들의 가학적인 소망과 그러한 심리의 배경에 있는 오카네와 세이사쿠의 결합에 대한 격한 분노와 선망, 질투가 뒤섞인 배제와 차별의 구조를 그리고 있다.

이제 마스무라의 《세이사쿠의 아내》와 원작, 각본의 차이를 간단히 설명하도록 하겠다. 영화, 원작, 각본 세 가지를 비교하면 영화는 대체로 시나리오의 플롯을 따르고 있지만, 시나리오 집필 단계에서 제외된 대사도 상당수 채택했다. 예를 들어 부상을 입고 돌아온 세이사쿠가 또다시 전쟁터로 가는 날 아침, 잠자리에서 이별을 아쉬워하는 장면에서 세이사쿠가 이미 반년을 기다렸으니 나머지 반년도 마찬가지다, 무사히 돌아오겠다고 하자 오카네가 "싫어, 싫어"라고 떼를 쓰며 흐느낄 때 원작의 대사를 사용해 세이사쿠를 떠나보내지 않으려는 오카네의 격한 감정을 강조한다.

원작과 영화의 가장 큰 차이는 결말 부분이다. 이는 각본 단계에서도 약간 다르다. 신도의 시나리오는 한 부분을 빼고 거의 원작과 비슷하다. 원작에서는 형기를 마치고 돌아온 뒤 마을 사람들의 차가운 시선을 견디지 못한 오카네가 십수 일 후 강에 몸을 던져 자살하고 세이사쿠도 그녀의 뒤를 이어 목숨을 끊는다. 하지만 시나리오에서 두 사람은 자살하지 않는다. 세이사쿠는 "마을 사람들은 우리를 용서하지 않을 거야. 다른 곳으로 도망갈 수도 있지만 그러면 '지는 거야'. 두 사람이 살아남아 한참 후 무덤에 들어가면 그제야 우리들의 기분을 알아줄 거야"라며 생의 결의를 드러낸다. 어떤 의미에서 보면 신도 가네토다운 대사로, 영화는 밭 한쪽에 앉아 있는 세이사쿠 곁에서 묵묵히 일하는 오카네의 모습을 담은 장면으로 끝난다.

무라타 감독의 영화는 거의 원작을 따른 것으로 보인다. 두 사람의 자살로 끝나는 결말은 원작이 쓰였던 당시의 현실을 생각해볼 때 당연하며, 정통 신파 멜로드라마의 엔딩으로 충분히 납득할 만하다. 이러한 차이에서 전후 민주주의의 흐름을 읽어낼 수도 있다. 하지만 더 중요한 의미도 있다. 원작에서는 세이사쿠와 오카네의 투쟁이 패배로 끝나지만, 그렇다고 해서 두 사람이 자살하지 않는 마스무라 영화의 결말을 단순히 '긍정적'이라고 할 수는 없다. '여성의 판타지'로 독해할 경우에도 상당한 차이가 있기 때문이다.

더욱이 세이사쿠가 오카네에게 심경을 말하는 마지막 장면의 경우, 신도의 각본에서는 영화와 마찬가지로 오카네에게 직접 말하지 않는다. 영화에서 가장 흥미로운 이 시퀀스는 멜로드라마에서 흔히 볼 수 있는 최종적인 화해 장면으로 세이사쿠는 직접 오카네에게 자신의 기분을 절절하게 전한다. 한편, 각본에서 세이사쿠는 오카네가 아닌 헤이스케를 향해 독백처럼 속내를 이야기한다. 출소한 오카네에게 세이사쿠가 던지는 마지막의 짧은 대사도 각본에 들어가 있는데, 영화에는 이 두 대사를 합쳐 최종적으로 세이사쿠가 오카네를 받아들이는 드라마상의 클라이맥스를 만들어낸다.

이 차이는 꽤 중요하다. 만약 혹시라도 오카네가 출소하기 전에 세이사쿠가 독백을 통해 심경을 말해버리면 관객은 오카네가 돌아왔을 때 세이사쿠가 그녀를 용서할 것임을 예측할 수 있다. 하지만 영화에는 세이사쿠가 감옥에 있는 오카네를 생각하며 그녀의 괴로움을 상상하는 심리적인 장면이 들어가 있을 뿐이므로 마지막까지 그가 오카네를 받아들일지 알 수 없다. 오카네를 맞이한 세이사쿠는 처음엔 "보이지 않는 게 어떤 건지 너는 몰라"라고 강하게 비난하고 목을 조르려고 하는 등 분노를 드러낸다. 하지만 그녀의 여윈 몸을 만지자마자 분노는 사그라들고 단숨에 자신의 마음을 털어놓는다. 이처럼 관객은 어느 한쪽의 시점이 아니라 두 사람이 괴로움을 공유하고 화해하는 과정을 응축된 형태로 볼 수 있다.

원작과 영화의 또 한 가지 다른 점은 '발화 시점'이다. 원작의 중심에는 최종적으로 세이사쿠가 있다. 원작의 근저에 깔려 있는 것은 "무서운 인간 고뇌의 클라이맥스에 나타나는 아름다운 인정"이며, 이는 기본적으로 세이사쿠가 자신을 해한 오카네의 고뇌를 어떻게 이해하고 받아들일 것인가라는 그리스도교적인 '용서'에 가깝다. 실제로 원작자인 요시다 겐지로는 그리스도교에 깊은 흥미를 느끼고 있었다.[12]

다시 말해 원작에서 인간의 '관용', '용서', '인정'과 같은 휴머니즘적

---

12) 요시다 겐지로, 『다이쇼 소설집』, 403쪽.

개념은 세이사쿠가 눈이 멀고 나서야 처음으로 얻는 인간으로서의 통찰로 드러나며, 이것은 모두 세이사쿠의 시점으로 그려진다. 즉, 전쟁이나 오카네의 불행한 처지, 사랑 때문에 벌인 끔찍한 행위도 세이사쿠가 어떻게 '인간의 심적 고통'을 알게 되는지에 초점이 맞춰져 있고, 세이사쿠의 심정은 간결하고 담담한 묘사로 서술되어 있을 뿐이다(하지만 이 담담한 묘사는 매우 인상적이다).13) 따라서 원작에는 마스무라의 영화처럼 세이사쿠가 오카네에게 심경을 토로하는 장면이 없으며, 오카네는 세이사쿠의 심적 변화를 알지 못한 채 자살하고 만다.

이러한 차이는 모두 마스무라가 《세이사쿠의 아내》의 시점을 오카네에게 이동시킴으로써 가능해졌을 뿐 아니라, 본질적이지는 않지만 얼마간의 화해와 해결을 제시하는 멜로드라마의 구조를 강화하는 데 기여한다. 더욱 중요한 것은 기본적으로 전쟁 비판으로서 기능하며 이야기를 마스무라적인 구조로 탈바꿈시킨 《세이사쿠의 아내》에서, 체제 옹호적인 담론을 늘어놓기만 했던 모범 청년 세이사쿠가 오카네를 만나고 심각한 상처까지 입음으로써 지배 담론으로부터 등을 돌리게 된다는 점이다. 이렇게 해서 '남성 담론과 여성 담론이 갈등하는 장'으로서의 텍스트(작품)가 탄생한 것이다.

최종적으로 세이사쿠는 오카네로 대변되는 '주변적인 목소리'의 세계로 이행한다. 이러한 이행은 세이사쿠에게는 '눈멂'이라는 신체적 손상, 오카네에게는 마을 사람들로부터의 집단 구타와 법의 처벌이라는 혹독한 희생을 수반한다. 하지만 오카네와 세이사쿠는 희생과 벌을 받아들이고 나아가 은밀한 투쟁을 다짐한다. 그것은 공격도, 폭력도 아닌 바로 '침묵'

---

13) 사토 다다오, 요시다 지에오, 앞의 책, 117쪽.

이라는 이름의 저항이다.

《남편이 보았다》를 넘어서

마스무라적 히로인이라는 시점에서 보면 《세이사쿠의 아내》의 오카네는 《남편이 보았다》의 나미코보다 《아내는 고백한다》의 아야코에 가깝다. 오카네의 고독과 불행한 처지는 나미코나 아야코보다 더욱 분명한 멜로드라마성을 부여한다. 정열에 불타면서도 어딘가 이성적인 나미코는 한 번도 눈물을 보이지 않지만, 오카네는 말하는 정도와 비슷하게 **운다.** 하지만 오카네의 신체성은 '여성성'을 가장(假裝)하여 몸에 지녔던 아야코가 아닌 '아양'을 모르는 나미코를 이어받고, 또한 '고독'으로부터 도망치려 했던 아야코가 아닌 '고독'을 견디는 나미코의 모습에 오버랩된다.

마스무라는 《남편이 보았다》와 마찬가지로 오카네의 상황을 타이틀 시퀀스의 첫 쇼트에서 명확하게 보여준다. 전쟁을 알리는 신문기사의 쇼트. 그다음으로 약간 높은 언덕에서 아래로 해안가 마을이 펼쳐져 있고 화면 오른쪽 3분의 1지점에 오카네의 뒷모습이 보인다. 헝클어진 머리가 바람에 날린다. 배경은 언덕과 하늘. 조선소 쪽에서 거대한 쇠망치 소리가 들리자 얼굴을 찌푸리는 오카네. 황량한 언덕에 선 오카네의 고립이 강조된다. 지극히 협소한 욕실에 놓여 있던 나미코와 같은 폐쇄적인 상태가 아니다. 갈 곳 없는 그녀를 받아주지 않는 차가운 세상에 저항하듯이 그녀는 내내 거기 서 있다.

실은 이 타이틀 시퀀스는 크레딧 등을 포함하면 필름 한 롤 분량에 해당할 정도로 이례적으로 길다. 해당 시퀀스는 오카네가 노인의 첩이고 그가 죽으면서 오카네에게 유산을 남겼다는 사실과 가난한 오카네의 집안

사정, 그녀가 모친의 고향 마을에 갔지만 적응하지 못한 채 고독한 나날을 보내고 있음을 보여준다. 《남편이 보았다》와 비교하면 로케이션 촬영이 많아 공간의 스케일이 커졌지만 그럼에도 그러한 환경으로부터 소외된 오카네의 상황이 두드러진다.

또한 《남편이 보았다》처럼 부자연스러울 정도로 전경에 사물이 놓여 있는 특징적인 구도가 거의 없기 때문에 《세이사쿠의 아내》에서는 관객의 몰입이 방해받는 일은 거의 없다. 물론 타이트한 구도, 시네마스코프 사이즈를 활용한 공간 사용 방식 등은 기본적으로 《남편이 보았다》를 답습하고 있지만 작위성이 눈에 띄지는 않는다. 다시 말해 여주인공이 놓인 상황을 영화적인 스타일로 구현하는 기본적인 노선은 변함없다. 하지만 《남편이 보았다》에서는 히로인과 스타일이 긴장 관계에 있고 카메라가 인물을 궁지에 몰아세우는 듯한 접근 방식을 취하는 반면, 《세이사쿠의 아내》에서는 이야기와 스타일이 긴장 관계에 있지 않고 히로인의 시점을 통해 미장센이 정해진다. 또한 카메라는 《남편이 보았다》처럼 나미코를 속박하는 제도의 대리자가 아니라 그녀의 **행위체**로서 기능한다.

이처럼 《세이사쿠의 아내》는 여러 의미에서 직접적으로 관객을 이야기 안으로 끌어들일 수 있도록 구성되어 있고, 《남편이 보았다》에서 마스무라가 강조한 관념성은 자취를 감췄다. 이런 의미에서도 《세이사쿠의 아내》는 《아내는 고백한다》 이후 와카오 아야코가 구축해온 마스무라적 히로인이 마스무라의 '관념'이 아닌 한 명의 여자로서, 또한 인간으로서 분열하지 않고 동시에 '존재'하는 최초의 영화다.

어찌 되었든 《세이사쿠의 아내》가 마스무라와 와카오가 만들어낸 최고작 중 하나라는 점에 이의를 제기할 사람은 거의 없을 것이다. 와카오 아야코 자신도 《세이사쿠의 아내》를 "가장 좋아하는 작품이다"[14]라고 말했다. 《세이사쿠의 아내》에 비하면 여러 가지 모순과 갈등을 안고 있는 《남편이 보았다》가 '작품'의 완성도 측면에서 떨어지는 것도 사실이다. 다시 말해 《세이사쿠의 아내》는 전체적으로 균형이 잘 잡혀 있고 작품을 해하는 통속성도 없다.

하지만 동시에 《세이사쿠의 아내》는 《남편이 보았다》의 '실패'가 있었기에 만들어진 걸작이라 할 수 있다. 원작의 복잡한 플롯 때문인지 《남편이 보았다》에서 마스무라는 강제적이라고 느껴질 정도로 전체 흐름을 왜곡하여 나미코의 '사랑의 추구'를 그렸지만, 결혼 생활에 불만을 느끼고 성적으로 충족하지 못했다는 이유만으로 나미코가 이시즈카와 가와시로에게 "일인가 사랑인가"라고 선택을 종용하는 것은 역시 성급했다(물론 이러한 결점이 과격함을 만들어냈지만).

더욱이 《남편이 보았다》는 여성의 시점으로 그려진 아름다운 '거세 판타지'로 읽을 수 있지만, 이 판타지 자체가 남성의 거세 불안의 음화로서 가부장제의 틀 안에 집어넣어 쓴 시나리오에 불과하다고 충분히 비판할 수 있다. 뿐만 아니라 나미코가 '사랑을 하는 주체'로서 포지션을 취하고 있는 듯 보이지만, 이야기의 구조로 눈을 돌리면 최종적으로는 이시즈카와 가와시로 두 남자에게 존재론적인 질문을 던지는 스핑크스와도 같은 기능을 수행한다. 실제로 그러한 이야기의 구조적 '함정'은 명백하게 《남편이 보았다》에 내재한다. 그러므로 전체 이야기의 흐름에서 마지막 장면을 되새겨 보면 과격함은 더욱 두드러지고, 영화의 현대적인 설정에서는 통속성과 동전의 양면과도 같고 양날의 검과 같은 효과를 만들어낸다.

---

14) 와카오 아야코 인터뷰, 『FRAU』, 2000년 12월 26일, 83쪽.

하지만 그러한 '함정'까지 바꿔버리는 구심력이 와카오 아야코에게 있다는 점만큼은 분명하다. 아니, 그보다는 그녀의 중력이 영화를 성립시킨다고 말하는 것이 정확하다. 이와 대조적으로 《세이사쿠의 아내》의 경우, '전쟁'이라는 사회적, 역사적 문제 안에서 이야기가 설정되어 있기 때문에 마스무라는 한층 명확하고 단순하게 자신의 테마인 '공동체' 대 '개인'의 갈등을 그릴 수 있었다.

중요한 것은 이야기의 인물 설정은 별개로 하더라도 《세이사쿠의 아내》에서 《남편이 보았다》의 영화적 스타일이 반복되고 있다는 점이다. 음악의 야마우치 다다시, 촬영의 아키노 도모히로, 조명의 이토 유키오 등 《남편이 보았다》의 메인 스태프가 참가했기 때문에 영화의 전체적인 톤이나 스타일에서 공통점이 발견된다.

특히 《세이사쿠의 아내》가 흑백 영화였던 만큼 《남편이 보았다》에서 절묘한 조명을 구사했던 조명 감독 이토의 역할은 결정적이었다. 와카오 아야코가 인터뷰에서 "안심하고 연기할 수 있었다"[15]고 말했듯이 《세이사쿠의 아내》의 경우, 극단적으로 대사가 적은 만큼 미묘한 움직임이나 섬세한 몸짓과 표정이 중요했다. 조명 하나로 "아래를 보고 있어도" 제대로 "얼굴이 보여" 시선을 잡아낼 수 있었기 때문이다. 또한 《남편이 보았다》의 눈에 띄는 과잉과 작위성이 절제되어 있고, 표현과 내용의 불일치가 좋은 의미에서 긴장 관계를 만들어냈다.

예를 들어, 오카네가 세이사쿠의 눈을 못으로 찌르는 장면은 흑백 영화인 탓에 붉은 피가 두드러지지 않아 《남편이 보았다》에서 볼 수 없었던 효과를 만들어냈다(물론 《남편이 보았다》의 과격함과 매력을 부정하려는

---

15) 와카오 아야코 인터뷰, 『영화감독』, 246~247쪽.

의도는 아니다). 흑백 필름의 억제된 톤과 명암을 아름답게 대비시킨 덕분에 '행위'에 과도하게 주의가 집중되는 일 없이 오카네의 심리를 설명적으로 보여주지 않고 그녀의 '상태'를 영상화할 수 있었던 것이다.

《세이사쿠의 아내》에서 와카오 아야코의 연기는 확실히 《남편이 보았다》를 답습한다. 그런 의미에서도 《남편이 보았다》를 통과하는 것이 《세이사쿠의 아내》에게는 필요했으리라. 무엇보다도 《남편이 보았다》의 '씁쓸한 오산'에 직면해야만 했던 마스무라가 실패를 반복하지 않고 《남편이 보았다》에서 추구했던 '과격함'을 버리지 않으면서 자신의 주장을 어떻게 전할 것인가라는 질문에 대한 답이 바로 《세이사쿠의 아내》가 아닐까.

《남편이 보았다》를 지배했던 와카오 아야코의 중력은 《세이사쿠의 아내》에서 한층 효력을 발휘한다. 하지만 《남편이 보았다》의 나미코가 '관념에 의한 사랑'을 오로지 언어를 통한 선택으로서 추구했다면 오카네는 이를 신체로 표현한다. 오카네는 상대에게 선택을 강요하지 않고 스스로 그 **선택을 받아들인다.** 그것은 '희생적인 정신'의 아름다움 따위와는 무관하다. 야마네의 표현을 빌리자면 그것이야말로 '의지로서의 에로스'다.

와카오 아야코의 목소리는 점점 더 낮아지고 응시의 시선은 점점 더 강해진다. 이처럼 오카네의 내적 갈등은 신체화된다. 그녀는 마스무라의 요구에 따라 낮고 무거운 말투를 썼다고 인터뷰에서 밝혔다.[16] 하지만 그 느긋하고 무거운 템포는 《아내는 고백한다》에서 보여준 그녀의 연기 해석이 마스무라에게 큰 영감을 준 결과이다. 다시 말해 마스무라는 와카오 아야코의 무의식적인 선택을 최대한으로 살려 한층 넓고 풍부한 것으로 만들었다. 실로 감독과 배우의 완벽한 호흡이 있었기에 가능했던 일이다. 이

---

16) 위의 책, 247쪽.

굉장함은 마스무라의 연출력 덕분이라든가 와카오 아야코의 연기력 덕분이다와 같은 이항대립적인 환원론을 완전히 무효로 만들어버린다.

지금까지의 논의를 통해 최종적으로 《세이사쿠의 아내》가 거세된 남성으로 상징되는 남성성의 패배, 즉 '남성의 결여'가 각인된 여성 판타지로 읽을 수 있는 《남편이 보았다》를 어떻게 답습하고 있는가가 명확해졌다. 세이사쿠의 시점으로 서술되었던 이야기를 오카네의 시점으로 옮겨놓는 것은 남성이 욕망되는 객체가 되고 여성이 욕망하는 주체가 되는 포지셔닝의 역전을 의미한다.

《남편이 보았다》의 경우, 마스무라적 히로인의 분신인 요코에 의한 이시즈카의 죽음은 또 한 명의 분신인 나미코의 인력에 휘말리듯 이시즈카를 여성적인 위치로 이동시켰고, 완전한 주체와 객체의 융합을 나타냈다. 창작자가 의식했는가 아닌가와는 별개로 《세이사쿠의 아내》에서 오카네가 세이사쿠를 '보이지 않는 상태'로 만든 것도 지극히 상징적인 거세 행위다. 더욱이 눈이 멀고 나서야 처음으로 세이사쿠가 오카네를 이해하는 것은 여성화된 이후 그가 처음으로 취할 수 있는 주체의 위치 설정에 대한 메타포로 해석할 수 있다.

상술했다시피 원작 속 오카네와 세이사쿠는 자살하지만, 영화에서는 살아남는다. 《아내는 고백한다》에서는 아야코가, 《남편이 보았다》에서는 이시즈카가 죽지만, 《세이사쿠의 아내》에서는 처음으로 남녀 모두 '생(生)'을 선택한다. 두 사람이 사회와 세간에 대해 패배함을 의미하는 '죽음'이 아닌 '생'을 선택하는 결말은 무엇보다 저항에 대한 의지를 분명히 전달한다. '반전영화'라는 기본 틀을 생각하면 충분히 수긍 가능하며 각본 단계에서도 이미 분명하게 보이는 요소이다.

흥미롭게도 '본능적으로 사는 여자'가 '체제'에 저항하고 반역하게 만드는 마스무라적인 도식이 개입함으로써 남성 담론과 여성 담론이 갈등하는 장이 되는 것은 지금까지 수차례 보아온 구조다. 왜냐하면 마스무라의 의도에도 불구하고 《세이사쿠의 아내》가 텍스트의 레벨에서 만들어내는 효과는 '여자의 본능'과 같은 값싼 본질론을 넘어서 아무것도 없는 자가 차별과 박해의 마지막 순간에 보여주는 '저항'의 슬픔이자 정황의 긴박함이며 정동의 논리나 마찬가지이기 때문이다. 《세이사쿠의 아내》에서 "꼼짝 않고 있는 모습이 많다"는 질문에 대해 와카오 아야코는 다음과 같이 답한다.

"그 역할은 세상에 대한 원한이라든가 뭐 그런 것을 마음속에 갖고 있잖아요. 행복하게 사는 사람이 아니니까. 그런 것들이 끊임없이 가슴속에서 갈등하면 움직일 수 없게 돼요."17)

와카오 아야코에게 오카네의 난폭함은 '본능'에서 비롯된 광인의 행동이 아니었다. 틀림없이 오카네의 '갈등'을 읽어내고 자기 안에서 조금씩 '절충'하면서 만들어간 것이다. 와카오 아야코의 오카네에게는 '여자의 본능'과 같은 낡아빠진 남성 담론을 한참 뛰어넘는 통찰이 엿보인다.

《남편이 보았다》와 마찬가지로 《세이사쿠의 아내》에서도 남자는 거세되고 여자가 살아남는다. 하지만 《남편이 보았다》에서 남성성의 패배는 죽음에 의해 침묵당한다. 《세이사쿠의 아내》의 주인공은 그 패배를 '끌어안는다.' 세이사쿠는 자신이 남성 담론으로부터 배제된 것을 할 수 없이 받아들인 것이 아니다. 그것을 인정할 뿐 아니라 향수(享受, 역주: 그 상태를 받아들이고 음미하며 즐기다)하는 것이다. 이 시점에서 관객은 **두**

---

17) 위의 책, 같은 곳.

명의 멜로드라마적 **여주인공**의 탄생을 목격한다. 그 특별함을 다시 강조할 필요는 없을 것이다.[18] 《세이사쿠의 아내》의 마지막 부분에서 세이사쿠가 눈물을 흘리며 여성적 위치에 놓인 자신을 오카네에게 내맡길 때 보여주는 수동성의 '아름다움'은 스스로 남성성을 '결여한' 존재임을 인정하는 유례없는 순간이다.[19]

와카오 아야코의 올곧음

《실없는 놈》(1960)에 함께 출연했던 미시마 유키오는 와카오 아야코에 대해 다음과 같이 말했다. "지금까지 와카오 씨를 걸핏하면 가련한 소녀인 채로 성장했다고 생각했지만, 배우로서의 혼이랄까 혹은 기술이랄까 연기파인 척하는 배우가 닿을 수 없는 무언가를 갖고 있음을 함께 연기하면서 처음으로 알게 됐다."[20] 미시마가 이렇게 말한 것은 그녀가 촬영 현장에서 엄청난 고생을 했기 때문만은 아니다. 그의 발언에는 한 사람의

---

18) 그리고 그러한 포지션은 동시에 젠더화된 관객을 '판타지'의 레벨에서 성별로부터 해방시키고 '보는 위치'로서 선택지를 부여하는 가능성을 향해 열려 있다.

19) 일본 영화사에서 '여성 영화'의 전통은 뿌리 깊다. 하지만 최후에는 대체로 남성 담론의 원리가 작동하고 있음을 생각하면 분명해질 것이다. 이러한 남성성의 패배는 가토 미키로가 할리우드의 여성 감독 아이다 루피노의 영화에서 화자의 시선이 남성이며 그들의 죄를 참회하는 점에 주목해 '남성 멜로드라마'로 분석한 점과 상당히 관련이 있지만, 루피노의 '남성 멜로드라마'가 남성의 피학적(마조히스틱) 쾌락을 발생시키는 판타지로 발동할 가능성을 남겨둔다(물론 이것만으로 분명 가치 전복적인 측면이 있지만). 한편 《남편이 보았다》와 《세이사쿠의 아내》에서 일어나는 것은 여성의 시점으로 이야기된 '거세 판타지'이다(가토 미키로, 『영화의 영분(領分)』, 필름 아트사, 255~261쪽). 여기서는 남자든 여자든 이야기와 관객의 포지션으로서 '여성'만 남아 있는 점이 믿을 수 없을 정도로 특이하다.

20) 미시마 유키오, 「와카오 아야코 씨」, 『미시마 유키오 영화론 집성』, 와이즈 출판, 1999년, 397쪽(최초 출전은 『주간 코롱』, 1960년 5월 10일).

직업인으로서 와카오 아야코라는 배우의 '존재 그 자체'에 대한 경의가 담겨 있다.

《세이사쿠의 아내》속 와카오 아야코를 특징짓는 것은 그녀의 원래 성격에 있는 '올곧음'이 그대로 인물에 나타나는 점이다. 이는 '연기 잘하는' 배우에게 통상적으로 기대하듯 여배우라는 신체의 허구성을 넘어 '캐릭터 그 자체가 된다'라는 의미가 아니다.

《남편이 보았다》에서 그녀가 이룬 성취는 여배우로서 자신을 없애고 역할에 녹아 들어간 것이 아니라 캐릭터를 얼마나 자기 쪽으로 끌고 올 수 있는가라는 문제와 관련이 있다. 와카오 아야코는 역에 따라 자신을 카멜레온처럼 바꾸는 타입의 배우는 아니었다(하지만 우리는 그녀가 멋진 코미디 배우였음을 잘 알고 있다). 그런 의미에서 본인이 자주 말했듯이 강렬한 개성은 없었을지라도 여러 역할을 통해 그녀의 매력은 배우 와카오 아야코가 연기했던 역할과 배후에 있는 와카오 아야코가 융합하는 순간 최대로 터져 나온다. 관객이 와카오 아야코라는 여성의 성격이라든가 생활이라든가 내면 등을 이해할 수 있다는 말이 아니다. 이것은 확실히 와카오 아야코라는 한 여자가 거기에 있다는 압도적인 존재감이 어느새 작품 속으로 들어오는 순간을 의미한다.

예를 들어《아내는 고백한다》에서 주인공 아야코가 계단을 천천히 올라가는 그 모습.《남편이 보았다》에서 "일이야 나야?"라고 말할 때의 숨소리 혹은 문득 내비치는 금세 사라질 듯한 미소.

다시 한 번 반복하지만, 그것은 그저 '자연스러운 연기'가 아니다. 와카오 아야코가 허구의 '마스무라적 히로인'을 연기할 때, 그것이 **허구**일지라도 영화의 **생산(프로덕션)** 과정에서 그러한 허구를 만드는 순간적인 현실의 흔적이 텍스트에 나타난다. 설령 허구적 캐릭터의 허구적 정신 상태를 표현하려 할 때조차도 거기서 발생한 정동이 그녀의 신체에 새겨지고 그 신체성이 영상의 레벨에서 재현＝표상될 뿐만 아니라 텍스트를 움직이는 '운동'이 된다.

그것은 가령 《세이사쿠의 아내》에서는 '손'의 움직임이라 말해도 좋다. 물론 '손의 움직임'만이 아니라 개별적인 몸짓, 언어, 시선이 모두 하나가 되어 있지만 오카네의 '사랑'은 나미코와 같은 선택이 아니라 그녀의 올곧은 '손'에 의해 나타난다. 격정적인 에로스의 표현에도 불구하고 《남편이 보았다》에서 나미코는 '성적인 존재'로서 자신의 희열을 드러내지 않았다. 하지만 《세이사쿠의 아내》에서 오카네가 세이사쿠를 품에 안을 때 그 손의 움직임은 사랑과 관능성을 탁월하게 표현한다. 이것은 성기 중심의 성이 아닌 피부를 건드리는 촉각적인 관능이 관객에게 전달되는 듯한 섬세한 움직임이다.

물론 '손'의 움직임은 우연의 소산이 아닌 계산에서 나왔음이 분명하다. 왜냐하면 마스무라의 영화에서는 보기 드물게 오카네가 손으로 세이사쿠의 벗은 상체를 쓰다듬는 쇼트가 여러 번 나올 뿐만 아니라 어두운 방 안에서 애무하는 두 사람의 손을 조명으로 교묘하게 부각시키기 때문이다. 하지만 어떤 시점에서 와카오 아야코의 손은 계산을 뛰어넘는다. 못을 주워 올릴 때 생각에 잠긴 표정과 땅을 만지는 손을 보면 알 수 있다. 혹은 복역 후 돌아온 오카네의 목을 조르려고 하면서도 그녀의 몸을 만지며 "이렇게 야위었다니, 잘 돌아왔어. 혼자가 돼서 처음으로, 눈이 멀고 나서 처음으로 외로움을 알게 됐어. 당신의 기분을 알겠어. 지금의 난 당신 없이 살 수 없어"라고 자신의 심정을 단번에 쏟아내자 오카네는 그 작은 손으로 불현듯 얼굴을 감싼다. 그 두 손의 올곧음에 나는 무척이나 감동했다.

《세이사쿠의 아내》는 고독한 존재가 필요로 하는 사랑을 역설한다. 오카네에게 세이사쿠와의 애정 관계는 섹스만이 아닌 인간 사이의 근원적인 '접촉'임을 와카오 아야코의 손이 말해준다. 물론 그녀가 '손'에만 정신을 집중해 연기하지는 않았을 것이다. 그것은 그녀의 신체성과 관련이 있다. 이때 그녀는 '육체와 정신'의 분열에서 해방돼 하나가 되는 기쁨을 느끼고 있는 듯 보인다. 그녀의 손이 느끼는 피부의 따스함과 에로스를 관객도 느낄 수 있는 행복의 순간이라 해도 좋다.

마스무라와 일할 때 요구받았던 여러 제약과 갈등, 특히 허구의 여성상을 어떻게 해서 자신에게 납득시킬 것인가라는 내면의 절충과정 속에서 그녀는 연기하는 자신을 잊고 역에 투신하지 않았다. 오히려 그 역할을 자기에게 끌어왔고 그 인력이 신체의 중력을 만들어냈다. 거기에 관객의 정동 또한 끌려들어 가는 것이다.

가령《하나오카 세이슈의 아내》의 마지막 장면에서 롱쇼트로 카메라에 잡힌 아무 말도 없이 가만히 서 있는 모습의 아름다움을 떠올려보면 된다.21) "표현 불가능한 것"을 신체로 표현할 수 있었던 것은 그녀의 멜로드라마적 신체 때문이다.

'여자'가 묻는 것

내 글의 출발점은 어째서 '남자를 위해 남성 욕망의 대상으로서 남자가 보기' 위해 제시된 와카오 아야코에게 이끌리는가 하는 문제였다. 지금까지 분석했듯이 와카오 아야코라는 한 여배우의 궤적에 새겨진 풍부한 신

---

21) 혹은 반대로《여체》(1969)에서 아사오카 루리코가 온 힘을 다해 연기했으나 와카오 아야코의 '마스무라적 히로인'에는 미치지 못했음도 알 수 있다.

체성과 역사성은 내가 '와카오 아야코적 문제'라고 명명한 지극히 페미니스트적인 물음에 대한 대답에 포함되어 있으며, 처음 예상했던 것보다 훨씬 더 중층적인 문제를 내포하고 있음이 드러나지 않았나 생각된다.

특히 마스무라 야스조 감독과의 협업으로 만들어진 일련의 작품에서 와카오 아야코적 문제의 핵심에 위치하는 '마스무라적 히로인'이라는 여성상이 대두되었다. 또한 부권적인 젠더 규범에 따른 여성관으로 정의된 마스무라적 히로인이 내재하고 있는 여성성의 본질적인 문제는 한편으로 보기 드문 과격한 '여성 판타지'를 만들어냈고 이는 이른바 이차적인 산물까지 읽어내는 작업이 되고 말았다. 그 발견은 물론 최초에 관객으로서 내가 느낀 양가성과 깊은 관련이 있다. 하지만 이러한 '읽기의 가능성'을 제시함으로써 그 근저에 있는 문제를 회피할 의도는 없다.[22]

이 문제를 생각하면서 몇 번이나 자문자답했다. 이는 와카오 아야코에게 이끌린 나와 그런 자신을 분석하려는 실로 분열적인 체험이었지만 어떤 하나의 질문이 항상 머릿속 한구석에 남아 있었음을 고백하지 않을 수 없다. 그것은 도치기 아키라가 던진 다음과 같은 물음이다. 다소 긴 문장이지만 인용하겠다.

"어떤 의미에서 '마스무라적 히로인들'은 일본의 근대와의 사이에서

---

22) 그 문제의 하나는 '읽기'라는 행위에 관한 것이다. 텍스트 분석은 그것이 아무리 주관적이지 않고 '객관적'이라는 '몸짓'을 하는 듯이 보여도 '읽기'의 실천이고, 텍스트 안에 나타난 창작자의 욕망의 흔적을 재구축해 분석하는 것은 나아가 읽는 자의 욕망을 겹쳐 놓는 것이나 마찬가지다. 분석 행위가 분석 대상보다 분석의 주체에 대해 보다 많이 말하는 것은 새삼 강조할 필요도 없다. '여자'라는 기호에 회수되고 침묵되어온 여러 목소리가 '나의 읽기'에서 하나의 회로를 발견했다는 보증 따위는 없으며 그렇게 주장할 패기도 없다. 페미니즘 비평이 가르쳐온 것은 바로 그러한 읽기의 불가능성이며 그러한 자세를 취하는 오만함이었기 때문에.

마찰을 일으키는 존재라고 말할 수 있는 것일까. 《하나오카 세이슈의 아내》에서 주인공 가에와 시어머니 간의 패권 다툼과 같은 갈등을 지켜본 세이슈의 여동생은 그 모습을 '여자들이 한 남자를 기르고 있다. 비료를 너무 많이 주면 뿌리가 썩는다'고 평했다. 이 작품은 여자의 돌출된 개체를 그리면서 동시에 그 주체 형성이 부권제 유지에 가담하는 양가성을 지적하고 있다.

여기서 마스무라의 작품에 빈번하게 나타나는 그로테스크한 묘사나 폭력에 주목해보자. 자신이 선택한 길로 완고하게 나아가는 여주인공에 비해 남자들은 폭력에 의해 육체에 상처를 입고 감각을 빼앗기는 고난을 당할 때가 많다. 때로 여자의 강고한 자아에 선동당하듯 스스로 자신의 육체를 괴롭힌다. 그리고 히로인에게 남은 선택도 마지막에는 자살 혹은 동반자살밖에 없는 듯이 보인다.

마스무라에게 유럽적인 근대를 통과한다는 것은 근대에 불가피한 폭력을 둘러싼 관계와 욕망을 응시하는 것이 아니었던가. 그렇다면 조금 전의 질문은 다음과 같이 다르게 말할 수 있을지도 모른다. 마스무라 영화의 여자들은 주체 형성에 폭력을 동반해야 하는 근대에서, 근대 그 자체를 지지해온 남근주의적인 부권제를 무너뜨리는 계기를 줄 수 있었던가, 라고."[23]

이 질문은 실로 마스무라적 히로인이 마스무라의 '무녀'에 지나지 않는 것인가라고 물었던 야지마 미도리의 지적과도 직접적으로 연결된다. 물론 다음과 같은 의문도 나올 수 있다. 아무리 《남편이 보았다》나 《세이

---

23) 도치기 아키라, 「마스무라 야스조의 데뷔작부터 15편 '근대주의'와 '여자의 영화'」, 『OCS 뉴스』 550호, 1997년 4월 11일, 19쪽.

사쿠의 아내》에 '남성성의 패배'가 암시되어 있다 해도, 마스무라적 히로인은 결국 일본의 전후 영화에 자주 보이는 "여자＝엄마의 존재는 시대의 변동을 넘어 변치 않는다고 믿으려 했던"[24) 것에서 발생한 전후 일본 영화사를 특징짓는 여성상의 계보에 속하지 않는가.

　나는 이 물음에 대답을 찾을 수 없다. 대답할 수 없는 것이 아니라 답을 함으로써 치러야 할 희생이 너무도 크다.

　하지만 그 대답을 찾기 전에 여러 영화 속에 나타나는 '지배되고, 전이되고, 침묵되어온 목소리'를 끄집어내고, 또 한 시대를 상징하는 여배우의 신체에 새겨진 '저항'과 '절충'을 확인하는 작업을 통해서만 그 질문에 대한 답을 찾을 수 있지 않겠는가.[25) 설령 마스무라의 여자들도, 나의 해석도 최종적으로는 '남근주의적 가부장제를 무너뜨리는 계기'를 만들 수 없다 할지라도. 하지만 적어도 남성이라는 포지션에서 말한 담론에 점유되어온 와카오 아야코를 '우리들'에게 되돌리기 위해, 그리고 '텍스트 읽기'를 생산적인 행위로 만들기 위해서라도 여기서부터 시작할 수밖에 없지 않겠는가.

---

24) 야지마 미도리, 「근면한 무녀들」, 30쪽.
25) 로라 멀비는 더글라스 서크에 대해 다음과 같이 지적했다. "어떤 일관된 형태로 문화가 존재한 적이 없는 억압적 상황에서는 인지한다는 단순한 사실이 미학적으로도 정치적으로도 중요한 의미를 지닌다. 가부장제하에서 일촉즉발 상태에 있는 성차가 가부장제의 사적 영역이라 불리는 가정 안에서 극적 폭력으로 발전해가는 모습을 목격하는 것은 눈이 돌아갈 만큼 만족스럽다." Laura Mulvey, "Notes on Sirk and Melodrama," *Visual and Other Pleasures*(Indiana and Bloomington: Ondiana UP, 1989, p.39)

APPENDIX

"나 이외의 다른 사람이 되고 싶다"

영화가 좋아

— 일본 영화를 자주 보시나요?

와카오 아야코(이하 와카오)　영화는 완전히 기분 전환이랄까 오락이랄까 즐기기 위해서만 봅니다. 그런 의미에서 일본 영화는 나와 너무 가까운 세계이기 때문에 즐길 수가 없어요. 그래서 미국이나 프랑스와 같이 다른 나라 영화를 봅니다. 사실 영국 영화를 좋아하는 편이에요.

— 아니면 뭐든 간에 주윤발 영화가 좋다거나?

와카오　그건 뭐.(웃음) 한동안 그랬죠. 사실 홍콩에 대해 별다른 인상이 없었어요. 홍콩 플라워(역주: 플라스틱으로 만든 조화) 정도랄까. 전혀 흥미가 없었는데 언니가 엄청나게 영화를 봤던 탓에 그렇게 곁눈질로 보기 시작했어요. 그러면서 재미있는 작품이 있었고요.

— 주윤발을 보고 어떤 인상을 받았나요? 배우구나라는 느낌이었나요?

와카오　아뇨, 그렇지는 않았어요. 다만, 요즘은 키도 크고 스타일도 좋은 데다 예쁘고 신체적으로 뛰어난 일본 배우들이 많은데 주윤발의 섹시함은 좀 달라요. 그런 부분이 특별하죠. 왜냐하면 배우란 연기가 어쩌네 저쩌네 해도 결국 육체적 조건이 가장 중요해요. 남자든 여자든 매력이 있어야 해요. 무엇보다 주윤발의 신체는 아름답죠. 일본인과 좀 다르고 얼굴도 작고. 그런 모습을 보고 아, 좋다라고 생각하지만 그뿐이에요. 몇 년 전인가 주윤발이 일본에 왔을 때 만났었는데 그걸로 만족해요.(웃음) 그 이상 뭐가 있겠어요.

— 만났을 때 느낌은 어땠나요?

와카오　홍콩 사람이 일본 영화를 알고 있어서 충격이었어요. 내가 이쪽에서 나오니까 주윤발이 잠시 멈칫했다고나 할까. 뭐라고 말해야 좋을까요. 유럽이나 미국 사람이었다면 그러지 않았을 거예요. 같은 배우니까 화기애애하지 않았을까. 그런데 주윤발은 일순 움츠러들었어요. 한참 선배인 여배우를 대하는 느낌이었어요.(웃음) 그래서 뭐 그런가 보다 했죠.

— 중학생 정도 나이에 와카오 씨 영화를 봤을까요?

와카오　아뇨, 아마도 내 영화는 아니지만 역시 일본 영화는 봤을 테고 좋아하는 여배우가 따로 있었을 거예요. 그래서 나는 별다른 생각을 하지 않았지만, 주윤발 씨는 알고 있었던 것 같아요. 내가 자신보다 훨씬 선배라고 생각하지 않았을까요?

— 주윤발이 나왔을 때 고바야시 아키라와 닮았다고 느꼈는데 어떤가요?

와카오　아 정말요? 듣고 보니 얼굴이 좀. 사실 주윤발은 얼굴만 봤을 때 그렇게 좋지는 않아요. 하지만 캐러멜 색깔의 코트를 쓱 휘날리면 일본인에게는 없는 시원함이 있어요. 요즘은 일본 젊은 배우들 중에도 있긴

합니다만.

—《왕과 나》는 보셨나요?

와카오 봤어요. 하지만 역시 렉스 해리슨이 나오는 첫 번째가 가장 좋아요! 개봉했을 때가 아니라 나중에 보긴 했지만 렉스 해리슨의 시암 왕은 최고예요. 뭐랄까 응석받이에 여린… 역시 실력이 달라요. 멋졌어요. 율 브린너는 별로였어요. 주윤발 버전에는 더 이상 그런 묘사가 없죠. 지금은 그렇게 하면 안 되는 걸까요. 야만적이고 여선생의 다른 문화에 반발하는 모습을 좀 더 확실히 하지 않으면 마지막에 죽을 때 불쌍하게 보이지 않아요. 비교하자면 다소 평범해요, 주윤발은. 이미 문명에 익숙해져 있어요. 그래서 작품적으로 별로 성공했다고 생각하지 않아요. 재미없었어요. 역시 렉스 해리슨의 버전이 근사했어요.

— 데뷔하기 전부터 영화를 보셨나요?

와카오 좋아했어요. 전쟁이 끝났을 때 센다이로 갔어요. 엄마는 거기서 돌아가셨고요. 오빠도 그렇고. 언니는 바로 도쿄로 돌아갔기 때문에 혼자 남아 외로웠죠. 원래는 영화 같은 건 보면 안 되었어요. 학교에서 알면 큰일이니까. 하지만 어쩌다 보니 그냥 보게 됐어요. 그렇게 처음에 미국 영화를 봤고 완전히 빠져버렸어요. 매일매일 영화만 생각했죠. 어떻게 갔는지 모르겠지만 로렌스 올리비에의 《햄릿》을 보러 네 번이나 극장에 갔어요. 중학생 때였는데 학교가 엄해서 학년에 따라 머리 모양도 정해져 있었어요. 그 정도로 엄격했죠. 외화를 보러 가면 불량 학생으로 찍힐 정도였어요.

— 이노우에 히사시의 소설 『푸른 잎 무성하다』에 와카오 씨를 모델로 한 여학생이 등장하는데 그건 완전히 상상인가요?

와카오 그 책에는 우리 집이 헌책방이고 아빠가 주인으로 나오지만 사실 우리 아버지는 샐러리맨이었어요.

— 그 작품에는 셰익스피어의 연극을 연습하는 장면이 있었습니다만.

와카오   그런가요? 학생 시절에 사람 앞에 서는 건 생각도 못했어요. 지금도 그렇지만 연극을 하기 전에 공연을 보러 가서 용케 저런 데서 연기를 하는구나 생각해요. 스스로도 어째서 무대에 오르는가 하고. 그렇지만 실제로 무대에 서면 뭔가 내가 아닌 것 같은 느낌이 있어요. 그렇게 자신을 속여버리는 거죠. 나 외의 다른 사람이 되는 것 같아요. 학교 축제 같은 곳에 나간 적도 없고. 항상 될 수 있는 한 눈에 띄지 않게 숨어 있는 편이었죠. 그러니까 셰익스피어의 연극 연습 같은 건 말도 안 되는 얘기예요.(웃음)

— 그런데 이후 하세가와 가즈오 씨를 만나 영화에 출연해보지 않겠냐는 이야기를 들었죠?

와카오   센다이에 순회공연차 오셨고 그래서 우연히 만났어요. 만났다기보다 어쩌다 하세가와 씨 눈에 띄었어요. 내가 거기에 간 것도 아니었고. 어쩌다 보니 그렇게 됐어요. 그런 게 나의 진짜 가벼움이랄까 약삭빠름이랄까, 나 자신도 뭐지라고 생각하지만요. 배우가 되고 싶다고 생각한 적도 없어요. 단지 그때쯤부터 계속 영화를 봤기 때문에 영화에 나오는 인물이 되어 상상하는 게 소녀 시절의 유일한 꿈이었던 것 같아요. 나를 지우고 다른 사람 속에 이입시켜요. 그래서 예를 들면 책을 엄청 많이 읽었어요. 도서관에 가서 닥치는 대로.

— 문학책을요?

와카오   문학을 의식하지 않았어도 그 시절에는 도서관에 있는 게 가장 마음이 편했어요. 오래 있어도 상관없었죠. 학교가 끝나면 저녁 무렵 집에 갈 때까지 도서관에 있었죠. 아마도 센다이 시립 도서관이었는데 아주 훌륭했어요. 지금은 어떤지 모르겠지만. 어쨌거나 책이 아주 많았어요. 그래서 좋아하는 작품을 매일 섭렵했고 이야기 속으로 끌려 들어갔어요. 아주 즐거웠어요. 하지만 내가 배우가 될 거라고는 꿈에도 생각하지 않았어요. 한마디 들은 걸로 우쭐해져서. 어, 얘가 도쿄 말을 하네 어쩌네 해서 기회가 생겼으니까 불쑥 말해버렸죠. 배우가 되고 싶다고 하다니. 그런 얘기를 듣고 순식간에 생각했지만 진짜로 그전에는 배우가 될 생각은 조금도 없었어요.

— 그때 하세가와 씨의 출연작은 보셨나요?

와카오 어릴 때 봤어요. 야마다 이스즈나 롯빠, 에노켄 같은 배우와 함께 나오는.

— 그렇다면 도호 작품이군요. 갑자기 배우가 되고 싶다고 말했을 때 바로 떠오르는 여배우가 있었나요? 그때는 외국 배우였나요?

와카오 그 시절 외화를 봤다고 하면 뭐랄까… 내가 진짜 조숙했던 거죠. 로렌스 올리비에라던가 게리 쿠퍼밖에 없었어요. 당시 디나 더빈은 아직 어렸어요. 오래된 얘기네요. 일본의 여배우는 예를 들면 하세가와 가즈오 씨와 함께 야마다 이스즈가 영화에 나왔죠. 그녀는 지금도 좋은 배우지만 그때는 정말 멋졌어요. 하지만 배우가 되겠다는 건 그렇게 구체적인 게 아니었고 사실 그냥 장단 맞춰 말했던 거였어요. 아양 정도로. 이상하죠.(웃음) 그런 말을 들었으니까 뭔지 모르게 그러지라고 생각한 거지만요. 그때는 사실 아무 생각이 없었죠.

영화배우가 되다

— 그런데 진짜로 다이에이에서 배우로 데뷔했죠.

와카오　그랬죠.(웃음)

— 배우가 된 기분은 어땠나요? 그 이전과 뭐가 달랐나요?

와카오　여러 세계가 있고 거기에 따라오는 화려함이 있잖아요. 나는 그런 것은 전혀 생각하지 않았어요. 다만 다른 사람이 되고 싶었을 뿐이에요. 그게 가장 컸어요. 뭐라고 말하면 좋을까요… 변신 욕망이랄까. 나중에 많은 것들이 따라왔지만 그런 건 별로 신경 쓰지 않았어요.

— 예를 들어 중학생 때는 항상 뒤에 있고 눈에 띄지 않으려 했다고 말씀하셨지만 실제로 배우가 되고 나서는 또래 소녀들의 우상이나 마찬가지였죠. 아이돌이 된 기분은 어떤 건가요? 항상 사람들의 시선을 받을 수밖에 없고 길을 걸으면 모두가 알아보고.

와카오　지금보다는 그렇죠. 그런 점은 좀 성가셨어요. 하지만 외곽에 있는 다마가와 촬영장이랑 세타가야에 있는 집만 왔다 갔다 했어요. 새벽녘에 나와 촬영장에 갔어요. 그때는 노동조합이 깐깐하지 않아서 매일 거의 철야 비슷하게 작업했어요. 그래서 촬영장이랑 집밖에 몰랐어요. 팬레터가 온 것도 별로 실감하지 못했고요. 지금 생각해보니 촬영이 끝나고 밤늦게 집에 가면 밖에서 봐도 조명이 점점이 번쩍번쩍거렸는데, 『헤이본』 같은 그라비아 잡지사 사람들이 집 안에 조명을 설치하고 기다리고 있었어요.

— 항상 집에서 차로 이동했나요?

와카오　아니요, 처음에는 전철로 다녔었는데 집에 조명이 설치되고 했을 무렵부터는 차로 이동했던 것 같아요. 조금 헷갈리지만 처음에는 전철이었어요. 그래서 해가 뜨기 전에 집에서 나왔죠. 중간에 전철을 갈아타기도 했고. 나중에 다이에이에 소속된 젊은 배우들이랑 다 같이 모여 사메즈(역주: 도쿄 시나가와 구에 위치한 운전면허시험장)에서 대형 2종 시

험을 보고 면허를 땄어요. 면허 갱신할 때 트럭 운전기사님들이랑 같이
하죠.(웃음) 줄 서 있으면 여자는 한 명도 없었어요. 그때는 당연했죠. 그
것밖에 없었으니까. 버스도 오토바이도 운전할 수 있죠. 당시 촬영소 안
에서 다른 사람 차를 잠깐 운전하기도 했어요.

촬영을 하면 다 같이 쭉 함께 있어요. 일주일간 거의 잠도 못 자고 아침에
는 저쪽에, 저녁에는 이쪽에… 아침이 밝고 밤이 오고 그러다 정신을 차
려 보면 스튜디오 안에 모두 픽픽 쓰러져 있어요. 자고 있는 거죠. 식사는
촬영소 식당에서 했고요. 젊었으니까 가능했어요.

— 1년간 열 편, 매년 그렇게 출연하시다니 대단해요. 출연작 리스트를
만들었는데 엄청 두껍더군요.

와카오　제 출연작을요? 민망하네요.(웃음) 그런가요?

— 연기 자체는 비교적 쉽게 하셨나요?

와카오　그렇습니다. 역시 책을 많이 읽었기 때문인 것 같아요. 그리고
미국 영화를 봤는데 이상하게도 저항감이 없었어요. 왜 그럴까요. 다이
에이 입사 동기생 중에서는 제가 가장 젊었어요. 지금도 활동하고 있는
다카마쓰 히데오(역주: 인터뷰는 2002년에 진행되었고 다카마쓰 히데오
는 2007년에 서거했다) 씨가 아마도 나랑 비슷하거나 아니면 조금 위일
거예요. 그리고… 미나미다 요코 씨가 나랑 동갑이에요. 어쨌든 제가 제
일 젊었기 때문에 기억력 테스트라고 해야 할까, 정해진 대사가 있잖아
요. 그걸 외운 사람이 손을 들고 말하는. 항상 가장 먼저 손을 들었어요.
(웃음) 읽고 바로 외우는 거죠.

— 촬영이 없을 때는 무엇을 하셨나요?

와카오　촬영이 없었던 날이 거의 없었어요. 그도 그럴 것이 끝나면 이
미 날이 밝아 또 일을 했죠. 잠깐 긴자에 나가는 정도. 다음 작품에 입을

의상 피팅을 긴자에서 했기 때문에 의상을 보러 갔어요. 항상 가는 찻집 2층에 있으면 다른 회사 배우들도 오고 옆에는 영화 잡지도 놓여 있었고. 모두 긴자에 오면 그 찻집에 들르는 듯했어요. 기시 게이코 씨도 왔었거든요.

미조구치 감독이라는 사람

— 미조구치 감독에 대해 묻고 싶은데요, 와카오 씨는 미조구치 감독의 영화에 출연한 마지막 스타시죠?

와카오   맞습니다. 《게이샤》랑 《적선지대》를 했고, 그다음에 《오사카 이야기》. 그때 나도 출연할 수 있을까 생각했는데 감독님이 쓰러졌죠. 결국 요시무라 고자부로 감독이 뒤를 이어 메가폰을 잡았고, 그래서 마지막이 된 거죠.

— 미조구치 감독은 엄격하기로 유명하죠. 몇 번이나 테이크를 가고 모두를 혹독하게 대했는데 와카오 씨에게는 그렇지 않았다고 들었습니다.

와카오   아니요, 《게이샤》 촬영 때만 그랬어요. 내가 갖고 있던 것을 최대로 끌어내게 해주셨어요. 그래서 자유롭게 연기할 수 있었어요, 지금 생각해보니. 아무 말도 안 하셨죠. 마음대로 하게 해주셔서 즐겁게 했어요. 점점 더 자유롭게 하게 됐고, 감독님은 한마디도 안 하고. 진짜 체구가 컸던 건지 잘 모르겠지만 그때는 왠지 더 거대하게 보여 옆에 가지 못했어요. 멀찍이 떨어져서만 바라봤어요. 그래서 뭔가 말씀할 때 조감독이 전달했어요. 그 외에는 직접 이야기한 적이 없어요. 경력이 대단한 옛날 감독이니까. 어쨌든 본 촬영 들어가면 그건 이미 99% OK였죠. 《게이샤》는 내가 원하는 대로 연기할 수 있었기 때문에 기뻤어요. 한 달 반 동안.

《적선지대》는 반대로 좀 고생했지만요.(웃음)

— 당시 와카오 씨의 팬은 《적선지대》를 보고 깜짝 놀라지 않았습니까? 그때까지의 청순하고 귀여운 소녀와 완전히 다른 역할이었죠. 뭐랄까, 미조구치 감독의 세계 속 여성을 연기하는 것도 와카오 씨에게는 처음이지 않았나요?

와카오　미조구치 감독 영화의 경우, 최고의 인물들이 참여했으니까요. 특히 다른 영화처럼 단독으로 찍지 않았죠. 마치 연극무대처럼 모두 모여 연습하고 오전 촬영분을 처음부터 연극처럼 리허설을 했어요. 그건 뭘 숨길 수가 없고 어찌할 수가 없어요. 할 수 없으면 도리가 없어요. 그런 상황에 노출되는 게 정신적으로 매우 좋은 경험이었어요. 그런 건 그 전에도 이후에도 없었어요. 아무 말도 안 했지만 다음 단계로 넘어가지 않았어요. 조감독이나 다른 스태프에게는 여러 가지 지령을 내렸지만 안 된다거나 화내거나 배우의 연기에 대해 이러쿵저러쿵 말이 없었어요. 그런 식이었어요. 미조구치 감독은 '모스크바 예술좌' 같은 사람이었어요. 그러니까 그 인물이 되면 그걸로 된 거예요. 뒤를 돌아보든 아래를 내려다보든, 위를 보든 그런 건 아무 관계가 없었죠. 영화를 통해서 보든 그 자리에서 자기들이 직접 보든 그 인물이 거기에 있는 것처럼 보이면 그걸로 상관없었어요. 그런 사람이었기 때문에 가장 어려웠어요.

— 변신 욕망이라고 말씀하셨는데 가령 실제로 매춘부는 완전히 다른 세계의 사람들이지 않나요?

와카오　그래서 차를 타고 해가 지고 나서 요시하라 유곽(역주: 에도 막부가 공인한 오래된 유곽으로 1957년 4월 1일 매춘방지법이 시행되면서 공식 폐지되었다)에 갔어요. 당시 실제로 운영되고 있었거든요. 지금도 기억나는데 어둠 사이로 미러볼이라든가 여자들의 모습이 보였어요. 얼굴을 보이면 안 되었어요. 위험하달까, 화를 내거나 하니까. 아직 어린데 그런 곳을 견학하다니. 그래서 차 안에서 눈만 요렇게 내밀어서 두세 번 왔다 갔다 했어요. 본다고 해서 완전히 알 수는 없지만 아, 이런 분위기구나 정도는 느꼈어요.

— 그 영화에서 맡은 역할은 다른 이들이 하나둘 무너져갈 때 인생의 목표를 위해 똑 부러지게 돈을 모으며 살아가는 여성입니다. 이후에도 그런 역을 종종 연기하셨죠?

와카오   아, 그런가요?

—《얌전한 짐승》 같은 영화에서 이지적이고 계산적이며 감상에 빠지지 않고 자신을 아주 잘 알고 있는 여성으로 등장하셨죠.

와카오   그때 그런 역할이 처음이었어요. 미야가와 가즈오 촬영감독에게 많은 도움을 받았어요. 메이크업을 완전히 다시 하라고 조언해주셨죠. 왜냐하면 미조구치 감독님이 얼굴이 아니라고 말했거든요. 얼굴이랄까 특히 코가 너무 정직하다고. 정직한 코라니… (웃음) 의미는 알아요. 어떻게 해도 물러 보인다는 의미라고 생각해요. 하지만 어떻게 할 수가 없잖아요. 그래서 미야가와 감독이 어떻게든 얼굴이 그렇게 보이지 않게 메이크업도 바꿔보고, 이렇게 하면 어떨까 저렇게 하면 어떨까 말해주셔서 여러 가지를 해봤죠. 실은 그런 건 아무래도 상관없고, 어쨌든 야무지게 보여야 했어요.

— 미야가와 촬영감독이 참여한 또 다른 작품에 출연한 적이 있나요?

와카오   그럼요. 《문신》이라든가 《부초》라든가 《에치젠 대나무 인형》도 그렇고. 여러 편 있어요. 처음부터 변함없이 상냥했어요. 귀엽게 보이면 안 되니까 냉혹한 이미지를 만들기 위해 입술을 얇게 칠해야 한다든지, 이것저것 세세하게 알려주셨어요. 그래서 지금 사진을 보면 이 사람 누구지 하고 생각할 정도예요. 화장 때문에 얼굴이 엄청나죠.(웃음) 그래서 현장에 있던 미마스 아이코 씨에게 어떻게 좀 해줘라는 식으로 말한 거죠. 근데 미마스 씨한테 가도 자기 일로 정신없으니까 뭘 해줄 수가 없죠. 한번은 댁에 간 적도 있지만. 아무튼 안 돼 안 돼 안 돼라며 스스로를 몰아붙이고, 죽으려고 해도 죽을 수도 없고, 어떻게 하면 좋을까, 그런 상황에 빠져 몇 번이고 발버둥 쳐서 마지막에는 어느 순간 이렇게 나오는 것밖에는 없었던 거죠.

오즈 선생님, 미시마 씨

—《부초》에 대해 얘기해주세요. 이 작품은 쇼치쿠 소속이었던 오즈 감독이 다이에이에서 찍었죠? 오즈 감독님은 어떤 느낌이었나요?

와카오 네, 좋았어요.(웃음) 엄한 느낌은 전혀 없어요. 물론 실제로는 엄격했지만 뭐랄까 좀 이상한 표현이지만 다른 사람은 모두 영화인이라면 오즈 감독은 문화인이라는 느낌을 받았어요. 연기 면에서는 오즈 감독만큼 까다로운 사람도 없지만. 꽁꽁 옭아매요. 캐릭터도 정해져 있고. 여기서는 이렇게 하고 저렇게 하고 배우가 있고. 대사도 절대로 자유롭게 하면 안 돼요. 마음대로 하게 내버려두지 않았어요. 한 마디 한 마디 할 때마다 손은 이렇게 하고 이걸 이렇게 할 때 다음은 이런 식으로, 그 정도로 확실히 했어요. 아주 까다로웠어요. 하지만 감독의 그런 면을 엄격하다고 느끼지 않았어요.

집에 놀러 오라고 말씀하시곤 했죠. 현관문을 열면 그림들이 걸려 있었어요. 지금도 잊을 수가 없어요. 아, 이렇게 아름다운 그림이 있다너라고 감탄했죠. 맨 앞에 파란색으로만 그려진 그림이 있었어요. 누가 그렸는지는 모르지만. 이 그림 아름답다고 말했더니 우리 집에 와서 그림을 본 여배우는 자네가 처음이라고 하시더군요.(웃음) 이런 식으로 오즈 감독에게는 사람을 숨 막히게 긴장시키지 않는 면이 있어요. 영화도 따뜻하고 어딘가 편안한 유머가 있어서 좋아요. 그런 따뜻함과 밝음이 오즈 감독 자신에게도 있어요. 그래서 좋았어요.

— 다른 감독의 집에도 놀러 갔었나요?

와카오　아뇨. 오즈 감독님 집에도 그냥 갑자기 간 거예요. 가마쿠라까지. 정성 들여 그린 그림이 있는 멋진 편지와 엽서를 받았어요. 마스무라 감독이랑은 식사를 한 적이 있고요. 하지만 그 외에 다른 감독이랑 그런 개인적인 교류는 일절 하지 않았어요.

— 다음으로 미시마 유키오 씨에 대해 질문을 드리겠습니다. 미시마 씨는 특이한 형태로 영화(《실없는 놈》)에 출연했습니다. 와카오 씨에 대해서도 세 차례 정도 글을 썼죠. 얼음 딸기 같은 사람이라고 표현하기도 했고.

와카오　어머, 얼음처럼 차갑다는 걸까요.(웃음)

— 아니요, 그런 게 아니고.(웃음) 산뜻하고 어딘가 긴장을 풀게 하고, 또 그리움 같은 이미지를 준다고. 소설에서는 악녀라든가 예민하고 무서운 여성만을 그렸는데 와카오 씨는 그런 여성들과 다르다는 거죠. 얼음 딸기 같은 사람이라고. 그리고 올해 최고의 여배우는 와카오라고도 했고요. 당시 많은 사람이 쓴 글 중에서 젊은 나이에 세상을 떠난 작가 야마카와 마사오와 미시마 씨의 평을 보고 재미있다고 생각했는데요, 특히 야마카와 작가는 마치 러브레터 같은 긴 글을 썼죠.

와카오　그랬군요, 꼭 읽어보고 싶어요. 그런 말을 해주신 분이 있었군요. (웃음) 지금도 선명하게 기억나요. 미시마 씨는 밝고 강한 인상이었어요.

— 미시마 씨는 노벨 문학상 후보에도 올랐는데 연기는 처음이었죠. 하지

만 와카오 씨나 함께 출연한 미즈타니 요시에는 프로 연기자인데 그런 점에서 미시마 씨와의 작업은 어땠나요?

와카오　그냥 단순히 같이 해보고 싶었어요. 연기를 통해 한판 놀아 보고 싶었달까 뭐 그렇게 생각했던 것 같아요. 전혀 다르잖아요. 그런 의미에서 미시마 씨도 즐기지 않았을까요. 하지만 아주 열심히 했어요. 저도 촬영하는 한 달간 긴장했고요. 물론 미시마 씨를 대할 때 긴장한 것은 아니고요. 감독이 무엇을 말하는지도 알겠고 미시마 씨의 마음도 알겠고. 40~50명 정도 되는 스태프들 사이에서 그런 일은 그분에게 하찮고 아무 것도 아니겠지만 역시 모르는 것을 그만큼 철저하게 들어야 하는 거죠. 모르는 걸. 그런 걸 듣고 미시마 씨의 얼굴을 보기가 힘들었어요. 하지만 표정에 드러내지 않고 여하간 열심히 했어요. 대단하다고 생각했죠. 그런 험한 대사들을 하다니. 바보 자식까지는 아니라고 해도 그런 종류의 말을 한 적이 없었을 테니까요. 어쩌면 반대로 기분이 좋았을지도 몰라요. 부모님한테도 들어본 적이 없었을 테니까. 미시마 씨는 이 영화를 몇 번이고 개인적으로 상영을 했어요. 본인 집에 손님을 불러서 보여주기도 하고. 어쨌든 미시마 씨는 활달했어요. 항상 그렇지는 않겠지만 보통 사람보다 훨씬 밝았죠.

—《너무 긴 봄》,《아가씨》,《야수의 장난》등 미시마 씨의 소설을 영화화한 작품에도 출연하셨죠. 미시마 씨의 작품을 읽어보셨나요?

와카오　네. 지금은 아니지만, 예전에는 다른 취미활동 없이 책만 주야장천 읽었어요. 그래서 여러 작품을 접했고 희곡도 읽었어요.

— 어떤 소설을 좋아하셨나요?

와카오　처음에는 센다이 도서관에서 본 책들을 좋아했어요. 서가의 가장 끝 안데르센부터 시작해서 아쿠타가와 류노스케, 구니키타 돗포, 시가 나오야 등이 있잖아요? 좋아하는 걸 손에 닿는 대로 골라 빌려서 읽었어요. 이상하게도 그때 구니키타 돗포의 작품을 좋아했어요. 『무사시노』라든가, 또 다야마 가타이의 『이불』도 강렬했죠. 여자가 떠난 뒤 이불의 냄새를 맡는 장면이 인상에 남아 있어요.

일을 시작하고 나서도 처음에는 책을 읽다가 잠들곤 했어요. 너무 재미있어서 아침까지 읽을 때도 있었어요. 40세 정도가 되고 나서는 자연스럽게 조심하게 되었지만요.(웃음) 그 전까지는 그런 것에 대해 별생각이 없었어요. 지금은 텔레비전에서 무턱대고 건강에 좋네 어쩌네 많이들 얘기해서 다들 정보가 많지만, 옛날에는 그런 거 신경 쓰지 않았고 생각조차 하지 않았죠.

마스무라 감독

— 마스무라 야스조 감독과는 《명랑 소녀》를 통해 처음으로 함께 작업하셨죠? 감독의 데뷔작 《입맞춤》은 보셨나요?

와카오 아니요, 안 봤어요. 하지만 조감독을 했었기 때문에 친분은 없었지만 알고 있었어요. 재능 있는 사람이었죠. 슬레이트를 치는 가장 말단 스태프이기는 했지만. 미조구치 감독 팀이 촬영할 때 그분이 아침에 스튜디오에 들어와서 당일 촬영할 대본의 대사를 칠판에 모두 적었어요. 그리고 그걸 다 같이 연구해서 수정하고 부족한 데는 덧붙이고 그랬죠. 마스무라 씨가 중심이었는지는 모르겠지만, 미조구치 감독이 항상 마스무라, 마스무라 하는 분위기였죠. 여하간 야무진 사람이었어요.《적선지대》에서도 마스무라 감독이 대사 담당이었어요. 그런 의미에서 미조구치 선생님은 그를 상당히 신뢰했다고 생각해요. 여기는 대사를 바꾸자면서,

마스무라, 마스무라 이리 와봐, 와카오를 좀 어떻게 해봐 라고.(웃음) 어떻게 좀 하라고 해도 뭘 어쩌겠어요.

— 《명랑 소녀》를 연출했을 때 예를 들어 역할 설정이라든가, 어떤 식이었나요? 어떤 분위기로 촬영이 진행됐나요?

와카오 놀라웠어요. 그도 그럴 것이 신데렐라 스토리잖아요. 보통 신데렐라 하면 외국 영화에서도 그렇지만 의붓딸을 괴롭히는 이야기예요. 무서운 엄마와 자매들이 있고 마녀처럼 그려지죠. 그래서 신데렐라는 고생하고 마지막에 왕자에게 구원받죠. 하지만 전혀 달랐어요. 괴롭힘을 당하기는 하지만 결과적으로 낭창한 주인공이 가장 강한 인물이죠. 이 영화는 완전히 다르구나, 역시 마스무라는 이전의 감각과는 다른 사람이라고 생각했어요.

참, 탁구 장면은 전에 해본 적이 없는데도 꽤 잘하는 것처럼 보이죠. 생전 처음으로 라켓을 잡아봤어요. 의외로 능숙하게 했어요. 얼마 전에 다시 영화를 봤는데 스스로도 꽤 잘한다고 생각했어요.(웃음) 처음인데 괜찮았죠? 기분 좋은 작업이었어요. 그렇지 않았다면 '명랑 소녀'일 수가 없죠.

— 컬러감도 눈이 번쩍 뜨일 정도로 원색을 사용했습니다. 다이에이의 모성 영화 시리즈처럼 얼마든지 슬픈 이야기가 될 수 있었습니다만.

와카오 그렇죠. 보통은 버림받고 훌쩍거리죠.

— 역시 마스무라 감독이 이탈리아에서 공부한 게 이런 거구나라는 느낌을 받았습니다. 영화 초반에 다 같이 지나 롤로브리지다에 대해 얘기하는데 다들 이탈리아 여자 같았어요.

와카오 맞아요!

— 그런 건 인물 설정 때 이야기하셨나요?

와카오 아뇨 아뇨. 전혀 말하지 않았어요. 사전에 이렇다 저렇다 하는 건 없어요. 촬영할 때 딱 그 순간. 하기 직전에도 아무 말 안 했어요. 테스트를 해보고 여기를 이렇게 하라는 정도였어요. 때문에 하나를 물어보고 열을 안다든가 열을 듣고 하나밖에 모른다든가 하는 것은 배우의 해석 방식에 따라 달라져요. 필요하면 말을 해주지만 사실 그렇게 이것저것 지시하지 않아요. 역할에 대한 설명 같은 것도 전혀 안 했어요. 손을 내밀라든지 얼굴을 어떻게 하라든지 말씀하지 않았죠. 다만 대사를 더 강하게 하라는 정도의 지시는 하셨어요.

— 마스무라 감독의 작품에는 10년 이상 출연하셨죠. 초기작이랑 《종이학》 같은 거의 후반 작품에서 감독의 태도라고 할까, 연출상의 분위기에 변화가 있었나요?

와카오　네, 아무래도 그렇죠. 그리고 작품에 따라 맞는 것과 맞지 않는 것이 있고요.

— 대체로 이야기 순서에 따라 촬영했나요?

와카오　아니요, 전혀 그렇지 않아요. 완전 엉망진창이랄까, 세트 상황에 맞췄어요. 《명랑 소녀》도 거의 세트예요. 물론 바다 장면은 아니지만. 탁구 장면을 포함해 전부 세트에서 찍었어요. 다이에이의 로케이션은 도이 마을 등 대체로 이즈 지역이었어요.

— 거리 촬영의 경우 어디에서 찍었나요? 다마가와 주변이나 전차에서 찍거나 했나요?

와카오　덴엔초후라든가 마루노우치에서도 찍었고, 아무튼 여러 곳에서 찍었어요. 요즘은 로케이션 촬영을 거리에서 좀처럼 볼 수 없는데 예전에는 안 그랬어요. 원폭 피해를 입은 여성의 이야기를 다룬 작품이 있었는데(《그 밤은 잊을 수 없다》) 아직도 기억나는 게 촬영 때 그 지역 야쿠자에게 부탁을 했어요. 그게 제일 안전해서. 우두머리였던 사람이 꽤 말고가 없었는데 내가 호텔에서 준비하고 있을 때 노크도 없이 들어와서는 축의금을 놓고 갔어요. 큰일이다 싶어서 나중에 제작 스태프를 통해 돌려줬어요. 알고 보니 그 전날 출소했다더라고요. 뭐 무섭다거나 그렇지는 않았어요. 종종 영화 촬영 때 이런 일이 있어요. 특히 교토 영화면 더욱.

─《여경》에 출연했을 때 배우가 천직임을 느꼈다고 말한 것을 어디선가 읽었습니다만, 1960년쯤부터 배우 경력에 어떤 전환이 있었나요?

와카오   그렇죠, 20대 후반부터 30대 정도가 가장 왕성할 때죠. 에너지가 있다고나 할까. 그래서 비교적 뭐든지 더 확실히 보였던 것 같아요. 그렇다고 해서 여배우로서 변했냐고 한다면 그런 건 없어요, 확실히 말하면. 《적선지대》처럼 어려운 역할을 해내면 오히려 그 이후 내리막길이 시작돼요.(웃음) 이걸 어쩌면 좋을까 싶죠. 그런 상황이 닥치면 다시 생각이 바뀌겠지만요. 하지만 배우는 항상 수동적일 수밖에 없어요. 역할도 일도 받아서 그 안에서 어떻게 자신을 살릴 것인가를 고민해야 하니까요. 나 자신으로부터 무언가를 찾아내서 하는 것이 아니니까.

─《아내는 고백한다》는 스물 여덟아홉 살 정도에 출연하셨나요? 몇 번을 봐도 볼 때마다 연기가 대단했어요. 남자 주인공이 있고 와카오 씨는 화면으로 이쪽저쪽으로 얼굴을 내미는 장면이 있죠.

와카오   그런 게 있었던가요.(웃음) 후반부에 애원하는 장면인가요. 그건 첫날 촬영했어요. 그러니 잘 모를 수밖에요. 빗속 장면은 따로 나중에 찍었어요. 완전히 절망해 화장실 벽에 기대고 하는 부분은 촬영 1일 차였어요. 그런 역은 자기 나름대로 아웃라인을 그리지 않으면 연기하기가 쉽지 않죠.

─ 확실히 그 영화를 찍을 때 처음으로 내가 구상한 것을 감독에게 인정받고 그래서 무심결에 이겼다고 생각했었죠?

와카오　네, 나중에 그랬죠. 아주 중요한 순간이었어요. 마지막까지 내 안에서 지속되었죠. "3년에 한 번이라도, 2년에 한 번이라도"라는 대사였죠 아마도. 방을 나와 계단을 천천히 내려가서 화장실로 들어가서는 "나, 살인자의 얼굴을 하고 있어"라고 말하죠, 그리고 독약을 마셔요. 대사가 있었으니까 그 장면이었을 거예요. 그때 연기의 속도, 템포가 문제였어요. 감독님은 빨리 하라고 했죠. 본 촬영 때 한 번 찍고 나서 생각하고는 여기를 한 번 더 빨리 해보라고 했어요.

하지만 저는 만족스럽지 않았어요. 빨리 하면 안 된다고 생각했지만 그렇게 했죠. 그 연기를 하기 전에 3개월 정도 계속 생각했거든요. 역시 그 점에서는 내가 좀 더 유리하죠. 하지만 그런 부분에서 마스무라 감독은 고집스럽지 않았어요. 솔직하다고 하면 이상하게 들릴지 모르겠지만 뭐랄까, 일적인 면에서 순수한 사람이에요. 그런 부분이 너무 좋아요. 나중에 감독님이 와카오 씨가 의도한 것이 좋았다고 말해줬는데 그런 점이 감독님의 장점이죠. 시나리오를 받은 이후로 수없이 생각했었기 때문에 나중에 내 안에서 어느 순간 구체화되어가요. 그러니까 할 수 없다고 생각했던 것이 결과적으로 좋은 거예요. 그렇게 생각하고 어떻게 하면 좋을까 전전긍긍하는 거죠. 그런 건 누구에게 상의할 수도 없어요.

— 그사이에도 다른 영화에 출연하셨나요?

와카오　아니요. 그런데 시나리오는 교토의 어느 호텔에서 받았으니까 이때는 다른 작품을 찍고 있었을 거예요. (《신 겐지 이야기》인가요?) 아, 모리 가즈오 감독의 작품에 아오이노우에 역할로 출연했을 때네요.

이 영화를 한다고 했더니 오즈 감독님이 조언을 해주셨어요. 다테시나에 계셨는데 전화를 하셔서는 정말? 그렇게 마음에 들었어?라고.(웃음) 그러면서 그 영화를 찍게 된다면 한 가지 신경 써야 할 게 있다고. 호흡이었어요. 자세하게는 말하지 않을래요.(웃음) 원령이 질투심에 미쳐가는데, 호흡이 중요했어요. 아, 그렇구나 생각했죠.

— 좋은 이야기네요. 다른 감독이 연출하는 영화인데 그런 걸 떠나서 여배우를 지켜봐주는 점에서 오즈 감독의 성품이 느껴져요.

와카오　맞아요. 그렇게 자기가 알고 있는 걸 후배에게 가르쳐주는 거죠.《아내는 고백한다》이후는 아쉽게도 그만큼 고생한 영화가 없었어요. 첫 연극 무대는 힘들었지만. 기쿠다 가즈오 씨가 열렬하게 설득했어요. 결국《설국》에 참가했죠.《아내는 고백한다》보다 세 배는 힘들었어요. 엄청나게 고생한 쪽이 결과적으로는 결코 나쁘지 않아요.

— 그 이후 영화에서는 기시다 교코 씨나 오카다 마리코 씨와 같은 스타 여배우와 함께 하는 작품이 많아졌죠. 그럴 때 아무래도 상대 배우와 경쟁한다거나 혹은 맞춰가거나 하는 식으로 어떻게 균형을 잡아가느냐 하는 것이 문제가 되나요?

와카오　영화의 경우, 그런 균형은 결국 연출가가 해나가는 것이라서 저는 별로 신경 쓰지 않았어요. 뭐 보통은 드라마로서 이야기가 있고.《아내는 고백한다》처럼 혼자 이끌어간달까, 이야기가 좁고 깊은 작품은 항상 만들 수 있는 게 아니라고 생각해요. 미국 영화를 봐도 그런 건 드물어요.

—《남편이 보았다》라는 작품을 아주 좋아합니다.

와카오　아, 그렇군요.

— 그 영화의 주인공 나미코는《아내는 고백한다》의 아야코와 매우 다른 캐릭터라고 생각합니다.

와카오　소설가 구로이와 쥬우고의 원작을 영화화했죠. 기시다 교코 씨와 함께 출연했고. 뭐랄까, 좀 묘한 작품이죠. 기시다 씨가 연기한 캐릭터도 특이하고.

— 《세이사쿠의 아내》도 그렇지만 목소리의 느낌이나 말을 할 때 매우 억누르고 있다는 인상을 받았습니다.

와카오   네. 《아내는 고백한다》에서는 자유롭게 말했어요. 《세이사쿠의 아내》에서는 주인공이 억압받고 있으니까요. 《남편이 보았다》는 오카다 마리코 씨와 함께 출연한 《두 아내》 같은 작품과 비슷한 느낌이 있어요. 개인적으로 《세이사쿠의 아내》에서 맡은 역이 마음에 들어요.

역할과 자신

— 아주 다양한 역할을 연기하셨습니다. 《세이사쿠의 아내》처럼 맹목적인 애정으로 극단적인 행동을 하는 타입, 《얌전한 짐승》처럼 굉장히 총명하고 자의식을 지닌 여성, 그리고 《블록 상자》와 같이 다정한 엄마, 언니처럼 어린 소년을 지켜주는 역할이 있었죠. 혹은 종교적으로 숭배받는 여성도 연기하셨고요. 이런 여러 가지 패턴의 캐릭터를 염두에 두고 있을 것 같은데요.

와카오   아뇨, 전혀 그렇지 않아요. 그때그때 내 안의 무언가와 합쳐져서 캐릭터를 상상하고 발전시켜갔기 때문에 그런 인물들의 어떤 부분은 나 자신에게 있는 거예요. 그런 패턴이 있기는 하지만 이건 이렇고, 저건 저렇다는 식으로 구분하지 않았어요. 정확히 거리를 두지 않았죠. 각 인물의 어떤 점에 대해 열심히 공감하려 했고 일정 부분 내 속에서 찾아내서 연기했어요. 주어진 역할로 인해 어떻게든 변화하려고 했어요. 그래서 저는 취미조차 없는, 아무것도 없는 사람이에요.(웃음)

— 1971년쯤부터 활동 무대를 영화에서 텔레비전과 연극 무대로 옮기셨죠. 이와 관련해 어떤 일들이 있었나요?

와카오　처음에는 텔레비전도 하던 대로 했어요. 한참 지나고 나서지만 이치카와 곤 감독에게 위로를 받았어요. 소위 텔레비전에 걸맞은 연기를 하고 있지 않았기 때문에요. 영화와는 완전히 달랐어요. 텔레비전의 경우, 효율적으로 연기를 하는 나름의 방식이 있으니까요. 연기를 치열하게 하지 않는다는 의미가 아니에요. 영화에서처럼 연기를 하면 시청자들이 보기에 어딘가 부자연스럽고 몰입하기 어려울 수 있어요. 매체에 맞게 연기를 할 필요가 있다고 생각해요. 영화에서 하듯이 연기를 하면 부담스럽죠. 카메라가 다르다고 할까, 텔레비전의 경우 영화와 같은 깊이가 절대 나오지 않거든요. 왜 그럴까요.

그래도 좋은 단막극도 꽤 했어요. 역시 연기 방식이 다소 달라요. 음… 간결하달까, 가볍다고 말해도 나쁜 의미가 아니에요. 지나치게 늘어져서 자기만족에 너무 취하면 금물이에요, 방송은. 하지만 결국은 모두 비슷하긴 해요. 그러고 보니 TBS에서 활동을 시작하면서 여러 가지 많이 찍었는데 그때 디렉터가 근래에 출연작 영상을 모두 보내줬어요. 그걸 보니 역시 텔레비전 방송도 지금보다 그때가 좋았다는 생각이 들더군요.(웃음)

— 쇼치쿠에서 제작한 《눈물》이라는 작품이 있죠. 최근 젊은 관객들 사이에 《눈물》에 나왔던 와카오 씨가 아름답다는 의견이 자자합니다.

와카오　아, 그런가요? 이시하마 아키라 씨가 출연했죠. 시나리오가 괜찮았죠. 좋은 영화예요. 오래전 기노시타 감독의 영화와 분위기가 비슷하달까. 사다 게이지 씨가 오빠 역할로 나왔고, 전 노동자로 등장하는데 처음으로 도전하는 비천한 역할이었어요. 어떤 의미에서는 쇼치쿠의 전통적인 색채가 느껴지는 영화 같기도 해요. 답답하고 이야기가 좋죠. 그때 이치카와 곤 감독이 연출한 《니혼바시》도 함께 촬영하고 있었어요. 《눈물》에 하마마쓰의 모래 언덕이 나오는데 엄청 더워서 햇볕에 탈 정도였어요. 그리고 나서 《니혼바시》 촬영장에 가면 혼났어요. 하얀 분칠을 해야 하는데 새까맣게 타버려서. 그 영화에서 오치세라는 역할을 맡았는데 하얗게 칠해도 가려지지 않아서 애를 먹었죠.

— 미즈카미 쓰토무의 소설을 원작으로 한 《기러기의 절》, 《에치젠 대나무 인형》, 《파영》에 출연하셨죠.

와카오　가와시마 유조 감독과의 작업이 즐겁고 재미있었어요. 오즈 선생님이 (그를) 문화인이라고 말했죠. 《여자는 두 번 태어난다》에서도 그랬지만 가와시마 감독은 한마디로 말하면 긴자 사람이에요. 어딘가 그런 분위기가 나요. 영화감독 중에서는 그런 사람이 좀처럼 없어요. 같이 일하면서 보니 꽤 유쾌한 분이었어요. 말수는 별로 없었어요. 《기러기의 절》은 추울 때 교토에서 한 달 정도 촬영했어요.

미즈카미의 소설을 좋아하는 사람은 좋아하죠.(웃음) 하지만 작업하기는 어려워요. 뭐랄까 독자들이 이미지를 명확하게 갖고 있어요. 미즈카미 소설에 나오는 여자들은 확실히 뭔가 있잖아요? 미즈카미 씨는 야치구사 가오루 씨가 본인 원작에 제일 잘 들어맞는다고 말했어요. 분명히 그렇게 들었어요. 물론 배우에 따라서 각기 다른 좋은 점들이 나오기 마련이죠. 연기할 때에는 뭐랄까, 뭔지 모르게 분위기는 있지만 딱 떨어지는 형태가 없잖아요. 그래서 어려운 거죠. 어쨌든 미즈카미의 작품을 영화화한 것은 그다지 인상에 남아 있지 않아요.

— 《문신》, 《만지》, 《미친 노인의 일기》의 원작자인 다니자키 준이치로는 어떻습니까.

와카오　읽은 작품들은 좋아하지만, 연기 면에서 전부 실패했다고 생각해요. 특히 《문신》은 지금도 좋지 않았다고 생각해요. 물론 마스무라 감독의 연출은 좋았어요. 하지만 좀 더 잘할 수 있었는데 말이죠. 약간 아쉬워요.

― 마스무라 감독은 자신만의 여성상을 가지고 있었고 그걸 와카오 씨를 통해 표현하려고 했는데, 일찍 세상을 떠나지 않았다면 그렇지 않은 여성도 실은 있다고, 그런 점을 알았으면 했다고 와카오 씨가 말씀하신 적이 있죠.

와카오　아니요, 알았으면 좋겠다랄까, 어쩌면 전혀 다른 방식은 불가능할지 몰라요. 누구나 자기만의 것, 그렇게 정한 것을 고집하기 때문에 불가능하지만, 마스무라 감독이 완전히 다른 촬영 방식으로 전혀 다른 각도에서 여성을 찍었다면 어땠을까. 한 번쯤 그런 시도를 했더라면 좋았겠다라고 생각했어요. 이건 개인적인 꿈 혹은 희망 사항 정도라고나 할까. 다소 이탈리아적이랄까, 여성은 반드시 남성에게 그 정도로 강하게 사랑을 갈구하는 존재는 아니니까요. 그런 점을 말하고 싶었던 것뿐이에요. 물론 마스무라 감독은 충분히 그것을 알고 있었고 자신만의 방식으로 하나의 형태를 만들어내려고 했던 거죠, 분명. 때문에 그렇게까지 말할 건 아니지만 완전히 다른 영화를 찍었다면 어땠을까 그런 생각이 들어요.

계속 여배우로 남다

― 지금 유로 스페이스에서 마스무라 야스조 특집 상영을 하고 있는데요, 10대, 20대 여성 관객이 많은 모양입니다. 새로운 팬층이 생겼다고 할 수 있죠. 40년 전 와카오 씨의 영화에 대한 열광이 지금 다시 새롭게 일어나고 있는데 어떤 기분이신가요.

와카오　물론 기쁘죠. 나 역시 좋은 옛날 영화를 보면 아, 정말 좋았어라고 생각하니까요. 그런 점이 영화의 매력이죠. 지금의 나와는 분명 관계

없어요. 그런 관객들이 편지를 보내요. 학생들이. 그리고 연극을 보러 와 주기도 하고요.

— 과거에도 팬레터를 읽으셨나요? 1년에 40만 몇천 통씩 받던 시절에요.

와카오 그런 숫자는 지금 처음 들어요.(웃음) 누군가를 좋아하게 되면 그 사람과 어떻게든 연을 만들고 싶어 하잖아요.

— 1950년대부터 쭉 배우의 길을 걸어오셨는데요, 그때 자신의 팬은 어떤 사람일까 상상해보셨나요? 남자의 경우 열렬히 러브레터와 같은 식으로 편지를 보냈겠죠. 여성 팬은 남자들은 모른다는 식으로 열정을 담아 와카오 씨를 바라봤었고. 그런 여배우는 꽤 드물다고 생각합니다만.

와카오 생각해본 적 없어요. 뭐라고 말해야 할까요.(웃음) 내가 어떻게 보이든 신경 쓰지 않고 계속해서 이 일을 한 배우는 많지 않을 거예요. 나쁜 측면도 있었죠. 자기가 하고 있는 게 어떤 식으로 보이는지를 알고 하는 편이 좋다고 말하는 일도 꽤 많지만요. 그런 걸 일절 생각하지 않았기 때문에 팬레터 얘기도 지금 처음 알게 됐고, 어떻게 비춰지는가에 대해서도 생각한 적이 없네요.

어쨌든 배우의 가장 큰 역할은 어떤 식으로든 뭐가 됐든 관객을 즐겁게 해주는 거예요. 그렇지 않으면 의미가 없죠. 내가 좋아서 한 일이지만 지금까지 해온 작품이 조금이라도 즐거움을 선사했다면 가장 보람된 일이죠. 많지 않은 관객일지라도 내 영화를 보고 기뻐하고 얼마간이라도 기분이 좋았다면 그걸로 만족해요.

— 다이에이가 도산할 무렵과 와카오 씨의 영화 출연이 줄어드는 시기가 겹치는데요, 어떻게 생각해야 할까요?

와카오 새로운 것에 도전하는 것을 두려워하고 좀 귀찮아하는 편이에요. 그래서 다들 TV 쪽에 진출하는데도 마지막까지 우물쭈물하고 있었어요. 연극 쪽도 마찬가지고요. 그런 점에서 뭐랄까 뒤처져 있었던 것 같아요. 뭔가 시작하는 것에 정말 겁이 많아요.

— 예를 들어 만약 다이에이가 존속했다면 영화에 계속 출연하셨을까요?

와카오 글쎄요. 어떤 식으로든 뭐든 간에 배우는 계속했을 거예요. 역할이 달라졌을지라도. 이러니저러니 해도 역시 다른 사람을 연기하는 게 좋으니까요.

— 지금이라도 각본이든 뭐든 괜찮은 조건이라면 다시 한 번 영화에 출연할 생각이 있으신가요?

와카오 좀 이상하긴 한데요, 최근 몇 년간 TV도 그렇고 재미있는 일들이 들어왔는데 전부 거절했어요. 요즘에 와서야 했으면 좋았을 텐데라고 생각해요.

그래서 이런 거 저런 거 재지 않고 내가 해서 재미있거나 관객들이 보고 의외라고 느끼는 것들을 해보고 싶어졌어요. 좀 늦었지만, 지금부터라도 나도 즐겁고 보는 이도 재미를 느낄 수 있는 일에 도전해보고 싶어요, 정말로.

— 와카오 아야코가 부활하는 대사건이 되겠네요.

와카오 맞아요. 그럴 것 같아요.

— 아시아 쪽에서 신인 감독이 데뷔할 때 과거의 신화적인 여배우가 출연해서 자기 이름을 내걸고 영화를 찍게 해주는 경우가 있어요. 그 후에 감독은 자기 경력을 착실히 만들어가요. 태국이나 홍콩의 경우, 그런 영화 체험의 계승 같은 것이 있어요.

팬의 입장에서 와카오 씨가 다시 영화에 나오는 건 큰 사건이지만 오늘 해주신 이야기를 포함해서 젊은 감독이나 배우 등 일본의 영화인 중 누군가가 와카오 씨로부터 무언가를 이어받으면 좋지 않을까 생각합니다. 그런 의미에서 꼭 스크린에서 뵐 수 있기를 바랍니다.

와카오　맞아요. 이전에도 그런 이야기를 했었지요.

— 와카오 씨가 예전에 오즈 감독으로부터 호흡이라든가 그런 이야기를 들었던 것처럼 한마디 제안을 해주신다면 젊은 감독들의 마음가짐이랄까… 그런 부분들이 계승되지 않으면 일본 영화의 독자성이… 다이에이에서 경험하신 부분을 어떻게 다음 세대가 배울 것인가라는 점에서 이 책이 참고가 되었으면 합니다. 와카오 씨가 현재 활동하는 30대 감독의 영화에 출연하시면 좋을 것 같은데요.

와카오　그래요, 단 하루라도 좋으니까. 오구리 고헤이 감독이 《진흙강》에 나와 달라고 이야기했는데 거절했어요. 하지만 이제 그러면 안 되죠.(웃음) 역시, 그런 걸 해야겠죠.

— 네, 정말 그렇습니다. 오늘 인터뷰 감사합니다.

2002년 9월 26일

대담: 요모타 이누히코, 사이토 아야코

와카오 아야코의 필모그래피

《영화 제목》(일본어 제목)
• 제작사 • 개봉 연월일 • 흑백/컬러 • 상영 시간
• 원작 • 각본 • 감독 • 촬영 • 출연 × 와카오 아야코(배역)
【해설】

1.《죽음의 거리를 벗어나》(死の街を脱れて)

• 다이에이 도쿄 • 1952년 5월 22일 • 흑백 • 94분
• 원작: 고토 다쓰루코 • 각본: 다테오카 겐노스케 • 감독: 고이시 에이이치 •
촬영: 히메다 신사쿠 • 출연: 미토 미쓰코, 스가와라 겐지, 네가미 준, 다키자와
오사무, 아라카와 사쓰키×와카오 아야코(무직 여성 미나미 세쓰코 역)
【해설】하세가와 가즈오가 이끄는 신연기좌의 연구소를 거쳐 1951년 다이에
이 제5기 뉴페이스로 영화계 입문한 와카오 아야코는 다이에이 연구소를 졸업
한 이틀 후에《살아남은 벤텐 님》(히사마쓰 세이지 감독)에서 세 명의 여자가
북을 치는 장면 중 한 커트에 출연했다. 다음 해에는《나가사키의 노래는 잊지

말자》에 교회에서 외국인과 대화하는 목발을 한 소녀로 캐스팅됐다. 감독인 다사카 도모타카가 와카오를 위해 현장에서 대사를 추가했다. 《죽음의 거리를 벗어나》는 고토 다쓰루코의 귀환 체험기로, 패전 당시 중국 대륙에 버려진 한 무리의 부녀자가 미토 미쓰코가 연기한 주인공을 중심으로 일본인 집결지인 만주국 신징으로 향하는 탈출극이다. 비중 있는 조연이었던 구가 요시코가 갑작스러운 병으로 하차하여, 그녀의 대역으로 와카오 아야코가 발탁됐다. 와카오 아야코의 세 번째 영화 출연작이지만, 처음으로 이름 있는 배역을 맡았다는 의미에서 본격적인 스크린 데뷔작이라 할 수 있다. 탈출극의 성격상 안전을 고려해야 했기에 배우가 갓난아기를 등에 업고 도망가는 장면에서는 한 개에 오천 엔이나 하는 정교한 인형을 사용했고, 와카오는 격렬한 움직임이 요구되는 상황에서 선두에 서서 부녀자를 지키는 젊은 여성을 연기했다. 사가미하라의 로케이션 촬영에서는 선로를 기어서 도망쳐야 했지만 재빠르게 움직일 수 없어 고생했다. 풀을 씹고 흙탕물을 마시며 잠도, 휴식도 제대로 취하지 못하는 가혹한 현장에서 모든 제작진과 배우들이 울면서 촬영에 임했다고 한다.

2. 《맹수 조련 소녀》(猛獣使いの少女)

• 다이에이 도쿄 • 1952년 6월 5일 • 흑백 • 96분
• 각본: 이데 도시로, 이노우에 우메쓰구 • 감독: 사에키 고조 • 촬영: 아키노 도모히로 • 출연: 에리 지에미, 지아키 미노루, 오카 조지, 아라카와 사쓰키, 네가미 준 ×와카오 아야코(예능인 아이코 역)
【해설】 다이에이 전속 배우가 된 에리 지에미의 첫 번째 주연 작품. 어릿광대(지아키 미노루) 밑에서 자란 마유미(에리 지에미)가 친아버지(오카 조지)를 우연히 만나 고민하는 모습을 그렸으며, 다이에이의 단골 작품인 모성 영화의 변주곡이다. 맹수 조련사를 연기한 에리 지에미가 재즈곡을 부르고 올 아메리칸 서커스(All American Circus)가 특별 출연했다.

3. 《모자학》(母子鶴)

• 다이에이 도쿄 • 1952년 6월 3일 • 흑백 • 92분

• 원작: 가와구치 마쓰타로 • 각본: 다테오카 겐노스케 • 감독: 고이시 에이이치
• 촬영: 히메다 신사쿠 • 출연: 미마스 아이코, 에리 지에미, 우사미 준, 시라토리
미즈에, 쓰루타 로쿠로×와카오 아야코(건설회사 임원의 딸 쓰지 에이코 역)

【해설】1948년《야마네코 아가씨》(모리 가즈오 감독)에서 시작된 미마스 아이
코 주연의 모성 영화는 당시 만들기만 하면 흥행하는 다이에이의 히트 시리즈
였다. 그 인기는 굉장해서 다이에이 계열의 영화관 주인들이 다이에이 다마가
와 촬영소 내의 이나리 신사에 어머니를 기리는 등롱을 기부 봉납할 정도였다.
20번째로 제작되는 모성 영화인 만큼 미마스의 남편 가와구치 마쓰타로가 자
신의 소설을 제공해주었고, 에리 지에미와 일본 콜롬비아 레코드사의 인기 가
수 구보 유키에가 영화에 등장해 아름다운 노래를 선사했다. 미마스 아이코의
역할은 아사쿠사 6구의 인기 마술사인 쓰지 노부코(실존 인물인 쇼교쿠사이
덴카가 모델)다. 그녀는 남자친구인 가난한 대학생 지로(우사미 준)에게 학비
를 대며 지로와의 사이에서 낳은 두 딸을 키우고 있다.

지로가 무사히 졸업한 뒤 취직하지만 곧이어 장녀 에이코의 추락 사고, 지로의
출정 등 불운이 겹치고, 패전 후에는 지로와 에이코의 행방을 잃어버린다. 노
부코는 둘째 딸 마리와 함께 떠돌이 예능인으로 살면서 두 사람의 행방을 찾는
데, 이들이 가까스로 재회한 곳은 건설회사 전무로 성공하여 이미 재혼한 지로
의 저택이었다. 에리 지에미가 떠돌이 예능인 엄마와 함께 각지를 돌아다니는
둘째 딸 마리를 연기했고, 와카오 아야코는 첫째 딸 에이코를 연기했다. 와카
오의 등장 장면은 많지 않지만, 청초한 미소녀를 어려움 없이 소화해냈다. 특
히 생일 파티 장면에서 보여준 새틴 드레스 차림의 앳되고 순진한 모습은 새로
운 청춘스타의 등장이라는 강한 인상을 남겼다.

4.《신랑신부 난투극》(花嫁花婿チャンバラ節)
• 다이에이 도쿄 • 1952년 8월 14일 • 흑백 • 82분
• 각본: 가사하라 료조 • 감독: 사에키 고조 • 촬영: 아키노 도모히로 • 출연: 하
세베 다케시, 모리시게 히사야, 야나기야 긴고로, 모치즈키 유코, 구보 유키에
×와카오 아야코(호프집 여종업원 다카시 게이코 역)

【해설】 와카오 아야코와 하세베 다케시가 연기하는 젊은 남녀의 사랑 이야기가 전개되는 가운데 두 사람의 홀아버지(야나기야 긴고로)와 홀어머니(모치즈키 유코)가 실은 30년 전에 서로 오해하여 헤어진 연인임이 밝혀진다. 이 영화에서 와카오 아야코는 처음으로 준주연급 역할을 맡았다.

5. 《내일은 일요일》(明日は日曜日)

• 다이에이 도쿄 • 1952년 11월 6일 • 흑백 • 97분
• 원작: 겐지 게이타 • 각본: 스사키 사쓰야 • 감독: 사에키 고조 • 촬영: 미네시게요시 • 출연: 스가와라 겐지, 모리시게 히사야, 하세베 다케시, 후지와라 가마타리, 후시미 가즈코×와카오 아야코(회사원 야마부키 모모코 역)
【해설】 『오모시로 구락부』에 연재된 겐지 게이타의 동명 소설을 영화화한 작품. 도호의 '회사원' 시리즈가 성공하자 이에 편승해 제작한 영화로 와카오 아야코와 스가와라 겐지가 연기한 두 남녀의 엇갈림과 화해를 그렸다.

6. 《비밀》(秘密)

• 다이에이 도쿄 • 1952년 11월 27일 • 흑백 • 93분
• 원작: 나카무라 하치로 • 각본: 이데 도시로 • 감독: 히사마쓰 세이지 • 촬영: 다카하시 미치오 • 출연: 다나카 기누요, 미야기노 유미코, 센다 고레야, 이치카와 하루요, 후나코시 에이지×와카오 아야코(여고생 마키 마리코 역)
【해설】 잡지 『올 요미모노』에 실린 나카무라 하치로의 소설 「아침 식사의 노래」를 영화화한 작품. 16년 동안 아내 없이 가족을 돌보는 주인공(센다 고레야)과 그의 세 아이에게 헌신해온 가정부 미요(다나카 기누요)를 중심으로 전개되는 홈드라마. 와카오 아야코는 미요를 좋아하고 따르는 둘째 딸 마키 마리코로 등장해 이미지에 딱 맞는 명랑한 여고생을 맡아 언니(미야기노 유미코)의 애인에게 마음이 끌려 고민하는 복잡한 심리를 자연스럽게 연기해 주목받았다. 데뷔 후 6번째 출연작에서 다나카 기누요, 센다 고레야라는 중견 배우와 함께 연기하게 된 와카오는 당시 잡지 인터뷰에서 이 작품을 "가장 마음에 드는 작품"으로 꼽았다.

7.《거리의 작은 덴구》(街の小天狗)

• 다이에이 도쿄 • 1952년 12월 4일 • 흑백 • 79분

• 원작: 가이 가쓰히코 • 각색: 기쿠시마 류조 • 감독: 요시무라 렌 • 촬영: 히메다 신사쿠 • 출연: 스가와라 겐지, 산조 미키, 우사미 준, 이시구로 게이시치, 사사키 다카마루 × 와카오 아야코(간호사 시라이 마사코 역)

【해설】스가와라 겐지 주연의 유도 영화이자 '작은 덴구' 시리즈의 세 번째 작품. 와카오 아야코는 스가와라 겐지가 연기하는 형사와 서로 호감을 느끼는 간호사 역으로 등장한다.

8.《그녀의 특종》(彼女の特ダネ)

• 다이에이 도쿄 • 1952년 12월 29일 • 흑백 • 85분

• 원작: 곤 히데미 • 각본: 후나바시 가즈로, 다나다 고로 • 감독: 나카키 시게오

• 촬영: 아이사카 소이치 • 출연: 교 마치코, 고스기 이사무, 후나코시 에이지, 스가와라 겐지, 미야케 구니코 × 와카오 아야코(어묵가게 딸 오후미 역)

【해설】『올 요미모노』에 실린 곤 히데미의 소설을 영화화한 작품. 사진을 싫어하는 수상(고스기 이사무)의 특종 사진을 찍으려고 기를 쓰는 사진기자 쓰바키 야에코(교 마치코)는 수상의 장남(스가와라 겐지)과 사랑에 빠진다. 하지만 수상이 두 사람의 관계를 반대하자 장남은 집을 나가버린다. 그 후 야에코의 선행을 우연히 알게 된 수상이 장남과의 관계를 허락한다는 이야기. 와카오 아야코는 야에코를 존경하는 어묵가게 딸 오후미를 연기했다.

9.《십대의 성전》(十代の性典)

• 다이에이 도쿄 • 1953년 2월 5일 • 흑백 • 66분

• 각본: 스사키 가쓰야, 아카사카 나가요시 • 감독: 시마 고지 • 촬영: 나카가와 요시히사 • 출연: 사와무라 아키코, 쓰무라 유코, 미나미다 요코, 하세베 다케시, 오다기리 미키 × 와카오 아야코(여학생 다카나시 에이코 역)

【해설】이탈리아 영화《내일이면 늦으리》(레오니데 모귀 감독)의 성공으로 소년 소녀의 성교육 영화 제작에 각 영화사가 일제히 나섰다. 그러나 대부분은

성교육을 진지하게 그리기보다 상업주의에 편승했기 때문에 반향도 컸으며, 특히 교육계는 '성전 영화' 비판의 선두에 섰다. '성전 영화'의 선구자격인 작품으로 와카오 아야코, 사와무라 아키코, 미나미다 요코, 쓰무라 유코 등 네 명의 청춘스타가 성에 대해 고민하는 사춘기 여학생을 연기했다. '성교육의 극영화'라는 방향성에 맞춰 『여의사의 진찰실』의 원작자 쓰네야스 다즈코가 영화의 시작과 마지막 장면에 특별 출연하여 성교육에 대해 열변한다. 와카오 아야코는 남학생으로부터 연애편지를 받지만, 아직 이성에게 관심을 품지 않고 선배인 미타니 가오루(사와무라 아키코)를 언니처럼 따르는 17세의 여학생을 연기했다. 와카오 자신과는 '정반대'의 역할이었지만 '현실에 있을 법한 소녀의 모습'을 표현한 와카오 아야코만이 유일하게 연기력을 인정받았다.

10. 《분노하라 산페이》(怒れ三平)

• 다이에이 도쿄 • 1953년 4월 1일 • 흑백 • 87분
• 원작: 곤 히데미 • 각색: 마쓰자키 슌 • 감독: 히사마쓰 세이지 • 촬영: 야마자키 야스이치로 • 출연: 스가와라 겐지, 다카마쓰 히데오, 산조 미키, 신도 에이타로, 센다 고레야×와카오 아야코(레스토랑 직원 우타가와 지요코 역)
【해설】 순진한 뱃사람(스가와라 겐지)이 선주에게 운반을 부탁받은 가방 때문에 밀수입 달러상 사건에 휘말려 사회악을 처단하는 이야기. 와카오 아야코는 불량한 남동생의 갱생을 바라는 레스토랑 계산대 직원을 연기했다. 이 시기부터 작품마다 향상하는 연기력으로 비평가들의 주목을 받았다.

11. 《채털리 부인은 일본에도 있다》
(チャタレイ夫人は日本にもいた)

• 다이에이 도쿄 • 1953년 4월 15일 • 흑백 • 89분
• 원작: 가와구치 마쓰타로 • 각본: 야스미 도시오 • 감독: 시마 고지 • 촬영: 다카하시 미치오 • 출연: 도도로키 유키코, 오카 조지, 우노 주키치, 하나부 다쓰오, 미야자키 준×와카오 아야코(화가의 딸 다카시마 사키코 역)
【해설】 가와구치 마쓰타로가 『문예춘추』에 발표한 소설을 영화화한 작품. 도

모코(도도로키 유키코)에게는 사고로 성불구가 된 군인 남편(오카 조지)이 있다. 그녀는 아이 갖는 것을 포기하고 남편에게 헌신하지만 더부살이하는 젊은 화가 사카이 교헤이(우노 주키치)와 한 번 저지른 실수로 딸을 출산한다. 남편이 죽은 뒤 딸 사키코(와카오 아야코)는 친아버지가 누군지 모르는 채 그림 모델을 수락한다. 와카오 아야코는 어머니의 부정에 반발하는 기센 딸을 연기했다. 어머니와 화해하는 마지막 장면에서 선보이는 웨딩드레스 차림이 압권이다.

12. 《십대의 성전 2》(續十代の性典)
• 다이에이 도쿄 • 1953년 5월 27일 • 흑백 • 94분
• 각본: 스사키 사쓰야 • 감독: 사에키 고조 • 촬영: 야마자키 야스이치로 • 출연: 미나미다 요코, 네가미 준, 하세베 다케시, 오다기리 미키, 사가 미치코×와카오 아야코(여학생 시게노 나쓰코 역)
【해설】《십대의 성전》의 큰 성공에 힘입어 제작된 '성전 영화'의 두 번째 작품. 여학생 아키코(미나미다 요코)를 중심으로 어쩌다 가진 성관계로 인한 임신, 유산 등 전작보다 과감한 내용을 다룬다. 와카오 아야코는 아키코와의 우정을 믿는 올곧고 밝은 성격의 여학생을 상큼하게 연기했다.

13. 《게이샤》(祇園囃子)
• 다이에이 교토 • 1953년 8월 12일 • 흑백 • 85분
• 원작: 가와구치 마쓰타로 • 각색: 요다 요시카타 • 감독: 미조구치 겐지 • 촬영: 미야가와 가즈오 • 출연: 고구레 미치요, 가와즈 세이자부로, 신도 에이타로, 스가이 이치로, 나니와 지에코×와카오 아야코(게이샤 견습생 에이코 역)
【해설】『올 요미모노』에 실린 가와구치 마쓰타로의 소설을 영화화한 작품. 미조구치 겐지의 전전 대표작 《기온의 자매》와 동일하게 기온의 게이샤를 다룬 작품으로, 전후 사회를 배경으로 의리와 인정으로 사는 봉건적인 선배 게이샤와 근대적이고 합리적인 후배 게이샤의 대조적인 삶의 방식을 그렸다. 미조구치가 8월 초순에 열리는 베니스 영화제에 참석하기 위해 6월에서 7월까지 2개월에 걸쳐 기온 축제의 여러 행사와 병행 촬영했다. 주연인 선배 게이샤에 고

구레 미치요를 결정했지만 후배 게이샤에 신인 기용을 검토하던 중 '성전 영화'로 일약 스타가 된 기대주 와카오 아야코를 발탁했다. 와카오 아야코는 게이샤 견습생(마이코)의 일상을 알기 위해 에이코가 처음 기온을 찾는 장면에서 입은 원피스 차림으로 기온에 있는 '오쿠야마'라는 게이샤 양성소에 직접 들어가 배역을 연구했다. 미조구치에 의하면 와카오의 배역은 당초 "훨씬 배짱이 두둑하고 선배 게이샤의 남자까지 빼앗아 기어오르는 여자"였지만 스타 이미지를 존중하는 회사 방침으로 인해 각본이 수정됐다고 한다. 가와즈 세이자부로가 와카오에게 억지로 키스하려다 혀를 깨물리는 장면에서는 비정상적으로 보이도록 두 사람이 힘들게 호흡을 맞췄다고 한다. 그러한 보람으로 와카오가 연기한 귀엽고 여리면서도 파격적인 전후 세대의 마이코가 좋은 평가를 받았고, 기존의 청순가련한 역할에서 한 걸음 나아가 새로운 이미지를 거머쥠으로써 와카오의 초기 대표작 중 하나가 됐다.

14. 《춘설의 문》(春雪の門)
• 다이에이 도쿄 • 1953년 8월 26일 • 흑백 • 98분
• 원작: 도미타 쓰네오 • 각색: 다테오카 겐노스케 • 감독: 사에키 고조 • 촬영: 야마자키 야스이치로 • 출연: 스가와라 겐지, 야마모토 후지코, 무라타 지에코, 고노 아키타케, 시미즈 마사오×와카오 아야코(수령의 딸 이토 세이 역)
【해설】 스가와라 겐지 주연의 유도 영화. 야마모토 후지코가 스기 류타로(스가와라 겐지)를 흠모하는 백작의 딸을, 와카오 아야코가 스기의 후원자(신 긴조)의 딸을 연기했다.

15. 《십대의 성전 3》(續々十代の性典)
• 다이에이 도쿄 • 1953년 9월 15일 • 흑백 • 86분
• 각본: 스사키 가쓰야 • 감독: 고이시 에이이치 • 촬영: 히메다 신사쿠 • 출연: 미나미다 요코, 사와무라 아키코, 네가미 준, 후나코시 에이지, 고바야시 게이주×와카오 아야코(여학생 다도코로 게이코 역)
【해설】 '성전 영화' 세 번째 작품. 여학생 세쓰코(미나미다 요코)와 두 명의 대

학생(네가미 준, 후나코시 에이지) 사이에서 벌어지는 삼각관계를 중심으로, 호숫가 캠프에서 일어나는 사건을 선정적으로 그렸다. 와카오 아야코는 댄서로 일하며 항상 동생 걱정을 하는 언니(사와무라 아키코)와 같이 사는 여학생으로 등장, 궁지에 빠진 절친 세쓰코를 몇 번이나 구해주고 고리타분한 세쓰코의 아버지에게도 과감하게 의견을 말하는 명랑한 소녀를 연기했다. 촬영 도중 미나미다 요코가 급성 맹장염으로 쓰러지는 바람에 후나코시 에이지와 강둑을 구르는 장면은 급하게 와카오 아야코가 대신했다.

16. 《무법자》(無法者)

• 다이에이 도쿄 • 1953년 11월 22일 • 흑백 • 86분
• 원작: 나카야마 마사오 • 각본: 야스미 도시오 • 감독: 사에키 고조 • 촬영: 미네 시게요시 • 출연: 스가와라 겐지, 신도 에이타로, 우노 주키치, 시미즈 마사오, 쓰무라 유코×와카오 아야코(노동자 숙소 관리인의 딸 오코마 역)
【해설】 무대는 아칸(역주: 홋카이도 동부 지역)의 개척지. 이곳의 산림청에 부임한 젊은 기사 다카기 곤페이(스가와라 겐지)가 산에 사는 오코마(와카오 아야코)와 함께 지역 불량배의 부정을 파헤친다. 홋카이도의 굿샤로 호수에서 로케이션을 진행했고, 가파른 언덕을 질주하는 광차, 산불 등 볼거리가 가득 담긴 서부극을 모방한 활극 영화이다.

17. 《십대의 유혹》(十代の誘惑)

• 다이에이 도쿄 • 1953년 12월 29일 • 흑백 • 87분
• 각본: 스사키 가쓰야 • 감독: 히사마쓰 세이지 • 촬영: 다카하시 미치오 • 출연: 아오야마 교코, 하세베 다케시, 스가와라 겐지, 미나미다 요코, 야마모토 후지코×와카오 아야코(여학생 쓰키무라 미쓰코 역)
【해설】 소설가를 지망하는 여학생 쓰지 세쓰코(아오야마 교코)가 수학여행에서 일으킨 사건 때문에 쓰키무라 미쓰코와 오이 하루히코(하세베 다케시)는 오해를 받고 반 친구들로부터 호기심의 대상이 된다. 와카오 아야코는 세쓰코를 살펴봐주는 조건으로 세쓰코의 언니로부터 수학 여행비를 빌렸기 때문에 좀처

럼 진실을 말하지 못한 채 고민하는 여학생 역을 맡았다. '성전 영화'라고 불린 일련의 성교육 영화에 출연한 것은 이 영화가 마지막이지만 와카오 아야코는 '성전 배우'의 이미지 때문에 이후에도 마음고생을 했다.

18. 《마음의 세월》(心の日月)

• 다이에이 도쿄 • 1954년 1월 15일 • 흑백 • 91분
• 원작: 기쿠치 간 • 각색: 기무라 게이고, 다나베 조지 • 감독: 기무라 게이고 • 촬영: 히메다 신사쿠 • 출연: 스가와라 겐지, 후나코시 에이지, 미토 미쓰코, 무라타 지에코, 다카마쓰 히데오×와카오 아야코(비서, 백화점 점원 미나가와 레이코 역)

【해설】 애인을 믿고 상경한 젊은 여성과 그녀를 기다리는 청년이 이다바시 역에서 만나기로 하지만 출구가 두 개인지 몰랐던 두 사람은 다른 곳에서 서로를 찾아 헤매다 결국 만날 기회를 놓치고 만다. 젊은 남녀의 전형적인 엇갈림을 그린 기쿠치 간의 원작 「마음의 세월」은 1931년 닛카쓰에서 다사카 도모타카 연출, 이리에 다카코와 시마 고지 주연으로 처음 영화화됐다. 두 번째로 영화화된 이 작품에서는 와카오 아야코와 스가와라 겐지가 엇갈리는 연인을 연기했다.

19. 《어떤 여자》(或る女)

• 다이에이 도쿄 • 1954년 3월 13일 • 흑백 • 134분
• 원작: 아리시마 다케오 • 각본: 야스미 도시오 • 감독: 도요타 시로 • 촬영: 미네 시게요시 • 출연: 교 마치코, 아쿠타가와 히로시, 모리 마사유키, 후나코시 에이지, 우라베 구메코×와카오 아야코(요코의 동생 사쓰키 아이코 역)

【해설】 메이지 시대를 배경으로 인습에 저항하고 행복을 좇다가 삶을 마감하는 한 여성의 비극을 그린 아리시마 다케오의 동명 소설을 영화화한 작품. 전년도인 1953년에 공개된 다카미네 히데코, 아쿠타가와 히로시 주연의 《기러기》에 이어 도요타 시로가 다시 한 번 문예영화에 의욕을 갖고 만든 작품이다. 교 마치코가 주인공 사쓰키 요코에를, 아리시마 다케오의 장남인 모리 마사유키가 요코와 애욕에 빠지는 남자로 출연했다. 교 마치코와 모리 마사유키의 과

장된 연기와 관련해 도요타 시로의 과한 연출력이 비판받았으나, 요코의 동생 아이코 역을 맡은 와카오 아야코의 솔직한 연기는 호감을 준다.

20.《주정뱅이 쌍검》(酔いどれ二刀流)

• 다이에이 교토 • 1954년 4월 7일 • 흑백 • 88분
• 각본: 이누즈카 미노루, 요시다 데쓰로 • 감독: 모리 가즈오 • 촬영: 마키타 유키마사 • 출연: 하세가와 가즈오, 구로카와 야타로, 스가이 이치로, 이리에 다카코, 나니와 지에코×와카오 아야코(곡예사 오쓰루 역)

【해설】 하세가와 가즈오가 연기한 나카야마 야스베가 다카다노바바에서 복수를 한 후 호리베 야헤이의 양자가 되기까지를 그린 후일담.* 당초 고구레 미치요가 하세가와 가즈오의 상대역인 곡예단의 최고 배우 오타키로 예정되어 있었지만, 출산으로 불가능하게 되자 오타키의 배역은 귀여운 곡예사 오쓰루로 바뀌고, 와카오 아야코가 대신 캐스팅됐다. 와카오 아야코의 첫 시대극 출연작으로 은사인 하세가와 가즈오와의 공동 출연이 실현됐다.

* 역주: 1694년 3월 6일, 에도 외곽 다카다노바바에서 일어난 결투. 일본의 전통 공연 및 영화, 드라마의 단골 소재인 '추신구라(忠臣蔵)'는 47명의 낭인이 벌이는 복수극을 그리고 있는데(일명 아코 사건) 나카야마 야스베는 이 낭인들 중 한 명이었다. 아코 사건보다 7년 앞서 벌어진 다카다노바바의 결투에서 야스베는 큰 공을 세웠고 이에 호리베는 그를 데릴사위로 삼았다.

21.《마이코 이야기》(舞妓物語)

• 다이에이 교토 • 1954년 5월 3일 • 흑백 • 92분
• 원작: 가와구치 마쓰타로 • 각본: 와카오 도쿠헤이, 야히로 오지 • 감독: 야스다 기미요시 • 촬영: 이사야마 사부로 • 출연: 네가미 준, 이리에 다카코, 아이 미치코, 이자와 이치로, 나니와 지에코×와카오 아야코(마이코 이타미 도메코 역)

【해설】《게이샤》에서 귀여웠던 마이코의 모습은 와카오 아야코의 인기를 한층 높였다. 당시 와카오 아야코의 브로마이드 판매량은 마이코의 모습이 가장 많았으며, 속편을 바라는 팬들의 편지가 끊이지 않았다. 이 영화는 그러한 기대

에 부응하여 만들어졌다. 원작은《게이샤》와 마찬가지로 가와구치 마쓰타로의 소설이다. 마이코(와카오 아야코)와 의대생(네가미 준), 그의 정혼자(아이 미치코)의 삼각관계에 모녀의 사별이라는 모성 영화의 요소를 더했고, 중견 배우 이리에 다카코와 나니와 지에코가 마이코의 엄마와 찻집 주인으로 등장해 영화를 든든하게 받쳐주었다. 영화 속에서 신분이 다른 사랑이나 화류계의 관례 등 부조리한 상황에 저항할 수 없다는 점에서 마이코는 비극적인 신파극의 여주인공이며, 이는《게이샤》의 신세대 마이코와 대조적이다.《게이샤》,《마이코 이야기》를 통해 마이코의 일상생활을 경험한 와카오 아야코는 화류계를 종종 비판적으로 그리는 일본 영화와 실제 세계에는 괴리가 있음을 인정했다. 이는 현실 속 마이코의 나이가 15, 16세임에도 불구하고 스무 살에 그 역할을 연기하는 것에 대해 의문을 품고 한 발언이었다.

22.《그리움》(慕情)

• 다이에이 도쿄 • 1954년 6월 6일 • 흑백 • 90분
• 원작: 도미타 쓰네오 • 각색: 다나다 고로, 후나하시 가즈오 • 감독: 사에키 고조 • 촬영: 이타바시 시게오 • 출연: 스가와라 겐지, 다자키 준, 사와무라 미치코, 다카마쓰 히데오, 야시오 유코×와카오 아야코(불량소녀 니시무라 마쓰 역)
【해설】 전쟁고아인 니시무라 마쓰가 유도가인 야자와 다쓰오(스가와라 겐지)와 알게 되면서 바르게 살며 생이별한 언니를 찾으려고 하지만 오해로 인해 야자와와 헤어진다. 한편, 카바레 경호원이 된 야자와는 마약 중독자가 된 마쓰의 언니(사와무라 미치코)를 구해낸다. 유도라는 소재에 카바레, 마약, 권총 등 현대적인 풍속을 가미한 멜로드라마풍의 유도 영화.

23.《아사쿠사의 밤》(浅草の夜)

• 다이에이 도쿄 • 1954년 7월 14일 • 흑백 • 89분
• 원작: 가와구치 마쓰타로 • 각색/감독: 시마 고지 • 촬영: 나가이 신이치 • 출연: 쓰루타 고지, 교 마치코, 네가미 준, 다키자와 오사무, 우라베 구메코×와카오 아야코(술집 종업원 다카시마 나미에 역)

【해설】 아사쿠사의 풍속을 그린 다이에이 판《아이젠 가쓰라》.* 쓰루타 고지와 교 마치코, 네가미 준이 출연하고《마이코 이야기》로 호평받은 와카오는 교 마치코의 동생인 다카시마 나미에를 연기했다.

* 역주: 가와구치 마쓰타로의 소설이 원작이며, 다나카 기누요, 우에하라 겐 주연의 멜로 영화로 1939년 공개되어 공전의 히트를 기록했다. 두 남녀가 여러 상황 때문에 만남과 헤어짐을 반복하는 이른바 '엇갈림 영화'를 대표하는 작품. 영화의 주제가 〈여행의 밤바람〉이 수록된 레코드판은 120만 장이 팔렸고 이는 전전 최고의 판매 기록이다.

24.《초록의 동료》(綠の仲間)

• 다이에이 도쿄 • 1954년 8월 18일 • 흑백 • 94분
• 원작: 이노우에 야스시 • 각색: 이노마타 가쓰히토 • 감독: 모리 가즈오 • 촬영: 와타나베 기미오 • 출연: 네가미 준, 야마네 히사코, 모리 마사유키, 야기사와 히토시, 나오키 아키라×와카오 아야코(정치가의 딸 사야마 나쓰코 역)

【해설】 중년 신사 아오토 교타로(모리 마사유키)의 이상한 매력에 끌린 정당 간부의 딸 사야마 나쓰코는 아오토가 소개받은 찻집 여주인 시노미야 아키코(야마네 히사코)를 질투하지만, 우연히 알게 된 신문사 신참 기자 다카쓰 잇페이(네가미 준)와 서로 좋은 감정을 갖게 된다. 여관 세트에서 네가미 준, 와카오 아야코, 야마네 히사코가 맥주를 마시는 장면을 촬영했는데, 실제 맥주를 사용한 탓에 당시 술을 마시지 못했던 와카오 아야코는 맥주에 사이다를 섞어서 이 장면을 넘겼다고 한다.

25.《달에서 온 사자》(月よりの使者)

• 다이에이 도쿄 • 1954년 9월 22일 • 컬러 • 94분
• 원작: 구메 마사오 • 각본: 야스미 도시오 • 감독: 다나카 시게오 • 촬영: 다카하시 미치오 • 출연: 야마모토 후지코, 스가와라 겐지, 후나코시 에이지, 사와무라 미치코, 네가미 준×와카오 아야코(간호사 고타니 요코 역)

【해설】 구메 마사오가 쓴 비극적인 멜로드라마『달에서 온 사자』를 영화화한

작품. 1934년 신흥 키네마에서 다사카 도모타카 감독이 연출을 맡아 이리에 다카코, 다카다 미노루를 캐스팅해 처음 영화로 제작했고, 1949년 다이에이 제작으로 가토 빈이 메가폰을 잡아 우에하라 겐, 하나야기 고기쿠를 기용해 두 번째로 영화화됐다. 세 번째로 리메이크된 이 작품은 《지옥문》, 《금색야차》에 이어 다이에이가 내놓은 세 번째 이스트만 컬러 영화로 다이에이의 젊은 스타들이 총출연한 호화 캐스팅으로 꾸려졌다. 와카오 아야코는 결핵 요양소에서 일하는 간호사 노노미야 미치코(야마모토 후지코)를 언니처럼 따르는 동료 간호사를 연기했다. 자그마한 동물처럼 여기저기 뛰어 돌아다니는 와카오가 연기한 간호사는 다소 과장되고 무거울 수도 있는 멜로드라마의 흐름에 청량제와 같은 역할을 한다.

26. 《황성의 달》(荒城の月)

• 다이에이 도쿄 • 1954년 11월 3일 • 컬러 • 97분
• 원작: 가와구치 마쓰타로 • 각본: 마쓰야마 젠타 • 감독: 에다가와 히로무 • 촬영: 와타나베 기미오 • 출연: 네가미 준, 후나코시 에이지, 야시오 유코, 도노 에이지로, 구라카타 시게루×와카오 아야코(여학생, 마이코 마쓰다이라 아쓰코 역)
【해설】《새하얀 후지산의 봉우리》(사에키 고조 감독)에 이어 제작된 여학생 애창곡 영화 2탄이자 여학생을 타깃으로 한 멜로드라마. 몰락한 명문가의 딸 마쓰다이라 아쓰코는 아버지의 자살로 연인 관계였던 남학생 다카세 유키오(네가미 준)로부터 모습을 감추고 교토의 마이코가 된다. 아쓰코를 사모하는 졸부의 아들 오누마 쇼헤이(후나코시 에이지), 다카세를 쫓아다니는 오누마의 여동생 미네코(야시오 유코)가 뒤얽히며 연애극이 펼쳐진다. 다키 렌타로가 작곡한 〈황성의 달〉이 주제가로 쓰였다. 와카오 아야코는 귀엽고 사랑스러운 세일러복 차림과 《게이샤》, 《마이코 이야기》에 이어 세 번째로 게이샤 견습생의 모습을 선보인다.

27. 《승패》(勝敗)

• 다이에이 도쿄 • 1954년 12일 1일 • 흑백 • 91분
• 각본: 야스미 도시오 • 감독: 사에키 고조 • 촬영: 아키노 도모히로 • 출연: 스가와라 겐지, 후시미 가즈코, 후지타 요시코, 미타 다카시, 우라베 구메코×와카오 아야코(버스 안내양 스기 게이코 역)
【해설】스가와라 겐지 주연의 유도 영화. 와카오 아야코는 스가와라 겐지가 연기하는 유도 청년의 라이벌의 여동생으로 출연한다.

28.《반딧불》(螢の光)

• 다이에이 도쿄 • 1955년 1월 15일 • 컬러 • 76분
• 원작: 가와구치 마쓰타로 • 각본: 가사하라 료조 • 감독: 모리 가즈오 • 촬영: 나가이 신이치 • 출연: 스가와라 겐지, 이치카와 가즈코, 미야케 구니코, 야지마 히로코, 후나코시 에이지×와카오 아야코(자수 디자이너 겸 패션모델 아사쿠라 레이코 역)
【해설】잡지『헤이본』에 연재됐던 가와구치 마쓰타로의 동명 소설을 원작으로 자매애를 그린 멜로드라마. 와카오 아야코는 자수 장인의 딸로 고교 졸업을 앞두고 부모를 잃은 뒤 홀로 자수 가게를 운영하며 이복 여동생(이치카와 가즈코)에게 학비를 지원해주는 주인공을 연기했다.《달에서 온 사자》에 이어 현대극으로는 다이에이에서 다섯 번째로 만든 컬러 영화로 자수, 닛코의 동조궁, 기모노 패션쇼 등의 장면에서 이스트만의 컬러를 효과적으로 구현했다. 7색실을 사용해 호화찬란한 후리소데(미혼 여성의 예복)의 무늬를 만드는 자수 디자이너 역할을 소화해내기 위해 와카오 아야코는 영화 속에서 또 한 명의 자수 장인을 연기한 우시오 만타로와 함께 자수 디자이너로부터 지도를 받았다.

29.《행복을 배달하는 아가씨》(幸福を配達する娘)

• 다이에이 도쿄 • 1955년 2월 5일 • 흑백 • 95분
• 원작: 겐지 게이타 • 각본: 이데 도시로 • 감독: 기무라 게이고 • 촬영: 아키노 도모히로 • 출연: 스가와라 겐지, 후나코시 에이지, 다카마쓰 히데오, 야지마 히로코, 우라베 구메코×와카오 아야코(회사원 구와노 후키코 역)

【해설】『고단 구락부』에 연재된 겐지 게이타의 「초록 향기가 나는 꽃」을 영화로 만든 작품. 와카오 아야코는 정년퇴직을 앞둔 초라한 아버지(스가이 이치로)와 어머니(기타바야시 다니에)의 막내딸 후키코를 연기했다. 홋카이도 출신의 청년(스가와라 겐지)이 도쿄로 근무지를 옮기면서 후키코의 집에 하숙을 하게 되고 두 사람 사이에 사랑이 싹튼다. 와카오 아야코는 명랑 쾌활한 연기를 통해 건강한 성적 매력을 발산하며 여학생의 이미지를 완전히 벗고 성숙한 여성의 모습을 보여준다.

30. 《달에 나는 기러기》(月に飛ぶ雁)

• 도쿄영화(도호 배급) • 1955년 4월 19일 • 흑백 • 96분
• 각본: 와카오 도쿠헤이 • 감독: 마쓰바야시 슈에 • 촬영: 간쿠라 다이이치 • 출연: 아리타 미노루, 안자이 교코, 시미스다니 요코, 고이즈미 히로시, 고스기 이사무 × 와카오 아야코(여대생 미즈사와 레이코 역)
【해설】와카오 아야코의 첫 번째 타사 출연작. 주제가 〈십대여 안녕〉과 함께 화제가 된 마후네 유타카 원작의 NHK 연속극《달에 나는 기러기》를 영화화한 작품으로 여대생의 생활상을 그린 청춘 멜로드라마. 와카오 아야코는 유복한 여대생이면서 사회 공부라는 명목으로 아르바이트로 술집 접대부를 하는 전후 신세대 여성을 연기했다. 탱고의 여왕이라고 불린 후지사와 란코와 하야카와 신페이가 이끄는 유명한 탱고 악단 오르케스타 티피카 도쿄가 특별 출연했다.

31. 《장미 몇 번인가》(薔薇いくたびか)

• 다이에이 도쿄 • 1955년 4월 24일 • 흑백 • 136분
• 원작: 고야마 이토코 • 각본: 기누가사 데이노스케, 사가라 준 • 감독: 기누가사 데이노스케 • 촬영: 와타나베 기미오 • 출연: 네가미 준, 미나미다 요코, 미마스 아이코, 교 마치코, 야마모토 후지코 × 와카오 아야코(예술대학 수험생 기류 유미코 역)
【해설】월간지『주부의 친구』에 연재된 고야마 이토코의 동명 소설을 영화화한 작품으로 와카오 아야코와 네가미 준이 연기하는 젊은 남녀의 엇갈림을 그린

멜로드라마. 《강이 있는 동네》에 이어 기누가사 데이노스케가 메가폰을 잡은 현대극이며, 어머니 역에 미마스 아이코, 무용가를 연기한 하세가와 가즈오와 이치카와 라이조, 와카오의 은사 역에 교 마치코 등 다이에이 창립 이래 최초로 올스타 캐스팅으로 꾸려졌다. 와카오 아야코는 시골의 인습에 따르면서도 진실한 사랑을 추구하며 살아가는 여성 유미코 역을 맡아 뛰어난 연기를 보여준다.

32. 《딸의 혼담》(娘の縁談)

• 다이에이 도쿄 • 1955년 6월 1일 • 흑백 • 83분
• 원작: 하야시 후사오 • 각본: 기무라 게이고, 사이무라 가즈히코 • 감독: 기무라 게이고 • 촬영: 아키노 도모히로 • 출연: 미나미다 요코, 스가와라 겐지, 네가미 준, 시미즈 마사오, 기요카와 다마에×와카오 아야코(무직 여성 세기 도모코 역)

【해설】 와카오 아야코, 미나미다 요코, 스가와라 겐지, 네가미 준 등 다이에이 도쿄의 4대 청춘스타가 출연한 명랑 희극. 와카오 아야코는 주간지 속기사로 일하는 이즈미 지에코(미나미다 요코)의 친구 역으로 등장했다.

33. 《환상의 말》(幻の馬)

• 다이에이 도쿄 • 1955년 7월 20일 • 컬러 • 90분
• 원안: 후지이 히로아키 • 각본: 하세가와 기미유키, 시마 고지 • 감독: 시마 고지 • 촬영: 다카하시 미치오 • 출연: 기타하라 요시오, 이자와 이치로, 야나기 에이지로, 이와타루 유키히코, 미아케 본타로×와카오 아야코(목장 주인의 딸 시라이시 유키에 역)

【해설】 동북 지방의 목장을 무대로 경주마로 키우기 위해 망아지 다케루를 정성껏 돌보는 소년 지로(이와타루 유키히코)와 이를 지켜보는 주변 사람들의 교류를 그렸다. 다케루는 명마가 되어 도쿄의 나카야마 경마장에 출장해 더비*에서 1위를 하지만 경기 직후 병으로 죽는다. 다케루의 모델은 다이에이 사장 나가타 마사이치가 소유한 말 도키노 미노루. 경마에 정통하고 《바람의 마타사부로》(1940년) 등 아동영화 연출에 정평이 난 시마 고지 감독이 소년과 망아지

의 교류를 따뜻한 시선으로 담아냈다. 와카오 아야코는 동생의 성장을 지켜보며 그와 함께 정성껏 다케루를 보살피는 누나 유키에를 상큼하게 연기했다.

* 역주: 세 살짜리 경주마가 펼치는 경주.

34. 《나가사키의 밤》(長崎の夜)

• 다이에이 교토 • 1955년 9월 13일 • 흑백 • 88분
• 각본: 야기 류이치로, 다카이와 하지메 • 감독: 모리 가즈오 • 촬영: 마키타 유키마사 • 출연: 하세가와 가즈오, 이치카와 가즈코, 스가이 이치로, 시미즈 겐, 이시구로 다쓰야×와카오 아야코(의사의 딸 미치요 역)

【해설】하세가와 가즈오가 검투 액션을 구사하는 통쾌한 활극 영화. 어린 시절 아버지를 잃은 묘기꾼 초 산사이(하세가와 가즈오)가 살해당한 아버지의 원수를 갚기 위해 나가사키를 찾아온다. 하지만 사건의 열쇠를 쥔 친 테이준(가가와 료스케)이 죽임을 당하고 친의 딸 아이쿄(이치카와 가즈코)가 살해 혐의를 뒤집어쓰자 진범을 찾아 나선다. 와카오 아야코는 초를 사모하는 아이쿄의 마음을 눈치채고 초에 대한 연모의 감정을 떨쳐내는 일본인 의사의 딸 미치요를 연기했다.

35. 《구슬은 깨어지지 않고》(珠はくだけず)

• 다이에이 도쿄 • 1955년 11월 1일 • 컬러 • 99분
• 원작: 가와구치 마쓰타로 • 각본: 마쓰야마 젠조, 마쓰다 쇼이치 • 감독: 다나카 시게오 • 촬영: 나가이 신이치 • 출연: 네가미 준, 스가와라 겐지, 후나코시 에이지, 미마스 아이코, 후지타 요시코×와카오 아야코(사장의 딸 아자이 사쓰키 역)

【해설】다섯 명의 남매와 실업가의 딸을 둘러싼 멜로드라마. 조지 가와구치가 특별 출연하고 식스 레몬즈의 재즈를 배경으로 아이들을 향한 어머니(미마스 아이코)의 애정과 현대 도시의 풍속이 그려진다. 와카오 아야코는 유도와 차도에 능숙하며 두 형제(스가와라 겐지, 네가미 준)로부터 구애를 받는 실업가의 딸을 연기했다.

36.《일곱 명의 오빠 동생》(七人の兄いもうと)

• 다이에이 도쿄 • 1955년 11월 20일 • 흑백 • 93분

• 원작: 겐지 게이타 • 각색: 야스미 도시오 • 감독: 사에키 고조 • 촬영: 나카가와 요시히사 • 출연: 네가미 준, 이치카와 가즈코, 후나코시 에이지, 하세가와 도시코. 우시오 만타로×와카오 아야코(가정부 세쓰 역)

【해설】『오모시로 구락부』에 연재된 겐지 게이타의 「일곱 명의 손자」를 영화화한 작품. 일하던 집의 며느리가 된 가정부의 입장을 주제로 그녀를 이해하는 마음씨 좋은 노인과 일곱 명의 손자들의 모습을 그린 명랑 홈드라마. 와카오 아야코는 귀엽고 사랑스러운 가정부를 생생하게 연기했다는 평을 받았다.

37.《탄흔의 거리》(弾痕街)

• 다이에이 도쿄 • 1955년 12월 28일 • 흑백 • 79분

• 원안: 후지이 히로아키 • 각본: 마쓰우라 다케오 • 감독: 사이무라 가즈히코 • 촬영: 무네카와 노부오 • 출연: 스가와라 겐지, 야시오 유코, 다카마쓰 히데오, 가와카미 야스코, 미타 다카시×와카오 아야코(여주인공의 친구 스미타 사에코 역)

【해설】스가와라 겐지 주연의 갱 영화. 요코하마 항구를 무대로 하역장 작업에 종사하는 노동자, 인부들의 세력 다툼에서 정의감 넘치는 청년이 갱단을 상대로 활약한다. 와카오 아야코는 야시오 유코의 친구 역으로 특별 출연했다.

38.《장미의 광도관》(薔薇の紅道館)

• 다이에이 도쿄 • 1956년 1월 3일 • 흑백 • 86분

• 원작: 도미타 쓰네오 • 각색: 야스미 도시오 • 감독: 사에키 고조 • 촬영: 나카가와 요시히사 • 출연: 스가와라 겐지, 하세가와 도시코, 야마모토 후지코, 기타하라 요시로, 이치카와 가즈코×와카오 아야코(쌀가게 딸 시노부 역)

【해설】스가와라 겐지 주연의 유도 영화. 와카오 아야코는 스가타 산시로(스가와라 겐지)에게 연정을 품는 단심관의 딸 시노부를 연기했다.

39. 《신부의 한숨》(花嫁のため息)

• 다이에이 도쿄 • 1956년 1월 9일 • 흑백 • 53분

• 각본/감독: 기무라 게이고 • 촬영: 다카하시 미치오 • 출연: 네가미 준, 후나코시 에이지, 이치카와 하루요, 후지와라 가마타리, 이치카와 가즈코×와카오 아야코(새색시 후나야마 요시코 역)

【해설】네가미 준과 와카오 아야코가 연기하는 신혼부부에게 여러 명의 훼방꾼이 나타나면서 문제가 계속되고 그 때문에 두 사람만의 시간을 갖지 못하는 슬랩스틱 코미디 영화. 전쟁 전 쇼치쿠 영화사에서 고쇼 헤이노스케 연출, 다나카 기누요 주연의 《신부의 잠꼬대》(1933)가 제작된 바 있는데, 이와 마찬가지로 새색시가 발산하는 귀여운 성적 매력을 보여주는 영화. 와카오 아야코는 처음으로 새댁 역에 도전했다.

40. 《새색시의 잠꼬대》(新妻の寝ごと)

• 다이에이 도쿄 • 1956년 1월 15일 • 흑백 • 42분

• 각본/감독: 기무라 게이고 • 촬영: 다카하시 미치오 • 출연: 네가미 준, 후나코시 에이지, 후시미 가즈코, 도노 에이지로, 이치카와 하루요×와카오 아야코(새색시 후나야마 요시코 역)

【해설】《신부의 한숨》의 속편. 아버지(후지와라 가마타리)의 바람기로 인해 요시코(와카오 아야코)는 남편 게이타(네가미 준)에게 의심을 받고 이혼 이야기까지 나오고 만다. 요시코의 잠꼬대로 아버지가 모든 것을 털어놓으며 반성하고 게이타가 오해를 푸는 이야기.

41. 《무지개 몇 번》(虹いくたび)

• 다이에이 도쿄 • 1956년 2월 19일 • 흑백 • 100분

• 원작: 가와바타 야스나리 • 각본: 야스미 도시오 • 감독: 시마 고지 • 촬영: 나가이 신이치 • 출연: 교 마치코, 가와카미 야스코, 후나코시 에이지, 우에하라 겐, 가와구치 히로시×와카오 아야코(건축가의 둘째 딸 미즈하라 아사코 역)

【해설】가와바타 야스나리의 동명 소설을 영화화한 작품. 저명한 건축가(우에

하라 겐)를 아버지로 둔 세 명의 이복 자매(교 마치코, 와카오 아야코, 가와카미 야스코)가 겪는 인생의 기쁨과 슬픔을 그린 멜로드라마. 당시 남녀의 혼욕 장면 묘사를 기피하는 경향이 있어 우에하라 겐과 와카오 아야코의 입욕 장면이 화제가 되었으나 영화윤리기구에서 부녀 관계라는 설정을 고려해 특별히 예외로 인정했다고 한다. 와카오 아야코와 여러 차례 영화를 찍었던 가와구치 히로시의 데뷔작으로 교 마치코의 애인 역을 연기했다.

42. 《적선지대》(赤線地帶)

• 다이에이 도쿄 • 1956년 3월 18일 • 흑백 • 85분
• 원작: 시바키 요시코 • 각본: 나루사와 마사시게 • 감독: 미조구치 겐지 • 촬영: 미야가와 가즈오 • 출연: 교 마치코, 고구레 미치요, 미마스 아이코, 마치다 히로코, 사와무라 사다코 × 와카오 아야코(매춘부 야스미 역)

【해설】영화의 이야기는 시바키 요시코의 단편 「스사키의 여자」를 반영해 집필했으며 매춘 금지법의 상정과 유보가 반복되던 동시대의 요시하라를 무대로 살롱 '꿈의 고향'에서 일하는 매춘부들의 생활상을 그렸다. 청순가련한 여성 역을 줄곧 연기한 와카오 아야코는 다시 한 번 미조구치 겐지 감독에 의해 큰 전환점을 맞게 된다. 와카오가 연기한 야스미는 회사에서 부정을 저질러 감옥에 간 부친의 보석금을 위해 자신을 희생한 후, 돈이 전부라고 생각하며 돈에 인생을 건다. 남자들로부터 돈을 갈취하고 동료 매춘부들에게도 높은 이자로 대출을 해주며 돈을 모은 끝에, 단골손님이 야반도주한 후 이불 대여점을 매입해 여주인이 된다.

와카오 아야코는 요시하라의 음식점에서 야스미의 모델이었던 여성을 만나 그녀의 이야기를 들었지만 결국 배역으로 살리지는 못했다. 매춘부의 무의식적 언행에서 야스미의 이미지를 끌어내려 했으나 《게이샤》 촬영 때처럼 게이샤 양성소에 머물며 마이코의 일상을 피부로 느끼는 경험을 하지 못했기 때문이다. 와카오가 생각한 야스미는 건실한 남자가 결혼을 원할 정도로 '청결'한 매력을 가진 매춘부 같지 않은 매춘부였다. 한편, 이 영화에서는 장면에 따라 출연자의 화장이 바뀌는 새로운 형식의 메이크업이 시도됐다. 때로는 화장을 하지 않은

출연자도 있었으며, 와카오의 경우 처음에는 눈썹을 꼼꼼하게 칠하고, 입술도 진하게 칠하는 등 전형적인 매춘부의 이미지에 따른 메이크업을 했다. 하지만 야스미 특유의 분위기가 나오지 않았기 때문에 눈썹, 파우더 등을 극히 절제해 영리한 매춘부의 이미지를 만들어냈다. 예를 들어 영화 마지막 부분에서 클로즈업으로 잡은 가와카미 야스코의 진한 눈썹과 입술을 비교하면, 야스미와의 메이크업 차이가 또렷하게 보인다. 미조구치의 엄격한 연출 지도에 모든 출연자들이 고생했지만, 와카오는 처음 도전하는 창부 역을 통해 신경지를 개척함과 동시에 이후 본격적으로 배우로서 개화하는 토대를 쌓아 올릴 수 있었다.

43.《신혼일기: 부끄러운 꿈》(新婚日記 恥しい夢)

• 다이에이 도쿄 • 1956년 4월 23일 • 흑백 • 40분
• 원안: 다카하시 니산 • 각색: 가사하라 료조, 이케가미 가네오 • 감독: 다나카 시게오 • 촬영: 무라이 히로시 • 출연: 시나가와 류지, 이치카와 가즈코, 우시오 만타로, 후지마 무라사키, 구라타 마유미×와카오 아야코(새색시 하나사키 지에코 역)
【해설】와카오 아야코와 시나가와 류지 주연의 신혼 드라마. 신혼부부의 알콩달콩한 일상에서 벌어지는 해프닝을 그린 코미디 영화.

44.《신혼일기: 기쁜 아침》(新婚日記 嬉しい朝)

• 다이에이 도쿄 • 1956년 5월 11일 • 흑백 • 45분
• 원안: 다카하시 니산 • 각색: 가사하라 료조, 이케가미 가네오 • 감독: 다나카 시게오 • 촬영: 무라이 히로시 • 출연: 시나가와 류지, 이치카와 가즈코, 우시오 만타로, 미아케 본타로, 도노 에이지로×와카오 아야코(새색시 하나사키 지에코 역)
【해설】《신혼일기: 부끄러운 꿈》의 속편. 남편(시나가와 류지)의 아버지(도노 에이지로)가 새롭게 등장하며 신혼부부에게 일어나는 뜻밖의 일을 그렸다.

45.《처형의 방》(処刑の部屋)

• 다이에이 도쿄 • 1956년 6월 28일 • 흑백 • 96분

• 원작: 이시하라 신타로 • 각색: 와다 낫토, 하세베 게이지 • 감독: 이치카와 곤 • 촬영: 나카가와 요시히사 • 출연: 가와구치 히로시, 가와사키 게이조, 우메와카 마사요시, 미야구치 세이지, 기시 데루코×와카오 아야코(대학생 아오치 아키코 역)

【해설】이치카와 곤의 다이에이 입사 첫 연출작은 이시하라 신타로의 동명 소설로 결정되었다. 이시하라의 또 다른 소설을 영화화 한《태양의 계절》(후루카와 다쿠미 감독)은 닛카쓰에서 한발 앞서 제작되어 화제를 불러 모았다. 이치카와 감독은 '태양족'만으로는 영화가 성립하지 않는다고 생각하고 원작에 없는 주인공의 부모를 등장인물로 설정, 신세대와 구세대의 알력 관계를 더해 원작을 비평적으로 그렸다. 보리밭에 맥없이 서 있는 초라한 은행원(미야구치 세이지)이 등장하는 영화의 시작 부분이 그러한 점을 상징적으로 보여준다. 사회적인 반향에 따라 이 영화는 크게 흥행했지만, 가와구치 히로시가 맥주에 수면제를 넣어 와카오 아야코를 폭행하는 장면에 비난이 집중되었다. 와카오 아야코는 가와구치에게 농락당하면서도 마지막까지 의연하게 대처하는 자존감 높은 여대생으로 등장한다. 마지막 폭행 장면에서 "여자는 연애질만 하고 싶어 하는 추잡한 존재야"라는 가와구치의 한마디에 생각에 잠긴 표정을 한순간에 바꿔 주위 남자들을 개의치 않고 폭주하는 여자의 애증을 열연했다.

46.《폭포의 흰 줄기》(滝の白糸)

• 다이에이 도쿄 • 1956년 7월 20일 • 컬러 • 98분
• 원작: 이즈미 교카 • 극화: 가와구치 마쓰타로 • 각본/감독: 시마 고지 • 촬영: 나가이 신이치 • 출연: 스가와라 겐지, 사와무라 사다코, 미야케 본타로, 미쓰오카 류자부로, 우시오 만타로×와카오 아야코(물 곡예사 다키노 시라이토 역)

【해설】《폭포의 흰 줄기》는 이즈미 교카의 「의혈협혈」이 원작이며 나중에 신파 연극으로 만들어져 단숨에 유명해졌다. 전쟁 전 신흥 키네마에서 이리에 다카코, 오카다 도키히코 주연으로 제작된 작품은 미조구치 겐지의 무성영화 시절 걸작으로 유명하다. 전쟁 후에는 다이에이에서 1946년에 기무라 게이고 연출, 미즈타니 야에코, 나쓰카와 다이지로 주연으로, 1952년에 노부치 아키라 연

출, 교 마치코, 모리 마사유키 주연으로 리메이크됐다. 다이에이에서 세 번째로 리메이크한 본 작품은 《폭포의 흰 줄기》의 첫 컬러 영화다. 각지를 떠돌아다니는 물 곡예사 다키노 시라이토가 호쿠리쿠 지역에서 알게 된 고학생 무라코시 긴야에게 반해 그를 도쿄에 보내 공부시키다가 결국 살인까지 저지르는 비극적 이야기는 검사가 된 무라코시가 피고인 시라이토를 재판하는 장면에서 절정에 달한다. 그러나 이 영화의 마지막 판결 장면은 신파적인 비극의 낡은 소재가 주는 시대감각을 고려해 전작의 노부치 아키라 감독의 버전과 같이 시라이토의 정당방위를 인정하는 현대적 해석으로 그려냈고, 이전 작품과 달리 형기를 끝낸 시라이토가 형무소로 마중 나온 무라코시를 만나 사랑을 성취하는 결말을 더했다. 교 마치코 주연의 전작을 본 와카오는 "메이지 시대를 다룬 영화가 가장 어렵다"고 토로했고 크랭크인에 앞서 촬영소에서 실제 수중 곡예사를 초대해 물 곡예를 배우는 등 배역 연구에 힘썼다. "어디까지나 와카오 아야코의 다키노 시라이토로 간다"라는 시마 고지 감독의 말대로 당시 와카오의 개성을 그대로 살린 가련하고 귀여우면서도 젊고 생기발랄한 시라이토가 탄생했다. 하지만 기존의 시라이토 이미지가 너무 강했던 탓인지 배역을 잘못 선택했다는 평가가 많았던 듯하다.

47.《아침 조수 저녁 조수》(あさ潮ゆう潮)

• 다이에이 도쿄 • 1956년 8월 1일 • 흑백 • 86분
• 원작: 시라카와 아쓰시 • 각색: 시라사카 요시오 • 감독: 사에키 고조 • 촬영: 나카가와 요시히사 • 출연: 가와구치 히로시, 후나코시 에이지, 가와사키 게이조, 미토 미쓰코, 미야케 구니코 × 와카오 아야코(쌍둥이 자매 사사베 유미코, 시데하라 가즈코 역)
【해설】잡지 『부인생활』에 연재됐던 시라카와 아쓰시의 동명 소설을 영화화한 작품. 세토우치 내해의 시와쿠 제도에서 벳부, 도쿄로 무대를 옮겨가며 젊은이들의 우정을 그린 청춘 멜로드라마. 와카오 아야코는 《처형의 방》에 이어 가와구치 히로시를 상대역으로 만나 뿔뿔이 헤어져 자란 쌍둥이 자매를 연기, 1인 2역에 도전했다.

48.《스튜디오 대소동》(スタジオは大騒ぎ)

• 다이에이 도쿄 • 1956년 8월 14일 • 흑백 • 48분

• 각본: 기타다 이치로 • 감독: 미즈노 히로시 • 촬영: 무네카와 노부오 • 출연: 스가와라 겐지, 야마모토 후지코, 가와구치 히로시, 후나코시 에이지, 시나가와 류지 × 와카오 아야코

【해설】촬영소를 무대로 남녀 스타의 노래 및 숨은 재주를 선보이는 스튜디오 소개 영화. 헬기를 이용한 촬영소의 부감 쇼트를 시작으로 촬영 버스의 출발, 오픈 세트의 촬영 소개, 대본 읽는 풍경, 스크린 프로세스와 미니어처 촬영, 무대의 세트 촬영 등의 장면이 이어지고, 그 사이에 순서를 기다리며 잡담하는 배우의 모습이 나온다. 클라이맥스에서는 '남녀 배우 대항 홍백 가합전'이 열리고 스타가 총출동하여 선보이는 노래 퍼레이드가 무대 가득 펼쳐진다.

49.《눈물》(涙)

• 쇼치쿠 오후나 • 1956년 9월 26일 • 흑백 • 94분

• 각본: 구스다 요시코 • 감독: 가와즈 요시로 • 촬영: 구스다 히로시 • 출연: 사다 게이지, 이시하마 아키라, 다무라 다카히로, 스기타 히로코, 도노 에이지로 × 와카오 아야코(악기공장 직원 야마자키 시즈코 역)

【해설】어린 시절 아버지에게 버림받고 어머니는 자살하여 큰아버지 부부의 손에 자란 뒤 악기공장에서 일하는 시즈코(와카오 아야코)는 사무원인 이소베 신이치(이시하마 아키라)와 사랑하는 사이가 된다. 그러나 남자친구 가족의 반대와 큰아버지 집안 때문에 사랑을 포기한 뒤 마음에 없는 선을 보고 결혼하지만, 이해심 많은 남편(다무라 다카히로)의 애정을 느끼며 그와 함께 행복을 추구하기로 결심한다…. 젊은 남녀의 청순한 첫사랑을 찬미하는 이 작품은 기노시타 게이스케의《태양과 장미》와 같이 당시 선풍적 인기를 일으킨 태양족 영화에 정면으로 도전한다. 가와즈 요시로가 이 영화를 만들 때 스승 기노시타가 다이에이의 와카오 아야코를 주연으로 캐스팅할 수 있게 쇼치쿠를 설득했다고 한다. 기노시타의 고향인 하마마쓰에서 장기간 촬영하는 등 주요 제작진을 기노시타 사단에서 지원받았고, 가와즈 요시로의 서정적인 연출은 쇼치쿠 오후

나 특유의 스타일을 따르고 있다. 참고로 촬영 장소 중 하나인 커다란 모래 언덕은 기노시타 게이스케의 《꽃피는 항구》, 고바야시 마사키의 《샘》에도 나오는 곳이다. 주연인 와카오와 이시하마 아키라는 서로의 가족에 속박되어 결혼을 단념하는 섬세한 감정을 생생하게 연기했다. 한편 와카오와 다무라 다카히로가 연기하는 부부의 모습은 9년 후에 만들어진 《세이사쿠의 아내》에서의 무시무시함을 상상하기 어려울 정도로 풋풋하다.

50. 《니혼바시》(日本橋)
• 다이에이 도쿄 • 1956년 10월 1일 • 컬러 • 111분
• 원작: 이즈미 교카 • 각본: 와다 낫토 • 감독: 이치카와 곤 • 촬영: 와타나베 기미오 • 출연: 아와시마 지카게, 야마모토 후지코, 시나가와 류지, 야나기 에이지로, 후나코시 에이지 × 와카오 아야코(마이코 오치세 역)

【해설】 이즈미 교카의 「니혼바시」는 다이쇼 초기의 니혼바시를 배경으로 신구두 파벌의 게이샤와 그들을 둘러싼 남자들의 연애담을 그린 작품으로, 1929년 미조구치 겐지 연출, 우메무라 요코, 사카이 요네코 주연으로 영화화된 바 있다. 이치카와 곤의 첫 번째 컬러 영화이기도 한 이 작품은 색채의 통일감을 위해 기둥이나 상인방(鴨居)* 세트부터 화로, 장롱 등 소품에 이르기까지 회색의 수성 도료**를 칠해 이치카와 감독만의 스타일로 이즈미 교카의 세계를 창조했다. 오코를 연기한 아와시마 지카게가 잇코쿠 다리에서 소라와 조개를 버리는 장면은 촬영장에 레일을 깔아 실제 전차가 지나가게 했을 정도로 공을 들였다. 와카오 아야코의 배역은 오코를 언니처럼 따르는 마이코 오치세. 그녀는 마음 고생하는 오코를 염려하지만 오코의 옛 단골손님이 찌른 칼에 목숨을 잃는 박복한 여성이다. 오치세의 소녀와 같은 무상함은 리얼리즘을 배제한 인공적인 조형미에 훌륭하게 녹아들어 아와시마 지카게와 야마모토 후지코의 성숙한 여성의 아름다움 사이에 맑고 깨끗한 분위기를 불어넣는다.
* 역주: 일본식 가옥의 맹장지나 미닫이문 등을 세우기 위해 상부에 붙이는 기다란 나무. ** 역주: 정확하게는 풍화된 조개껍데기 등의 호분(胡粉)을 섞어 만든 일본의 그림물감.

51.《48세의 저항》(四十八歲の抵抗)

• 다이에이 도쿄 • 1956년 11월 14일 • 흑백 • 108분

• 원작: 이시카와 다쓰조 • 각본: 신도 가네토 • 감독: 요시무라 고자부로 • 촬영: 나카가와 요시히사 • 출연: 야마무라 소, 유키무라 이즈미, 가와구치 히로시, 오노 미치코, 후나코시 에이지×와카오 아야코(회사원의 외동딸 니시무라 리에 역)

【해설】 요미우리 신문에 연재된 이시카와 다쓰조의 동명 소설을 영화화한 작품. 손해보험 회사에서 일하는 니시무라 고타로(야마무라 소)는 아내(스기무라 하루코)와 딸과 함께 평범한 일상을 보내고 있다. 어느 날 부하인 소가 호스케(후나코시 에이지)의 꾐에 넘어간 니시무라는 밤의 환락가를 돌아다니다가 우연히 바의 종업원 유카(유키무라 이즈미)를 만나 매력에 빠진다…. 불법 누드 촬영 현장이나 긴자 일대의 환락가 등 당시의 유흥 산업을 풍부하게 묘사했고, 영화 초반 클로즈업으로 촬영된 와카오 아야코와 가와구치 히로시의 키스 장면도 화제가 됐다. 부하 소가는 현대판 메피스토펠레스를 자처하며 시들어가는 니시무라의 성적 욕망을 자극하는 음침한 인물로 이를 연기한 후나코시 에이지의 존재감도 인상적이다. 와카오 아야코는 연하의 대학생(가와구치 히로시)과 교제하고 고리타분한 아버지에게 과감하게 반항하는 외동딸 리에를 연기했다.

52.《너를 사랑한다》(君を愛す)

• 다이에이 도쿄 • 1956년 12월 28일 • 흑백 • 88분

• 원작: 우메다 하루오 • 각색: 야스미 도시오, 시라사카 요시오 • 감독: 다나카 시게오 • 촬영: 와타나베 기미오 • 출연: 네가미 준, 야마모토 후지코, 기타하라 요시로, 스가와라 겐지, 미마스 아이코×와카오 아야코(부호의 딸 마치다 가요코 역)

【해설】 대학 아이스하키 리그전을 보던 중 우연히 알게 된 의대생 쓰다 신야(네가미 준)와 일본 무용계의 실력자 후지나미 교코(야마모토 후지코)가 수많은 고난에 굴하지 않고 사랑을 쟁취하는 연애 영화. 와카오 아야코는 신야가 신세를 진 은인의 딸로 남몰래 그에게 마음을 두면서도 교코에게 사랑을 양보하는 가요코를 연기했다. 와카오 아야코와 네가미 준은 이즈에 있는 20미터 높

이의 폭포 밑에서 목숨을 건 러브 신에 도전했다.

53. 《은하의 도시》(銀河の都)

• 다이에이 도쿄 • 1957년 1월 9일 • 흑백 • 84분
• 원작: 도미타 쓰네오 • 각색: 가사하라 료조 • 감독: 무라야마 미쓰오 • 촬영: 나카가와 요시히사 • 출연: 스가와라 겐지, 야마모토 후지코, 네가미 준, 다카마쓰 히데오, 야지마 히로코×와카오 아야코(고우타* 공연가 아이자와 후쿠미 역)
【해설】 가치도키 다리 근처에서 알게 된 고우타 공연가 와카오 아야코와 유도가 스가와타 겐지를 중심으로 전개되는 연애 드라마. 술집 딸에 야마모토 후지코, 프로레슬링 선수에 네가미 준 등 다이에이의 청춘스타가 총출연했으며 2부작으로 제작되었다.
* 역주: 에도 시대 말기에 유행한 짧은 노래로 주로 샤미센 연주에 맞춰 부른다.

54. 《은하의 도시 2》(続·銀河の都)

• 다이에이 도쿄 • 1957년 1월 22일 • 흑백 • 74분
• 원작: 도미타 쓰네오 • 각색: 가사하라 료조 • 감독: 무라야마 미쓰오 • 촬영: 나카가와 요시히사 • 출연: 스가와라 겐지, 야마모토 후지코, 네가미 준, 다카마쓰 히데오, 야지마 히로코×와카오 아야코(고우타 공연가 아이자와 후쿠미 역)

55. 《스튜디오는 왁자지껄》(スタジオはてんやわんや)

• 다이에이 도쿄 • 1957년 1월 15일 • 컬러 • 74분
• 구성: 도 하루오 • 감독: 하마노 노부히코 • 촬영: 혼마 나리미키 • 출연: 와카오 아야코, 하세가와 가즈오, 교 마치코, 이치카와 라이조, 가쓰 신타로
【해설】《스튜디오 대소동》에 이어 다이에이 스타가 총출연하는 스튜디오 소개 영화. 와카오 아야코는 하세가와 가즈오, 교 마치코, 스가와라 겐지, 네가미 준, 야마모토 후지코 등과 함께 피날레를 장식하는 '즐거운 장기 자랑' 중 마지막 순서인 '다이에이 룸바'에 출연한다.

56.《그리움의 강》(慕情の河)

• 다이에이 도쿄 • 1957년 2월 5일 • 흑백 • 82분

• 원작: 나카야마 마사오 • 각본: 마쓰다 쇼이치 • 감독: 시마 고지 • 촬영: 오하라 조지 • 출연: 쓰루타 고지, 가와구치 히로시, 야시오 유코, 우시오 만타로, 미야케 본타로×와카오 아야코(공장 직원 무라코시 미요 역)

【해설】'음악은 대중의 것'이라고 굳게 믿는 젊은이가 꿈을 실현해가는 이야기. 종전 후 한발 앞서 음악영화《작은 초록 바구니》를 제작해 주목을 받고 작곡을 하는 등 음악에 일가견이 있는 시마 고지가 연출을 맡았다. 와카오 아야코는 오케스트라를 만들려고 분주하게 뛰어다니는 첼리스트 겸 지휘자(쓰루타 고지)를 따르는 공장 직원으로 등장해 처음으로 죽는 인물을 연기했다. 고토구 긴시초 역 앞의 긴시공원에서 찍은 마지막 장면은 일반 공개로 촬영되었고 와카오 아야코, 가와사키 게이조 등과 함께 주인공의 모델이기도 한 우에다 진의 지휘로 도쿄교향악단이 특별 출연했다. 서민 동네에서 열린 연주회에 몰려온 관객은 영화 스타도 보고, 클래식 연주도 즐겼다고 한다.

57.《주작문》(朱雀門)

• 다이에이 교토 • 1957년 3월 20일 • 컬러 • 100분

• 원작: 가와구치 마쓰타로 • 각본: 야히로 후지 • 감독: 모리 가즈오 • 촬영: 미야가와 가즈오 • 출연: 이치카와 라이조, 야마모토 후지코, 야나기 에이지로, 오자와 사카에, 미야케 구니코×와카오 아야코(가즈노미야 황녀)

【해설】공무합체(公武合体)*를 위해 도쿠가와 14대 쇼군 이에모치의 정실부인이 된** 고메이 천황의 동생인 황녀 가즈노미야의 비극적 일생을 그린 멜로드라마. 가즈노미야에 와카오 아야코, 약혼자 아리스가와 다루히토에 이치카와 라이조, 가즈노미야의 시녀 유히데에 야마모토 후지코 등 다이에이의 최고 인기 스타들을 기용하고 교토 어소의 자신전을 비롯해 실물에 가까운 크기로 만든 오픈 세트에서 최고의 촬영감독 미야가와 가즈오가 에도막부 말기의 두루마리 그림과 같은 영상을 만들어냈다. 와카오는 은사 하세가와 가즈오가 직접 고른 의상을 입고 이치카와 라이조와 처음 연기 호흡을 맞췄고, 이지적인 야마모

토의 유히데와 대조적으로 연약하고 가련한 불운의 황녀를 연기했다.

* 역주: 에도 막부 말기(1850~1860년대) 일본 조정의 전통적인 권위와 막번 체제의 강화를 도모했던 정책론 및 정치운동. ** 역주: 원문에는 '강가(降家)'라는 동사가 쓰였는데, 이는 지체 높은 집안의 딸이 자신보다 낮은 집안의 남자와 결혼함을 의미한다. 주로 황족의 딸이 신하의 집으로 시집가는 것을 말한다.

58.《너무 긴 봄》(永すぎた春)

• 다이에이 도쿄 • 1957년 5월 28일 • 컬러 • 99분

• 원작: 미시마 유키오 • 각본: 시라사카 요시오 • 감독: 다나카 시게오 • 촬영: 와타나베 기미오 • 출연: 가와구치 히로시, 후나코시 에이지, 가와사키 겐조, 스미 리에코, 사와무라 사다코 × 와카오 아야코(헌책방 주인의 딸 기다 모모코)

【해설】『부인 구락부』에 연재된 미시마 유키오의 동명 소설을 원작으로 혼전 순결을 맹세한 대학생(가와구치 히로시)과 미모의 딸(와카오 아야코)이 긴 약혼 기간 중 직면하는 뜻밖의 파문, 청춘의 윤리 문제를 그렸다. "소설에서 요구하는 여주인공의 모습 그대로"라고 미시마가 자신 있게 보장한 와카오 아야코는 시라사카 요시오의 절묘한 대사와 약혼 기간 중 미묘하게 흔들리는 여심을 훌륭하게 연기했다. 후나코시 에이지, 사와무라 사다코의 뛰어난 연기도 영화를 든든하게 받쳐주고, 마루야마 아키히로가 클럽 가수로 등장해 아름다운 목소리를 선사한다.

59.《아내야말로 나의 생명》(妻こそわが命)

• 다이에이 도쿄 • 1957년 6월 11일 • 흑백 • 92분

• 원작: 하시모토 시노부 • 각본: 다니구치 센키치, 호시카와 세이지 • 감독: 사에키 고조 • 촬영: 무라이 히로시 • 출연: 스가와라 겐지, 후나코시 에이지, 이자와 이치로, 와카마쓰 가즈코, 마쓰모토 갓페이 × 와카오 아야코(권투선수의 아내 아키코 역)

【해설】기관차의 피스톤을 떠올리게 하는 연속 강타로 한 시대를 풍미한 권투 선수 피스톤 호리구치의 전기 영화. 저돌적인 전법으로 권투계를 석권했지만

체력을 고려하지 않고 전략을 구사한 나머지 비장하게 죽음을 맞는 챔피언(스가와라 겐지)과 아내(와카오 아야코)의 부부애를 그렸다.

60. 《유혹으로부터의 탈출》(誘惑からの脱出)

• 다이에이 도쿄 • 1957년 7월 13일 • 컬러 • 91분
• 원안: 하라다 미쓰오 • 각색: 스사키 가쓰야, 시마 고지 • 감독: 시마 고지 • 촬영: 다카하시 미치오 • 출연: 네가미 준, 가와구치 히로시, 스미 리에코, 다카마쓰 히데오, 미아케 본타로×와카오 아야코(카바레 호스티스 소노다 미쓰코 역)
【해설】다이에이 비스타비전 현대극의 첫 번째 작품. 네가미 준과 가와구치 히로시의 형제애를 축으로 전개되는 연애 활극. 와카오 아야코는 가와구치와의 결혼 자금을 마련하기 위해 카바레에서 일하는 여성을 연기했다.

61. 《저녁뜸》(夕凪)

• 다카라즈카 영화(도호 배급) • 1957년 9월 15일 • 컬러 • 115분
• 각본: 야스미 도시오 • 감독: 도요타 시로 • 촬영: 야스모토 준 • 출연: 이케베 료, 아와시마 지카게, 시무라 다카시, 가와즈 세이자부로, 오자와 에이타로×와카오 아야코(매춘 알선업자 첩의 딸 시마 료코)
【해설】4년간의 미국 유학을 마치고 어머니(아와시마 지카게)에게 돌아온 료코(와카오 아야코)는 우연히 알게 된 유치원 교사 고스케(이케베 료)와 좋아하게 되지만 알고 보니 둘은 아버지가 다른 남매였다. 이부 남매의 연애라는 선정적인 소재를 다루고 있지만, 영화는 모녀간의 갈등을 통해 본 전후 일본 사회의 풍속에 대한 묘사에 역점을 두었다. 딸의 학비를 위해 자신을 희생하는 어머니의 모습에서 모성 영화의 계보를 읽을 수도 있다. 하지만 자유로운 사고방식을 가진 딸과 매춘 알선업에서 빠져나오지 못하는 어머니의 대립은 결국 화해하는 일 없이 이별로 끝나고, 이러한 결말에서 야스미 도시오가 쓴 오리지널 시나리오의 현대성이 엿보인다. 특히 두 사람이 맞잡고 싸우는 장면에서 세대 간 단절이 절정에 이르고, 아와시마와 와카오가 각각 과격한 기질의 어머니와 냉정하고 침착한 딸을 열연해 동적이고 정적인 성격의 대조를 표현했다.

62.《명랑 소녀》(青空娘)

• 다이에이 도쿄 • 1957년 10월 8일 • 컬러 • 88분

• 원작: 겐지 게이타 • 각본: 시라사카 요시오 • 감독: 마스무라 야스조 • 촬영: 다카하시 미치오 • 출연: 스가와라 겐지, 가와사키 게이조, 히가시야마 지에코, 사와무라 사다코, 미야케 구니코 × 와카오 아야코(실업가의 딸 오노 유코 역)

【해설】《입맞춤》으로 강렬한 인상을 남긴 신예 마스무라 야스조의 두 번째 작품은 『명성』에 연재하고 라디오 도쿄의 연속방송극으로 인기를 누린 겐지 게이타의 「명랑 소녀」였다. 이즈의 작은 시골 마을 출신인 주인공이 양친이 사는 도쿄로 상경해 계모와 이복형제들에게 하녀 취급을 받으며 괴롭힘을 당하지만 푸른 하늘과 같은 밝은 마음을 잃지 않은 채 살아간다는 이른바 '현대판 신데렐라' 스토리이다. 하지만 마스무라는 "보이시하고 야성적인 성격"의 주인공에 주목하고 "한 번도 울리지 않는" 조건으로 실력 있는 신인 각본가 시라사카 요시오와 함께 눈물샘을 자극하는 이야기를 환골탈태시켜 상쾌한 템포로 그려냈다. 마스무라와 처음으로 작업한 와카오 아야코는 어두운 면이 없는 명랑 쾌활한 인물을 꾸밈없이 연기했는데, 몇 년 후의 인터뷰에서 괴롭힘을 당하는 주인공 유코가 마지막에 차례차례로 '적'을 제압해가는 모습에 "눈을 뜬 것 같은 기분이 들었다"라고 말했다. 《적선지대》 등에서 연기의 폭을 넓히긴 했으나 스타성에 묶여 멜로드라마의 여주인공에 만족하고 있던 와카오 아야코에게 그 같은 멜로드라마를 파괴한 장본인인 마스무라와의 만남은 이후 배우로서의 방향성을 결정짓는 운명적인 사건이었다.

63.《도쿄의 눈동자》(東京の瞳)

• 다이에이 도쿄 • 1958년 1월 3일 • 컬러 • 88분

• 원작: 가와구치 마쓰타로 • 각색: 후나하시 가즈오, 호시카와 세이지 • 감독: 다나카 시게오 • 촬영: 나카가와 요시히사 • 출연: 야마모토 후지코, 가와구치 히로시, 후나코시 에이지, 네가미 준, 가와사키 게이조 × 와카오 아야코(사장의 딸 혼다 요코 역)

【해설】 상업 디자이너 사카이 아키코(야마모토 후지코)와 동생(가와구치 히로

시), 아키코의 동료 노나카 료스케(후나코시 에이지), 사장의 딸(와카오 아야코) 등 네 사람을 중심으로 펼쳐지는 연애 영화.

64. 《신혼의 일곱 가지 즐거움》(新婚七つの楽しみ)

• 다이에이 도쿄 • 1958년 1월 9일 • 흑백 • 74분
• 각본: 시라사카 요시오 • 감독: 에다가와 히로무 • 촬영: 고바야시 세쓰오 • 출연: 가와사키 게이조, 후나코시 에이지, 야시오 유코, 쓰루미 조지, 모리 이쿠코×와카오 아야코(새색시 미나미가와 야스코 역)
【해설】《명랑 소녀》, 《난류》로 성공을 거둔 각본가 시라사카 요시오가 『주간 요미우리』에 게재된 독자의 신혼 체험기를 바탕으로 각본을 썼다. 거리 녹음을 계기로 만나 결혼에 이른 맞벌이 부부가 신혼의 일곱 가지 즐거움을 차례로 발견하고 경험해가는 모습을 그린 영화. 장난스러운 부분도 있지만 제법 믿음직한 새댁(와카오 아야코)과 잘생기고 진중함이 몸에 밴 새신랑(가와사키 게이조)의 맞벌이 생활을 유쾌하고 즐겁게 표현해 "일종의 고급 만담 영화"라는 평가를 받았다.

65. 《엄마》(母)

• 다이에이 도쿄 • 1958년 3월 4일 • 컬러 • 112분
• 각본: 가사하라 료조 • 감독: 다나카 시게오 • 촬영: 다카하시 미치오 • 출연: 미마스 아이코, 네가미 준, 교 마치코, 가와구치 히로시, 스가와라 겐지×와카오 아야코(교사 모치즈키 선생님 역)
【해설】 다이에이의 도쿄 촬영소와 교토 촬영소를 대표하는 스타들이 총출연했으며, 미마스 아이코 주연의 모성 영화 30번째 기념작.

66. 《반딧불》(螢火)

• 가부키좌영화(쇼치쿠 배급) • 1958년 3월 18일 • 흑백 • 123분
• 원작: 오다 사쿠노스케 • 각색: 야스미 도시오 • 감독: 고쇼 헤이노스케 • 촬영: 미야지마 요시오 • 출연: 아와시마 지카게, 반 준자부로, 모리 미키, 미요시 에

이코, 미즈하라 마치코×와카오 아야코(데라다야 여관의 양녀 오료 역)

【해설】 1925년《하늘은 맑았다가》로 감독 데뷔한 후 일관되게 현대극을 만들어온 고쇼 헤이노스케의 85번째 연출작이자 첫 시대극으로 오다 사쿠노스케의 『반딧불이』가 원작이다. 안세이 시대 말기, 교토 후시미에 사는 도세는 여관 '데라다야'의 며느리가 되어 봉건적인 상황에 굴하지 않고 홀로 가업을 지켜간다. 그러던 중 사카모토 료마(모리 미키)를 만난 후 그의 삶의 방식에 공감하고 료마를 사모하게 된다. 와카오의 역할은 도세의 양녀로 나중에 료마의 아내가 되는 오료.《저녁뜸》에 이어 아와시마 지카게와 다시 한 번 모녀 관계로 등장해 좋은 연기 호흡을 보여줬다. 목욕 중에 료마의 위기를 알아채고 "사카모토 씨"라고 필사적으로 외치는 와카오 아야코의 다급한 목소리 연기가 인상 깊다.

67.《추신구라》(忠臣蔵)

• 다이에이 교토 • 1958년 4월 1일 • 컬러 • 164분
• 각본: 와타나베 구니오, 야히로 후지, 다미카도 도시오, 마쓰무라 마사하루 • 감독: 와타나베 구니오 • 촬영: 와나타베 다카시 • 출연: 하세가와 가즈오, 이치카와 라이조, 다키자와 오사무, 쓰루타 고지, 교 마치코×와카오 아야코(목수의 딸 오린 역)

【해설】 다이에이 창립 18주년 기념으로 도쿄, 교토 촬영소의 스타를 총동원해 제작한 '추신구라' 영화. 전작《반딧불》에 출연했을 때 와카오 아야코는 2개월간 교토에서 고쇼 헤이노스케 감독과 차분하게 촬영에 임했는데, 그 직후 만난《추신구라》의 와타나베 구니오 감독은 빠르고 효율적인 촬영(中抜き)*으로 유명했다. 이 작품에서도 에도성 소나무 복도에서 일어나는 칼부림 장면을 반나절 만에 촬영을 끝낼 정도였다. 와카오는 테스트 즉시 본 촬영에 들어가는 빠른 연출에 다소 당황했으나 사전에 역할과 연기를 파악한 상태에서 본 촬영에 도전하는 긴장감에 점점 익숙해졌고, "이쪽 감정의 움직임을 간파하고 있는 듯"한 와타나베 구니오의 연출 방식에서 많은 것을 배웠다. 이 영화에서 와카오 아야코는 기라 저택을 출입하는 목수의 딸 오린으로 등장한다. 오카노 긴에몬(쓰루타 고지)을 사모하는 오린은 아버지가 갖고 있던 저택 도면을 훔쳐 긴

에몬에게 넘겨준다. 그녀는 긴에몬을 향한 마음을 적극적으로 표출하는 현대적인 면과 죽을 운명에 놓인 남자를 가슴에 품고 영원한 사랑을 간직한 채 살아가려는 고전적인 면을 동시에 가진 정열적인 여성이다. 여러 사건이 난무하는 《추신구라》에서 쓰루타와 와카오의 러브 신은 유일하게 긴장을 풀게 한다.

* 역주: 일본어 '나카누키'에 완벽하게 대응하는 한국어는 없으나, 영화 촬영 현장에서 효율적인 작업을 위해 종종 사용하는 편집 혹은 촬영 방식이다. 가령 A와 B의 쇼트-리버스 쇼트로 구성된 대화 장면을 촬영할 때, 먼저 A가 말하는 장면을 커트하지 않고 계속 찍고, 이후 B가 말하는 장면도 마찬가지로 촬영한다. 이후 편집을 통해 각각의 촬영분에서 필요한 부분을 잘라내 이어 붙여 대화의 흐름에 따라 두 사람의 쇼트가 교대로 나오는 화면을 만든다.

68.《애욕의 강》(愛河)

• 다이에이 도쿄 • 1958년 4월 22일 • 컬러 • 91분
• 원작: 도미타 쓰네오 • 각본: 가사하라 료조 • 감독: 다나카 시게오 • 촬영: 나카가와 요시히사 • 출연: 가와구치 히로시, 스가와라 겐지, 가와사키 게이조, 가노 준코, 스미 리에코×와카오 아야코(백화점 직원 야자키 후미코 역)
【해설】 애인에게는 모든 것을 바쳐도 후회 없다고 말하는 여자와 결혼까지 순결을 지키는 여자의 대조적인 삶을 중심으로 현대의 연인들이 직면하는 성과 애정을 그린 문제작. 와카오 아야코와 가와구치 히로시가 음악 찻집에서 데이트하는 장면에 로커빌리 가수 히라오 마사아키와 올스타즈 왜건이 출연, 〈다이아나〉를 열창하여 실연을 방불케 하는 열광적인 무대를 선보였다. 출연자 중 한 명인 다미야 지로는 가노 준코와의 진한 러브 신 연기로 좋은 평판을 얻어 존재감을 드러냈다.

69.《휘파람 부는 철새》(口笛を吹く渡り鳥)

• 다이에이 교토 • 1958년 6월 29일 • 컬러 • 81분
• 각본: 야히로 후지 • 감독: 다사카 가쓰히코 • 촬영: 다케다 센키치로 • 출연: 하세가와 가즈오, 류 지슈, 나카무라 다마오, 미나미 하루오, 이와이 한시로×

와카오 아야코(의사의 딸 오세쓰 역)

【해설】 야히로 후지의 오리지널 시나리오를 영화화한 하세가와 가즈오 주연의 마타타비모노(股旅もの).* 가리가네의 이타로(하세가와 가즈오)는 여행 도중 의사 보쿠사이(류 지슈)와 그의 딸 오세쓰(와카오 아야코)를 만난다. 지역 유력자에게 미운털이 박혀 부상을 입은 이타로를 간병하던 중 오세쓰는 점점 그에게 마음이 끌리지만, 이타로는 다시 여행길에 오른다.

* 역주: 각지를 돌아다니는 도박사, 유랑 예능인 등을 주인공으로 한 소설, 연극, 영화의 총칭.

70. 《아들의 결혼》(息子の結婚)

• 다이에이 도쿄 • 1958년 7월 5일 • 컬러 • 94분
• 원작: 하야시 후사오 • 각본: 하세가와 기미유키 • 감독: 시마 고지 • 촬영: 오하라 조지 • 출연: 가와구치 히로시, 가와사키 게이조, 가노 준코, 시나가와 류지, 도도로키 노리코 × 와카오 아야코(디자이너 나카다 유리에 역)

【해설】 요미우리 신문에 연재된 하야시 후사오의 동명 소설을 영화화한 작품. 아버지와 계모에게 반항적인 아들(가와구치 히로시)이 불량배와 벌인 난투 사건을 계기로 부자간의 유대를 회복하는 명랑 청춘 영화. 와카오 아야코는 가와구치를 흠모하고, 그의 독립을 응원하는 디자이너를 연기했다.

71. 《폭풍의 강도관*》(嵐の講道館)

• 다이에이 도쿄 • 1958년 8월 12일 • 흑백 • 89분
• 각본: 마쓰우라 다케오, 이시이 기이치 • 감독: 에다가와 히로무 • 촬영: 다카하시 미치오 • 출연: 스가와라 겐지, 오노 미치코, 긴다이치 아쓰코, 다카마쓰 히데오, 시나가와 류지 × 와카오 아야코(게이샤 다자이 아키코 역)

【해설】 가라테를 하는 무법자와 대결한 후 실명한 유도가 형(스가와라 겐지)과 그의 동생(시나가와 류지)을 둘러싸고 여러 사건이 전개되는 스가와라 겐지 주연의 유도 영화. 와카오 아야코는 형을 마음에 두면서도 동생에 대한 정 때문에 게이샤가 되어 의지를 관철하는 아키코를 연기했다.

* 역주: 메이지 15년(1882)에 설립된 유도 연구 및 지도 기관으로 현재 공익재단법인으로 운영되고 있다.

72.《한 알의 밀》(一粒の麦)

• 다이에이 도쿄 • 1958년 9월 14일 • 컬러 • 110분
• 각본: 신도 가네토, 지바 시게키 • 감독: 요시무라 고자부로 • 촬영: 나카가와 요시히사 • 출연: 스가와라 겐지, 미야케 본타로, 마치다 히로코, 우시오 만타로, 도노 에이지로×와카오 아야코(중학교 교사 누마타 이치코 역)
【해설】동북 지방의 농촌에서 도쿄로 일을 구하러 온 소년, 소녀들의 집단 취업 실태를 그린 영화. 시나리오 작가협회에 투고해온 지바 시게키의 시나리오를 주목한 신도 가네토가 새롭게 각색했고, 요시무라 고자부로가 메가폰을 잡았다. 원작과 마찬가지로 후쿠시마를 배경으로 설정했기 때문에 지바가 사투리 지도를 맡고 조감독을 비롯해 제작진들도 후쿠시마 출신을 뽑았으며, 주역인 네 명의 소년 소녀는 일반인으로 캐스팅했다. 와카오 아야코는 학생들의 취업 담당자가 되는 것을 고민하면서도 점점 학생들의 취직에 열중하는 교사이자 결혼한 지 얼마 안 된 동료 교사인 남편(스가와라 겐지)을 뒷바라지하는 아내를 연기했다. 영화 처음과 마지막에 삽입된 도쿄의 우에노로 출발하는 열차 장면의 구성이 주목을 받았다. 또한 도쿄 내 초등학교 교정에 집합한 학생들이 고용주에게 넘겨지는 장면은 극히 사실적이고 인상 깊으며, 다음 장면으로의 전환도 깔끔하다는 평가를 받았다.

73.《밤의 민낯》(夜の素顔)

• 다이에이 도쿄 • 1958년 10월 15일 • 컬러 • 121분
• 각본: 신도 가네토 • 감독: 요시무라 고자부로 • 촬영: 나카가와 요시히사 • 출연: 교 마치코, 네가미 준, 후나코시 에이지, 스가와라 겐지, 호소카와 지카코×와카오 아야코(무용가의 제자 히사코 역)
【해설】《밤의 강》,《밤의 나비》를 잇는 '밤' 시리즈의 세 번째 작품. 자신의 야망을 위해 권모술수를 써 무용계의 각광받는 존재가 된 아케미(교 마치코)의

기구한 반평생과 그녀를 앞지르려고 하는 젊은 제자 히사코(와카오 아야코)와의 갈등을 그렸다. 요시무라 고자부로는 《한 알의 밀》을 감독하는 조건으로 이 영화의 연출을 맡았다. 그는 이 작품을 통해 처음으로 와이드 화면(다이에이 스코프) 연출에 임하며 다양한 실험적 시도를 보여줬다. 예를 들어 아케미가 무용단과 함께 전국을 순회할 때 촬영한 쇼트는 스탠다드 화면으로 찍은 두 커트(무용 장면과 가는 곳마다 펼쳐지는 맑고 아름다운 자연 경치)를 와이드 화면에 삽입했다. 또한 아케미가 헤어진 남자의 아파트를 찾아가는 장면에서 왼쪽 끝에 커튼 뒤로 몸이 굳은 채로 풀린 기모노의 허리띠를 끌어당기는 히사코를, 오른쪽 끝에 전신을 볼 수 있는 경대를 배치하고 거울에 히사코의 모습이 비치도록 구성한 화면도 주목을 받았다. 와카오 아야코는 같은 해 공개된 《여자는 한 번 승부한다》(앙리 베르누이 감독)에서 밀레네 드몽조가 맡은 역할, 즉 재산을 탈취할 목적으로 정부에게 살인을 교사하는 비정한 여비서와 같은 배역에 욕심을 내고 있었다. 그리하여 "틀에 박힌 악녀가 아니라, 내면에 사는 악마에 침식된 여자의 가련함을 연기하고 싶다"는 마음으로 스승을 계략에 빠트리는 본격적인 악녀 역에 처음 도전해 의욕적으로 임했다.

74. 《아가씨의 모험》(娘の冒険)

• 다이에이 도쿄 • 1958년 11월 1일 • 컬러 • 107분
• 원작: 나카노 미노루 • 각색: 하세가와 기미유키 • 감독: 시마 고지 • 촬영: 오하라 조지 • 출연: 교 마치코, 야마모토 후지코, 노조에 히토미, 가와구치 히로시, 스가와라 겐지 × 와카오 아야코(나이트클럽 마담 기타하라 히데코 역)

【해설】 다이에이 스타가 총출동한 연애 오락 영화. 재주 많은 여기자, 로커빌리 가수, 바람난 아내가 있는 회사 임원, 고우타 스승, 게이샤, 만담가 등 다양한 등장인물의 연애담이 대학생 커플의 입을 통해 펼쳐진다. 그랜드 피아노가 있는 서양식 방과 서양 음식을 먹는 모습과 목욕 후 편안한 복장으로 고우타를 들으며 스시를 먹는 일본적인 생활양식을 번갈아 보여주는 화면 구성이 주목을 받았다.

75.《너와 나의 암호: 잘 가, 어서 와》
(あなたと私の合言葉 さようなら、今日は)

• 다이에이 도쿄 • 1959년 1월 3일 • 컬러 • 86분

• 원작: 구리스테이 • 각본: 구리스테이, 후나하시 가즈오 • 감독: 이치카와 곤 •
촬영: 고바야시 세쓰오 • 출연: 교 마치코, 노조에 히토미, 스가와라 겐지, 가와
구치 히로시, 후나코시 에이지 × 와카오 아야코(회사원 아오타 가즈코 역)

【해설】 전년도에 공개된 《유라쿠초에서 만나요》(감독 시마 고지)의 성공에 이
어 제작된 작품. 10만 명이 참가한 제목 공모 결과 "잘 가, 어서 와"가 채택되었
고, 이치카와 곤이 '암호 영화'(合言葉映画)로 연출했다. 회사원인 가즈코(와카
오 아야코)는 오사카에 사는 정혼자 한지로(스가와라 겐지)와의 결혼을 망설이
다가 오사카에 있는 친구 우메코(교 마치코)를 통해 파혼을 요청한다. 하지만
우메코는 그만 한지로에게 반하고 만다. 우메코가 한지로에 대한 사랑의 감정
을 털어놓는 순간, 가즈코는 한지로에 대한 미련을 갖는다. 밋밋한 어조의 대사
표현이나 아버지 때문에 좀처럼 결혼을 단행하지 못하는 딸이 등장하는 설정
탓에 개봉 당시 '오즈 야스지로의 패러디'라고 회자됐다. 하지만 자동차 설계사
로 일하고 마지막에 미국으로 떠나는 가즈코의 인물 설정에서 이치카와 곤의
독창성이 엿보인다. 이러한 여성상에서 직업여성의 자립을 지지하는 세상이 오
기를 기대한 와다 낫토*의 의도를 읽을 수 있다. 가즈코 역의 와카오 아야코는
극 중 처음으로 안경을 쓰고, 본심을 숨기는 서투른 딸을 훌륭하게 연기했다.
특히 디저트 가게에서 교 마치코와 호흡을 맞춘 절묘한 담판 장면에서 와카오
는 희극 배우로서의 재능을 유감없이 발휘한다. 이 작품과 오즈 야스지로의《부
초》에서 선보인 연기가 호평을 받아 NHK 베스트10 여우조연상을 수상했다.
* 역주: 각본가이자 이치카와 곤 감독의 아내. 이치카와 곤의 많은 영화에서 시
나리오를 집필했다.

76.《최고로 훌륭한 아내》(最高殊勲夫人)

• 다이에이 도쿄 • 1959년 2월 10일 • 컬러 • 95분

• 원작: 겐지 게이타 • 각본: 시라사카 요시오 • 감독: 마스무라 야스조 • 촬영:

무라이 히로시 • 출연: 가와구치 히로시, 후나코시 에이지, 미야구치 세이지, 단아미 야쓰코, 곤도 미에코×와카오 아야코(여성 사업가 노노미야 교코 역)

【해설】《명랑 소녀》의 호평에 힘입어 다시 한 번 마무스라와 각본가 시라사카 콤비가 겐지 게이타의 소설을 가져와 밝고 경쾌한 코미디 영화를 완성했다. 미하라 집안의 형제와 노노미야 집안의 자매는 각각 사내 결혼을 했다. 노노미야 가의 장녀 모모코(단아미 야쓰코)는 아직 미혼인 미하라 가의 셋째 아들 사부로(가와구치 히로시)와 막내 동생 교코(와카오 아야코)를 결혼시키려고 애쓴다. 사부로와 교코는 형제, 자매의 책략에 빠지지 않으려고 합동 작전을 펴나가지만 그사이 서로에게 점차 끌리게 된다. 와카오 아야코와 가와구치 히로시를 중심으로 등장인물들의 교묘한 술책과 거리의 샌드위치맨, 서예 선생님 등 이야기와 직접 관계없는 기묘한 인물들의 만남이 재미를 선사하는 통쾌한 코미디 영화. 마스무라는 소비 사회 속에서 신구 세대를 대비하고자 두 딸 모두 같은 부잣집에 시집보내 완전히 주눅 든 노노미야 집안의 아버지에 초점을 맞췄다. 마스무라가 조감독으로 참여했던 이치카와 곤 감독의 《처형의 방》에는 반발하는 자식을 어쩌지 못하고 출세에 실패하는 아버지(미야구치 세이지)가 등장하는데 본 작품에서 미야구치 세이지가 연기한 노노미야의 모습은 그 영향을 받은 것으로 보인다.

77.《장미 나무에 장미꽃 피다》(薔薇の木にバラの花咲く)

• 다이에이 도쿄 • 1959년 3월 11일 • 흑백 • 84분
• 원작: 시바키 요시코 • 각색: 후나하시 가즈오 • 감독: 에다가와 히로무 • 촬영: 아키노 도모히로 • 출연: 가와사키 게이조, 다미야 지로, 스미 리에코, 하마다 유코, 이리에 요스케×와카오 아야코(대학생 야노 레이코 역)

【해설】부모 없이 아르바이트로 가정 교사를 하는 주인공 야노 레이코(와카오 아야코)를 통해 여성의 애정과 성도덕을 생각하게 하는 문제작. 와카오 아야코는 비슷한 서민적 환경에서 자란 대학원생(가와사키 게이조)과 가정 교사를 하는 곳에서 만난 부르주아 청년(다미야 지로) 사이에서 흔들리는 주인공을 연기했다.

78. 《야마다 나가마사 왕자의 검》(山田長政王者の劍)

• 다이에이 교토 • 1959년 5월 1일 • 컬러 • 114분

• 원작: 무라마쓰 쇼후 • 각본: 오구니 히데오 • 감독: 가토 빈 • 촬영: 마키타 유키마사 • 출연: 하세가와 가즈오, 나카다 야스코, 이치카와 라이조, 네가미 준, 다자키 준×와카오 아야코(일본인 마을의 실권자의 딸 쓰다 아야 역)

【해설】 야마다 나가마사(하세가와 가즈오)가 샴(태국)에서 펼치는 활약상을 그린 역사 스펙터클. 다이에이가 태국의 아스핀 픽처와 제휴한 일본/태국 합작 영화로, 방콕 현지 로케이션 촬영을 통해 코끼리, 사원 등 현지의 풍경과 분위기를 풍부하게 담아냈다. 대규모 전투 장면 또한 볼 만하다. 와카오 아야코는 야마다 나가마사에게 애정을 품는 쓰다 마타자에몬의 딸 아야를 연기했다.

79. 《범람》(氾濫)

• 다이에이 도쿄 • 1959년 5월 13일 • 컬러 • 98분

• 원작: 이토 세이 • 각본: 시라사카 요시오 • 감독: 마스무라 야스조 • 촬영: 무라이 히로시 • 출연: 사부리 신, 사와무라 사다코, 가와사키 게이조, 가노 준코, 히다리 사치코×와카오 아야코(대학생 사나다 다카코 역)

【해설】 아사히 신문에 연재된 이토 세이의 동명 소설을 영화화했다. 일개 기술자였던 한 남자가 획기적인 발명으로 벼락출세한 후 그와 그의 가족은 성(性)과 이기주의로 소용돌이치는 사랑과 욕망의 날들을 겪게 된다. 마스무라 야스조는 가와사키 게이조가 연기한 야심 가득한 과학자를 중심으로 악당이 활개치는 일본 사회를 풍자하려 했지만, 생각만큼 되지 않았다고 술회했다. 하지만 시라사카 요시오에 의하면 자신의 작품을 영화화하는 것에 말이 많았던 원작자 이토 세이가 이 영화의 만듦새에 만족했다고 한다. 와카오 아야코는 주인공 사나다 사헤이(사부리 신)의 딸이자 젊은 과학자 다네무라 교스케(가와사키 게이조)에 농락당하는 다카코를 맡았다. 와카오는 다네무라의 성적 배출구로 전락하는 교코(가노 준코) 역을 원했지만, 교코 역은 당시 와카오의 스타성을 무너뜨릴 우려가 있고, 또한 일본 영화 견본시를 위한 대표단의 일원으로 뮌헨행이 예정되어 있었기에 출연 분량이 적은 다카코로 결정했다고 한다. 이토 세이

는 와카오와의 대담에서 원작에서 다카코의 이미지가 분명하지 않기 때문에 쉽지 않은 역이라고 말했지만, 그의 걱정과는 반대로 와카오는 무너져가는 가정과 함께 상처 입는 여대생을 훌륭하게 연기했다.

80. 《지로초 후지》(次郎長富士)

• 다이에이 교토 • 1959년 6월 3일 • 컬러 • 105분
• 각본: 야히로 후지 • 감독: 모리 가즈오 • 촬영: 혼다 쇼조 • 출연: 하세가와 가즈오, 이치카와 라이조, 가쓰 신타로, 교 마치코, 야마모토 후지코×와카오 아야코(야쿠자의 아내 오키쿠 역)

【해설】일본 영화의 양산 경쟁이 격렬해진 시기에 다이에이는 회당 한 편 상영을 기어이 표명하고* 새로운 방침에 따라 첫 번째 작품으로 《지로초 후지》를 발표했다. 사운을 건 작품인 만큼 하세가와 가즈오가 시미즈노 지로초를 연기하고 이치카와 라이조(니키치에 역), 가쓰 신타로(이시마쓰 역), 교 마치코(노름판의 여주인 역), 야마모토 후지코(여 도둑 역) 등 다이에이 도쿄, 교토 촬영소의 스타가 총출연했다. 아키바의 불꽃 축제부터 후지가와 강변에서 벌어지는 구로코마노 가쓰조 일가와의 대규모 결전까지, 이른바 지로초 영화의 에피소드를 총망라한 대규모 오락 영화이다. 와카오 아야코는 아노 도쿠지로의 여동생이란 이유로 어쩔 수 없이 사랑하는 남편 니키치로와 이혼하는 오키쿠로 출연, 이치카와 라이조와 영화 속 유일한 러브 신을 연기해 1958년 작 《추신구라》와 마찬가지로 군중극에 화려함을 더했다.

* 역주: 당시 일본 영화계에서는 2편을 동시 개봉하는 것이 관례였다.

81. 《꽃의 커다란 장애》(花の大障碍)

• 다이에이 도쿄 • 1959년 7월 19일 • 컬러 • 89분
• 각본: 하세가와 기미유키, 시마 고지 • 감독: 시마 고지 • 촬영: 오하라 조지 • 출연: 가와구치 히로시, 시무라 다카시, 도도로키 유키코, 기타하라 요시오, 야시마 히로코×와카오 아야코(마부의 딸 무라카미 하나에 역)

【해설】고집불통인 늙은 마부(시무라 다카시)가 짐말 하야테에게 명마의 소질

이 있다고 믿고 장애물 경기를 위해 특훈을 시켜 우승하기까지를 그린 이야기. 경마 전문가인 시마 고지가 말 경매 시장, 훈련 방식, 말 주인과 경마용 마구간의 관계, 경마 기수의 생활상, 경주 엔트리 방식 등 경마 세계의 이면을 묘사했다.

82. 《미모는 유죄》(美貌に罪あり)

• 다이에이 도쿄 • 1959년 8월 12일 • 컬러 • 87분
• 원작: 가와구치 마쓰타로 • 각본: 다나카 스미에 • 감독: 마스무라 야스조 • 촬영: 무라이 히로시 • 출연: 야마모토 후지코, 노조에 히토미, 가와구치 히로시, 가쓰 신타로, 스기무라 하루코×와카오 아야코(지주의 둘째 딸 게이코)

【해설】농지 개혁으로 몰락한 지주 일가를 그린 작품. 어머니 역에 스기무라 하루코, 첫째 딸에 야마모토 후지코, 둘째 딸에 와카오 아야코가 캐스팅됐고, 그 밖에 야마모토의 남편에 가쓰 신타로, 와카오의 애인에 가와구치 히로시, 가와구치의 여동생에 노조에 히토미를 기용하는 등 오봉* 영화답게 화려한 배우진으로 꾸려졌다. 야마모토 후지코와 가쓰 신타로의 춤 장면, 와카오 아야코가 선보이는 밀레네 드몽조 스타일의 흰색 드레스와 귀엽고 사랑스러운 수영복 차림 등 스타의 매력이 한껏 드러난다. 후원자의 외동딸, 벼락부자의 아내, 맞선에 계속 실패하는 여자 등 영화의 주제는 어둡고 우울하지만, 독특한 조연 기용으로 무거운 분위기를 상쇄시키는 연출에서 마스무라의 빛나는 감각을 엿볼 수 있다. 와카오는 소꿉친구 다다오(가와구치 히로시)와 함께 가업인 난초 재배를 하고 있지만 집을 나가 자유롭게 행동하는 미모의 이부 언니에게 열등감을 느끼고 도시의 화려한 생활을 동경하여 스튜어디스가 되는 둘째 딸 게이코를 연기했다. 일상에 저항하고 미숙하지만 자기주장을 하는 점에서 게이코는 《아내는 고백한다》에서 결실을 맺는 '강한 자아를 지닌 여성'의 과도기적 인물이다.

* 역주: 양력 8월 15일에 기념하는 일본의 전통 명절로 일본에서 연말연시(12월 말~1월 초), 5월의 골든위크 다음으로 긴 연휴이다.

83. 《열매는 익고》(実は熟したり)

• 다이에이 도쿄 • 1959년 9월 17일 • 컬러 • 99분

• 원작: 겐지 게이타 • 각본: 시라사카 요시오 • 감독: 다나카 시게오 • 촬영: 다카하시 미치오 • 출연: 가와사키 게이조, 긴다이치 아쓰코, 다미야 지로, 우라지 요코, 미야가와 가즈코 × 와카오 아야코(회사원 다카니와 시노부 역)

【해설】 요미우리 신문에 연재된 겐지 게이타의 동명 소설을 영화화한 작품. 명랑하고 활동적인 회사원 시노부(와카오 아야코)와 고로(가와사키 게이조)를 중심으로 청춘 남녀의 사내 연애, 결혼을 그린 청춘 코미디.

84. 《부초》(浮草)

• 다이에이 도쿄 • 1959년 11월 17일 • 컬러 • 119분

• 각본: 노다 고고, 오즈 야스지로 • 감독: 오즈 야스지로 • 촬영: 미야가와 가즈오 • 출연: 나카무라 간지로, 교 마치코, 스기무라 하루코, 가와구치 히로시, 미쓰이 고지 × 와카오 아야코(유랑극단 배우 가요 역)

【해설】 1934년 작 《부초 이야기》의 리메이크. 쇼치쿠에서 영화 제작이 결정됐다가 취소되자 오즈 야스지로는 다이에이에 파견되고, 미야가와 가즈오, 교 마치코를 비롯한 다이에이의 전속 스태프 및 배우와 함께 영화를 완성했다. 단장(나카무라 간지로)을 따라 순회하는 유랑극단이 시마 반도의 서쪽 남단에 있는 항구 마을에 오면서 어려움에 처하고 해산하기까지를 그린 인정극. 와카오 아야코는 단장의 애인 스미코(교 마치코)를 언니처럼 따르는 가요를 연기했다. 가요는 스미코의 부탁으로 단장의 아들(가와구치 히로시)을 유혹하고, 불장난처럼 시작한 연애는 진지한 관계로 발전한다. 오즈 영화에서 러브 신은 아주 드물게 나오는데, 《이른 봄》(1956)의 이케베 료와 기시 게이코 이후 이 작품에서 와카오 아야코와 가와구치 히로시가 키스 신을 연기했다. 오즈 영화에 처음 출연한 와카오 아야코는 변두리의 소극장으로 견학을 가는 등 연기 연구에 여념이 없었다. 또한 배우의 동작을 세세하게 지시하는 거장의 집요한 연출에 처음에는 당혹스러움을 느끼기도 했지만, 귀여움과 성적 매력을 동시에 지닌 젊은 유랑극단 배우의 애수를 훌륭하게 표현했다. 오즈와 와카오의 작업은 《부초》 한 편뿐이지만 와카오는 오즈에게 사랑받는 배우 중 한 명이 됐고 오즈는

와카오를 만날 때마다 "와카오한테 가장 잘 어울리는 기모노를 내가 골라서 사줄게. 그걸 입은 예쁜 와카오와 함께 아름다운 영화 만들자"고 말했다. 안타깝게도 그 말은 결국 이루어지지 못했다.

85.《이른 봄 너구리 저택》(初春狸御殿)

• 다이에이 교토 • 1959년 12월 27일 • 컬러 • 83분
• 각본/감독: 기무라 게이고 • 촬영: 이마이 히로시 • 출연: 이치카와 라이조, 가쓰 신타로, 나카무라 다마오, 나카무라 간지로, 스가이 이치로×와카오 아야코(너구리 기누타 공주, 인간의 딸 오쿠로 1인 2역)

【해설】의인화된 너구리의 세계를 그린 시대극 뮤지컬로, 다이에이를 대표하는 '너구리 저택' 시리즈의 5번째 영화. 감독은 다이에이의 전신인 신흥 키네마 시절부터 '너구리 저택' 시리즈를 솜씨 있게 연출한 기무라 게이고이다. 당시의 민요 붐에 편승한 연출은 스타들의 등장으로 고조된 분위기에 한층 흥을 더했다. 와카오 아야코는 인간의 딸인 오쿠로와 너구리인 기누타 공주 두 역할을 맡아 이치카와 라이조, 가쓰 신타로와 연기 호흡을 맞췄다.

86.《여경》(女経)

• 다이에이 도쿄 • 1960년 1월 14일 • 컬러 • 100분
• 원작: 무라마쓰 쇼후 • 각본: 야스미 도시오 • 감독: 마스무라 야스조 • 촬영: 무라이 히로시 • 출연: 가와구치 히로시, 다미야 지로, 히다리 사치코×와카오 아야코(호스티스 기미 역)

【해설】'여경'이란 여성의 몸을 통해 남성이 여는 깨달음의 길을 의미한다. 마스무라 야스조와 와카오 아야코, 이치카와 곤과 야마모토 후지코, 요시무라 고자부로와 교 마치코의 조합으로 구성된 3편의 옴니버스 영화를 통해 여성의 몸에 숨어 있는 세 가지 이면을 그린 작품. 와카오 아야코는 '제1화 귀를 깨물고 싶어 하는 여자'에서 남자에게 돈을 갈취하여 열심히 주식 거래를 하는 수완 좋은 호스티스 기미로 등장한다. 그녀는 대주주가 된 회사의 상속자(가와구치 히로시)와 급작스럽게 연인 관계로 발전하면서 겪는 내면의 미묘한 흔들림

을 발랄하게 연기했다. 영화의 시작과 마지막에 같은 코트를 입고 씩씩하게 걸어가는 뒷모습이 인상적이며, 특히 가부토 다리에서 문득 강을 보는 엔딩 장면의 뒷모습 연기가 탁월하다. 와카오 아야코는 이 작품에서 배우라는 직업을 '주어진 천직'이라고 자각하게 된다.

87. 《여자는 저항한다》(女は抵抗する)

• 다이에이 도쿄 • 1960년 3월 8일 • 컬러 • 85분
• 원안: 이시마쓰 요시히로 • 각본: 하세가와 기미유키 • 감독: 유게 다로 • 촬영: 고바야시 세쓰오 • 출연: 가와구치 히로시, 미야가와 가즈코, 다카마쓰 히데오, 가타야마 아키히코, 야마시타 게이지로 × 와카오 아야코(재즈 기획자 야시로 미에 역)
【해설】 로커빌리 붐의 창시자로 한 시대를 풍미한 와타나베 미사를 모델로 재즈 기획자의 내밀한 세계를 그린 작품. 와카오 아야코가 로커빌리 마담이라 불린 재즈 기획자, 가와구치 히로시가 재즈 밴드의 연주자, 다카마쓰 히데오가 라이벌 기획자로 출연, 사랑과 일에 대한 야망의 이야기가 동시에 전개되는 이색 청춘 영화.

88. 《실없는 놈》(からっ風野郎)

• 다이에이 도쿄 • 1960년 3월 23일 • 컬러 • 96분
• 각본: 기쿠시마 류조, 안도 히데오 • 감독: 마스무라 야스조 • 촬영: 무라이 히로시 • 출연: 미시마 유키오, 후나코시 에이지, 가와사키 게이조, 시무라 다카시, 미즈타니 요시에 × 와카오 아야코(영화관 매표원 고이즈미 요시에 역)
【해설】 형무소에서 막 출소한 야쿠자 조직의 2대 두목 아사히나 다케오(미시마 유키오)는 싸움에 약하고 근성도 없는 불량배에 지나지 않는데, 우연히 작은 영화관의 매표원인 고이즈미 요시에(와카오 아야코)를 만나 임신시킨다. 부하인 아이카와(후나코시 에이지)와 함께 건달 생활을 청산하고 착실하게 살려고 하지만, 대립하던 야쿠자가 고용한 살인 청부업자에게 어이없이 살해당하고 만다. 처음으로 영화에 출연한 미시마 유키오는 예전부터 팬이었던 와카오

아야코와 함께 연기하게 되어 기뻐했고, 「영화배우 오브제론」 등을 주장하며 배우라는 직업에 의욕적으로 매달렸다. 하지만 도쿄대학의 동기이기도 한 마스무라 야스조에게 혹독한 연기 지도를 받았다. 미시마에게 너무나도 엄격했던 마스무라의 태도에 함께 출연한 배우들은 질리고 말았고, 와카오 아야코도 "힘든 한 달이었다"라고 고백했다. 원래의 시나리오에서 미시마가 연기한 아사히나는 호걸에 영리한 남자로 설정되어 있었지만 어딘가 어설픈 미시마의 연기나 대사로는 그런 느낌을 낼 수가 없었다. 그 결과 마스무라는 아사히나를 싸움도 못하고 근성도 없는 얼빠진 야쿠자로 인물 설정을 바꾸었다. 맞고 차여도 낙태를 거부하고, 아사히나를 향한 사랑을 한결같이 고백하는 와카오의 연기에 대해 미시마는 "와카오 아야코라는 배우는 범상치 않다"고 평가했다.

89. 《도련님》(ぼんち)

- 다이에이 교토 • 1960년 4월 13일 • 컬러 • 104분
- 원작: 야마사키 도요코 • 각본: 와다 낫토, 이치카와 곤 • 감독: 이치카와 곤 • 촬영: 미야가와 가즈오 • 출연: 이치카와 라이조, 교 마치코, 야마다 이스즈, 구사부에 미쓰코, 고시지 후부키×와카오 아야코(게이샤 폰타 역)

【해설】『주간 신조』에 연재된 야마사키 도요코의 동명 소설을 영화화한 작품으로 오사카 센바에 있는 버선 도매상의 외아들 기쿠치의 화려한 여성 편력을 그렸다. 이치카와 곤이 1958년의 《염상》에 이어 또다시 이치카와 라이조를 현대극에 기용한 야심작이기도 하다. 이치카와 라이조를 비롯해 사투리에 능숙한 베테랑 배우들이 주요 인물로 등장하는 가운데, 와카오 아야코는 말투를 따라하고 대사의 악센트를 배우는 등 관서 사투리 때문에 고생했다. 와카오가 연기한 기쿠치의 첩 게이샤 폰타는 같은 첩이라도 조심스럽게 행동하는 이쿠코(구사부에 미쓰코)와 달리 돈에 집착하는 매몰찬 성격이다. 공습 후 기쿠치가 센바에 모인 첩들에게 가진 돈을 건네는 장면에서 허리를 굽혀 가장 두꺼운 돈뭉치를 골라내는 행동이 그녀의 성격을 전형적으로 보여준다. 여배우가 대거 출연했기 때문에 이치카와 곤은 각 인물의 성격을 표현하고자 다양한 색채를 배치했다. 가령 기쿠치의 부모님 집에 인사를 하러 찾아갔을 때 폰타가 들고 있는

우산과 보자기의 분홍색이 그녀의 성격을 단적으로 보여주는 이미지 컬러다.

90.《승리와 패배》(勝利と敗北)
• 다이에이 도쿄 • 1960년 4월 27일 • 컬러 • 116분
• 각본: 스사키 가쓰야, 이노우에 우메쓰구 • 감독: 이노우에 우메쓰구 • 촬영: 나카가와 요시히사 • 출연: 야마무라 소, 가와구치 히로시, 혼고 고지로, 미타무라 하지메, 노조에 히토미 × 와카오 아야코(권투선수의 연인 아베 시즈코 역)
【해설】이시하라 유지로 주연의《승리자》(1957) 등 액션 영화로 정평이 나 있는 이노우에 우메쓰구가 다이에이에서 만든 첫 번째 작품. 권투 체육관의 경영자(야마무라 소)가 이상적인 챔피언을 육성하면서 맞닥뜨리는 고난을 중심으로 야마구치 히로시, 혼고 고지로, 미타무라 하지메가 연기하는 권투선수들이 링 위에서 격투를 펼치는 스포츠 영화. 가이즈 후미오, 요네쿠라 겐지 등 프로 권투선수, 권투 평론가가 특별 출연했다.

91.《멋진 녀석》(素敵な野郎)
• 다이에이 도쿄 • 1960년 6월 15일 • 컬러 • 81분
• 각본: 신도 가네토, 가쓰메 다카히사 • 감독: 도미모토 소키치 • 촬영: 다카하시 미치오 • 출연: 혼고 고지로, 유미 게이코, 히다리 사치코, 스가와라 겐지, 아베 도루 × 와카오 아야코(카바레 호스티스 기요하라 유미 역)
【해설】요코하마 항구를 무대로 혼고 고지로가 와카오 아야코와 함께 연기하며 선원으로 등장하는 액션 영화.

92.《안친과 기요히메》(安珍と清姫)
• 다이에이 교토 • 1960년 8월 9일 • 컬러 • 105분
• 각본: 오구니 히데오 • 감독: 시마 고지 • 촬영: 오하라 조지 • 출연: 이치카와 라이조, 가타야마 아키히코, 우라지 요코, 미아케 본타로 × 와카오 아야코(기요히메 역)
【해설】기슈의 도조지로 참배하러 가기 위해 길을 나선 수행승 안친(이치카와

라이조)이 우연히 마사고 마을에서 드센 성격의 기요히메(와카오 아야코)를 만난 뒤 격정적인 애정에 휩싸이고, 이후 그의 운명은 크게 뒤틀린다. 히다카가와 전설을 바탕으로 한 원작에서 안친이 기요히메의 연모를 모질게 끊어내고 도조지로 돌아가자 기요히메는 이무기로 변해 도조지로 찾아간다. 승려들은 안친을 커다란 범종 안에 숨기지만 사납게 격노하는 이무기는 범종을 휘감고 온몸이 불이 되어 범종 안의 안친을 태워 죽인다. 영화에서는 원작의 처참한 장면을 삭제하고, 흰색의 특수 메이크업으로 와카오 아야코를 뱀의 화신으로 등장시켜 젊은 남녀의 비극적인 사랑을 그리는 데 초점을 맞췄다. 가부키의 형식을 참고한 라이조와 와카오의 무용 장면이 여러 번 등장하고, 낭만적이고 환상적인 분위기가 전편에 흘러넘친다. 촬영 전 와카오 아야코는 가부키 배우 오노에 바이코를 찾아가기도 했다. 최근 인터넷상의 팬 사이트에서 안친과 기요히메가 만나는 장면에서 잠깐이기는 하지만 가슴이 노출된다는 지적이 올라왔다. 진위는 분명치 않으나 참고 의견으로서 언급해둔다.*

* 역주: 이 책이 집필되던 당시에는 《안친과 기요히메》의 DVD가 발매되지 않았기에 저자가 해당 내용을 다시 확인할 방법이 없었다. 참고로 《안친과 기요히메》의 DVD는 2009년에 발매되었다. 팬 사이트의 지적대로 안친과 기요히메가 사랑을 확인하는 장면에서 아주 잠깐이지만 기요히메를 연기한 와카오의 한쪽 가슴이 제법 적나라하게 드러난다.

93. 《가짜 대학생》(偽大学生)

• 다이에이 도쿄 • 1960년 10월 8일 • 흑백 • 94분
• 원작: 오에 겐자부로 • 각색: 시라사카 요시오 • 감독: 마스무라 야스조 • 촬영: 무라이 히로시 • 출연: 제리 후지오, 후지마키 준, 후나코시 에이지, 나카무라 노부오, 이타미 이치조(주조) × 와카오 아야코(대학생 다카기 무쓰코 역)
【해설】오에 겐자부로의 『위증의 시대』를 영화화한 작품. 학생운동으로 들썩이는 대학 안에 가짜 대학생 히코이치(제리 후지오)가 몰래 들어오고, 그로 인해 감금, 스파이 의심, 위증 등의 사건이 전개되다가 결국 히코이치가 발광해버리는 과정을 냉소적으로 그린 야심작. 이전부터 이 소설의 영화화를 바라고

있던 와카오 아야코는 제작 결정과 동시에 도쿄에 있는 대학을 방문해 학생들과 환담을 나누는 등 역할 만들기에 적극적으로 임했다. 히코이치가 동경하는 무쓰코(와카오 아야코)는 감금에 가담하면서도 점점 양심의 가책을 느껴 학생 집회에서 히코이치의 결백과 동료의 기만을 폭로하고 고립된다. 각본가 시라사카 요시오는 원작의 일인칭 화자 '나'에 '무쓰코'라는 이름을 부여하고, 전쟁 당시 군부로부터 박해를 받은 대학교수이자 무쓰코의 아버지를 새롭게 등장시켰다. 그는 루이스 브뉘엘이 연출한《잊혀진 사람들》의 이미지를 반영하려 했고, 학생운동의 모순과 허세의 에너지를 긍정적으로 그린 점에서 '전학련 찬성 영화'를 만들고자 했던 마스무라의 의도를 엿볼 수 있다.

94.《진화제》(鎭花祭)

• 다이에이 도쿄 • 1960년 11월 1일 • 컬러 • 87분
• 원작: 니와 후미오 • 각색: 마쓰우라 다케오 • 감독: 미즈호 슌카이 • 촬영: 나카가와 요시히사 • 출연: 혼고 고지로, 가와사키 게이조, 네가미 준, 야마우치 게이코, 야지마 히로코 × 와카오 아야코(TV 스타 아사히나 구니코 역)
【해설】평범한 회사원에서 TV 광고 모델이 되어 마침내 드라마 주인공으로 발탁되는 여주인공 아사히나 구니코(와카오 아야코)가 연출가(가와사키 게이조)와의 연애와 이별을 통해 성장하는 이야기. 활동과 대사가 많은 명랑한 현대 여성은 와카오가 '희망했던 역할'이었기에 의욕적으로 작품에 임했다.

95.《긴자 삼 형제 이야기》(銀座っ子物語)

• 다이에이 도쿄 • 1961년 1월 3일 • 컬러 • 94분
• 각본: 가사하라 료조 • 이노우에 우메쓰구 • 감독: 이노우에 우메쓰구 • 촬영: 나카가와 요시히사 • 출연: 가와구치 히로시, 혼고 고지로, 가와사키 게이조, 나카무라 간지로, 미마스 아이코 × 와카오 아야코(바 마담 아키야마 지카미 역)
【해설】스포츠맨 삼 형제인 장남 이치로(가와사키 게이조), 차남 유지(가와구치 히로시), 막내 슈조(혼고 고지로)가 동시에 바의 여주인 아키야마 지카미(와카오 아야코)를 사랑하게 되면서 소동이 벌어지는 명랑 코미디.

96. 《하나쿠라베 너구리의 여행》(花くらべ狸道中)

• 다이에이 교토 • 1961년 1월 3일 • 컬러 • 79분

• 각본: 야히로 후지 • 감독: 다나카 도쿠조 • 촬영: 혼다 쇼조 • 출연: 이치카와 라이조, 가쓰 신타로, 나카다 야스코, 고바야시 가쓰히코, 곤도 미에코×와카오 아야코(너구리의 딸 다요리 역)

【해설】 다이에이의 간판 영화 '너구리 저택' 시리즈. 아와의 도쿠시마에서 번화한 에도로 향하는 여정 중 펼쳐지는 진기한 이야기를 그렸다. 변신 대결, 노래 대결이 가득 담겨 있어 뮤지컬의 재미를 한층 더했다. 이치카와 라이조와 가쓰 신타로가 주연을 맡아 각각 야지로/라이키치 너구리, 기타하치/신스케 너구리 두 가지 배역을 연기했다. 와카오 아야코는 라이키치를 흠모하는 순정한 여인 다요리로 출연했다.

97. 《혼기》(婚期)

• 다이에이 도쿄 • 1961년 1월 14일 • 컬러 • 98분

• 각본: 미즈키 요코 • 감독: 요시무라 고자부로 • 촬영: 미야가와 가즈오 • 출연: 교 마치코, 노조에 히토미, 후나코시 에이지, 다카미네 히데코, 기타바야시 다니에×와카오 아야코(자산가의 둘째 딸 가라사와 나미코 역)

【해설】 요시무라 고자부로가 각본가 미즈키 요코와 처음으로 함께 작업한 여성 영화. 와카오 아야코와 노조에 히토미가 연기한 두 시누이가 오빠의 아내(교 마치코)를 괴롭히는 모습을 유머러스하게 그렸다. "여성의 위선을 끄집어내고 싶었다"는 의도대로 요시무라 감독은 유복한 가정의 뒤틀림을 예리하게 풍자했다. 와카오 아야코는 재색을 겸비했음에도 혼기를 놓쳐 안달복달하는 둘째 딸 나미코를 경쾌하게 보여줬고 경험에서 우러나온 와카오의 절묘한 연기에 대해 요시무라는 "프로 권투선수 같다"라고 칭찬했다.

98. 《아가씨》(お孃さん)

• 다이에이 도쿄 • 1961년 2월 15일 • 컬러 • 79분

• 원작: 미시마 유키오 • 각본: 하세가와 기미유키 • 감독: 유게 다로 • 촬영: 고

바야시 세쓰오 • 출연: 가와구치 히로시, 노조에 히토미, 다미야 지로, 나카다 야스코, 니키 다즈코×와카오 아야코(대학생, 아내 후지사와 가스미 역)

【해설】 바람둥이와의 연애와 결혼을 속도감 있게 묘사한 통쾌한 희극. 와카오 아야코는 상상력이 풍부한 대학생에서 순진한 젊은 아내로 변모하는 가스미를 연기했고, 최신 유행하는 아이템으로 치장한 와카오와 노조에 히토미가 대담한 대화를 주고받는다. 플래시백을 빈번히 삽입하고, 가스미의 독백이나 상상에는 보이스오버와 배경 그림을 사용하는 등 독선적인 가스미의 망상이 우스꽝스럽게 전개되지만 현실은 전혀 다른 결말로 끝나는 유쾌한 작품. 원작자 미시마 유키오는 "아무것도 아닌 작은 연기나 대사 하나하나에 가슴이 후련해져 그 노련함을 인정할 수밖에 없다"라며 와카오 아야코를 예찬했다.

99. 《호색일대남》(好色一代男)

• 다이에이 도쿄 • 1961년 3월 21일 • 컬러 • 92분
• 원작: 이하라 사이카쿠 • 각본: 시라사카 요시오 • 감독: 마스무라 야스조 • 촬영: 무라이 히로시 • 출연: 이치카와 라이조, 나카무라 간지로, 나카무라 다마오, 미즈타니 요시에, 후나코시 에이지×와카오 아야코(유녀 유기리 다유 역)

【해설】 이치카와 라이조는 예전부터 영화화를 원했던 사이카쿠의 『호색일대남』의 연출을 마스무라 야스조에게 부탁했고, 이에 마스무라는 다이에이 입사 이래 처음으로 교토 촬영소에서 시대극을 연출하게 됐다. 원래 『호색일대남』은 미조구치 겐지가 연출할 예정이었고 요다 요시카타의 시나리오도 이미 완성되어 있었다. 하지만 마스무라가 참가하면서 시라사카 요시오가 다시 각본을 썼고, 촬영은 마스무라와 오랫동안 함께 작업해온 무라이 히로시가 담당했다. 이야기는 교토 거상의 방탕한 아들 요노스케(이치카와 라이조)가 전국 각지에서 여성 편력을 거듭하는데, 그러한 호사스러운 생활이 무사에게 노여움을 사고, 결국에는 '호색한'으로 좁은 일본을 탈출한다는 내용. 나카무라 다마오, 미즈타니 요시에를 비롯해 다이에이 도쿄의 여배우가 총출연해 라이조를 빛나게 했다. 한편 와카오 아야코는 연회에서 유녀들에게 돈을 뿌리는 요노스케를 경멸하고 그에게 오천 냥의 돈을 대게 하는 교토 제일의 유녀 유기리 다

유를 연기해 톱스타로서의 관록을 보여줬다.

100. 《도쿄 주먹밥 아가씨》(東京おにぎり娘)
• 다이에이 도쿄 • 1961년 5월 24일 • 컬러 • 91분
• 각본: 나가세 요시토모, 다카오카 쇼헤이 • 감독: 다나카 시게오 • 촬영: 다카하시 미치오 • 출연: 가노 준코, 가와사키 게이조, 가와구치 히로시, 제리 후지오, 나카무라 간지로 × 와카오 아야코(주먹밥 가게 주인 나오에 마리코 역)
【해설】 고지식한 아버지(나카무라 간지로)가 경영하는 양복점을 개조하여 주먹밥 가게를 시작한 마리코(와카오 아야코)와 세 명의 남성 고로(가와구치 히로시), 고키치(가와사키 게이조), 산페이(제리 후지오)의 얽히고설키는 관계를 그린 시타마치(下町)* 희극.
* 역주: 번역하면 서민 마을이지만 특히 도쿄의 시타마치라고 하면 니혼바시, 간다, 아사쿠사, 교바시, 후카가와 등의 지역을 지칭한다.

101. 《여자의 훈장》(女の勲章)
• 다이에이 도쿄 • 1961년 6월 28일 • 컬러 • 108분
• 원작: 야마사키 도요코 • 각색: 신도 가네토 • 감독: 요시무라 고자부로 • 촬영: 오하라 조지 • 출연: 교 마치코, 가노 준코, 나카무라 다마오, 다미야 지로, 모리 마사유키 × 와카오 아야코(디자이너의 애제자 쓰가와 미치코 역)
【해설】 마이니치 신문에 연재된 야마사키 도요코의 동명 소설을 영화화한 작품. 오사카 센바의 양가집 출신으로 의류업계에서 단번에 정점에 오른 양재학원 원장 오바 시키코(교 마치코)를 중심으로 화려한 디자이너 세계에 소용돌이치는 애욕과 물욕을 그린 작품. 와카오 아야코는 야심 때문에 연인까지 이용하고, 양재학원을 뺏으려고 일을 꾸미는 야시로 긴시로(다미야 지로)와 공모하는 시키코의 애제자 쓰가와 미치코를 연기했다. 1958년 작 《밤의 민낯》과 마찬가지로 교 마치코와 사제지간이면서 점차 대적해가는 여성상이 반복된다. 요시무라는 등장인물을 클로즈업으로 잡고, 쇼트와 쇼트의 긴박감을 통해 인물의 성격 묘사를 시도했다. 이러한 연출은 와카오 아야코가 연기한 미치코가 점차

긴시로의 책략을 간파하고, 그와 얽힌 주변 여성들의 일거수일투족을 주시하는 모습에서 가장 현저하게 드러난다. 원작에서 현대적인 타산과 욕망을 갖춘 청년 야시로 긴시로가 인기를 모았고, 이 영화에서는 경쾌한 오사카 사투리에 능한 교토 출신의 미남 배우 다미야 지로가 은테 안경을 쓰고 긴시로를 호연해 주목을 받았다.*

* 역주: 전형적인 미남 배우가 영화에서 안경 쓴 모습으로 등장하는 것은 일본 영화에서 보기 드문 일이었다.

102.《여자는 두 번 태어난다》(女は二度生まれる)

• 다이에이 도쿄 • 1961년 7월 28일 • 컬러 • 99분
• 원작: 도미타 쓰네오 • 각본: 이데 도시로, 가와시마 유조 • 감독: 가와시마 유조 • 촬영: 무라이 히로시 • 출연: 프랭키 사카이, 야마무라 소, 사잔카 규, 후지마키 준, 야마오카 히사노 × 와카오 아야코(게이샤 고엔 역)

【해설】다이에이의 제작 준비회의 석상에서 "어쨌든 와카오 양을 여자로 보여드리겠습니다"라고 단언한 귀재 가와시마 유조가 와카오 아야코와 처음으로 의기투합하여 "여자인 것"을 주제로 만든 영화다. 와카오 아야코는 "영화계에 들어와 처음"으로 작품 선정 회의에 참가하고, 가와시마와 의견을 교환했다. 세 편의 후보작에서 고른 작품은 도미타 쓰네오의 『고엔의 일기』로, 돈만 주면 상대를 가리지 않는 고엔이 다양한 남성들과 관계를 갖다가 건축가(야마무라 소)와 재회한 뒤 고우타에 정진함으로써 프로 게이샤로 거듭나는 이야기다. 본 작품은 데뷔 당시부터 일관되게 지지받아온 귀엽고 서민적인 와카오 아야코의 매력을 있는 그대로 보여주는 한편, 야스쿠니 신사에 참배하는 사람들의 모습이나 국화 무늬를 배경으로 고엔이 전쟁고아라는 것을 말하는 장면 등을 통해 천황제를 비판하고 이를 통해 '일본의 패전과 살아가는 사람의 슬픔'이라는 감독의 메시지도 전달한다. 이 작품을 본 이마무라 쇼헤이는 와카오가 마음에 들어 《일본 곤충기》에 캐스팅하고자 스승인 가와시마에게 술을 먹이고 승낙을 얻으려고 했으나 가와시마는 아무리 해도 "응"이라고 말하지 않았다고 한다.

103. 《긴자의 도련님》(銀座のぼんぼん)

• 다이에이 도쿄 • 1961년 9월 15일 • 컬러 • 91분
• 각본: 나가세 요시토모, 가시무라 산페이 • 감독: 미즈호 슌카이 • 촬영: 나카가와 요시히사 • 출연: 혼고 고지로, 가노 준코, 미즈타니 야에코, 곤도 미에코, 하나 하지메×와카오 아야코(웨이트리스 후미 역)

【해설】혼고 고지로 주연의 시타마치 영화. 소설가 지망생이자 긴자의 주문 도시락 가게의 아들 가네코 다이키치(혼고 고지로)가 미망인이 된 형수(곤도 미에코)의 결혼을 응원하기 위해 도시락 가게를 물려받기로 결심한다. 와카오 아야코가 연기한 후미는 다이키치가 마음이 끌려 자주 찾아가는 바의 웨이트리스로, 다이키치의 열의에 이끌려 도시락 가게를 도와준다.

104. 《신 겐지 이야기》(新源氏物語)

• 다이에이 교토 • 1961년 10월 14일 • 컬러 • 102분
• 원작: 가와구치 마쓰타로 • 각색: 야히로 후지 • 감독: 모리 가즈오 • 촬영: 혼다 쇼조 • 출연: 이치카와 라이조, 스미 하나요, 나카무라 다마오, 나카다 야스코, 미즈타니 요시에×와카오 아야코(아오이노우에 역)

【해설】대작주의를 표방했던 다이에이가 일본 최초로 제작한 70밀리 영화《석가》에 이어* 도쿄 촬영소가 총력을 기울인 초대작. 다이에이는 이미 『겐지 이야기』를 소재로 1951년 공개된 동명의 영화(요시무라 고자부로 감독)와 1957년의 《부주》(기누가사 데이노스케 감독)를 제작한 바 있다. 본 작품은 히카루 겐지에 이치카와 라이조, 기리쓰보/후지쓰보에 스미 하나요, 로쿠조노미야스도코로에 나카다 야스코, 오보로즈키요에 나카무라 다마오를 기용하여 겐지와 후지쓰보가 벌이는 불륜, 그로 인한 고뇌와 사랑의 편력을 그렸다. 와카오 아야코는 아들을 낳고 남편과 짧은 행복을 맛보다가 로쿠조노미야스도코로의 생령(生靈)에게 저주받아 죽는 겐지의 정실부인 아오이노우에를 연기했다.

* 역주: 1961년 작《석가》는 다이에이의 교토 촬영소에서 제작됐다.

105. 《아내는 고백한다》(妻は告白する)

• 다이에이 도쿄 • 1961년 10월 29일 • 흑백 • 91분

• 원작: 마루야마 마사야 • 각본: 이데 마사토 • 감독: 마스무라 야스조 • 촬영: 고바야시 세쓰오 • 출연: 가와구치 히로시, 오자와 에이타로, 마부치 하루코, 네가미 준, 다카마쓰 히데오×와카오 아야코(미망인 다키가와 아야코 역)

【해설】『문예춘추』에 실린 마루야마 마사야의 단편「조난·어떤 부부의 경우」를 이데 마사토가 각색했으며, "처음으로 '여자'를 그린 작품"이라는 연출 의도대로 마스무라는 일본의 견고한 결혼 제도의 피해자에게 초점을 맞췄다. 1958년의《명랑 소녀》이후 마스무라와 와카오가 함께 한 여덟 번째 작품이자, 이후 마스무라가 일관되게 그려온 주제, 즉 '여자'를 통한 일본인 비판에 도달함과 동시에 그 구현자로서 와카오 아야코가 결정적인 역할을 한 기념비적인 영화다. 와카오는 대학 조교수(오자와 에이타로)인 남편과 애인 고다(가와구치 히로시)와 함께 등산하던 중 암벽에 매달린 남편의 등산용 밧줄을 잘라 애인의 목숨을 살려 재판받는 히로인을 맡아 만만치 않은 연기를 소화했다. 크랭크인 첫날, 아야코가 고다에게 버림받아 자살하기 직전의 장면을 찍었는데 "마지막에는 자신과 서로 겹칠 정도까지" 대본에 깊이 파고든 와카오 아야코는 자기만의 해석으로 '아야코'를 연기했다. 그 후 마스무라는 템포를 좀 더 빠르게 연기할 것을 와카오에게 요구했지만, 결국 그는 처음에 연기한 와카오의 '아야코'를 선택했다. 작품의 완성도는 최종적으로 감독의 책임인 이상, 감독의 명령은 절대적이고, 배우는 감독이 요구하는 템포에 따르기 마련이다. 하지만 이 영화의 경우, 감독과 배우가 맹렬히 싸운 결과 배우의 해석이 채택되었고, 이러한 과정이 있었기에 복잡한 심리극인《아내는 고백한다》는 걸작이 되었다. 사실상 마지막 시퀀스에서 온몸이 흠뻑 젖은 채 처참한 모습으로 한 마디 한 마디를 납득시키려는 듯 가와구치에게 하소연하고, 가와구치가 이를 뿌리치자 비통하게 절규하며 절망한 채 죽음으로 돌진하는 슬프면서도 아름다운 와카오의 모습에 관객은 압도된다. 감독과 주연 배우 모두 이 작품을 통해 전환의 계기를 맞았고, 이후 두 사람은 1969년《천 마리 종이학》까지 일본 영화사에 빛나는 업적을 남긴 명콤비로 기록됐다. 와카오 아야코라는 흔치 않은 배우를 얻은 마스무라 야스조는《아내는 고백한다》이후 빠른 템포의 대화와 자유자재로

움직이는 카메라와 같은 다이내믹하고 개방적인 스타일에서 꽉 찬 구도 속에서 롱테이크와 고정 쇼트를 구사하며 드라마의 긴장감을 고조시키는 스타일로 변화를 꾀했고, 연출 면에서도 배우의 연기력을 중시하게 됐다. 또한 이 영화를 통해 와카오 아야코는 스타에서 연기파 배우로의 변신을 훌륭하게 완수했으며, 《혼기》, 《여자는 두 번 태어난다》, 《아내는 고백한다》로 1961년도 키네마준보상, NHK영화상, 블루리본상 등 주요 여우주연상을 독점했다.

106. 《가정의 사정》(家庭の事情)
• 다이에이 도쿄 • 1962년 1월 3일 • 컬러 • 93분
• 원작: 겐지 게이타 • 각본: 신도 가네토 • 감독: 요시무라 고자부로 • 촬영: 오하라 조지 • 출연: 야마무라 소, 가노 준코, 산조 마코, 시부사와 우타코, 후나코시 에이지 × 와카오 아야코(사무원 미사와 가즈요 역)
【해설】『올 요미모노』에 연재된 겐지 게이타의 동명 소설을 영화화한 작품. 정년퇴직 후에도 회사 생활을 이어가는 샐러리맨과 네 딸이 등장, 아버지의 퇴직금을 둘러싸고 전개되는 홈드라마. 와카오 아야코는 혼기를 놓치고 연애에도 실패하지만, 부친의 퇴직금을 밑천으로 찻집을 여는 장녀 가즈요를 연기했다.

107. 《기러기의 절》(雁の寺)
• 다이에이 교토 • 1962년 1월 21일 • 부분 컬러 • 98분
• 원작: 미즈카미 쓰토무 • 각본: 후나하시 가즈오, 가와시마 유조 • 감독: 가와시마 유조 • 촬영: 무라이 히로시 • 출연: 미시마 마사오, 기무라 이사오, 다카미 구니이치, 나카무라 간지로, 사잔카 규 × 와카오 아야코(주지승의 첩 기리하라 사토코 역)
【해설】《여자는 두 번 태어난다》로 와카오 아야코의 새로운 매력을 끄집어낸 가와시마 유조가 와카오와 함께 작업한 두 번째 작품. 어미와 새끼 기러기의 맹장지 그림이 있는 교토의 선사(禪寺)를 배경으로 미즈카미 쓰토무가 집필한 나오키상 수상작 『기러기의 절』이 원작이다. 호색한인 주지승(미시마 마사오)과 학대받는 동자승 지넨(다카미 구니이치)이 기거하는 절에 주지승의 '정부'

사토코가 동거하면서 예기치 못한 사건이 발생한다. 전 애인이었던 화가(나카무라 간지로)의 사망 후 7일째가 된 날 지넨과 사토코가 처음 만나고, 이는 사건의 복선이 된다. 상복 차림의 사토코와 지넨이 변소를 치우는 모습에서 의식을 동반한 엄숙함과 불결함이 동거하는 가와시마적 형식의 절묘함이 엿보이고, 결혼이 금지된 금욕적 공간인 선사에서 상복을 걸친 사토코의 요염함과 지넨의 혼란스러운 마음이 한층 두드러진다. 가와시마는 냄새처럼 뿜어져 나오듯 와카오 아야코의 신체가 발산하는 에로스의 기세에 배덕의 숨결을 불어넣었다. 주지승이 여기저기 더듬는 사토코의 목덜미, 사토코가 넘어지는 바람에 기모노가 벌어지며 노출되는 허벅지 등 곳곳에 사토코의 육체가 클로즈업되고, 여기에 관음증적인 지넨의 시선을 병치함으로써 그의 마음속 깊은 곳에 있는 주지승을 향한 살의와 사토코에 대한 성적 욕망을 환기시킨다. 부감이나 앙각을 사용한 카메라 워크는 사토코와 지넨이 부정한 관계에 이르는 과정을 완만하게 이끌어가다가 주지승의 부재를 둘러싼 후반부 시퀀스에서 갑자기 돌변해 서스펜스를 고조시키고, 맹장지 그림을 비추는 흑백 화면을 엔딩의 컬러 화면으로 급전환함으로써 강렬한 콘트라스트를 만들어낸다. 가와시마는 남자를 미치게 하는 여자의 잔혹한 육체미와 쇼와 초기를 배경으로 불우한 여성이 자각하지 못하는 슬픔을 표현했다. 지넨에 대한 동정 또한 자기연민임을 깨닫지 못하는 사토코는 마스무라와 와카오가 함께 한 작품 속 여성상과는 정반대의 존재라 할 수 있다. 한편, 당초 로케이션 장소는 미즈카미 쓰토무와 연고가 있는 절인 교토의 도지인이었지만 관광객을 태운 여러 대의 버스가 나오는 엔딩 시퀀스를 촬영하기에는 실제 도지원의 구리(庫裏)*가 비좁았다. 그리하여 교토 촬영임에도 불구하고 도지인 오픈 세트를 만들었고, 이로 인해 미술에 들인 비용이 세 배 가까이 늘어났다. 세트가 역광 위치에 세워진 탓에 촬영감독인 무라이 히로시는 약 10장의 특대형 반사판을 사용했고, 교토의 산을 차경(借景)**으로 살려 선사다운 분위기를 만들 수 있었다. 와카오 아야코의 형부이기도 한 무라이 히로시는 이후 가와시마의 권유로 다이에이에서 도쿄영화로 이적하고, 《에부리만 씨의 우아한 생활》, 《사무라이》와 같은 작품에서 오카모토 기하치를 비롯해 여러 감독들과 함께 작업했다.

* 역주: 승려 혹은 그의 가족들이 생활하는 공간. ** 역주: 일본식 정원의 조형 기법 중 하나로 자연에 거스르지 않고 주위의 풍경을 있는 그대로 살려 경관 구성의 재료로 활용한다.

108.《훔친 욕정》(爛)

• 다이에이 도쿄 • 1962년 3월 14일 • 흑백 • 88분
• 원작: 도쿠다 슈세이 • 각본: 신도 가네토 • 감독: 마스무라 야스조 • 촬영: 고바야시 세쓰오 • 출연: 다미야 지로, 미즈타니 요시에, 후나코시 에이지, 후지와라 레이코, 단아미 야쓰코×와카오 아야코(카바레 호스티스, 자동차 판매원의 아내 마스코 역)

【해설】도쿠다 슈세이의 동명 소설을 신도 가네토가 각색했다. 마스무라는 다이쇼 시대를 배경으로 한 원작의 설정을 현대로 바꾸고, 유곽에서 빠져나온 유녀인 주인공을 카바레의 호스티스로 변경했다. 간신히 정실 자리를 빼앗은 전직 넘버원 호스티스 마스코(와카오 아야코)는 어느 날 갑자기 시골에서 온 조카 에이코(미즈타니 요시에) 때문에 아내의 자리를 뺏길 처지에 놓이면서 악전고투한다. 마스코는 정실부인(후지와라 레이코)에게 떳떳하지 못한 기분을 느끼면서 동물적인 후각으로 에이코와 남편(다미야 지로)의 관계를 알아차린다. 마스코가 에이코에게 덤벼들고 남편이 이를 말리면서 펼쳐지는 세 사람의 난투 장면이 압권으로 에이코가 싸움을 걸자 마스코는 그녀의 목을 조르며 당장이라도 죽일 것처럼 살벌하게 폭주한다. 고바야시 세쓰오 촬영감독은 음영이 풍부한 흑백 촬영을 통해 여자들의 무시무시한 싸움을 선명하게 표현해냈다.

109.《폐점시간》(閉店時間)

• 다이에이 도쿄 • 1962년 4월 18일 • 컬러 • 99분
• 원작: 아리요시 사와코 • 각색: 시라사카 요시오 • 감독: 이노우에 우메쓰구 • 촬영: 나카가와 요시히사 • 출연: 노조에 히토미, 에나미 교코, 가와구치 히로시, 가와사키 게이조, 다케무라 요스케×와카오 아야코(백화점 직원 마쓰노 기미코 역)

【해설】아리요시 사와코의 신문소설을 영화화한 작품. 도쿄의 한 백화점에 근

무하는 세 명의 직장 여성을 통해 현대 여성의 다양한 직업관, 연애관, 결혼관을 그린 작품. 와카오 아야코는 신입사원(가와구치 히로시)과 옥신각신하다가 사랑에 빠지는 포목 매장 직원을 연기했다.

110. 《사이좋은 선창 일본 제일이야》
(仲よし音頭 日本一だよ)
• 다이에이 도쿄 • 1962년 5월 12일 • 컬러 • 89분
• 각본: 이쓰미 다주 • 감독: 이노우에 요시오 • 촬영: 이시다 히로시 • 출연: 혼고 고지로, 나카무라 간지로, 가노 준코, 산조 에리코, 추조 시즈오 × 와카오 아야코(특별 출연)
【해설】 광고 대리점에서 근무하는 회사원 가노 슈지(혼고 고지로)가 스폰서를 둘러싸고 상대 회사와 경쟁하는 모습을 그린 희극. 시마쿠라 지요코와 무라타 히데오가 부른 "세상을 바로잡는 노래" 〈일본 제일이야〉(사이조 야소 작사, 고가 마사오 작곡)가 극 중에 나온다. 와카오 아야코는 하세가와 가즈오, 가쓰 신타로, 이치카와 라이조, 교 마치코, 야마모토 후지코 등과 함께 다이에이 스타로서 특별 출연했다.

111. 《청과물 시장의 여자》(やっちゃ場の女)
• 다이에이 도쿄 • 1962년 6월 17일 • 컬러 • 91분
• 각본: 다구치 고 • 감독: 기무라 게이고 • 촬영: 무네카와 노부오 • 출연: 가노 준코, 후지마키 준, 네가미 준, 우쓰이 겐, 우시오 만타로 × 와카오 아야코(청과물 시장 중매점 주인 오다 유키코 역)
【해설】 쓰키지의 청과물 시장, 통칭 얏차바를 배경으로 서민 동네의 인정을 그린 작품. 청과물 시장의 중매점을 운영하는 여성 오다 유키코(와카오 아야코)는 아오모리의 한 과수원 아들 세이치(후지마키 준)와 사랑하는 사이였다. 하지만 세이치를 연모하는 여동생 사나에(가노 준코)의 감정을 눈치채고 그녀에게 세이치를 양보한 뒤 일에 전념하기로 결심한다. 와카오 아야코는 1961년 작 《도쿄 주먹밥 아가씨》에서처럼 씩씩한 서민 동네 아가씨를 연기했다.

112. 《그 밤은 잊을 수 없다》(その夜は忘れない)

• 다이에이 도쿄 • 1962년 9월 30일 • 흑백 • 86분

• 각본: 시라이 고세이, 와카오 도쿠헤이 • 구성: 미즈키 요코 • 감독: 요시무라 고자부로 • 촬영: 오하라 조지 • 출연: 다미야 지로, 가와사키 게이조, 에나미 교코, 스미 리에코, 미키 유코 × 와카오 아야코(바의 마담 하야시마 아키코 역)

【해설】 '밤' 시리즈 등 여성 영화에 정통한 요시무라 고자부로 감독이 이 작품을 통해 현대 사회의 심부를 파고드는 사회파 드라마 연출에 과감히 도전장을 내밀었다. 주연으로는 1958년 작 《한 알의 밀》에 이어 또다시 와카오 아야코를 기용했다. 원폭 취재를 위해 히로시마를 방문한 주간지 기자(다미야 지로)는 우연히 알게 된 술집 여주인(와카오 야아코)과 사랑에 빠진다. 하지만 원폭으로 인한 깊은 상처 때문에 그녀는 좀처럼 결혼을 결심하지 못한다. 멜로드라마 형식을 취하면서도 원폭의 참화를 냉엄하게 바라보는 이색적인 작품. 와카오 아야코는 피폭 때문에 가슴에 켈로이드 증상의 흉터를 지닌 채 고독하게 죽어가는 술집 여주인을 연기했다. 그녀는 현지 촬영 틈틈이 원폭병원을 방문하여 전후 17년이 지났어도 여전히 후유증으로 고통 받는 피폭자의 현실을 피부로 느끼고 이해했다. 요시무라는 손에 쥐면 모래와 같이 부서지는 돌을 연출 소품으로 이용했다. 예를 들어 술집 여주인이 그 돌에 자신을 빗대어 기자의 프러포즈를 거절하거나 그녀가 고인이 된 후 기자가 슬픈 나머지 강에 들어가 돌을 쥐고 오열하는 마지막 장면이 그러하다. 그 돌에 빗대어 해외에서는 《히로시마의 돌》로 제목을 바꾸어 개봉했다.

113. 《미친 노인의 일기》(瘋癲老人日記)

• 다이에이 도쿄 • 1962년 10월 20일 • 컬러 • 98분

• 원작: 다니자키 준이치로 • 각색/감독: 기무라 게이고 • 촬영: 무네카와 노부오 • 출연: 야마무라 소, 히가시야마 지에코, 가와사키 게이조, 무라타 지에코, 단아미 야쓰코 × 와카오 아야코(전직 댄서 사쓰코 역)

【해설】 1949년에 교 마치코, 1960년에 가노 준코를 주연으로 《치인의 사랑》을 연출한 기무라 게이고가 다시 한 번 다니자키의 문학 작품에 의욕적으로 도

전한 영화.《열쇠》와 마찬가지로 육체적으로 쇠약해졌음에도 불구하고 성에 집착하여 함께 사는 아름다운 며느리를 탐닉하는 노인을 그렸다. 기무라 게이고는 『미친 노인의 일기』가 다니자키 작품 계보 중 『치인의 사랑』의 연장선에 위치하는 작품이라고 말했는데, 이런 관점에서 신비한 매력으로 시아버지(야마무라 소)를 농락하는 며느리 사쓰코(와카오 아야코)는 성숙한 나오미* 그 자체라고 말할 수 있다.《여자는 두 번 태어난다》에 함께 출연했던 와카오 아야코와 야마무라 소 콤비는 이 영화에서 각각 괴이함과 작은 악마 같은 매력을 발산하며 코믹한 연기 호흡을 능숙하게 보여줬지만, 그럼에도 다니자키는 "몹시 실망, 분개"했다고 한다(『다니자키 준이치로 = 와타나베 지에코 왕복 서간』).

* 역주:《치인의 사랑》의 여주인공.

114.《진시황제》(秦·始皇帝)

• 다이에이 교토 • 1962년 11월 1일 • 컬러 • 200분
• 각본: 야히로 후지 • 감독: 다나카 시게오 • 촬영: 다카하시 미치오 • 출연: 가쓰 신타로, 혼고 고지로, 야마모토 후지코, 이치카와 라이조, 하세가와 가즈오 ×와카오 아야코(만희량의 아내 맹강녀 역)

【해설】 대작주의를 내세운 다이에이가《석가》에 이어 내놓은 두 번째 70밀리 영화이자 다이에이 창립 20주년 기념작. 진나라 시황제의 파란만장한 격동의 생애를 그렸다. 진시황제를 연기한 가쓰 신타로를 비롯해 야마모토 후지코, 이치카와 라이조 등 다이에이 도쿄와 교토의 스타들이 출연했고, 대만 정부와 중앙전영공사의 협력을 받아 대만 로케이션을 감행, 3만 명의 엑스트라를 동원하여 유례없는 군중 장면을 연출했다. 시즈오카현 고텐바에 건설된 만리장성의 오픈 세트는 총 길이 6km에 이르렀다고 한다. 와카오 아야코는 만리장성 건설에 희생된 남편 만희량(가와구치 히로시)을 쫓아 자살하는 맹강녀를 연기했다.

115.《정숙한 짐승》(しとやかな獣)

• 다이에이 도쿄 • 1962년 12월 26일 • 컬러 • 96분
• 원작/각본: 신도 가네토 • 감독: 가와시마 유조 • 촬영: 무네카와 노부오 • 출

연: 이토 유노스케, 야마오카 히사노, 하마다 유코, 가와바타 아이코, 후나코시 에이지×와카오 아야코(사무원 미타니 사치에 역)

【해설】 좁은 공단 주택의 한정된 실내를 무대로 구두쇠인 퇴역 군인의 가족과 그들을 농락하는 악녀가 돈을 위해서라면 뭐든지 서슴지 않고 서로를 속고 속이는 블랙 코미디. 원작은 신도 가네토가 비영화적 드라마의 습작으로 잡지에 발표한 것으로 가와시마가 이를 마음에 들어해 제작이 결정됐다. 흥행 실패로 가와시마는 낙담했지만, 지금 봐도 결코 뒤떨어지지 않는 그의 걸작 중 하나다. 이 작품 곳곳에는 매우 이상한 장면이 눈에 띈다. 예를 들어 와카오 아야코와 다카시마 히데오가 오르내리는 환상적인 계단 장면, 와카오와 다카시마의 내적 대화, 이토 유노스케와 야마오카 히사노 부부가 묵묵히 소바를 먹는 동안 일본 전통 음악에 맞춰 미친 듯이 트위스트를 추는 자녀들의 모습 등이다. 또한 오자와 쇼이치(재즈 싱어), 사잔카 규(인기 작가), 미야코 조초(긴자의 술집 여주인) 등의 개성파 배우들이 언뜻 보기에 어울리지 않는 역할을 절묘하게 연기해내고, 이러한 불일치의 묘미가 비현실적인 가족의 모습과 상황을 더욱 고조시킨다. 와카오 아야코의 역할은 차례차례 남자를 속여 돈을 뜯어내 마침내 여관 주인이 되는 아이 딸린 미모의 사무원. 와카오는 악녀 연기를 위해 로렌 바콜 풍의 헤어스타일에 도전했는데, "역할에 딱 들어맞는 주름", 엄밀히 말하면 결점이라고도 할 수 있는 왼쪽 눈 아래의 작은 주름을 강조하기 위해 얼굴 우측의 절반을 머리카락으로 덮어 완벽하게 악녀로 변신했다.

116. 《어느 배우의 복수》(雪之丞変化)

• 다이에이 교토 • 1963년 1월 13일 • 컬러 • 113분
• 원작: 미카미 오토키치 • 시나리오: 와다 낫토 • 각색: 이토 다이스케, 기누가사 데이노스케 • 감독: 이치카와 곤 • 촬영: 고바야시 세쓰오 • 출연: 하세가와 가즈오, 야마모토 후지코, 이치카와 라이조, 가쓰 신타로, 나카무라 간지로× 와카오 아야코(나가사키 행정관의 딸 나미지 역)

【해설】 배우 하세가와 가즈오의 300번째 출연 기념작. 하세가와는 하야시 초지로라는 예명으로 1935년에 기누가사 데이노스케가 연출한 동명의 영화에

주연으로 출연한 바 있다. 본 작품은 이치카와 곤이 메가폰을 잡아 28년 만에 하세가와 가즈오의 주연으로 리메이크됐다. 와카오 아야코는 쇼군의 측실부인 임에도 불구하고 유키노조에게 맹렬하게 사랑을 고백하는 도베 산사이(나카무라 간지로)의 딸 나미지로 등장한다. 기누가사 감독판에서 나미지(지하야 아키코)는 임종의 순간 꿈속에서 유키노조와 손을 잡을 뿐 그와 만나지 못한 채 세상을 떠나지만, 이 작품에서는 유키노조가 죽어가는 나미지의 손을 잡아주고 이로써 기누가사 감독판에서의 '꿈'이 실현된다.

117. 《8월에 태어난 여자》(八月生れの女)

• 다이에이 도쿄 • 1963년 2월 19일 • 컬러 • 89분
• 각본: 후나하시 가즈오 • 감독: 다나카 시게오 • 촬영: 다카하시 미치오 • 출연: 우쓰이 겐, 하마다 유코, 가와사키 게이조, 도노 에이지로, 무라타 지에코×와카오 아야코(카메라 회사 사장 다키가와 유미 역)
【해설】 '8월생은 기가 세다'는 속담대로 젊고 아름다운 8월생의 사장(와카오 아야코)과 경쟁 카메라 회사의 아들이자 전위 연극에 푹 빠져 자금을 모으기 위해 산업 스파이가 되는 청년(우쓰이 겐)이 얽히고설키는 로맨틱 코미디.

118. 《여계가족》(女系家族)

• 다이에이 교토 • 1963년 3월 31일 • 컬러 • 111분
• 원작: 야마사키 도요코 • 각색: 요다 요시카타 • 감독: 미스미 겐지 • 촬영: 미야가와 가즈오 • 출연: 교 마치코, 다미야 지로, 나니와 지에코, 나카무라 간지로, 다카다 미와×와카오 아야코(섬유 도매상의 애인 하마다 후미노 역)
【해설】『주간 문춘』에 연재된 야마사키 도요코의 동명 소설을 영화화한 작품. 연재 시작과 동시에 영화사들의 판권 쟁탈전이 벌어졌는데, 관서 지역을 배경으로 한 영화 제작의 실적과 원작자의 이미지에 맞는 배우가 많다는 이유로 다이에이가 최종 선택됐다. 미조구치 감독의 작품으로 알려진 각본가 요다 요시카타는 1,400매에 달하는 장편 소설을 2시간 정도의 분량으로 각색했다. 대대로 여자가 혈통을 이어가는 섬유 도매상에서 가문의 주인이 급사하자 남겨진

세 명의 자매 사이에 유산 상속 분쟁이 일어난다. 총지배인, 고인의 정부, 장녀의 연인 등이 얽히며 상황은 한층 복잡해지고, 물욕으로 미쳐가는 인간의 이기심과 집념을 날카롭게 파헤치는 이야기는 뜻밖의 반전으로 끝이 난다. 《도련님》, 《여자의 훈장》에 이어 오사카 센바를 무대로 한 야마사키 도요코 작품에 세 번째로 출연한 와카오 아야코는 본가의 장녀(교 마치코), 총지배인(나카무라 간지로) 등의 강적을 상대로 정부의 감춰둔 집념을 생생하게 연기했다.

119. 《나를 깊이 묻어줘》(わたしを深く埋めて)
• 다이에이 도쿄 • 1963년 6월 8일 • 컬러 • 95분
• 원작: 해롤드 Q. 매서 • 각색/감독: 이노우에 우메쓰구 • 촬영: 와타나베 도루
• 출연: 다미야 지로, 가와사키 게이조, 에나미 교코, 무라카미 후지오, 아베 도루×와카오 아야코(변호사의 아내 센즈 부인 역)
【해설】뉴욕의 추리 소설가 해롤드 Q. 매서의 동명 소설을 영화화한 작품. 한 변호사(다미야 지로)가 스트리퍼와 친구가 살해당한 두 사건의 진상을 추적해가는 추리 영화. 와카오 아야코는 재산을 노리고 스트리퍼와 남편을 죽이는 악녀로 등장한다.

120. 《여자가 사랑하고 미워할 때》(女が愛して憎むとき)
• 다이에이 도쿄 • 1963년 8월 28일 • 흑백 • 88분
• 각본: 기쿠시마 류조 • 감독: 도미모토 소키치 • 촬영: 오하라 조지 • 출연: 다미야 지로, 모리 미쓰코, 니키 다즈코, 에나미 교코, 나카야 노보루×와카오 아야코(바의 여주인 도시코 역)
【해설】도쿄 출신의 바 여주인 도시코(와카오 아야코), 오사카 토박이 여주인(모리 미쓰코), 신입 호스티스(에나미 교코)를 중심으로 허식과 권모술수가 뒤얽히는 가운데 오사카의 화려한 밤 세계에 사는 여자들의 사랑과 고뇌를 그린 여성 영화. 와카오 아야코는 유부남 오제키(다미야 지로)와의 연인 관계를 고민하지만 이를 드러내지 않은 채 사랑과 일 사이에서 갈등하는 도시코를 연기했다. 와카오의 절제된 표준어는 오사카라는 '다른 세계'에 사는 도쿄 출신 이

방인의 존재를 훌륭하게 표현한다. 연인과의 이별을 결심하고 오사카 거리를 의연하게 걷는 도시코의 모습은 순수한 사랑을 포기하고 접객업을 하며 허상의 세계에서 살아가려는 여성의 자립성을 분명하게 보여준다.

121. 《에치젠 대나무 인형》(越前竹人形)

• 다이에이 교토 • 1963년 10월 5일 • 흑백 • 101분
• 원작: 미즈카미 쓰토무 • 각본: 가사하라 료조 • 감독: 요시무라 고자부로 • 촬영: 미야가와 가즈오 • 출연: 야마시타 준이치로, 나카무라 다마오, 나카무라 간지로, 니시무라 고, 도노야마 다이지 × 와카오 아야코(유녀 다마에 역)

【해설】 미즈카미 쓰토무의 동명 소설을 영화로 만든 작품. 전년도에 공개된 《기러기의 절》에서 좋은 연기를 선보였던 와카오 아야코는 또 한 번 미즈카미 소설의 여주인공에 도전했다. 에치젠의 젊은 죽세공 장인 기스케(야마시타 준이치로)는 죽은 아버지의 묘를 찾아온 유녀 다마에(와카오 아야코)에게 첫눈에 반해 대신 빚을 갚아주고 그녀를 집으로 데려온다. 그러나 다마에가 죽은 아버지의 정부였다는 사실이 기스케의 마음속에 응어리로 남아 부부관계를 갖지 않고, 그 때문에 비극이 일어난다. 요시무라는 성에 대한 직접적인 묘사를 일관되게 절제했고, 동시에 억제된 성애의 표정을 클로즈업으로 포착하여 부부의 감정적 흥분을 끌어냈다. 와카오 아야코는 정숙한 아내로서의 다마에와 과거 손님이었던 남자 앞에서 유녀의 때를 완전히 떨쳐내지 못한 또 다른 모습의 다마에를 능숙하게 연기해냈다. 요시무라는 다마에가 뜻하지 않게 임신하고 마을 의사에게 진찰을 받으러 가면서 입덧으로 구토하는 모습을 찍기 위해 길가에 백합을 심었다. 요시무라가 일부러 산부인과를 방문해 입덧과 백합과의 관계를 듣고 화면에 넣었지만, 아쉽게도 이를 알아챈 사람은 거의 없었다고 한다. 이야기의 핵심이 되는 두 개의 정교한 대나무 인형을 특별히 주문해 만들었고, 또한 한여름의 교토 오하라에서 촬영했음에도 불구하고 에치젠 다케후 지역의 설경을 훌륭하게 재현하는 등 다이에이 교토의 기술적 극치를 만끽할 수 있는 작품이다. 원작자 미즈카미 쓰토무가 다마에 역에 와카오를 지목했고 작품에도 만족했다. 하지만 와카오 아야코는 작품 속 다마에가 시종일관 남성

의 시선으로 그려지고, 왜 결혼할 마음이 생겼는지 등 기스케에 대한 다마에의 감정이 명확하지 않아 마지막까지 납득하지 못한 채 연기했다고 한다.

122. 《신 닌자》(新·忍びの者)

• 다이에이 교토 • 1963년 12월 28일 • 흑백 • 86분
• 원작: 무라야마 도모요시 • 각색: 다카이와 하지메 • 감독: 모리 가즈오 • 촬영: 이마이 히로시 • 출연: 이치카와 라이조, 나리타 준이치로, 기타하라 요시로, 도노 에이지로, 미시마 마사오 × 와카오 아야코(요도기미 역)
【해설】 닌자 붐의 도화선이 된 '닌자' 시리즈의 세 번째 영화. 핍박 속에서 살아남은 주인공 고에몬(이치카와 라이조)이 누구의 도움도 받지 않고 거대한 권력에 맞서 싸워 마침내 아내와 자식의 원수를 갚는 이야기. 와카오 아야코는 요도기미를 연기했다.

123. 《온천의 여의사》(温泉女医)

• 다이에이 도쿄 • 1964년 1월 9일 • 컬러 • 78분
• 각본: 기무라 게이고, 다구치 고지 • 감독: 기무라 게이고 • 촬영: 무네카와 노부오 • 출연: 마루이 다로, 스가타 미치코, 야마시타 준이치로, 시부사와 우타코, 나카무라 간지로 × 와카오 아야코(여의사 시오즈키 이사오 역)
【해설】 1963년의 《온천의 게이샤》로 시작된 다이에이의 히트 시리즈 중 하나인 '온천' 시리즈의 다섯 번째 작품. 영화의 배경은 소박한 온천 마을. 도쿄에서 온 미모의 여의사를 중심으로 마을의 다양한 인간 군상을 밝은 웃음과 에로틱한 분위기로 묘사한 호화 희극. 와카오 아야코는 여의사 역을 맡아 '온천' 시리즈에 처음 등장해 화제를 모았다.

124. 《'여자의 작은 상자' 남편이 보았다》
(「女の小箱」より 夫が見た)

• 다이에이 도쿄 • 1964년 2월 15일 • 컬러 • 92분
• 원작: 구로이와 쥬우고 • 각본: 다카이와 하지메, 노가미 히사오 • 감독: 마스

무라 야스조 • 촬영: 아키노 도모히로 • 출연: 다미야 지로, 가와사키 게이조, 기시다 교코, 에나미 교코, 오자와 에이타로×와카오 아야코(주식 담당 과장의 아내 가와시로 나미코 역)

【해설】 구로이와 쥬우고가 쓴 원작 『여자의 작은 상자』는 추리소설이지만 영화에서는 추리적 요소를 배제했고, 그 결과 거의 독자적인 이야기가 전개된다. 미모의 유부녀 가와시로 나미코(와카오 아야코)는 나이트클럽에서 우연히 만난 젊은 경영자 이시즈카(다미야 지로)를 좋아하게 된다. 그러나 이시즈카는 나미코의 남편 세이조(가와사키 게이조)가 일하는 회사의 주식을 매점하여 빼앗을 계획이었다. 마스무라의 의도는 30대 여성(작품에서 나미코는 29세)의 육체와 정신에 초점을 맞춰 남녀의 이기적이고 육체적인 연애를 그리는 것이었다. 따라서 이 작품에는 부부애, 부자애 등의 '관계'를 유지하기 위해 노력하는 일본적인 '인간'이나 '사랑'에 대한 조소, 즉 일본인에 대한 통렬한 비판이 담겨 있다. 누드 장면은 어쩔 수 없이 대역을 썼지만 와카오 아야코는 사랑에 대한 유부녀의 갈망을 인상 깊게 연기했다. 특히 다미야 지로에게 "나야? 회사야?"라며 선택을 강요하거나 피투성이가 된 다미야를 포옹할 때 보여주는 황홀한 표정은 거룩할 정도로 아름답다.

125. 《상처투성이 산하》(傷だらけの山河)

• 다이에이 도쿄 • 1964년 4월 4일 • 흑백 • 152분
• 원작: 이시카와 다쓰조 • 각본: 신도 가네토 • 감독: 야마모토 사쓰오 • 촬영: 고바야시 세쓰오 • 출연: 야마무라 소, 무라세 사치코, 다카하시 고지, 기타하라 요시로, 가와사키 게이조×와카오 아야코(사업가의 정부 후쿠무라 미쓰코 역)

【해설】 『주간 아사히』에 연재된 이시카와 다쓰조의 동명 소설을 영화로 만든 작품. 대자본가 아리마 가쓰이치의 기운 넘치는 사업욕과 그를 둘러싼 가족, 여성 등 다채로운 인간관계를 그렸다. 당초 연출은 요시무라 고자부로가 맡기로 했었지만 갑작스러운 병으로 인해 야마모토 사쓰오가 감독으로 투입됐다. 이로 인해 주인공 자본가 역은 오페라 가수인 후지와라 요시에에서 야마모토 사쓰오가 생각했던 야마무라 소로 변경됐다. 와카오 아야코는 인기 없는 화가

남편을 프랑스로 유학 보내기 위해 3년 기한으로 아리마의 애인이 되고 이후 가쓰이치의 차남 아키히코(다카하시 고지)와 관계를 갖는 미쓰코를 연기했다.

126.《짐승의 장난》(獸の戯れ)

• 다이에이 도쿄 • 1964년 5월 23일 • 흑백 • 94분
• 원작: 미시마 유키오 • 각본: 후나하시 가즈오 • 감독: 도미모토 소키치 • 촬영: 무네카와 노부오 • 출연: 이토 다카오, 가와즈 세이자부로, 미시마 마사오, 곤노 유카, 가토 요시 × 와카오 아야코(아내 구사카도 유코 역)
【해설】 미시마 유키오의 동명 소설을 영화화한 작품. 아름다운 유부녀와 신체장애인 남편, 그녀의 매력에 사로잡힌 젊은 남자가 기묘한 동거를 시작하면서 사건이 일어난다. 와카오 아야코는 《남편이 보았다》,《상처투성이 산하》에 이어 음울한 분위기의 유부녀를 연기했다.

127.《만지》(卍)

• 다이에이 도쿄 • 1964년 7월 25일 • 컬러 • 91분
• 원작: 다니자키 준이치로 • 각본: 신도 가네토 • 감독: 마스무라 야스조 • 촬영: 고바야시 세쓰오 • 출연: 기시다 교코, 후나코시 에이지, 가와즈 유스케, 사잔카 규, 미쓰다 겐 × 와카오 아야코(사장의 딸 도쿠미쓰 미쓰코 역)
【해설】 변호사를 남편으로 둔 유부녀 가키우치 소노코(기시타 교코)는 미술학교에서 알게 된 젊은 여성 도쿠미쓰 미쓰코의 매력에 사로잡혀 동성애 관계에 빠진다. 여기에 미쓰코의 애인(가와즈 유스케), 소노코의 남편(후나코시 에이지)이 얽히면서 기묘한 인간관계와 도착적인 성의 세계가 소노코의 고백을 통해 펼쳐진다. 당시 일본 영화계에서 여성의 동성애는 금기시된 소재였으나 마스무라 야스조는 이를 독자적인 논리로 양단했다. 마스무라에 따르면 원작의 경우 두 여성이 동성애에 이르는 전반부는 유럽적인 성애, 즉 아름다운 미쓰코의 육체를 찬미하는 그리스적인 형태미가 관통한다. 이후 가키우치 부부와 미쓰코가 삼각관계를 형성하고 미쓰코를 숭배하는 후반부는 유럽적 성애에서 아시아적 성애로 이행해간다. 이에 마스무라는 후반부를 희극적으로 그린 다니

자키의 비평 정신에 주목, 영화에서도 전반부의 유럽적인 성애를 되도록 현실적으로 충실히 재현했고, 비평적인 관점을 견지하면서 후반부를 희극적으로 그렸다. 가령, 소노코의 남편이 미쓰코와 관계를 가진 후 소노코에게 진심으로 사죄하는 모습 뒤로 미쓰코가 대담하게 미소 짓는 장면은 그녀의 절대적인 지배력을 암시한다. 또한 가키우치 부부가 미쓰코를 관음상이라 여기며 죽음으로 치닫는 후반 장면을 통해 아시아적인 어두운 해학을 선명하게 그려냄으로써 감독은 일본인에 대한 왕성한 비판 의식을 표출한다. 마스무라가 제시하는 장렬한 사랑에 대한 추구는 와카오 아야코와 기시다 교코가 만들어내는 기묘하고 불가사의한 에로티시즘에 의해 우아하면서도 처절한 관능의 세계를 창조해낸다.

128. 《번민》(悶え)
• 다이에이 도쿄 • 1964년 10월 3일 • 컬러 • 91분
• 원작: 히라바야시 다이코 • 각본: 후나하시 가즈오 • 감독: 이노우에 우메쓰구
• 촬영: 와타나베 도루 • 출연: 다카하시 마사야, 가와즈 유스케, 다키 에이코, 후지마 무라사키, 다타라 준 × 와카오 아야코(아내 우에다 지에코 역)
【해설】 히라바야시 다이코의 소설 『사랑과 슬픔의 시간』을 영화화한 작품. 신혼 첫날 밤, 남편(다카히사 마사야)이 성불구임을 알게 된 아내(와카오 아야코)는 고민에 빠지지만, 그럼에도 그에게 자신감을 주기 위해 헌신적으로 노력한다. 남편의 부하 직원(가와즈 유스케)의 적극적인 유혹에 흔들리면서도 인공수정을 시도하는 등 여자의 미묘한 마음과 육체의 번민을 그렸다.

129. 《행복하면 손뼉을 치자》(幸せなら手をたたこう)
• 다이에이 도쿄 • 1964년 12월 19일 • 컬러 • 86분
• 각본: 하세가와 기미유키 • 감독: 유아사 노리아키 • 촬영: 무네카와 노부오 • 출연: 우쓰이 겐, 스가타 미치코, 구라이시 이사오, 사카모토 규, 다키 에이코 × 와카오 아야코(특별 출연)
【해설】 사카모토 규의 인기곡 〈행복하면 손뼉을 치자〉를 소재로 한 올 스타 캐

스팅 음악 영화. '가메라' 시리즈로 유명한 유아사 노리아키의 감독 데뷔작.

130.《꽃과 열매가 없는 숲》(花実のない森)

• 다이에이 도쿄 • 1965년 1월 23일 • 컬러 • 89분
• 원작: 마쓰모토 세이초 • 각색: 후나하시 가즈오 • 감독: 도미모토 소키치 • 촬영: 오하라 조지 • 출연: 소노이 게이스케, 에나미 교코, 후나코시 에이지, 다무라 다카히로, 스미 리에코×와카오 아야코(미스터리한 유부녀 에토 미유키 역)
【해설】 마쓰모토 세이초의 베스트셀러 소설을 영화화한 작품. 비밀에 싸인 아름다운 유부녀 에토 미유키(와카오 아야코)의 주위에서 연쇄 살인사건이 일어나고, 그녀의 매력에 사로잡힌 자동차 판매원(소노이 게이스케)이 사건 해결에 나서는 미스터리 영화. 다이에이 영화에 처음 출연하는 다무라 다카히로가 와카오의 이복 오빠를 연기했다.

131.《파영》(波影)

• 도쿄 영화(도호 배급) • 1965년 1월 31일 • 흑백 • 107분
• 원작: 미즈카미 쓰토무 • 각색: 야스미 도시오 • 감독: 도요타 시로 • 촬영: 오카자키 고조 • 출연: 오조라 마유미, 오토와 노부코, 나카무라 가쓰오, 사잔카 규, 사와무라 사다코×와카오 아야코(매춘부 히나치요 역)
【해설】 후쿠이현 와카사만을 배경으로 오마바 시 3번가에서 전개되는 유녀 이야기.《달에 나는 기러기》이후 10년 만에 도쿄 영화에 출연한 와카오 아야코는《기러기의 절》,《에치젠 대나무 인형》에 이어 세 번째로 미즈카미 소설의 히로인에 도전하여 비참한 처지를 낙담하지 않고 창부가 되어 열심히 살아가는 히나치요를 연기했다. 베테랑 촬영감독 오카자키 고조는 음영의 대비가 짙은 선명한 흑백 화면을 통해 유곽의 세계를 담담하게 그려냈다. 특히 '마이마이콘코'라 불리는 장례식을 부감으로 촬영한 마지막 장면이 아름답다. "부처와 같은 선녀" 히나치요를 열연한 와카오는 유곽의 딸(오조라 마유미)에게 교사가 될 것을 간청하는 장면, 유곽의 여주인(오토와 노부코)이 아들(나카무라 가쓰오)과의 관계를 트집 잡자 단호하게 이를 부정하는 장면 등에서 매춘부의 슬픔

과 분노를 실감 나게 연기해 보는 이의 심금을 울린다.

132. 《여자 맹인 이야기》(女めくら物語)

• 다이에이 도쿄 • 1965년 2월 20일 • 컬러 • 88분
• 원작: 후나하시 세이이치 • 각색: 사가라 준조 • 감독: 시마 고지 • 촬영: 와타나베 기미오 • 출연: 우쓰이 겐, 야마시타 준이치로, 나기사 마유미, 나카무라 간지로, 구라타 마유미×와카오 아야코(맹인 안마사 쓰루코)
【해설】 후나하시 세이이치의 『여자 맹인담』을 영화화한 작품. 와카오 아야코는 청년 실업가(우쓰이 겐)에게 대가 없는 사랑을 바치는 맹인 안마사를 연기했다.

133. 《몸을 허락하는 나쓰코》(帯をとく*夏子)

• 다이에이 도쿄 • 1965년 4월 17일 • 컬러 • 92분
• 원작: 후나하시 세이이치 • 각색: 다구치 고조 • 감독: 다나카 시게오 • 촬영: 다카하시 미치오 • 출연: 후나코시 에이지, 히라 미키지로, 에나미 교코, 구보 나오코, 쓰키오카 유메지×와카오 아야코(조선회사 사장의 정부 후쿠오카 나쓰코 역)
【해설】 후나하시 세이이치의 '나쓰코' 시리즈를 영화화한 작품. 도호에서 오카다 마리코, TV에서 아사오카 유키지가 나쓰코를 연기했다. 영화는 하염없이 남자를 기다리는 단조로운 정부 생활에서 벗어나려는 나쓰코의 심경을 그리고 있다. 《여자 맹인 이야기》에 이어 후나하시 원작의 주연을 맡은 와카오 아야코는 "요염한 나쓰코를 보여줄 겁니다"라는 각오대로 농염한 나쓰코를 선보였다. 후에 《천 마리 종이학》에서 와카오의 상대역으로 등장하는 히라 미키지로가 나쓰코의 첫사랑으로 등장하며, 본 작품은 그의 다이에이 영화 첫 출연작이다.
* 역주: 직역하면 기모노의 끈을 푼다는 뜻이지만, 관용적으로 몸을 허락한다는 의미로도 쓰인다.

134. 《세이사쿠의 아내》(清作の妻)

• 다이에이 도쿄 • 1965년 6월 25일 • 흑백 • 93분
• 원작: 요시다 겐지로 • 각본: 신도 가네토 • 감독: 마스무라 야스조 • 촬영: 아

키노 도모히로 • 출연: 다무라 다카히로, 오자와 쇼이치, 도노야마 다이지, 나리타 미키오, 기요카와 다마에×와카오 아야코(농부 오카네 역)

【해설】 러일전쟁 당시 중국의 한 농촌에서 부유한 노인의 첩살이를 했던 오카네(와카오 아야코)는 주위의 차가운 시선을 견디며 마을의 모범 청년 세이사쿠(다무라 다카히로)와 결혼한다. 남편이 격전지에 출정하겠다고 말한 날, 오카네는 남편의 눈을 대못으로 찔러 실명하게 만든다. 《세이사쿠의 아내》는 1924년 무라타 미노루 감독이 반전 영화로 연출해 사실적인 리얼리즘이 높은 평가를 받았다. 당시 신인이었던 우라베 구메코가 주역으로 발탁되어 본격적인 활동을 시작한 작품이기도 하다. 무라타 감독판에서 3년의 형기를 마치고 출소한 오카네를 세이사쿠는 용서하지만, 마을 사람들의 비난에 못 이긴 부부는 결국 강에 몸을 던져 죽는다. 그러나 마스무라는 이 비극적인 결말을 세이사쿠와 오카네가 묵묵히 밭일에 매진하는 해피엔딩으로 변경했다. 와카오 아야코는 그때까지 비록 궂은 역일지라도 보는 사람으로 하여금 어딘가 공감 가는 듯한 인물을 연기했다. 그러나 마스무라 판 오카네는 첩 출신이라는 이유로 마을 공동체로부터 무시당하고, 그녀 또한 자신의 운명을 저주하여, 처음에는 세이사쿠조차 손 쓸 수 없는 완전한 무법자이자 같이 사는 불구자인 헤이스케와 마찬가지로 체제로부터 완전히 배제된 주변화된 인물이다. 이렇듯 소외된 여성이 맹목적으로 사랑을 관철하고, 끝내는 눈이 먼 세이사쿠와 둘만의 작은 우주를 만들어내는 여성의 무서운 집념을 그리기 위해서라도 마스무라는 영화의 결말을 바꿀 필요가 있었다. 와카오 아야코는 타자로서의 여성이 지닌 우직한 아름다움과 과격함을 구현해냈고, 이로써 《아내는 고백한다》에서 출발한 마스무라와 와카오의 협업 속에서 만들어진 여성상은 정점에 도달했다.

135. 《불륜》(不倫)

• 다이에이 도쿄 • 1965년 7월 31일 • 흑백 • 90분
• 원작: 우노 고이치로 • 각색: 하세가와 기미유키 • 감독: 다나카 시게오 • 촬영: 다카하시 미치오 • 출연: 가와사키 게이조, 에나미 교코, 스미 리에코, 미야케 본타로, 나기사 마유미, 와카오 아야코(작가의 아내 세이코 역)

【해설】성을 쾌락으로밖에 여기지 않고 부부관계를 부정하며 가정의 구조를 인정하지 않는 작가 사부리(가와사키 게이조)는 대조적인 두 여성 세이코(와카오 아야코)와 마키(에나미 교코)를 상대로 자유로운 성생활을 한다. 처음엔 서로를 견제하던 두 여성은 금세 친해지고 세 사람이 한 집에 동거하면서 사부리가 주장했던 '성의 미학'은 무너진다. 한 남자를 둘러싼 와카오 아야코와 에나미 교코의 관계는《훔친 욕정》과 같은 여자들의 무시무시한 싸움이 아닌 동성애적 관계로 발전하지만,《만지》와 같은 농밀한 러브 신은 그려지지 않는다. 와카오 아야코는 질투심을 숨기고 순종적인 척하면서 점점 사부리나 마키를 쥐고 흔드는 드센 여성을 능청스럽게 연기한다.

136.《아내의 날 사랑의 유품에》(妻の日の愛のかたみに)

• 다이에이 도쿄 • 1965년 10월 2일 • 컬러 • 89분
• 원작: 이케가미 미에코 • 각본: 기노시타 게이스케 • 감독: 도미모토 소키치 •
촬영: 오하라 조지 • 출연: 후나코시 에이지, 후지무라 시호, 스가타 미치코, 다키하나 히사코, 하마무라 준, 와카오 아야코(교사 이케다 지에코 역)

【해설】규슈 야나가와 출신으로 병상에서 작품 활동을 한 와카(和歌)* 작가 이케가미 미에코의 동명 소설을 영화화한 작품. 중매결혼으로 기타하라 집안에 시집간 지에코(와카오 아야코)는 남편 마사유키(후나코시 에이지)와 사이좋게 살던 중 류머티즘으로 투병 생활을 하게 된다. 이전과 다름없이 남편은 아내에게 애정을 쏟고 그런 남편에게 아내는 마음의 빚을 느낀다. 이러한 부부의 애처로운 모습을 와카오 아야코와 후나코시 에이지가 정감 있게 연기한다. 영화 초반부 신부를 태우고 강을 내려가는 장면이나 밭일하는 부부를 잡은 롱쇼트, 후반부 장면 중 석양을 배경으로 지에코의 방을 물들이는 색채 효과 등 오하라 조지의 촬영도 뛰어나다. 이케가미 미에코의 단가를 읊는 와카오의 보이스오버를 도처에 삽입하는 등 연출에 공을 들였고, 원작의 인기와 맞물려 여성 관객 동원에 성공했다. 와카오 아야코는 몸을 거의 움직이지 않는 어려운 연기에 도전, 입술을 가늘게 떨고 조용히 눈물을 흘리며 고뇌하는 표정을 훌륭하게 표현했다. 이 작품과 함께《파영》,《세이사쿠의 아내》에서 보여준 원숙한 연기로

키네마 준보 여우주연상을 비롯해 1965년의 주요 영화상의 여우주연상을 휩쓸었고, 이로써 와카오 아야코는 다이에이의 톱스타는 물론 명실상부한 일본 영화계를 대표하는 배우로 자리매김했다.

* 역주: 일본 노래라는 의미로 5음과 7음을 5·7·5·7·7의 순서로 나열해 다섯 개의 구(총 31자)로 구성한 일본의 전통적인 시 형식이다.

137.《문신》(刺青)

• 다이에이 교토 • 1966년 1월 15일 • 컬러 • 86분

• 원작: 다니자키 준이치로 • 각본: 신도 가네토 • 감독: 마스무라 야스조 • 촬영: 미야가와 가즈오 • 출연: 하세가와 아키오, 야마모토 가쿠, 사토 게이, 스가 후지오, 우치다 아사오 × 와카오 아야코(게이샤 소메키치 역*)

【해설】《만지》의 큰 성공 이후 마스무라는 『문신』에 『오쓰야 죽이기』를 접목한 신도 가네토의 각본으로 다시 한 번 다니자키 문학에 도전했다. 가게 종업원과 사랑에 빠져 함께 도망을 친 전당포 사장의 딸 오쓰야는 악한의 음모에 걸려들어 게이샤로 팔려 간다. 그곳에서 등 전체에 무당거미 문신을 강제로 새기고 이후 남녀의 욕망이 꿈틀거리는 세계에 본능적으로 이끌려 살아간다. 마스무라는 무당거미 문신이 남자의 피를 빨아 점차 커지는 이미지에 심혈을 기울였고, 이는 이야기와 시각효과 두 측면에서 활용됐다. 장사꾼의 기 센 딸이 문신으로 상징되는 아픔을 동반한 통과의례를 거쳐 물 만난 물고기처럼 활기 있게 수완 좋은 게이샤 소메키치로 변모하는 모습과는 대조적으로 그녀와 관련된 남자들, 특히 소메키치의 악행을 목격해온 문신사 세이키치(야마모토 가쿠)는 차츰 생기를 잃고 결국 혼이 나간 유령과도 같은 상태가 된다. 한편 소메키치의 새빨간 속옷, 차례로 살해당하는 남자들이 흘리는 피 등 선명한 붉은색의 시각효과는 영화 후반부 천둥소리와 등에 새겨진 무당거미가 꿈틀거리는 장면에서 미야가와 가즈오의 유려한 촬영을 통해 정점에 달한다. 데뷔 당시부터 다니자키 작품의 여성을 연기해보고 싶다고 말한 와카오 아야코는《미친 노인의 일기》, 《만지》에 이어 세 번째로 다니자키 작품에 도전했다. 이 영화에서도 와카오는 무당거미처럼 남자를 먹잇감으로 삼아 결국 태연히 살인까지 명령하는 마성의

여자를 훌륭하게 연기했다. 하지만 항상 자신과 배역의 접점을 모색하면서 연기에 임했던 그녀는 결과적으로 남성들을 마음대로 주무르는 오쓰야를 이해할 수 없었고 "다니자키 선생님의 인물은 진짜 연기하기 어렵다"라고 말했다.

* 역주 : 오쓰야는 게이샤가 된 후 소메키치로 개명한다.

138.《처녀가 보았다》(処女が見た)

• 다이에이 교토 • 1966년 1월 29일 • 흑백 • 84분
• 각본: 후나하시 가즈오, 고타키 미쓰로 • 감독: 미스미 겐지 • 촬영: 마키우라 지카시 • 출연: 야스다 미치요, 조 겐자부로, 사요 후쿠코, 고야나기 도루, 우치다 아사오×와카오 아야코(여승 지에이 역)

【해설】여승(와카오 아야코)이 사는 교토의 절에 비행 소녀(야스다 미치요)가 맡겨지고, 반항적이었던 소녀는 여승의 따뜻한 보살핌을 받으며 순수함을 되찾는다. 그러나 절의 주지승(조 겐자부로)과 관계를 맺고 여승이 자살했음을 알게 된 소녀는 주지승에 대한 복수를 계획한다. 와카오 아야코는 엄격하면서도 자애로운 여승을 연기하는 한편, 조 겐자부로를 상대로 금단의 세계로 타락해가는 모습을 통해 압도적인 존재감을 발산하고, 이와 대조적으로 순진하면서도 거친 소녀의 모습이 강조된다. 나중에 《빙점》에서 와카오 아야코의 딸로 등장하는 야스다 미치오는 데뷔작인 이 영화에서 와카오를 상대로 겁 없는 배짱과 유연한 연기로 좋은 평가를 받았다.

139.《빙점》(氷点)

• 다이에이 도쿄 • 1966년 3월 26일 • 흑백 • 96분
• 원작: 미우라 아야코 • 각본: 미즈키 요코 • 감독: 야마모토 사쓰오 • 촬영: 나카가와 요시히사 • 출연: 야스다 미치요, 후나코시 에이지, 모리 미쓰코, 야마모토 게이, 쓰가와 마사히코×와카오 아야코(병원장의 아내 나쓰에)

【해설】텔레비전의 보급으로 여성 관객이 극장을 찾지 않게 되고 인기 여배우가 차례로 TV로 전직하자 주연급 여배우는 다이에이의 와카오 아야코와 닛카쓰의 요시나가 사유리만 남았다. 당연히 여성 관객을 타깃으로 한 여성 영화

편수도 급격히 줄었다. 이러한 상황에서 《아내의 날 사랑의 유품에》가 히트하자 여성 관객이 다시 늘었고, 다이에이는 와카오 아야코 주연의 여성 영화 제작에 힘을 쏟기 시작, 제2탄으로 《빙점》을 기획했다. 원작인 미우라 아야코의 동명 소설은 당시 40만 부가 팔린 베스트셀러였다. 사랑하는 자식이 살해당한 뒤 범인의 아이를 친자식으로 키운다는 기묘한 전개 속에서 배신, 시기, 의심, 복수 등 원죄에 기점을 두고 인간의 심리, 운명, 존재 자체에 질문을 던지는 문제작이다. 서적 및 TV드라마의 큰 성공에 힘입어 영화 기획이 실현되었다. 어머니 나쓰에 역에 와카오 아야코, 딸 요코 역에 유망주인 야스다 미치요가 캐스팅되었고, 다이에이 사장 나카다 마사이치는 직접 나서서 야마모토 사쓰오를 감독으로 지명했다. 먼저 제작된 TV 드라마(일본교육TV,* 도호 제작)는 아라타마 미치요와 나이토 요코가 주연을 맡아 높은 시청률을 기록했는데, 실내 장면이 대부분인 TV 작품과 달리 원작의 분위기를 살리기 위해 영화는 소설의 무대인 홋카이도에서 로케이션을 감행했다. 와카오 아야코는 《환상의 말》 이후 11년 만에 홋카이도 촬영에 참가했다. 다이에이는 《빙점》 공개에 맞춰 의상 전시회 및 시사회를 수차례 여는 한편 홍보부 주도로 '와카오 대 아라타마' 특집 기사를 여성 주간지에 게재하는 등 대대적인 선전 공세를 펼쳤다. 영화는 연속 TV드라마(13화 완결)의 10화 방송 전날 타이밍 좋게 개봉해 여성 관객 동원의 돌파구를 여는 데 성공했다. 《빙점》의 흥행에 힘입어 다른 영화사도 《난류》, 《기노가와》, 《오하나한》 등 여성 영화를 제작했다.

* 역주: 1957년 창립했고, 2003년 테레비 아사히로 회사명을 바꿨다.

140. 《기러기》(雁)

- 다이에이 도쿄 • 1966년 5월 21일 • 흑백 • 87분
- 원작: 모리 오가이 • 각본: 나루사와 마사시게 • 감독: 이케히로 가즈오 • 촬영: 무네카와 노부오 • 출연: 야마모토 가쿠, 오자와 에이타로, 이가와 히사시, 야마오카 히사노, 스가타 미치코 × 와카오 아야코(고리대금업자의 첩 오타마 역)

【해설】 모리 오가이의 자전적 소설 『기러기』를 영화화한 작품. 1953년에 도요타 시로 연출, 다카미네 히데코, 아쿠타가와 히로시 주연으로 처음 영화화된

바 있다. 이 작품은 주인공의 첩 오타마와 학생의 관계보다는 고리대금업자를 둘러싼 여성들(본처, 첩, 여성 채무자)을 통해 당시 여성의 억압된 상황을 보여주는 데 중점을 두었다. 고리대금업자와 오타마의 관계를 군이 직접적으로 묘사하지 않음으로써 두 사람 사이의 긴박한 감정을 고조시켜 전작보다 에로틱한 작품으로 완성됐다. 오타마의 변화를 알아차린 고리대금업자가 갑자기 나타나는 장면이나 본처를 연기하는 야마오카 히사노의 소름 돋는 연기가 괴기영화와 같은 섬뜩한 분위기를 자아내는 등 시대극의 장인 이케히로 가즈오의 감각이 빛난다. 와카오 아야코는 가발을 사용하면 연기에 지장을 줄 수 있기에 메이지 여성의 머리 모양인 히레텐진을 본인의 머리에 엮어 연기에 집중했다. 이 영화에서 와카오는 《세이사쿠의 아내》에 이어 두 번째로 메이지 여성을 연기했다. "메이지 시대를 산 오타마라는 여성을 광택 없는 은과 같이 차분한 매력을 지닌 인물로 표현하고 싶다"고 한 와카오 아야코의 말대로 마차에 타는 학생을 풀숲에서 응시하고 그 후 연모의 감정을 누른 채 천천히 집으로 돌아가는 마지막 장면에서의 뒷모습은 풍경 소리와 함께 진한 여운을 남긴다.

141.《붉은 천사》(赤い天使)

• 다이에이 도쿄 • 1966년 10월 1일 • 흑백 • 95분
• 원작: 아리마 요리치카 • 각본: 가사하라 료조 • 감독: 마스무라 야스조 • 촬영: 고바야시 세쓰오 • 출연: 아시다 신스케, 가와즈 유스케, 아카기 란코, 센바 조타로, 이케가미 아야코 × 와카오 아야코 (종군 간호사 니시 사쿠라 역)
【해설】마스무라 야스조가 1965년 작 《병정 야쿠자》에 이어 아리마 요리치카의 원작을 각색해 태평양전쟁 말기의 중국을 무대로 야전병원에 파견된 종군 간호사 니시 사쿠라의 장렬한 삶을 그린 전쟁영화다. 사쿠라는 부상병에게 능욕당하고 두 팔이 없는 병사(가와즈 유스케)에게 자신의 육체를 내주는 한편, 모르핀 중독으로 성불구가 된 군의관(아시다 신스케)을 사랑하면서 마침내 그의 남성성을 회복시키는 '천사'의 역할을 완수한다. 지극히 일본적인 이름인 '사쿠라'는 마스무라가 말한 "일본인의 아름다운 마음의 상징"이며, 그녀의 행동은 여성의 사랑과 집념으로 영혼을 잃어버린 남자들을 구제함을 의미한다.

와카오 아야코는 잠긴 듯한 목소리로 내레이션을 하며 시종일관 굳은 표정으로 극한의 상황을 담담하게 헤쳐나가는 사쿠라를 연기했다. 군의관에게 사랑을 고백하는 장면에서 절제된 연기의 백미를 볼 수 있으며, 죽음 앞에서 운명에 굴하지 않는 헌신적인 고백이 감동을 선사한다. 또한 군의관의 옷을 입고 중위처럼 행세하면서 남성성을 가장(假裝)하다가 바로 군복을 벗고 "역시 여자가 좋아"라며 군의관에게 응석 부리는 능숙한 연기의 전환이 인상적이다. 마스무라는 '확 피고 지는' 벚꽃의 운명을 제대로 그리기 위해서 비참하고 광기 넘치는 전쟁의 실태를 포착하려 했다. 이를 위해 야전병원에 징집된 경험이 있는 촬영감독 고바야시 세쓰오에게 의견을 물어 수술이나 시체 처리 장면을 생생하게 묘사했지만 영화윤리위원회 등의 제약 때문에 고바야시로부터 들은 이야기를 10분의 1 정도밖에 반영할 수 없었다.

142. 《처녀 수태》(処女受胎)
• 다이에이 교토 • 1966년 10월 29일 • 컬러 • 82분
• 원작: 구로이와 쥬우고 • 각색: 다카이와 하지메 • 감독: 시마 고지 • 촬영: 오하라 조지 • 출연: 이토 다카오, 와카야마 겐조, 후지무라 아리히로, 가타야마 아키히코, 나카하라 사나에 × 와카오 아야코(화가 다카노 아이코 역)
【해설】당시로서는 파격적인 소재였던 '인공수정'을 대담하게 다뤄 화제를 모은 구로이와 쥬우고의 동명 소설을 영화화한 작품. 독신의 여류 화가(와카오 아야코)가 예술의 벽을 깨부수기 위해 인공수정을 시도한다. 와카오 아야코는 전작인 《붉은 천사》가 진지한 내용이었던 만큼 이 영화에서는 긴장을 풀고 촬영에 임했고, 직접 고른 기모노나 피에르 카르댕의 양장 등 30점 이상의 의상을 장면마다 갈아입고 등장했다.

143. 《눈의 상장》(雪の喪章)
• 다이에이 도쿄 • 1967년 1월 14일 • 컬러 • 92분
• 원작: 미즈아시 미쓰코 • 각색: 야스미 도시오 • 감독: 미스미 겐지 • 촬영: 고바야시 세쓰오 • 출연: 아마치 시게루, 나카무라 다마오, 후쿠다 도요토, 기타하

라 요시로, 요시카와 미쓰코×와카오 아야코(금박상인의 아내 사야마 다에코 역)

【해설】호쿠리쿠 지역의 고도 가네자와를 무대로 금박상(金箔商)을 경영하는 남편(후쿠다 도요토), 그의 아내(와카오 아야코)와 첩(나카무라 다마오), 상점 지배인(아마치 시게루)이 복잡하게 뒤얽히는 남녀 관계를 중심으로 파란만장한 여성의 반생애가 그려진다. 본처인 다에코 역의 와카오는 19세부터 약 50세까지 연령 폭이 넓은 역을 맡아 전쟁과 전후의 동란 속에서 꿋꿋하게 살아간 여성을 완벽하게 연기해내며 기대에 부응했다. 또한 와카오 아야코와 나카무라 다마오의 대조적인 연기는 정과 동, 양과 음의 대비를 이루고 있으며,《에치젠 대나무 인형》에도 함께 출연한 두 유명 여배우의 원숙한 연기 대결을 즐길 수 있다. 사랑의 도피를 위해 와카오와 아마치가 설산을 뛰어 내려가는 장면, 마지막의 금가루가 사방에 흩날리는 장면 등 고바야시 세쓰오의 촬영도 훌륭하다. 영화 공개에 앞서 아라타마 미치요가 주연을 맡은 드라마가 일본교육TV에서 제작됐고, 와카오도 거르지 않고 방송을 챙겨 봤다고 한다.

144.《밤의 올가미》(夜の罠)

- 다이에이 도쿄 • 1967년 1월 28일 • 컬러 • 85분
- 원작: 코넬 울리치 • 각색: 후나하시 가즈오 • 감독: 도미모토 소키치 • 촬영: 오하라 조지 • 출연: 다카하시 마사야, 나루세 마사히코, 난바라 고지, 후나코시 에이지, 하야카와 유조×와카오 아야코(아내 마나베 아이코 역)

【해설】에도가와 란포가 "미스터리를 좋아하는 여자"라고 말했을 정도로 와카오 아야코가 탐정소설을 좋아하는 것은 유명하다. 이 작품은 그녀가 애독했던 울리치의 『검은 천사』가 원작이다. 와카오는 살인범의 오명을 쓰고 투옥된 남편을 구하고자 진범을 찾아 나서는 미모의 아내로 등장한다. 남편이 용의자로 지목된 살인 사건에 마약 조직이 연루되었음을 알게 된 아이코(와카오 아야코)는 비밀이 숨겨진 나이트클럽에 홀로 들어가지만 클럽 주인에게 태도를 의심받아 붙잡히고 만다. 욕조 속에 머리를 처박히거나 목 졸리는 장면 등 격한 연기를 요구하는 촬영 때문에 와카오의 온몸에 멍이 들 정도였다.

145. 《두 아내》(妻二人)

- 다이에이 도쿄 • 1967년 4월 15일 • 컬러 • 94분
- 원작: 패트릭 쿠엔틴 • 각본: 신도 가네토 • 감독: 마스무라 야스조 • 촬영: 무네카와 노부오 • 출연: 오카다 마리코, 다카하시 고지, 이토 다카오, 에나미 교코, 미시마 마사오×와카오 아야코(출판사 사장의 딸 나가이 미치코 역)

【해설】 패트릭 쿠엔틴의 미스터리 소설 『두 명의 아내를 둔 남자』에서 아이디어를 얻어 신도 가네토가 번안, 각색했다. 마스무라는 시나리오에 있는 미스터리적 요소를 최대한 배제하고 '엄격한 윤리로 자신을 규제하는 이지적인 여자'에 와카오 아야코를, '사랑에 모든 것을 바치는 정열적이고 자유로운 여자'에 오카다 마리코를 캐스팅해 한 남자를 둘러싸고 전개되는 대조적인 두 여성의 삶에 초점을 맞췄다. 와카오도 지적하듯 언뜻 반대로 보이는 배역*에 대해 마스무라는 "여자에게는 인생을 지키는 타입과 버리는 타입이 있다"는 이원론에 기반해 와카오 = 내향적/폐쇄적, 오카다 = 외향적/서민적이라는 도식을 부각시켜 배역의 타당성을 주장했다. 와카오가 연기한 미치코는 엄격한 윤리관 때문에 가족을 피폐하게 만들고 끝내 자신도 파멸로 몰아넣는다. 회사의 존속이나 남편을 향한 사랑을 위해 자아를 관철하려는 모습에서 《아내는 고백한다》,《남편이 보았다》 등과 같은 강렬한 에고이즘을 발견할 수는 없지만, 마스무라와 와카오가 함께한 작품에 등장하는 전투적 여성상의 연장선에 있는 배역이다. 와카오와 오카다 마리코라는 대배우가 처음 연기 대결을 벌였지만 사실 함께 나오는 장면은 많지 않다. 그럼에도 순수한 여성의 비애감을 자아내는 오카다의 에로티시즘과 총명하고 비타협적인 여자를 연기한 와카오의 절제미가 선명한 대조를 이룬다. 두 사람의 극 중 성격은 기모노의 차림새에도 반영되었다. 이 영화를 위해 와카오 아야코는 직접 의상을 맞췄고 오카다 마리코 역시 의상 담당자와 수차례 피팅을 하는 등 두 배우의 경쟁은 의상 선택으로도 이어졌다.
* 역주: 두 배우의 이미지를 생각하면 역할 배분을 반대로 해야 했다는 지적.

146. 《설탕과자가 부서질 때》(砂糖菓子が壊れるとき)

- 다이에이 도쿄 • 1967년 6월 10일 • 컬러 • 96분

• 원작: 소노 아야코 • 각본: 하시다 스가코 • 감독: 이마이 다다시 • 촬영: 나카가와 요시히사 • 출연: 쓰가와 마사히코, 후지마키 준, 다무라 다카히로, 시무라 다카시, 하라 지사코×와카오 아야코(배우 센자카 교코 역)

【해설】마릴린 먼로를 모델로 한 소노 아야코의 동명 소설을 영화화한 작품. 무명의 여배우가 육체파 스타 배우로 성공하지만 불행한 성장기 때문에 애정을 갈망하며 남성 편력을 반복하다가 끝내 약물 의존으로 붕괴해가는 삶의 궤적을 그렸다. 이마이 다다시와 와카오 아야코는 《마릴린》(1963, 헨리 코스터)을 보면서 히로인의 이미지를 연구했다. 이마이 감독은 "특별히 먼로를 의식하지 않고 와카오 아야코라는 분위기 있는 여배우를 통해 일본 여자의, 원형상 같은 것을 끄집어내보고 싶다"고 밝히면서 《복수》 이후 2년 반 만에 연출하는 작품에 의욕적으로 매달렸지만, 장편 원작을 영화화할 때 어쩔 수 없이 처하게 되는 시간적 제약에 힘들어했다. 한편, 와카오 아야코는 기존의 이미지를 완전히 바꿔 화려한 의상을 몸에 걸치고 천진난만하면서도 서투른 '여배우'를 훌륭하게 연기했다.

147. 《하나오카 세이슈의 아내》(華岡青洲の妻)

• 다이에이 교토 • 1967년 10월 28일 • 흑백 • 99분
• 원작: 아리요시 사와코 • 각본: 신도 가네토 • 감독: 마스무라 야스조 • 촬영: 고바야시 세쓰오 • 출연: 이치카와 라이조, 다카미네 히데코, 이토 유노스케, 와타나베 미사코, 나니와 지에코×와카오 아야코(의사의 아내 하나오카 가에 역)

【해설】1967년 여류문학상을 수상한 아리요시 사와코의 베스트셀러 소설을 영화화한 작품. 영화에 앞서 야마다 이스즈가 출연한 연극(예술좌)과 쓰카사 요코가 출연한 TV 드라마(일본교육TV)가 경쟁적으로 만들어져 이미 화제가 되었다. 아리요시의 원작을 읽은 마스무라는 영화화를 열망하여 기획 회의 자리에서 "목숨 걸고 하겠습니다"라며 사장 나가타 마사이치에게 밀어붙여 그의 수락을 얻어냈다. 영화는 전신마취법을 탐구하는 의사 하나오카 세이슈(이치카와 라이조)와 세이슈를 향한 사랑 때문에 경쟁적으로 실험 대상을 자처하는 아내 가에(와카오 아야코), 어머니 오쓰기(다카미네 히데코)의 무서운 의지와

갈등을 그렸다. 마스무라는 드라마로 만들기 쉬운 고부간의 갈등보다 하나오카 세이슈라는 인물상을 일부러 이야기의 중심에 세워 그의 넘치는 활력과 강렬한 에고이즘을 묘사했다. 이치카와 라이조의 연기는 절찬을 받았고 그해 키네마 준보 남우주연상, NHK영화상 최우수 남우주연상 등을 수상했다. 라이조의 열연은 물론, 와카오 아야코와 다카미네 히데코가 연기한 며느리와 시어머니가 세이슈를 두고 펼치는 치열한 경쟁이 주옥같은 연기 대결로 결실을 맺었고, 그 덕분에 두 사람의 사이에 있는 라이조가 더욱 돋보일 수 있었다. 흰독말풀이 만발한 인상적인 오프닝과 엔딩 시퀀스는 여름철에 씨앗을 심어 꽃이 핀 가을에 촬영했다. 또한 인물을 중심에 두는 마스무라의 연출에 맞추어 복도나 방 등의 치수를 줄여 세이슈의 집 전체를 오픈 세트로 만드는 등 미술 감독인 니시오카 요시노부의 계산된 기교가 빛나는 작품이다.

148. 《철포 전래기》(鉄砲伝来記)

• 다이에이 교토 • 1968년 5월 18일 • 컬러 • 108분
• 원안: 다카노 에쓰코 • 각본: 하세가와 기미유키 • 감독: 모리 가즈오 • 촬영: 모리타 후지오 • 출연: 릭 제이슨, 후지무라 시호, 후지마키 준, 도노 에이지로 ×와카오 아야코(대장장이의 딸 와카사 역)

【해설】 다네가 섬에 표착한 포르투갈인에 의해 전해진 철포의 역사적 사실에 포르투갈 선장과 대장장이의 딸 와카사의 비극적 사랑 이야기를 덧붙여 그린 작품. TV 시리즈 《전투》로 인기를 얻은 릭 제이슨이 포르투갈 선장 핀토 역을 맡아 와카사를 연기한 와카오와 호흡을 맞췄다.

149. 《불신의 시간》(不信のとき)

• 다이에이 도쿄 • 1968년 6월 29일 • 컬러 • 120분
• 원작: 아리요시 사와코 • 각색: 이데 도시로 • 감독: 이마이 다다시 • 촬영: 고바야시 세쓰오 • 출연: 다미야 지로, 오카다 마리코, 미시마 마사오, 가가 마리코, 기시다 교코×와카오 아야코(호스티스 요네쿠라 마치코 역)

【해설】 상사(商社)의 홍보부 직원 아사이 요시오(다미야 지로)는 아이가 없는

것 외에는 서예가인 아내 미치코(오카다 마리코)와 원만한 결혼 생활을 하던 중 거래처 사장(미시마 마사오)과 함께 간 긴자의 바에서 호스티스 마치코(와카오 아야코)를 우연히 만난다. 마치코는 아사이의 아이를 임신해 딸을, 그 후 아내가 아들을 출산한다. 어느 날 아사이가 급성 맹장염으로 입원하고 병문안을 온 아내와 불륜녀가 마주치면서 그의 이중생활이 드러나고 만다. 《두 아내》에 이어 와카오 아야코와 오카다 마리코가 주연으로 발탁되었고, 전작과 배역을 바꾸어 불륜녀에 와카오, 본처에 오카다를 기용해 다시 한 번 연기 대결이 성사됐다. 와카오와 오카다 이외에도 거래 회사 사장의 불륜 상대인 가가 마리코나 아사이의 예전 불륜 상대인 기시다 교코 등이 등장, 모성을 둘러싼 여자의 끝없는 에고이즘이 펼쳐진다. 한편 여성들의 꿈틀거리는 욕망에 농락당하는 아사이의 불안은 긴자의 바, 아사이의 침실, 아사이의 병실 창밖으로 보이는 후지산 등 때때로 사용되는 붉은색의 효과를 통해 상징적으로 표현된다. 또한 아내와 불륜녀의 대결은 남편을 둘러싼 진부한 애증이 아니라 자존심을 건 여자의 의지에서 비롯된 것으로 그려지며, 스타 배우 와카오, 오카다, 다미야의 개성은 기묘한 삼각관계를 부각시켜 이야기를 초월한 매력으로 발산된다.

150. 《블록 상자》(積木の箱)

• 다이에이 도쿄 • 1968년 10월 30일 • 컬러 • 84분
• 원작: 미우라 아야코 • 각색: 이케다 이치로, 마스무라 야스조 • 감독: 마스무라 야스조 • 촬영: 고바야시 세쓰오 • 출연: 오가타 겐, 마쓰오 가요, 우치다 아사오, 우치다 요시로, 아즈사 에이코 × 와카오 아야코(우유가게 주인 가와카미 히사요 역)
【해설】『빙점』으로 일세를 풍미한 미우라 아야코의 동명 소설을 영화화한 작품. 누나라고 믿고 있던 여자와 아버지와의 관계를 알게 된 15세 소년 이치로(우치다 요시로)의 고뇌를 그렸다. 원작과 달리 영화는 소년의 관점에서 본 어른들의 애증의 세계, 육체와 정신의 불균형한 성장에서 분출하는 성의 폭주에 초점을 맞추고 있다. 《빙점》에 이어 미우라 아야코 원작 영화에 두 번째 출연한 와카오 아야코는 전작과는 완전히 이미지를 바꿔 이치로가 동경하는 대상

이자 청초한 아름다움 뒤편에 깊은 상처를 가진 여성 히사요를 연기했다.

151.《젖은 두 사람》(濡れた二人)

- 다이에이 도쿄 • 1968년 11월 30일 • 컬러 • 88분
- 원작: 사사자와 사호 • 각본: 야마다 노부오, 시게모리 다카코 • 감독: 마스무라 야스조 • 촬영: 고바야시 세쓰오 • 출연: 기타오지 긴야, 다카하시 에쓰시, 나기사 마유미, 히라이즈미 세이, 마치다 히로코×와카오 아야코(잡지 편집자 노자키 마리코 역)

【해설】사사자와 사호의 『상실의 여자』를 영화화한 작품. 여름의 끝 무렵, 마리코(와카오 아야코)는 자신에게 무관심한 남편에게 실망하고 혼자서 시골에 사는 지인의 집을 찾아간다. 그곳에서 날렵하고 터프한 젊은이 시게오(기타오지 긴야)와 우연히 만난다. 건방지게 보일 정도로 솔직한 시게오에게 마리코는 점차 마음이 움직인다. 질주하는 오토바이, 요란하게 울리는 경적음 등으로 표현되는 기타오지 긴야의 폭주하는 젊음과 성숙한 매력을 발산하는 와카오 아야코의 아름다움이 엮어내는 농밀한 에로티시즘 속에서 찰나의 해방감에 몸을 내맡긴 여자의 진심과 체념이 그려진다.

152.《천 마리 종이학》(千羽鶴)

- 다이에이 도쿄 • 1969년 4월 19일 • 컬러 • 96분
- 원작: 가와바타 야스나리 • 각본: 신도 가네토 • 감독: 마스무라 야스조 • 촬영: 고바야시 세쓰오 • 출연: 교 마치코, 히라 미키지로, 후나코시 에이지, 아즈사 에이코, 나미카와 요코×와카오 아야코(다도가의 정부 오타 부인 역)

【해설】가와바타 야스나리의 『천 마리 종이학』*은 1953년에 다이에이에서 신도 가네토 각본, 요시무라 고자부로 감독을 통해 영화화된 바 있다. 본 작품은 가와바타 야스나리의 노벨 문학상 수상을 기념해 이치가와 라이조의 요청으로 다시금 제작되었다. 하지만 도쿄 촬영소에서 의상을 맞추는 날, 건강상의 이유로 라이조가 하차했고(5개월 후 라이조는 세상을 떠났다), 대신 히라 미키지로가 캐스팅됐다. 요시무라 고자부로의 작품에서는 오타 부인이 기쿠지에게서

죽은 아버지의 모습을 느끼고 오로지 연모의 감정을 표현하는 정도였다. 하지만 이 작품에는 와카오 아야코와 히라 미키지로가 연기한 오타 부인과 기쿠지의 농후한 러브 신이 삽입됐다. 기쿠지와 오타 부인의 사이를 갈라놓으려는 구리모토 지카코에 교 마치코가 기용됨으로써 1963년의 《여계가족》 이후 대여배우의 연기 대결이 다시금 실현됐다. 마스무라는 와카오 아야코가 계속해서 사랑하는 남자에게 구애하는 장면에서 종종 비를 사용했는데(《아내는 고백한다》, 《젖은 두 사람》 등), 이 작품에서도 오타 부인은 비 오는 날 기쿠지를 방문한 후 스스로 목숨을 끊는다. 《명랑 소녀》에서 시작된 마스무라와 와카오의 공동작업은 20년 후 스무 번째가 되는 이 영화를 마지막으로 끝이 났다.

* 역주: 한국에서 '종이학'으로 번역되었으나 원제는 '센바쓰루' 즉 '천 마리 종이학'이다. 센바쓰루는 종이로 접어 만든 학을 실로 엮은 것으로 과거에는 절의 봉납품으로 만들기도 했지만, 현재는 축하나 기원, 재해지에 보내는 위문품 등의 목적으로 쓰인다. 히로시마 원폭 피해로 일명 '원폭 병'을 앓다 세상을 떠난 사사키 사다코라는 소녀가 회복을 바라며 종이학을 접기도 했고, 이후 센바쓰루는 평화를 상징하는 기념물로 인식되었다.

153.《덴구당》(天狗党)

• 다이에이 쿄토 • 1969년 11월 15일 • 컬러 • 102분
• 원작: 미요시 주로 • 각본: 다카이와 하지메, 이나가키 슌 • 감독: 야마모토 사쓰오 • 촬영: 마키우라 지카시 • 출연: 나카다이 다쓰야, 가토 고, 도아케 유키요, 고야마 시게루, 스즈키 미즈호 × 와카오 아야코(게이샤 오쓰타 역)

【해설】 미요시 주로의 희곡 『칼에 베인 센타』를 영화화한 작품. 존왕양이로 들끓는 막부 말기, 농민 출신의 야쿠자 센타로(나카다이 다쓰야)가 미토의 덴구당에 참가하지만, 덴구당은 점차 이념과 동떨어진 폭도로 변해간다. 사회파 감독 야마모토 사쓰오가 중후한 연출로 완성한 이색적인 시대극으로, 나카다이 다쓰야와 가토 고가 설산에서 벌이는 장렬한 결투가 볼거리다. 와카오 아야코는 센타로와 친한 후카가와의 게이샤로, 센타로를 비호하며 그의 품 안에서 숨을 거두는 박복한 여성 오쓰타를 연기했다.

154. 《자토이치와 요짐보》(座頭市と用心棒)

• 가쓰 프로(다이에이 배급) • 1970년 1월 15일 • 컬러 • 116분
• 원작: 시모자와 간 • 각본: 오카모토 기하치, 요시다 데쓰로 • 감독: 오카모토 기하치 • 촬영: 미야가와 가즈오 • 출연: 가쓰 신타로, 미후네 도시로, 다키자와 오사무, 요네쿠라 마사카네, 아라시 간주로×와카오 아야코(작부 우메노 역)

【해설】가쓰 신타로 주연의 인기 시리즈 '자토이치'의 20번째 작품. 귀재 오카모토 기하치가 각본을 썼고 시대극의 수퍼 히어로로 자토이치(가쓰 신타로)와 요짐보(미후네 도히로)의 연기 대결이 실현됐다. 내용 자체보다 더 큰 주목을 받은 두 사람의 대결은 예상대로 무승부로 끝나 관객에게 허탈감을 안겨줬지만, 시리즈 중에서 가장 흥행했다. 와카오 아야코는 자토이치와 요짐보가 동시에 연모하는 술집 여주인 우메노를 연기했다. 요짐보 대신 총을 맞아 빈사 상태의 중상을 입지만, 이후 기적적으로 회복해 두 사람의 싸움을 저지한다.

155. 《스파르타 교육 아빠를 쓰러트려라》
(スパルタ教育 くたばれ親父)

• 닛카쓰(다이니치 영화배급) • 1970년 8월 12일 • 컬러 • 87분
• 원작: 이시하라 신타로 • 각본: 사지 스스무, 나카노 아키라 • 감독: 마스다 도시오 • 촬영: 다카무라 구라타로 • 출연: 이시하라 유지로, 와타리 데쓰야, 다자키 준, 가와치 다미오, 아리카와 유키×와카오 아야코(프로야구 주심의 아내 다가미 나오코 역)

【해설】오랫동안 경영난에 빠져 있던 다이에이와 닛카쓰는 취약한 흥행 부분을 보완하기 위한 궁여지책으로 함께 다이니치 영화배급을 설립하고 1970년 5월부터 공동배급을 시작했다. 이시하라 신타로의 소설 『스파르타 교육』을 각색한 이 영화는 작가의 동생인 이시하라 유지로가 주연을 맡았고, 다이에이에서는 와카오 아야코가 출연했다. 5사 협정 때문에 스타의 타사 출연이 거의 불가능했던 불과 반년 전의 상황을 생각하면 두 사람의 동반 출연은 실로 꿈같은 일이다.* 방 세 개에 넓은 부엌이 딸린 아파트에 사는 엄마(와카오 아야코)와 다섯 명의 아이들이 프로야구 주심인 아빠(이시하라 유지로)에게 반기를 들고

이에 아빠는 자신의 권위를 지키기 위해 스파르타 교육을 단행한다. 일반적으로 알려지지 않은 심판의 세계에 초점을 맞춰 화려한 프로야구계의 실체를 그렸으며, 야구 해설자로서 가네다 마사이치가 특별 출연했다. 하지만 의욕적인 노력도 영화 관객의 이탈을 막지 못했다. 다음 해인 1971년 8월에 닛카쓰는 영화 제작을 중지한 뒤 로망 포르노로 노선을 전환했고 다이에이는 11월에 사실상 도산했다. "TV 드라마에 나오지 않는 최후의 여성"이라 불리며 다이에이의 간판 여배우로 영화에만 전념했던 와카오 아야코도 다이에이 도산 후 TV와 연극으로 활동 무대를 옮겼다.

* 역주: 전후 일본 영화계의 주축이었던 대기업 영화사 도호, 도에이, 쇼치쿠, 닛카쓰, 다이에이가 맺은 5사 협정은 전속 배우의 타사 출연을 금지하고 있었다. 간혹 파견 형식으로 전속 배우가 타 회사 영화에 출연하는 경우가 있었지만, 회사의 간판스타 배우가 다른 영화에 출연하는 일은 매우 드물었다. 타사 배우를 캐스팅했을 경우 크레딧에 소속 회사 이름을 반드시 기입했다.

156.《남자는 괴로워 순정편》(男はつらいよ 純情篇)

• 쇼치쿠 오후나 • 1971년 1월 15일 • 컬러 • 90분
• 원작: 야마다 요지 • 각본: 야마다 요지, 미야자키 아키라 • 감독: 야마다 요지
• 촬영: 다카하 데쓰오 • 출연: 아쓰미 기요시, 바이쇼 지에코, 마에다 긴, 미사키 지에코, 모리카와 신×와카오 아야코(마돈나 아카시 유코 역)

【해설】 아쓰미 기요시 주연의 '남자는 괴로워' 시리즈 중 6번째 작품. 1968년 10월부터 반년간 방송된 TV 시리즈가 드라마의 성공에 힘입어 갑작스럽게 영화화된 인기 시리즈다. 이 작품에서 와카오 아야코는 6대 마돈나 아카시 유코로 등장한다. 인기 없는 소설가 남편과의 결혼 생활에 지쳐 가출한 유코는 먼 친척 아주머니가 경영하는 도쿄 시바마타의 '도라야'에 살게 되고, 이곳에서 나가사키에서 돌아온 주인공 도라와 만난다. 도라는 아름다운 유코를 좋아하게 되지만 결국 그녀는 남편에게 돌아가고, 언제나처럼 도라는 실연한다.

157.《환상의 살의》(幻の殺意)

• 고마 프로(도호 배급) • 1971년 4월 15일 • 컬러 • 101분

• 원작: 유키 쇼지 • 각본: 사와시마 다다시, 오카모토 이쿠코 • 감독: 사와시마 다다시 • 촬영:오카자키 고조 • 출연: 고바야시 게이주, 나카무라 간쿠로, 요시자와 교코, 요네쿠라 마사카네, 가네다 류노스케×와카오 아야코(고등학교 교사의 아내 다시로 다카코 역)

【해설】1970년 5월에 설립된 영화제작사 고마 프로의 첫 번째 작품. 고등학교 교사인 게이사쿠(고바야시 게이주)는 아내 다카코(와카오 아야코), 아들 미노루(나카무라 간쿠로)와 함께 평화롭게 살고 있다. 어느 날 미노루는 다카코가 야쿠자처럼 보이는 남자와 아파트에 들어가는 모습을 우연히 목격하고, 이후 가정이 붕괴되기 시작된다. 와카오 아야코는 결혼 전 미래를 약속한 남자가 있는 과거를 가진 아내를 연기했다.

158. 《어느 영화감독의 생애 미조구치 겐지의 기록》
(ある映画監督の生涯 溝口健二の記録)

• 근대영화협회 • 1975년 5월 24일 • 컬러 • 150분

• 각본/감독: 신도 가네토 • 촬영: 미야케 요시유키 • 출연: 다나카 기누요, 요다 요시카타, 미야가와 가즈오, 이토 다이스케, 나루사와 마사시게×와카오 아야코

【해설】영화감독 신도 가네토가 스승이었던 미조구치 겐지와 관련된 39인을 인터뷰한 다큐멘터리. 일벌레로 불리며 수많은 에피소드를 남긴 거장 미조구치 겐지는 반쯤은 신격화된 인물이다. 신도는 그 베일을 벗겨내어 감독 미조구치의 모습은 물론 성장 과정과 인격 형성, 여성 관계 등 사적인 부분까지 파고들어 인간 미조구치 겐지를 부각시킨다. 인터뷰이 중 최연소자인 와카오 아야코는 《게이샤》, 《적선지대》 등에서 경험한 미조구치의 연기 지도에 관해 언급한다. 특히 《적선지대》에서 미조구치는 와카오를 혹독하게 몰아붙였고 그렇게 고생 끝에 만들어낸 매춘부 야스미를 통해 와카오는 연기자로서 새롭게 한 발을 내딛을 수 있었다고 회고한다.

159. 《다케토리 이야기》(竹取物語)

• 도호 영화/후지 텔레비전(도호 배급) • 1987년 9월 26일 • 컬러 • 121분
• 각본: 기쿠시마 류조, 이시카미 미쓰토시, 히다카 신야, 이치카와 곤 • 감독: 이치카와 곤 • 특수촬영 감독: 나카노 데루요시 • 촬영: 고바야시 세쓰오 • 출연: 사와구치 야스코, 미후네 도시로, 이시자카 고지, 나카이 기이치, 슌푸테이 고아사×와카오 아야코(아내 다요시메 역)

【해설】 일본에서 가장 오래된 모노가타리* 문학 중 하나인 『다케토리 이야기』를 이치카와 곤이 대담하게 각색, SF적 콘셉트를 넣어 가구야 공주를 우주인으로 설정하는 등 현대적인 느낌을 불어넣었다. 《일본 침몰》(모리타니 시로 감독)로 알려진 나카노 데루요시가 특수촬영 감독으로 참여했고, 《란》(구로사와 아키라 감독)으로 아카데미상을 수상한 와다 에미가 의상을 담당했다. 연꽃을 본뜬 거대한 우주선, 공룡을 닮은 목이 긴 용 등 원작에는 등장하지 않는 설정으로 극적인 전개를 노렸으며, 총 제작비 20억 엔을 투자하여 만들어낸 왕조 두루마리 그림과 같은 호화찬란한 이미지가 화면 가득 펼쳐진다. 이치카와 곤은 단순히 옛날이야기를 재현하는 것이 아니라 일상생활과 밀접한 연관성을 갖도록 각별히 신경 썼다. 가령 병으로 딸을 잃은 부부를 가구야 공주가 찾아온다거나 원작 속 노부부를 젊은 연령대로 설정한 것을 예로 들 수 있다. 이치카와 감독은 캐스팅에도 공을 들였다. "어떻게든 일본의 어머니와 같은 친숙한 캐릭터를 만들고 싶다고 설득"한 끝에 16년 만에 와카오 아야코의 극영화 출연이 성사됐다. 와카오는 우주인 가야를 자신의 아이처럼 사랑하며 키우는 포근하고 자상한 어머니로 등장, 못난 술주정꾼 아버지 역의 미후네 도시로와 《자토이치와 요짐보》 이후 좋은 연기 호흡을 보여준다.

* 역주: 헤이안 시대에 형성돼 가마쿠라 시대에 융성한 산문 문학으로 『다케토리 이야기』가 그 단초가 되었다. 작자 미상이며, 정확한 성립 연도도 알 수 없지만 여러 기록을 통해 적어도 10세기 중반 정도에는 쓰여진 것으로 추정된다.

160. 《봄의 눈》(春の雪)

• 도호, 후지 텔레비전, 호리프로, SDP, 하쿠호도 DY 미디어 파트너스(도호 배급) • 2005년 10월 29일 • 컬러 • 150분

• 원작: 미시마 유키오 • 각색: 이토 지히로, 사토 신스케 • 감독: 유키사다 이사오 • 촬영: 리 핑빙 • 출연: 쓰마부키 사토시, 다케우치 유코, 다카오카 소스케, 오쿠스 미치요, 기시다 교코×와카오 아야코(월수사의 주지 역)

【해설】《다케토리 이야기》에서 자애로운 어머니를 연기한 후 18년 만에 와카오 아야코가 스크린에 모습을 드러냈다. 미시마 유키오의 『풍요의 바다』 4부작 중 제1부를 각색했으며 다이에이에서 《염상》(1958년, 이치카와 곤 감독)을 비롯해 미시마 작품을 영화로 제작해온 후지이 히로아키가 기획했다. 감독 유키사다 이사오는 클라이맥스의 주축이 되는 월수사 주지 역에 와카오 아야코를 희망했고, 후지이 프로듀서의 중개로 캐스팅이 성사됐다. 그 외에도 기요아키(쓰마부키 사토시)의 할머니에 기시다 교코, 사토코(다케우치 유코)의 시녀 다테시나에 오쿠스 미치요* 등 다이에이 황금기를 이끌었던 명배우들이 등장, 이들의 경연이 미시마 문학의 '여성화'라는 신경지를 개척했다. 와카오 아야코의 등장 장면은 많지 않지만 유일하게 간사이 사투리를 구사하며 아름다운 목소리로 존재감을 발산한다. 특히 기요아키의 절친한 친구 혼다(다카오카 소스케)가 기요아키와 사토코의 만남을 간청하고 이에 답하는 월수사 주지의 목소리가 사토코를 만나고자 병을 무릅쓰고 월수사 돌계단을 기어가는 기요아키의 모습과 겹쳐지는 장면은 가히 압권이다. 주지는 포기하지 않고 부탁하는 혼다에게 "부디 돌아가주십시오"라 말한다. 이어지는 장면에서 기요아키는 심하게 기침을 하며 피를 토하고 선혈로 얼룩진 그의 손바닥에 봄의 눈 한 송이가 내려앉는다. 혼다가 돌아간 후 주지는 눈이 오는 것을 알아차리고 일어나서 정원을 바라본다. 그리고 "사토코, 이것으로 됐구나"라며 실은 장지문 건너편에 있는 사토코를 걱정하면서 온화하게 말을 건넨다. 실로 인상적인 이 장면에 대해 와카오는 "연극과 비슷하다"라고 감상을 남겼다. 와카오 아야코는 오랜 기간 대배우로서 쌓은 무대 경험을 자신이 자란 영화의 세계에서 멋지게 보여줬다.

* 역주: 다이에이 소속 당시에는 야스다 미치요로 활동했고, 1976년 결혼하면서 오쿠스 미치요로 개명했다.

(작성: 시무라 미요코)

나오며

본서의 출발에 관해서는 책의 앞머리에 요모타 이누히코가 설명했기 때문에 반복할 필요는 없을 것이다. 여배우론으로 분류될 이 책은 흔히 말하는 평전이 아니다(예를 들어, 지바 노부오가 쓴 『하라 세쓰코, 전설의 여배우』와 같은 훌륭한 연구가 있다). 혹은 사회 문화적 관점에서 쓴 스타론 또한 아니다(가령 하라 세쓰코와 이향란에 대한 요모타 이누히코의 흥미로운 연구나 소설가 가타오카 요시오의 독특한 하라 세쓰코론 『그녀가 연기한 역할』 등이 있다). 내가 아는 한 이 책은 아마도 일본 영화사에 확실한 족적을 남긴 여배우에 대한 첫 번째 영화학 연구서다(사실 최근 이루어지고 있는 연구에서 스타론을 빼면 실제로 구미권에서도 여배우 한 사람에 대한 연구서는 감독에 비해 훨씬 적을 것이다). 여배우가 영화라는 장치와 제도 그 자체를 지탱하고 그 중심에 위치하고 있음에도 불구하고 여배우론은 영화학에서 아직 개발되지 않은 영역이다.

그런 의미에서도 내 입장에서 와카오 아야코 씨와의 인터뷰와 필모그래피를 수록하는 것은 매우 중요한 요소였다. 초기 기획 단계에서는 텔레비전 작품과 연극 출연도 포함한 종합적인 리스트를 만들려는 의지도 있었지만, 최종적으로 영화 출연작만 넣기로 했다. 1970년대 이후 와카오의 TV와 연극 출연작들에도 애착을 품고 있는 팬이라면 다소 아쉬울 수도 있다. 하지만 약 160편에 가까운 영화에 출연한 그녀의 작품 리스트를 실제로 보면 그 궤적의 무거움에 압도되고 만다. 시무라 미요코의 작품 해설이, 그리고 요모타와 나의 논문이 그러한 영화배우 와카오 아야코의 작업이 갖는 무거움과 그녀의 매력에 조금이라도 다가갈 수 있다면 저자로서 더할 나위 없는 행복이다. 또한 이 책이 지금부터 씌어져야 할 여배우론으로 이어진다면 더 이상 기쁜 일은 없을 것이다. 스타나 배우의 존재가 없었다면 영화의 역사는 이 정도로 매력을 발산할 수 없었을 테니까.

개인적인 고백을 하자면 연구자에게 연구 대상인 '그 사람'과 만날 기회를 얻는 것은 지극히 행복한 순간이면서 동시에 공포스러운 체험이다(물론 행복한 시간만을 이야기하는 연구자도 있을지 모르겠다). 1970년대, 와카오 씨가 TV에 출연한 이후로 팬이 된 내가 와카오 아야코를 만나 인터뷰하는 것은 실로 사건이었다. 그때의 감동을 어떻게 표현하면 좋을까. 스크린 앞에서 나를 계속해서 매료했던 아름다운 그 사람이 지금 내 눈앞에 있고, 그 목소리로 말하는 꿈같은 현실. 두 시간 가까이 진행된 인터뷰는 순식간에 끝났다. 스크린에서 연기한 여러 배역처럼 와카오 씨는 다양한 표정을 보여주었다. 때로는 유머러스하고 때로는 가만히 생각에 잠겼고, 또 때로는 날카로운 비평적인 발언을 하면서 활기 있게 말하는 그녀의 모습은 자신감으로 가득 차 있었다. 거의 반세기에 걸쳐 '여배우'로 살아온 한 사람의 여성에게 빨려들었다.

작은 체구에 화사한 여배우의 모습에 완전히 매료되어 긴장한 나는 연구자라는 의식을 넘어 한 명의 팬으로서 감격했다. 그때 내 모습은 실로 1950년대 와카오 씨를 "아야코 언니"라 부르며 친근함, 애정, 존경, 동경을 담아 팬레터를 쓴 수많은 익명의 영화 팬의 모습과 겹쳐진다. 우리들의 눈앞에 나타난 와카오 씨는 틀림없이 여배우였다고 생각한다. '틀림없이 여배우다'라는 말이 아무리 애매한 것이라 해도 그녀의 압도적인 존재감과 빛남을 드러내기에 이것 외에 다른 표현을 나는 떠올릴 수 없다.

논문 집필과 필모그래피 작성 자료에 관해 두 분에게 큰 도움을 받았다. 개인적으로 많은 것을 알려주셨을 뿐 아니라 눈에 보이지 않는 형식으로 협력해주신 후지이 히로아키 씨에게 마음으로부터 감사의 뜻을 표하고 싶다. 촬영소 시절의 좋은 전통을 계승한 현역 영화 프로듀서다. 또한 가도카와 다이에이 주식회사의 아라시 사토시 씨도 협력해주셨다. 다시 한 번 감사의 말씀을 드리고 싶다.

흔쾌히 인터뷰에 응해주신 와카오 아야코 씨에게도 저자 대표로서 깊이 감사드린다. 『영화배우 와카오 아야코』라는 제목을 단 이 책이 설령 활동의 장이 영화에서 TV와 연극으로 바뀌었다 해도 약 반세기에 걸쳐 현역인 '여배우 와카오 아야코'의 궤적을 일부만 다룬 것은 상당히 유감스럽지만, 와카오 씨의 당당하고 아름다운 모습을 무대와 TV에서는 때때로 접할 수 있을지라도 스크린에서 그 모습을 오랫동안 볼 수 없었던 데 대한 일말의 아쉬움을 담아, 또한 와카오 씨의 모습을 다시 스크린에서 볼 수 있으리라는 미래의 가능성에 대한 우리들의 염원을 담아, 그리고 무엇보다 영화배우, 아니 한 사람의 여성인 와카오 씨에게 무한한 경의를 담아 이 작은 책을 바치고 싶다.

마지막으로 영화배우에 대한 서적임에도 일반적인 사진집이나 팬의 언설 같은 것에서 가장 먼 위치에 있는 연구 논문을 이렇게 한 권의 책으로 엮어낼 수 있었던 것은 미스즈 쇼보의 오가타 구니오 씨와 하마다 마사루 씨 덕분이다. 뻔한 인사지만 두 분에게 감사드린다.

2003년 5월
사이토 아야코

한국의 독자분들께

요모타 이누히코 씨와 함께 쓰고 편집한 『여배우 와카오 아야코』가 한국어판으로 간행되어 진심으로 기쁘게 생각합니다.

이 책은 약 20년 전에 출판되었습니다. 1986년부터 1994년까지 미국 캘리포니아 대학에서 영화를 공부한 뒤 일본에서 연구자의 길을 모색하고 있었을 때, 도쿄국립근대미술관 필름센터(현재 국립영화아카이브)에서 객원연구원으로 근무하게 되면서 유학 시절에는 거의 미지의 영역이었던 일본 영화를 접하게 되었습니다. 당시 일본에는 내가 미국에서 배웠던 페미니즘 이론이 거의 소개되지 않았기 때문에 이론적인 틀로 일본 영화를 연구해보고 싶었습니다. 때마침 1990년대 후반, 특집 상영 등을 통해 다이에이의 감독 마스무라 야스조가 주목을 받고 있었습니다. 그중에서도 나는 《아내는 고백한다》에 강렬함을 느꼈는데, 마스무라의 연출 이상으로 여배우 와카오 아야코의 존재감이 압도적이었습니다. 본서의 후기에도 언급했습니다만, 그때 내가 영화에 끌렸던 것은 전적으로 와카오 아야코 때문이었습니다. 여성 관객인 내가 와카오 아야코의 어떤 매력에 사로잡혔는가, 이 질문에 대해 생각하는 것은 실로 페미니즘 영화 이론이 천착해온 문제를 새롭게 재정비하는 것이나 마찬가지였습니다.

그렇다고는 하나 배우론이라 하면 연극의 연기법을 중심으로 한 논의가 주류였고, 영화배우에 대한 연구나 이론적 고찰은 배우의 자서전이나 평전, 혹은 장 르누아르의 연기 지도나 로베르 브레송의 직업 배우 부정론 아니면 문화사회학적 스타론과 같은 것이 대부분이었습니다. 하지만 나에게 중요한 것은 일반적인 '배우'의 연기 혹은 '스타'라는 독자적인 문화 아이콘이 아니라 '와카오 아야코'라는 한 사람의 여배우가 스크린에서 어떠한 영화적 신체로서 존재하는가라는 질문이었습니다. 이는 당연하게도 1950~1960년대라는 전후 일본의 영화 산업은 물론 와카오 아야코라는 한 명의 여성, 그녀를 영화에 출연시킨 마스무라 야스조, 가와시마 유조 등의 감독과도 깊이 관련되어 있습니다. 하지만 나는 이 질문을 그 시대를 산 '배우'의 문제로 다뤄보고 싶었습니다. 나아가 이 문제는 페미니즘적 사고를 어떻게 영화 분석에 적용할 것인가라는 과제이기도 했습니다. 한 세기가 바뀔 즈음 메이지가쿠인대학에서 교편을 잡게 되었는데, 와카오 아야코론은 내가 일본 영화에 대해 처음으로 몰두한 연구 테마였습니다. 논거로 삼은 페미니즘 이론은 지금의 관점에서 보면 오래전 연구로 보일지도 모르겠습니다만, 뛰어난 이론은 시대를 넘어 새로운 의미와 시사점을 생성해내는 힘을 갖고 있다고 생각합니다.

이 책은 각기 다른 학술적 방법론으로 쓴 두 연구자의 논고, 와카오 아야코 인터뷰, 그리고 시무라 교수가 전력을 다해 집필한 작품 해설 등 풍부한 내용으로 구성되어 있습니다. 본서가 간행된 후 와카오 아야코 씨를 비롯해 또 다른 여배우들의 특집 상영이 개최되었고, 뛰어난 여배우론도 출간되었습니다. 『여배우 와카오 아야코』와의 만남을 통해 한국의 독자분들도 일본 고전 영화와 멋진 여배우들의 작업에 흥미를 갖게 되길 바라며, 나아가 한국의 뛰어난 여배우들에 관한 연구를 생산하는 계기가 된다면 더할 나위 없이 기쁠 것입니다.

마지막으로 본서의 간행을 결단해주신 아모르문디 출판사의 김삼수 대표님, 출판을 제안하고 결코 쉽지 않았을 번역의 세세한 부분까지 성실하게 작업해준 황균민 씨에게 깊은 감사를 드립니다.

2022년 10월
사이토 아야코

『여배우 와카오 아야코』를 처음 접한 건 2010년, 일본으로 건너가 대학원 입시를 준비하던 때다. 당시 요모타 이누히코 선생님의 배려로 입학 전에 메이지가쿠인대학의 수업을 청강하고 있었고, 자연스럽게 재직 중인 선생님들의 저서를 찾아보다가 이 책을 발견했다. 책에 언급된 영화 중 절반은 난생처음 보는 제목이었고, 그 외 절반은 보지 못한 영화들이었다. 마스무라 야스조 감독에 대해서는 한국에서 열린 상영회를 통해 중후기 작품을 접했지만 와카오 아야코에 대해서는 아는 바가 없었다. 사실 《아내는 고백한다》를 인상 깊게 보았음에도 불구하고 마스무라의 영화라는 점에만 주목한 나머지 그토록 처절한 히로인을 연기한 '여배우'를 전혀 기억하지 못했다. '여배우 와카오 아야코.' 이 단순하고 단도직입적인 제목의 책을 집어 든 것은 실로 우연한 '사건'이었지만 나의 무지함과 둔감함을 부끄러워할 새도 없이, 마치 와카오 아야코의 '중력'에 이끌리듯 책 속으로 빠져들었다. 왜 그토록 이 책에 매료됐는가.

첫 번째 이유는 이 책이 한 명의 배우에 대해 쓴 것이라는 점이다. 제목을 보는 순간, 나는 그때까지 제대로 된 배우론을 읽어본 적이 없음을 깨달았다. 그 이후로 지금까지 10년 넘게 영화를 연구하고 있지만, 사실 배우론은 나에게 가장 어려운 테마 중 하나이다. 자칫 배우 인생 전반 혹은 배우 개인의 연기 철학을 논하는 전기적, 자전적 성격의 글이 되거나 배우가 연기한 캐릭터를 분석하는 단순한 논의로 빠지기 십상이기 때문이다. 국내에 출간되어 있는 한국 배우에 관한 서적들을 보더라도 배우의 인터뷰 위주로 작품 속 캐릭터를 풀어나가거나 배우 본인이 쓴 에세이가 주를 이룬다. 이런 상황은 일본도 별반 다르지 않다. 『여배우 와카오 아야코』(미스즈 쇼보, 2003) 이전에 출간된 여배우에 관한 책은 『하라 세쓰코 — 영화 여배우의 쇼와』(지바 노부오, 1987), 『그녀가 연기한 역할: 하라 세쓰코의 전후 주연작을 보고 생각하다』(가타오카 요시오, 1994), 『너 아름답게: 전후 일본 영화 여배우 예찬』(가와모토 사부로, 1996), 『일본의 여배우』(요모타 이누히코, 2000), 『이향란과 동아시아』(요모타 이누히코 편, 2001) 등이 있다. 하지만 대체로 배우의 연기 인생에 대한 회고나 출연작에 대한 비평, 배우를 통한 사회적 고찰이 주를 이루고 있다. 한 명의 배우를 영화학적 관점에서 풀어낸 책은 적어도 나에게는 처음이었다.

두 번째는 와카오 아야코의 방대한 필모그래피다. 이 책의 개정판은 2016년에 나왔기 때문에 내가 처음 읽은 초판에는 159편의 출연작이 소개되어 있었다. 1970년 이후 출연한 7편과 몇몇 타 제작사 영화를 제외하면, 1952년 데뷔 후 1969년까지 17년간 와카오는 다이에이의 전속 배우로서 140편 넘는 영화에 참여했다. 나는 이 경이로운 출연 편수에 압도당할 수밖에 없었다. 요모타가 언급했듯이 와카오가 활동했던 1950~

1960년대에는 5개의 대형 영화사가 촬영소 시스템을 통해 1년에 500편 이상의 영화를 제작하고 있었고, 각 회사의 간판스타들은 제작 일정에 따라 쉼 없이 영화에 출연해야 했다. 본문에서도 와카오와 여러 차례 비교되는 오카다 마리코는 156편의 영화에 출연했다. 와카오에 거의 맞먹는 편수이기는 하나, 그녀는 와카오처럼 한 회사에만 머물러 있지 않았다. 혹은 같은 다이에이의 간판 여배우였던 교 마치코는 와카오보다 2년 먼저 데뷔했지만 출연 편수는 100편 정도이다. 《하나오카 세이슈의 아내》에서 와카오와 경연을 펼친 다카미네 히데코는 1929년 다섯 살의 나이에 배우 인생을 시작했으나 쇼치쿠, 도호, 신토호로 회사를 옮겨가며 1979년까지 146편의 영화에 출연했다. 물론 단순 수치만으로 배우의 우열을 가리려는 것이 아니며 사실 그럴 수도 없다. 하지만 근 20년간 한 회사의 전속 배우로서, 지금으로서는 상상할 수 없는 편수에 출연한 사실은 그 자체로 매우 이례적이다.

그리고 세 번째 이유. 당연하지만 두 저자의 논고다. 두 사람 모두 공통적으로 마스무라 영화 속 와카오 아야코를 중점적으로 다루고 있지만 접근 방식과 분석, 논의의 귀결점은 확연히 다르다. 요모타의 글은 일본 영화사라는 큰 줄기에 마스무라의 배우론을 접목시킨 뒤 1950년대부터 1980년대까지의 일본과 동시대 홍콩의 여배우들을 소환해 와카오의 궤적을 역동적으로 추적한다. 요모타 특유의 거침없는 문체에는 일말의 주저함도 없으며 전방위적으로 일본 영화의 산업적, 비평적 컨텍스트를 끌어들이는 서술에서 영화사가로서의 진면목이 유감없이 드러난다.

요모타가 스크린 속 와카오가 신화화된 과정을 '욕망과 민주주의'라는 이데올로기적 논리로 집약해간다면, 사이토는 그러한 신화화의 과정에 스크린 밖에서 남성 감독에 저항했던 와카오 아야코의 투쟁이 있었음을 규명한다. 마치 고해성사를 하듯 자기 고백적이고 자기 분석적인 물음으로 시작하는 사이토의 글은 연구자 이전에 여성이자 관객으로서 와카오에 대한 모순적인 감정을 숨김없이 드러내며 여배우와 텍스트에 대한 중층적인 읽기의 문제를 제기한다. 사이토의 문장을 그대로 빌리면 논의의 출발은 "와카오 아야코적 문제", 다시 말해 "와카오 아야코의 무엇이 여성 관객을 매료했는가"라는 것이다. 질문은 간단하나 이를 풀어가는 과정은 만만치 않다. 페미니즘과 관객 수용에 관한 풍부한 레퍼런스를 끌어들여 치밀하게 텍스트를 분석하는 사이토의 논의는 마스무라가 그려낸 여성 표상이 감독의 세계관만으로 만들어진 것이 아니라 배우 와카오 아야코의 존재가 있었기에 가능했으며, 일종의 여배우의 치열한 투쟁의 결과였다는 점으로 읽어낸다. 거듭되는 문제 제기, 텍스트의 구석구석을 헤집는 집요한 분석, 감독과 여배우의 역학 관계를 밝혀내기 위한 수많은 인용 속에서 어쩌면 독자는 간혹 혼란을 느낄 수도 있다. 그러나 복잡한 미로처럼 펼쳐지는 논의 속에서 접하는 학문적 지식과 발견은 지적 스릴과 희열을 선사한다.

독자의 입장에서 두 연구자의 논의는 여러모로 흥미로웠지만 번역자의 입장에서는 결코 쉽지 않은 글이었다. 일본 영화사와 페미니즘 이론에 대한 배경 지식, 160편에 달하는 작품에 대한 이해, 수많은 고유 명사 표기 등 초보 번역자가 넘어야 할 산은 너무나 많았다. 하지만 마지막까지 고민한 것은 의외로 다른 것이었는데, 바로 책의 제목이었다. 이 책의 일본어 제목은 직역하면 '영화 여배우 와카오 아야코'다. 일본어에서 배우(俳優)는 대체로 남자 배우를 지칭하고, 여성은 예외 없이 여배우(女優)로 표기한다. 페미니즘이 리부트되고 젠더 이슈가 첨예한 지금의 한국에서 어쩌면 이 책을 읽는 독자 중 어떤 이들은 '여배우'라는 단어에 저항감을 느낄 수도 있을 것이다. 그러한 우려를 감수하고서라도 여배우를 제목에 넣기로 결정한 이유는 일본어의 고착적인 성차별적 측면을 논외로 하더라도, 본서가 오롯이 배우 와카오 아야코에 집중하고 있으며 동시에 여배우라는 단어에 내재된 젠더적 관점이 논의의 핵심이기 때문이다. 차별적인 의미에서든 구별적인 의미에서든 여배우는 당시 영화 제작 환경과 시스템의 공고한 남성중심주의를 상징적으로 보여줄 뿐만 아니라, 여배우를 둘러싼 젠더 패러다임이 남녀 연구자의 관점과 분석 방법의 차이로 이어지는 점에서도 여배우의 존재를 부각시킬 필요가 있었다. 1950년대와 1960년대에 활동했던 여배우, 2003년에 책을 집필했던 남녀 연구자, 그리고 2022년 한국어로 그들의 글을 읽게 될 한국의 독자 사이에 놓여 있는 시차와 관점의 차이는 클 수밖에 없다. 하지만 조금 수고스럽더라도 그러한 간극을 메워가며 이 글을 읽어나가는 과정이 일본 영화 서적에 목마른 독자들에게 작은 기쁨이 되기를 희망한다.

이 책을 출판하면서 많은 이들에게 도움을 받았다. 필치 못한 사정으로 일본어판에 사용된 사진을 수록하지 못했으나 이 과정에서 기꺼이 시간을 내어 애써준 가와키타영화기념관의 아베 구루미 큐레이터와 공익재단법인 가와키타기념영화문화재단의 자료 담당 와치 유키코 씨, 까다로운 일본어 표현과 해석에 대해 지식과 의견을 나누어준 동료 연구자 미야모토 유코와 다카사키 이쿠코, 책에 대한 소중한 의견과 선배 번역자로서 경험을 공유해준 서울국제여성영화제의 황미요조 프로그래머에게 깊은 우정과 감사를 보낸다. 함께 영화를 연구하는 배우자 채경훈은 기탄없는 평가와 조언을 해주었다. 그의 든든한 지지 덕분에 결코 쉽지 않았던 번역 작업을 무사히 끝낼 수 있었다. 국제교류기금의 조성금으로 출판되는 이 책을 위해 한국종합예술대학의 김소영 교수님, 호세대학의 고미카 교수님은 흔쾌히 추천서를 써주셨다. 두 분의 지원이 큰 힘이 되었음은 말할 것도 없다. 책의 저자인 요모타 이누히코, 사이토 아야코, 시무라 미요코 교수님은 성가신 질문에 성심성의껏 응해주셨고 그 덕분에 보다 정확한 문장을 완성할 수 있었다. 특히 사이토 교수님은 이 책의 번역을 결정했을 때부터 작업의 마지막 순간까지 귀중한 조언과 가슴 벅찬 격려를 아낌없이 보내주셨다. 한국어판 출판을 누구보다 기뻐하셨던 교수님에게 어떤 말로도 표현할 수 없을 만큼 존경과 애정을 담아 고마움을 전한다. 마지막으로 책 출판을 위해 기획서를 읽고 격려해주신 김윤아 영화총서 기획위원님, 초보 번역자에게 기회를 주시고 순조롭게 번역 작업을 이끌어주신 김삼수 대표님께도 진심으로 감사드린다.

2022년 10월
황균민

저자·역자 소개

요모타 이누히코 四方田犬彦
일본의 대표적인 영화사가이자 영화평론가이다. 도쿄대학과 같은 대학원에서 종교학과 비교문학을 전공한 후 메이지가쿠인대학 예술학과 교수로 오랫동안 재직하면서 영화학을 가르쳤다. 콜롬비아 대학, 볼로냐 대학을 비롯해 우리나라의 중앙대학교 등에서도 객원교수를 역임했고, 한국에 대한 각별한 관심으로 한국 관련 저서들도 다수 집필했다. 1979년 한국에 체류한 경험을 바탕으로 쓴 소설『계엄』(2022)이 일본에서 큰 화제를 모으기도 했다.
영화뿐만 아니라 문학·만화·요리·음악 등 다양한 문화 현상에 관해 왕성한 집필 활동을 하고 있으며, 에세이스트로서도 독자들의 사랑을 받고 있다. 주요 저서로『파졸리니 르네상스』(2001),『루이스 부뉴엘』(2013),『시의 약속』(2018),『안녕, 베이루트』(2022) 등이 있으며, 한국어로 번역된 책으로는『일본 영화의 래디컬한 의지』(2011),『가와이이 제국 일본』(2013),『오키나와 영화론』(편저, 2021) 등이 있다. 산토리 학술상, 고단샤 에세이상, 이토 세이 문학상, 예술선장(選奬) 문부과학대신상 등을 수상했다.

사이토 아야코 斉藤綾子
메이지가쿠인대학 예술학과 교수이다. 조치대학 문학심리학과를 졸업한 후 UCLA 영화텔레비전학부 대학원에서 영화학으로 박사학위를 취득했다. 연구 분야는 페미니즘 및 정신분석이론, 젠더 표상론이다. 편저와 공저로『영화의 정치학』(2003),『남자들의 유대—아시아 영화』(2004),『영화와 신체/성』(2006),『비주얼 크리티시즘』(2008),『싸우는 여자들』(2009),『횡단하는 영화와 문학』(2011),『가시성과 불가시성의 사이에서』(2016) 등이 있고 영어 공저로 *The Oxford Handbook of Japanese Cinema* (2014), *Tanaka Kinuyo: Nation, Stardom and Female Subjectivity* (2018), *A Companion to Japanese Cinema* (2022) 등이 있다.
한국에서는『트랜스 아시아 영상문화』(2006), *Fly High, Run Far: The Making of Korean Master Im Kwon-taek* (2013),『한국 영화, 세계와 마주치다』(2018) 등에 공저자로 참여했다.

시무라 미요코 志村三代子
니혼대학 영화학과 교수이며, 전공 분야는 영화사와 표상문화론이다. 저서로『영화인 기쿠치 간』(2013)이 있으며, 공저로『영화배우 이케베 료』(2007),『아와시마 지카케—여배우라는 프리즘』(2009),『리메이크 영화의 창조력』(2017),『가와시마 유조는 두 번 태어난다』(2018),『시부야 미노루』(2020) 등이 있다.

황균민(옮긴이)

메이지가쿠인대학 예술학과에서 '자토이치' 시리즈의 남성 표상을 사회학적 관점에서 분석한 논문으로 석사 학위를, 이마무라 쇼헤이 감독론으로 박사 학위를 받았다. 현재는 같은 대학 언어문화연구소 연구원으로 재직하면서 주로 일본 영화사 및 장르, 젠더 표상에 관심을 갖고 연구 중이다. 주요 논저 및 공저로 「'자토이치' 시리즈의 변천과 그 의미」(2015), 「〈붉은 살의〉의 공간적 함의」(2017), 「〈인류학 입문〉에 나타난 시선의 공간적 구현과 여성 억압의 양상」(2017), 『이와이 슌지』(2020), 「진화하는 히로인들: 한국 드라마 속 여성상의 변천」(2021), 『한국여성영화』(2022) 등이 있다.

여배우 와카오 아야코

발행일 | 2022년 11월 30일 초판 1쇄 발행
지은이 | 요모타 이누히코 · 사이토 아야코 · 시무라 미요코
옮긴이 | 황균민   펴낸이 | 김삼수   편집 | 김소라   디자인 | 권대흥
펴낸 곳 | 아모르문디   등록 | 제313-2005-00087호
주소 | 서울시 마포구 월드컵북로5길 56 401호   전화 | 0505-306-3336
팩스 | 0505-303-3334   이메일 | amormundi1@daum.net
ISBN 979-11-91040-26-5 93680